北京舞蹈学院
70周年校庆
系列丛书

A China & Russia Joint Collection in Memory of Pyotr A. Gusev, A Russian Ballet Master

Edited by Ou Jianping
A. A. Sokolov-Kaminsky
Translated by Zhang Tianjiao
Zhao Hong　Wang Bin　Ou Jianping

芭蕾大师古雪夫纪念文集

欧建平　[俄]A.A.索科洛夫－卡明斯基　主编

张天骄　赵鸿　王彬　欧建平　译

文化藝術出版社
Culture and Art Publishing House

图书在版编目（CIP）数据

芭蕾大师古雪夫纪念文集 / 欧建平, (俄罗斯) A.A. 索科洛夫-卡明斯基主编；张天骄等译. -- 北京：文化艺术出版社，2024.9. -- （北京舞蹈学院70周年校庆系列丛书）. -- ISBN 978-7-5039-7730-5

Ⅰ . K835.125.76-53

中国国家版本馆CIP数据核字第2024QL4267号

芭蕾大师古雪夫纪念文集

主　　编　欧建平　［俄］A.A.索科洛夫-卡明斯基
译　　者　张天骄　赵　鸿　王　彬　欧建平
丛书统筹　董良敏　江楚锐
责任编辑　袁可华　吴梦捷
责任校对　董　斌
封面设计　顾　紫
版式设计　马夕雯
出版发行　文化藝術出版社
地　　址　北京市东城区东四八条52号（100700）
网　　址　www.caaph.com
电子邮箱　s@caaph.com
电　　话　（010）84057666（总编室）　　84057667（办公室）
　　　　　　　　　 84057696—84057699（发行部）
传　　真　（010）84057660（总编室）　　84057670（办公室）
　　　　　　　　　 84057690（发行部）
经　　销　新华书店
印　　刷　国英印务有限公司
版　　次　2024年10月第1版
印　　次　2024年10月第1次印刷
开　　本　710毫米×1000毫米　1/16
印　　张　35.75
字　　数　469千字
书　　号　ISBN 978-7-5039-7730-5
定　　价　138.00元

版权所有，侵权必究。如有印装错误，随时调换。

衷心感谢俄方主编 A. A. 索科洛夫 - 卡明斯基先生，
以及俄方出版单位圣彼得堡国立里姆斯基 - 科萨科夫音乐学院授予
《芭蕾骑士——彼得·古雪夫纪念文集（1904—1987）》
（本书下编）的中文简体字版权！

Sincere Thanks to the Copyright of the Russian Collection "The Ballet Cavalier — Pyotr Andreievich Gusev (1904–1987)," Generously Offered to Us by A. A. Sokolov Kaminsky, its Editor-in-Chief, & St Petersburg National Rimsky-Korsakov Music Conservatory, its Publisher！

北京舞蹈学院70周年校庆系列丛书
编委会

主 任

巴 图　许 锐

副主任

邓佑玲　惠 彤　苏 娅
高 度　张建民　张 军

委 员

李 卿　程 宇　张海君　项 菲
阮 伟　张延杰　胡淮北　张立军
张云峰　李 馨　刘 轩　宋海芳
张晓梅　黄笑冰　党 奇　黄 凯
任冬生　白 涛　周 鹏　刘 洁

秘 书

雷斯曼　张乐雁

上 古雪夫肖像
下 古雪夫1960年在倾听V.V.鲁米扬采娃同北京舞蹈学校学生的亲切交谈

上　古雪夫1960年为北京舞蹈学校学生排练双人舞
下　古雪夫1960年接受戴爱莲校长赠送礼物

上左　古雪夫肖像
上右　古雪夫肖像
下左　古雪夫在阅读
下右　古雪夫在思考

上 古雪夫1958年为北京舞蹈学校复排的《天鹅湖》全剧，白天鹅与黑天鹅均由白淑湘扮演
下 古雪夫1958年为白淑湘复排《天鹅湖》中的独舞

古雪夫1958年为白淑湘复排《天鹅湖》中的独舞（上、下）

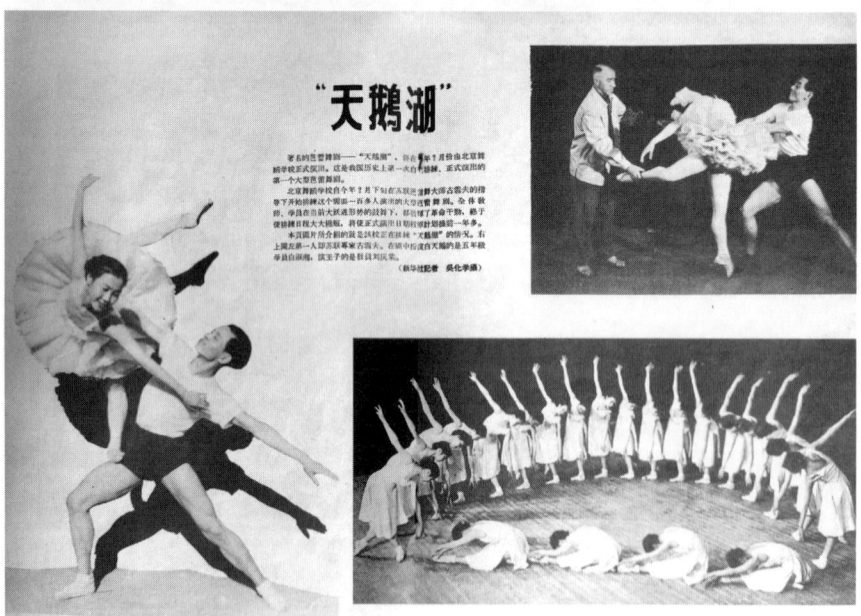

上　古雪夫为中国培养的"第一只白天鹅"——白淑湘
下　中国《舞蹈》杂志1958年第4期蝴蝶页上刊登的《天鹅湖》首演图片报道

上　古雪夫1959年为北京舞蹈学校复排的《海侠》全剧
下　古雪夫1959年为北京舞蹈学校复排《海侠》中的搏斗场面

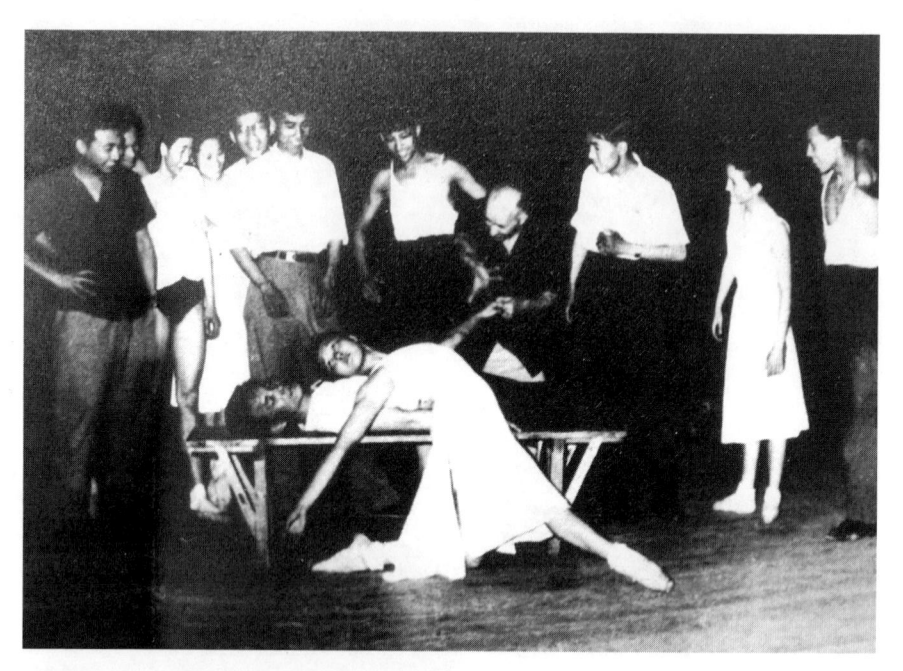

上　古雪夫1959年为北京舞蹈学校复排《海侠》中的双人舞
下　古雪夫1959年为北京舞蹈学校的张婉昭、李承祥、吴祖捷复排《海侠》中的三人舞

上　古雪夫1959年为北京舞蹈学校的岑映萍、白淑湘、高醇英复排《海侠》
下　白淑湘、吴祖捷等1962年在缅甸演出《海侠》中的三人舞

古雪夫1960年为北京舞蹈学校复排的《吉赛尔》全剧,标题主人公吉赛尔由钟润良主演

古雪夫1959年在北京舞蹈学校指导
《鱼美人》中的双人舞（上、下）

民族舞剧

鱼美人

左 《鱼美人》1959年首演的节目单和剧照
右 《鱼美人》1959年首演的剧照与1994年荣获"中华民族二十世纪舞蹈经典作品"的奖杯

■ 经典作品

大型舞剧　鱼美人

总编导：彼·安·古雪夫
编　导：李承祥、王世琦、栗承廉及北京舞蹈学校第二届编导班师生
作　曲：吴祖强、杜鸣心

鱼美人与猎人相爱，遭到山妖嫉恨。山妖在他们举行婚礼时施展魔法抢走了鱼美人。猎人在人参老人的帮助下勇闯魔窟，战胜蛇妖的诱惑和妖魔的强攻，救出了鱼美人，有情人终成眷属。

《鱼美人》1994年荣获"中华民族二十世纪舞蹈经典作品"的历史记录

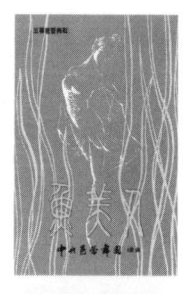

左 《鱼美人》1979年由中央芭蕾舞团搬上舞台的节目单、舞美设计稿和两张剧照
右 由李克瑜先生为芭蕾版本《鱼美人》创作的精彩速写

上　中央芭蕾舞团 1986 年赴美巡演的
　　芭蕾舞剧《鱼美人》
下　《鱼美人》1994 年由北京舞蹈学院
　　复排演出的节目单与剧照两张

上　古雪夫 1985 年在莫斯科亲切接待孙正廷、王世琦、朱立人等中国舞蹈家
下　古雪夫、谢列勃连尼科夫 1986 年在莫斯科亲切接待白淑湘、钟润良、赵汝蘅

总序

静水流深，沛然莫御。人类通过舞蹈艺术感知生活、阅读社会、理解时代，因舞蹈之灵动和诗意，文明变得更加熠熠生辉。

在被誉为"舞蹈家摇篮"的北京舞蹈学院就聚集着这样一批人，他们以对舞蹈教育的赤诚之心、踔绝之能和鸿鹄之志提炼生活、传播文化、承载文明。从香饵胡同、白家庄、陶然亭到今日的万寿寺1号，七十载舞榭艺堂，七十载秋月春风。

历史是人类一切成就和进步的见证，也是未来的引领。欲流之远，必浚其源，唯有敬畏传统，礼敬前贤，守正创新，拾阶而上，方可青山依旧，绿水长流。站在70年办学的历史之巅，我们抚今追昔，凭高望远，倍加珍惜前辈先贤奠定的坚实教育基业，愈加敬畏中国舞蹈波澜壮阔的发展历史。

回眸70载，北舞人因事而化、因时而进、因势而新，始终坚持"双百"方针、"二为"方向和"双创"指引，以中国舞蹈教育"国家队"的责任引领发展方向。北舞始终是新中国舞蹈教育的奠基者、舞蹈教育体系的创建者、舞蹈高端人才的培养者、舞蹈先进观念的引领者、舞蹈先锋作品的研创者。学院积淀了中国舞蹈教育近现代发展的历史底蕴，借鉴国际舞蹈发展的最新成果，形成具有鲜明中华文化属性和开放包容特质的办学传统，成为中华舞蹈文化的守正创新者，使中国舞蹈成为世界舞蹈中具有鲜明文化辨识度的重要组成部分。

木铎金声，滋兰树蕙。回眸70载，学院先后培养了19195名学生，其中4475名中专生、7730名本科生、1953名研究生、380名留学生、4657名继续教育学历生。这些人才支撑了新中国不同时期对舞蹈高端人才的基本需求。70年来，我们将舞蹈艺术教育的触角探向丰富多彩的美育世界，非学历教育覆盖5.51万人次，舞蹈考级教育覆盖1100万余人次，培训专业从业人员125万余人次，这让舞蹈艺术的光辉几乎照亮全中国每一个角落，可谓"芝兰绕阶，桃李满园"。

回眸70载，学院集聚了全国最优秀的舞蹈师资，先后有1547名教师在校园里披星戴月，播种耕耘，甘为人梯，筑梦桃李，形成集成牵引的人才矩阵、近悦远来的人才生态和名师荟萃的聚才效应。"人事有代谢，往来成古今。"历代北舞教师听党话、跟党走，心怀祖国人民，响应时代号召，追求艺术理想，以身许国，以舞言志，对事业矢志追求，对同道热情托举，对学生真诚关爱，既为经师，亦为人师。

"岁月不居，时节如流。"回眸70载，新中国舞蹈教育事业与时代同行，不断成其大，就其深，中国式现当代舞蹈事业蒸蒸日上，蔚然成林。回溯峥嵘岁月，有风雨如晦，有惊涛拍岸，北舞前贤砥砺廉隅，依然坚忍不拔，孜孜以求，昨今往事，均付时光。他们以舍我复谁的气度、负重致远的担当，筚路蓝缕，以启山林，无顾寒俭之素，无畏创基之艰，无常、无我、无畏，先觉、先行、先创，"羊公碑尚在，读罢泪沾襟"。

犹记得，那天，在漫天之雨中，我们涕零如雨，缅怀奠基学院事业的首任校长戴爱莲先生，追念创校前辈们的风雨人生；那天，我们在学院内树立吴晓邦先生塑像，学术性复原先生正在佚失的舞蹈作品；那天，我们纪念陈锦清院长，从家属手中接过沉甸甸的工作笔记；那天，我们在人民大会堂纪念贾作光先生诞辰一百周年，在国家大剧院再现先生创演的作品……至今，一系列"礼敬前贤，致敬大先生"的活动仍在进行中。

事变境迁，皆有所以。在学院 70 年院庆之际，我们追溯既往，审思当下，镜鉴未来，便有了学院系列文化计划。

我们通过"70 年 70 堂公开课计划"，遴选出 70 堂代表性课程，聚焦教育教学和人才培养核心领域，沉淀办学历史，展示办学成就，汇聚办学力量，研发课程课例，实现典型示范，分享教育资源，赓续教学传承。

我们通过"70 年 70 部原创小微作品扶持计划"，搭建舞蹈学府积累知识、创造学问、滋养文化的平台，助推学院优秀教师及青年学子苦心向学，探索未知，以创促学，化茧成蝶，激醒编创欲望，激发编创潜能，激活艺术机制，激励艺术创造。

我们通过"70 年 70 部短视频传播计划"，利用数字化媒介收集、整理、传播学院优秀的教育案例、有价值影响力的校园生活、代表性艺术家和艺术活动，向社会输出有能量、有高度、有温度的舞蹈文化。

我们通过"70 年 70 部优秀著述出版计划"，披沙拣金，掇菁撷华。几代北舞人撰书立学，以著述表达思想，以研究探索未知，在传承弘扬北舞文化传统上见人、见事、见情、见思想、见文化。

我们希望此书系面对时代的变迁、社会的转型、艺术的发展、审美的变化，以强烈的历史主动性、以自觉的艺术教育思考向舞蹈的至深处进军，理解艺术真谛，把握艺术规律，捕捉舞蹈发展新气息，创造舞文化新场面，引导舞蹈艺术新风尚，不断突破认知边界，以对艺术更深刻的理解驱动舞蹈教育面向未来的发展。

我们希望通过此书系能梳理学院教育制度沿革的历史、学科专业发展的历史、课程教材发展的历史，梳理代表性教师、代表性课程、代表性教材、代表性学术成果、代表性剧目创作及代表性艺术教育观念，更深刻地反映中国舞蹈教育发展的理论高度、思想深度、实践厚度、情感温度，成为呈现中国舞蹈教育历程的信史、揭示中国舞蹈教育规律的密钥。

我们希望此书系能深刻总结北舞人特有的精神世界，即站在巅峰依然眺望远方的鸿鹄之志、海纳百川的艺术观念、接续发展的科学战略、自我革命的进取之心、敏言力行的优良作风、团结合作的统一步调、激发艺术活力的民主风气。自觉弘扬历代北舞人在艺术教育过程中所体现的政治坚定的立场，历史主动的精神，开放包容的气度，求是致用的作风，实践思维的方法，文舞相融的观念，爱国爱校爱舞蹈的情怀和为人民而舞、为时代建功的价值追求。

我们希望此书系能主动聚焦国家重大文化战略需求，系统回答舞蹈艺术领域的人民之问、时代之问、中国之问、世界之问，研究解决事关中国舞蹈特别是舞蹈教育全局性、根本性、关键性的重大问题，全面构建中国特色舞蹈艺术的学科体系、学术体系、话语体系，为舞蹈教育面向未来的发展提供理论先导。以学术的方式让美的艺术更有文化，让美的涵养更加厚重。

我们希望此书系能认真总结历代北舞人探索未知、及锋而试的勇气，不期修古，不法常可，随时势而脉动，立潮头而奋发，实现传统与现代的有机衔接，打开舞蹈教育创新空间，以先进舞蹈文化的真理之光激活优秀办学传统的基因，推动舞蹈教育的生命更新和现代转型，推动优秀办学经验和传统文化的创造性转化和创新性发展，建设中华民族现代舞蹈文明。

"江山留胜迹，我辈复登临。"对历史最好的礼敬就是创造新的历史，对传统最好的礼敬就是创造现代文明。当今正是春风时，建设中国舞蹈高端人才培养中心、中国舞蹈学术研究中心、中国舞蹈作品研创中心、中国舞蹈文化传承创新中心、中国舞蹈数字教育中心的宏图正在北舞全面展开。我们应以先进的舞蹈教育观念、优质的舞蹈教育扩容、贤哲云集的人才变量效应，以及更自觉的舞蹈学术、学院风格的舞蹈创作、更开放包容的舞蹈教育国际化、舞蹈教育的数字化赋能、舞蹈课堂中的革命风暴迎接未来。

"天地英雄气，千秋尚凛然。"人类的具体历史，一定是所有人的历史，每个人和每件事都将被铭记在历史长河中。70年来，是无数或知名或不知名的北舞人的具体历史实践，所贡献出的光和热，带给我们无限温暖和精神力量，形成了独属于北舞的精神世界。回眸70年激情的历史和光辉的岁月，是几代北舞人的拼搏、奋进、勇气和担当，是几代北舞人传承有序、艺脉相承的生动缩影，代代滋养，代代花开。我们谨以本套书系向过去、当下和未来忠诚献身舞蹈教育者致敬。

北京舞蹈学院党委书记

北京舞蹈学院党委副书记、院长

2024年7月

中方主编的前言

"彼得·古雪夫"(Pyotr Gusev)这个名字对于我们每个中国舞蹈界人士而言,可谓如雷贯耳!他是根据《中苏友好同盟互助条约》,受苏联政府派遣,于1957年12月至1960年6月前来我国,在刚刚成立3年多的北京舞蹈学校担任第二届舞蹈编导训练班的教员,不仅在与同期来北舞教学的芭蕾基本功教员瓦莲丁娜·鲁米扬采娃(Valentina Lumyantseva)、双人舞教员尼古拉·谢列勃连尼科夫(Nikolai Shelebolenikov)的精诚合作下,于短短的两年半时间里,为我们复排并公演了《天鹅湖》(Swan Lake,1958)、《海侠》(Le Corsaire,1959)、《吉赛尔》(Giselle,1960)这3部欧美经典芭蕾舞剧,更以总导演的身份,指导中国学员编导并公演了民族舞剧《鱼美人》(The Chinese Mermaid,1959),进而成为名副其实的新中国芭蕾,乃至整个舞蹈事业的重要奠基人。[1]

---

[1] 参见北京舞蹈学院院志编委会编《北京舞蹈学院志·1954—1992》,1992年,第291—292页;邹之瑞《新中国芭蕾舞史》,清华大学出版社2013年版,第23—29页;许定中、李春华、刘秀乡、王菲叶《中国芭蕾舞史》,中央民族大学出版社2016年版,第39—71页。

作为新生代的舞蹈研究者,我最早是从《舞蹈》杂志1958年的第4期上,亲睹到古雪夫先生那可亲可敬、机智幽默的形象的!这要感谢我自幼受父母影响,酷爱购买并收集连环画和歌曲集(中小学时期),花鸟图谱(做玉雕工时期,其间还鬼使神差般地订阅了一年"文革"后恢复出版的《舞蹈》杂志),外语教科书、语法书和工具书(本科生时期),以及中外文舞蹈及相关艺术、哲学、美学书籍、报刊(研究生时期)的嗜好,因而在读研的第一年(1982),我便于中国书店补齐了一套从1958年创刊到1966年(仅出版了前3期,后因"文革"爆发而停刊)、1977—1981年的《舞蹈》杂志,并在1958年第4期(7月5日出版)的中间插页上,看到了古雪夫大师为白淑湘和刘庆棠两位老师排练《天鹅湖》的照片,作为这部经典芭蕾舞剧于7月1日党的生日首演的唯一记录![1] 让我颇感遗憾的是,当时的《舞蹈》杂志对这部完全由中国舞者担纲、具有重大现实意义和深远历史意义的经典芭蕾舞剧《天鹅湖》在中国的首演,居然没有发表一篇评论,甚至连一篇报道也没有,实在让我匪夷所思!

回想起来,我第一次目睹古雪夫大师表演的动态形象,是在1988年首次赴美深造期间。在美国舞蹈节(American Dance Festival)主办的"舞蹈评论班"上,担任主课的老师——《纽约时报》(*The New York Times*)的首席舞评家安娜·吉赛尔科芙(Anna Kisselgoff)给我们讲授《苏俄芭蕾史》时,曾播放了一盘名为《俄罗斯芭蕾的明星们》(*Stars of*

---

[1] 吴化学:《北京舞蹈学校即将演出"天鹅湖"》,《舞蹈》1958年第4期。

the Russian Ballet）的录像带，由加林娜·乌兰诺娃（Galina Ulanova）、娜塔丽娅·杜金斯卡娅（Natalia Dudinskaya）、康斯坦丁·谢尔盖耶夫（Konstantin Sergeyev）、玛雅·普利谢茨卡娅（Maya Plisetskaya）、彼得·古雪夫（Pyotr Gusev）、尤里·日丹诺夫（Yuri Zhdanov）、瓦赫坦·查布基阿尼（Vakhtang Chaboukiani）分别主演的《天鹅湖》（Swan Lake）、《巴赫奇萨拉伊的泪泉》（The Fountain of Bakhchisaray）和《巴黎的火焰》（The Flames of Paris）的浓缩版，而我在《巴赫奇萨拉伊的泪泉》中，则头一回见到了古雪夫！他在饰演鞑靼王吉列伊时的那种彪悍骁勇且不可一世的气质，在见到由乌兰诺娃饰演的波兰公主玛丽娅时的那种坠入情网与顶礼膜拜的激情，在看到玛丽娅被由普利谢茨卡娅饰演的王妃扎烈玛用匕首杀死时的那种悲恸欲绝，以及在下令将后者处以死刑时的那种大义灭亲时，我激动得热泪喷涌！安娜老师一时不解地问我缘何如此激动，我一口气回答说："我见到古雪夫了！他可是我们中国芭蕾的祖师爷呀！！没有他，我不知道今天的中国芭蕾会是什么模样！！！"安娜老师为我的情商之高所感动，当即便将这盘价值连城的录像带送给了我，而我在回国之后，曾与朱立人老师分享过这部经典舞剧的录像片，并听他点评过其中的精彩看点，以及他与大师朝夕相处时的一些细节！

在此后的30多年中，我先后买到的数百张芭蕾DVD中，还有两张收录了古雪夫的舞蹈表演，一张是法语的《大剧院与俄罗斯芭蕾》（Le Bolchoi & Les Ballets Russes），其中有古雪夫与其第一位夫人奥尔加·曼加洛娃（Oleg Mungarova）在反法西斯前线表演的双人舞，其高涨的激情与高难的技术让我心悦诚服地明白了，国内外专家称他为"托举之王"可谓实至名归；另一张是英语的《大剧院的辉煌》(The Glory of the Bolshoi)，其中收录了两部古雪夫的经典，一部是前文所述的《巴赫奇萨拉伊的泪泉》(1953)的碟版，另一部则是他和奥尔加·列别辛斯卡娅（Olga Lepeshinskaya）共同表演的双人舞《莫什科夫斯基的圆舞曲》(Moszkovsky Waltz, 1940)。这段经典双人舞1960年曾由古雪夫亲自给北京舞蹈学院的学生们复排过，并易名为《青年圆舞曲》。2023年，我在为沈济燕老师出版的《记忆犹新的昨天：记中国第一代芭蕾舞演员》①一书撰写书评时，曾将这段经典双人舞的来龙去脉和我的作品分析写在了这篇书评之中：

沈老师最让北舞的同学们津津乐道的表演，要算她在1960年毕业考试中跳的那段《青年圆舞曲》了，因为这个舞段把她那股敢打敢拼的勇气和出类拔萃的爆发力发挥到了极致，以至于她刚跳完，苏联驻华大使馆的官员们就都冲上了舞台，冲着她齐声高喊"列别辛……！列别辛……！"原来，列别辛斯卡娅是20世纪30年代末至20世纪50年代末，素有"激情似火、令人惊艳、动作规范、敢冲敢闯、技术过人，体力可与男演员媲美、凌空飞跃既高又飘"之美誉的苏联芭蕾巨星！而这段《青年圆舞曲》最初则是苏联芭蕾编导大师瓦西里·瓦伊诺宁（Vasily Vainonen）在20世纪20年代为圣彼得堡的青年芭蕾舞团量身打造的处女作，两位首演舞者则是古雪夫及其夫人曼加洛娃，目的就是要让他们能够释放其取之不尽的青春能量、炫耀其无

---

① 参见沈济燕《记忆犹新的昨天：记中国第一代芭蕾舞演员》，香港中国书局2023年版。

所不能的高难技术。由于音乐出自祖籍波兰的钢琴家和作曲家莫什科夫斯基，这个舞段也叫《莫什科夫斯基的圆舞曲》，并因深受各界观众的欢迎，在 1930 年由古雪夫夫妇搬上了位于列宁格勒的国家模范歌剧和芭蕾舞剧院（即 1935 年后易名的基洛夫剧院、1991 年再次易名的马林斯基剧院）的大舞台，此后还由他俩带到了反法西斯战争的前线，为苏军的将士们表演，极大地鼓舞了他们克敌制胜的勇气。

据英文版的《国际芭蕾辞典》(International Dictionary of Ballet，1993) 和《俄罗斯芭蕾大历史》(The Great History of Russian Ballet，1998) 介绍，这位列别辛斯卡娅不仅技术过人，而且戏路宽广，尤其擅长喜剧，尽管先后主演过《堂·吉诃德》(Don Quixote)、《睡美人》(The Sleeping Beauty) 和《天鹅湖》等俄罗斯古典芭蕾时期的经典舞剧，并在俄罗斯现代芭蕾大师 A. 戈尔斯基（Alexander Gorsky）的《无益的谨慎》(Vain Precautions)，苏联现代芭蕾大师莱奥尼德·雅科布松（Leonid Jacobson）的《吉卜赛人》(Gypsies)、《盲女》(Blind Girl)、《狂想曲》(Fantasia)、《一只鞋》(A Shoe)，亚历山大·拉敦斯基（Alexander Radunsky）的《斯维特拉娜》(Svetlana)，瓦西里·瓦伊诺宁的《巴黎的火焰》，莱奥尼德·拉夫罗夫斯基（Leonid Lavrovsky）的《红花》(The Red Poppy)，以及罗斯季斯拉夫·扎哈罗夫（Rostislav Zahkharov）的《高加索的俘虏》(The Prisoner of the Caucasus)、《塔拉斯·布尔巴》(Taras Bulba)、《灰姑娘》(Cinderella)、《情人变女佣》(Mistress into Maid)、《青铜骑士》(The Bronze Horseman) 等多部舞剧中担任过主演，但她最擅长的还是《无益的谨慎》中的丽萨和《堂·吉诃德》中的基特丽这两个喜感十足的角色，而最能展示其高超技术的舞段则非《堂·吉诃德》第三幕中的大双人舞，以及这段与古雪夫共舞的

《莫什科夫斯基的圆舞曲》莫属了！

令人叫绝的是，这个舞段虽然只有3分50秒，但古雪夫和列别辛斯卡娅这两位舞蹈家一连串迟至六七十年后的今天，才能在冰上舞蹈中亲睹的种种难度系数与危险系数等高的托举动作，则足以让我们屏息——首先是女生纵身跳进行走中的男生怀中，而男生则当即把她托至高空，甚至抛向高空（行话叫作"蹲鱼儿"）；随后是女生纵身跳进原地站稳的男生怀中，男生当即在不同的把位和速度上完成各式旋转；最后是女生接连两次远距离地纵身跳进男生的怀中，男生当即双手将躺平后的她稳稳接住，并立即将她向内抛转两圈（行话叫作"双鱼儿"）——古雪夫真不愧是"力大无比且经验丰富"的"托举之王"，其从容不迫的状态让列别辛斯卡娅在百分百的安全保障下，面带微笑地奋不顾身、勇往直前！①

作为这篇前言的核心内容，我想借助多部外文工具书及杂志（详见附录）提供的丰富资料，以及我本人对古雪夫多年的研究，对他的生平往事和毕生贡献做一个简明扼要的介绍，并以此来表达我们对他的无限崇敬和永远的感恩。这个介绍的最初文本发表在高等教育出版社2008年约我撰写的"高等教育'十五'国家级规划教材"《外国舞蹈史及作品鉴赏》中，而这个版本迄今已经印刷了24次。换言之，古雪夫的英名与贡献，尤其是他对中国芭蕾的开拓之恩，已为数万名中国读者们所熟知：

---

① 欧建平：《一段呼之欲出的新中国芭蕾史——拜读〈记忆犹新的昨天——记中国第一代芭蕾舞演员〉》，《舞蹈》2023年第2期。

彼得·古雪夫！他不仅是苏联芭蕾的代表人物，而且是俄罗斯芭蕾在中国最重要的传播者。1904年，他出生于圣彼得堡，1987年逝世于列宁格勒。早年，他在俄罗斯芭蕾巨星 O. 普列奥布拉金斯卡娅（Olga Preobrajenskaya）的力荐下，考入马林斯基剧院芭蕾舞学校，师从 A. 希里亚耶夫（Alesandr Shiryayev）和 V. 波诺马廖夫（Vladimir Ponomarev）学舞，同时与 G. 巴兰钦（George Balanchine）为友，不仅参加了他在学生时代组建的青年芭蕾舞团，而且演出了他的实验性芭蕾新作。1922年毕业时，他加盟马林斯基剧院芭蕾舞团，先后在编导大师 F. 洛普霍夫（Fyodor Lopukhov）的舞剧《冰美人》(*The Ice Maiden*，1927)和《胡桃夹子》(*The Nutcracker*，1929)、V. 瓦伊诺宁的《巴黎的火焰》(1932)中创造了主要角色。与此同时，他还经常与夫人和舞伴 O. 曼加洛娃同台表演旋转如同疾风、托举易如反掌的双人舞，甚至奔赴前线，冒着敌人的炮火，为苏军将士们表演，其饱满的激情和精湛的技艺备受欢迎。1935年，他调往莫斯科大剧院芭蕾舞团，任独舞演员达10年之久，同时在该团的附属芭蕾舞学校兼任校长直至1941年。1945年，他返回列宁格勒，在基洛夫芭蕾舞团出任艺术总监和编导至1950年，1960年至1962年在小剧院芭蕾舞团，1963年至1966年前往新西伯利亚剧院，出任了同样的职务。1967年至1969年，他还曾在列宁格勒室内芭蕾舞团出任了艺术总监。

作为教育家，他1922年至1966年，曾先后在列宁格勒戏剧艺术学院、列宁格勒国家音乐会组织、列宁格勒舞蹈学校、列宁格勒小剧院芭蕾舞团、莫斯科大剧院芭蕾舞团、莫斯科斯坦尼斯拉夫斯基与涅米罗维奇—丹钦科音乐剧院芭蕾舞团任教，1966年开始出任列宁格勒音乐学院编导系主任，1973年晋升为教授。

作为文化使者，古雪夫生前曾多次受苏联政府的派遣，出国传授俄罗斯的芭蕾艺术，其中包括1957年至1960年间带病来华，在新中国的第一所专业舞蹈教育机构——北京舞蹈学校开设的第二届舞蹈编导班任教，其诚恳的待人接物与忘我的工作精神、渊博的文史知识与丰富的艺术想象，为新中国的芭蕾，乃至整个舞蹈事业，培养了大批的栋梁之材，更以总导演的身份，手把手地指导中国学生们演出了俄罗斯和法兰西的3部经典芭蕾舞剧《天鹅湖》(1958)、《海侠》(1959)和《吉赛尔》(1960)，并以毕业作品的形式，创作演出了中国题材的民族舞剧《鱼美人》(1959)，由此在中国舞剧史上留下了光辉的一页，并为中国芭蕾舞蹈家们日后独立创作的《红色娘子军》(1964)，打下了坚实的基础。[①]

这部纪念文集由三编组成：上编的标题是"接续中俄舞蹈界的传统友谊"，收录了我与旅俄青年学者张天骄博士，受北京舞蹈学院的委托，自2024年3月开始，在北京和莫斯科两地，为获取俄方授予汉译版权而撰写的大量信件中的最具代表性的几篇；更有北京舞蹈学院科研处李卿处长与А. А. 索科洛夫-卡明斯基主编、北京舞蹈学院许锐院长与圣彼得堡音乐学院А. Н. 瓦西里耶夫院长之间互致的公函，以及两封我向李卿处长所做的工作报告。

中编的标题是"来自中国的缅怀与感恩"，首先收录了我自1985年进入中国艺术研究院舞蹈研究所，1986年负责外国舞蹈研究室，开始重

---

① 欧建平：《外国舞蹈史及作品鉴赏》，高等教育出版社2008年版，第119页。

点研究"中外舞蹈交流史",特别是2014年开始主持中国国家社会科学基金艺术学重点项目"现当代舞蹈的传播与跨文化研究"至今的10年来,所收集的中国舞蹈家缅怀古雪夫大师的各种文献摘要,时间跨度从1959年至今,并以"古雪夫中国弟子们的评论、回忆与感恩"为标题,分别摘取了李承祥、王世琦、游惠海、房进激、白淑湘、沈济燕、万琪武、贾作光、朱立人共9位前辈在不同年代撰写的相关文章;然后是我早已设计好的栏目——"译者团队的肺腑之言",特约3位青年学者随手记录了自己的切身体会,以便同我们未来的读者们分享自己的独到体会,因为我作为翻译出身的研究人员,对这个"第一读者"的职业有着深厚的感情与特殊的认知;最后则是两个附录:一个是我们4位小组成员的简介,另一个则是"中西文中关于古雪夫的文章目录",希望为未来的研究者们打开方便之门。

下编《来自俄罗斯的挚爱与追思》则是我们对卡明斯基先生主编的这部《芭蕾骑士——彼得·古雪夫纪念文集(1904—1987)》的忠实翻译,全书是俄罗斯舞蹈界2004年隆重纪念古雪夫大师百年华诞活动的文献记录,2006年,由他曾出任编导系主任的圣彼得堡国立里姆斯基-科萨科夫音乐学院出版。

丰富多彩的内容中,首先吸引我们的是48张老照片,我们可在其中拜见到从古典芭蕾晚期到现代芭蕾早期曾风靡俄罗斯—苏联芭蕾舞台的炫技明星O.普列奥布拉金斯卡、芭蕾名师A.希里亚耶夫和V.波诺马廖夫,他们都是古雪夫学生时代的伯乐;接着是18岁的古雪夫与同班同学的毕业照,其中比他小半岁的L.拉夫罗夫斯基,后来成了苏联芭蕾经典舞剧《罗密欧与朱丽叶》的编导大家;随后是交响编舞大师F.洛普霍夫、作曲家 B. 阿萨菲耶夫、理论家 Y. 斯洛尼姆斯基的肖像，他们都是古雪夫的亲密合作者；更有 5 位苏联时期的芭蕾表演大师 M. 谢苗诺娃、G. 乌兰诺娃、S. 戈洛芙金娜、N. 杜金斯卡娅和 K. 谢尔盖耶夫，他们都是古雪夫同时代的代表人物；紧接着是列宁格勒小剧院的时任院长 B. 扎古尔斯基，古雪夫为能在苏联复排上演我们的中国舞剧《鱼美人》，曾与他反复交涉，但终因中苏关系的破裂而未能如愿；最后的两张合影中，可以看见古雪夫与两位经他推举而成名的编导家 N. 多尔古申、O. 维诺格拉多夫。在随后的大量剧照中，首先是 6 张《七美人》的单、双、三、群舞，由此为我们研究古雪夫在编舞中的空间设计理念提供了形象的资料；而最为抢眼的照片，当然是古雪夫本人在《红罂粟花》《葛蓓丽娅》《巴赫奇萨拉伊的泪泉》《清澈的小溪》《雷蒙达》《吉赛尔》等 8 部芭蕾舞剧中塑造的性格迥异的舞蹈形象了，而他在教学、排练、讲评、开会、与演员们聚会、接受鲜花时的各种形象，则展现了他的多才多艺与能者多劳；最后是两张古雪夫的肖像，令人肃然起敬的同时，亦让人懂得了他不仅足智多谋，而且还颇有演员天分。当然，最让我们中国读者感到欣慰的剧照，还是古雪夫 1958 年为我们复排的《天鹅湖》二幕中那个双人舞与大群舞合一的大场面了，只是看不清两位男女主演究竟姓甚名谁。

　　文字部分中，首先是由卡明斯基撰写的"俄方主编的话"，以及著名舞蹈理论家和剧作家 Y. 斯洛尼姆斯基撰写的"序言：人尽其才　才尽其用——创作概貌与特征"。

　　四个部分中的第一部分"向大师致敬"，共收录了 9 篇文章，作者大多是因受到古雪夫大师的提携而成就显赫的舞蹈实践家，因而赞美古雪夫为"巨匠""革新家"和"雷霆万钧的火星或赫米斯小行星的形象",就是情理之中的事情了;而E.什马科娃对古雪夫的舞剧《七美人》所做的细描,则为我们研究古雪夫在舞剧创作领域中的观念、意识、方法和技术提供了空前丰富的文献;最后一篇文章出自著名美学家和艺术理论家V.万斯洛夫,而他在标题中便称古雪夫为"芭蕾理论家、芭蕾评论家"便足以说明,古雪夫在实践和理论这两个方面的学养堪称深厚。

第二部分"回忆之夜"收录了主持人O.罗扎诺娃的致辞,以及13位舞蹈家的12篇发言,其中让我多次泪奔的是古雪夫大师的千金T.伊万诺娃的倾情诉说,以及古雪夫舞伴O.列别辛斯卡娅的亲身经历,而知名度最大的表演大师是N.杜金斯卡娅和K.谢尔盖耶夫夫妇,成就最为显赫的编导大师则要数N.多尔古申、O.维诺格拉多夫和B.艾夫曼了——他们均从不同的视角,为我们描述了这位既平凡又伟大的古雪夫,比如"从不逢场作戏,从未品尝过嫉妒,也不担心有人冒犯;创作能力出众,新作不断诞生;年轻时言辞犀利,年老时异常细腻;热爱诗歌、大自然、美食、待客;音乐天赋出众,追求完美主义;对当权者不屑一顾,即使为此吃尽苦头也不改变;虽然患有心脏病,却靠散步、骑车、划皮艇、做体操、练气功、举哑铃等多种运动方式益寿延年;生活中虽不健谈,却是讲故事的能手;喜欢购买礼物送给朋友并结交朋友;作为一位父亲,他热爱女人,崇拜谢苗诺娃、乌兰诺娃、维切斯洛娃,并在追求后者遭到拒绝后依然与她做朋友";"作为舞伴,他纯属罕见且才华横溢,能用两根手指让舞伴感觉不到被托举,但又确信自己被他所持抱";"作为男人,女人心甘情愿为他而死";"作为艺术家,他是一个文艺复兴时期的人";"作为教师,他追求新生事物、懂得技术原理;作为学者,他关心文化遗产、探索不同方向;作为艺术总监,他懂得如何尊重艺术家,善于协调各种工作";"作为芭蕾元老,他善于发掘优秀演员和编导,但不收他们礼物";"作为好导演、好领导,他不知疲倦、热爱演员"……毫不夸张地说,上述的任何一种形象,都让我禁不住心动过速且心驰神往,后悔自己生不逢时,无缘蒙受他的恩宠,未能感受他的阳光。我深信,每位身心尚不麻木的读者,一定能够与我共情,并争先恐后地拜读这些文章!

第三部分"彼得·古雪夫的文学遗产"精选了古雪夫大师的9篇期刊文章、1篇《睡美人》编导笔记、1篇采访录、2个舞剧剧本和1封短信。其中,我们中国读者先睹为快的文章一定会是第一篇——《欢迎你们,亲爱的中国朋友们!》,这是古雪夫先生回到苏联之后不久,为欢迎中央歌剧舞剧院(即今天的中国歌剧舞剧院)赴莫斯科、列宁格勒、明斯克演出《雷峰塔》《小刀会》和《宝莲灯》这3部中国舞剧而撰写的文章,文中不仅充满了他对中国舞蹈和中国文化的深情厚谊,而且展示了他在中国教学两年半中,对中国舞蹈史的潜心学习和对中国古典舞的深刻认识,而卡明斯基主编从古雪夫的海量文章中挑选出来的第一篇,居然就是这篇欢迎中国舞剧赴苏联巡演的,这个选择本身很有意味,既可以充分说明他对古雪夫的中国情结了若指掌,也自然而然地表明了他本人对中国文化由来已久的友好与向往。2个舞剧剧本中的《人参》,居然就是《鱼美人》的前身,这让我们了解到,古雪夫早在来中国之前,便有志于创作中国题材的舞剧了。此外,这篇《睡美人》的编导笔记,可为我们全面了解这部"古典芭蕾的百科全书"提供最完整亦最丰富的文献资料，而其中使用的大量法语术语，则足以为我们的排练老师提供最详尽的舞蹈台本。不过，这些文章中，最有学术价值的当数《理解、热爱和珍惜杰作！》《谁是芭蕾编导？》《对古典文化遗产的思考》《传统与创新》这几篇极具问题意识的论文，古雪夫在其中义正词严地指出，20世纪六七十年代，某些苏联剧院不假思索地使用了"外国舞蹈编导所掌握的、形式上现代的舞蹈创作方式"，任意篡改18世纪以来法国和俄罗斯的经典舞剧，"那便是一种罪过"，而由此提出来的必须严肃认真、一丝不苟地对待和保存19世纪中期以来的俄罗斯古典芭蕾舞剧遗产的观点，则充分表现出这位颇具使命感的舞蹈家对于历史的尊重和对于未来的责任。

在第四部分"彼得·古雪夫与音乐文化界人士的通信"中，A. A. 索科洛夫-卡明斯基主编特邀出版商 A. 帕夫洛夫-阿尔贝宁和 N. 杜纳耶娃挑选了古雪夫与10位音乐文化界人士之间的50封书信，我们可以从中感受到他与人为善的品行、谦谦君子的风度、娓娓道来的学养和虚心求教的态度。

不过，最能引起我关注的信件，当然还是与我们中国有关的那几封，包括古雪夫同列宁格勒小剧院院长 B. 扎古尔斯基商议，如何把他在北京舞蹈学校导演的中国舞剧《鱼美人》搬上苏联舞台的计划；为了在北舞顺利复排芭蕾舞剧《海侠》，他恳请这位院长把钢琴谱寄到北京来的要求；以及关于他来华教学安排的多次变更；等等。这些重要的细节，无疑满足了我向古雪夫大师靠拢的迫切愿望，但同时更激起我想更多地了解他的欲望！

长话短说，谨以这部中俄两国舞蹈家们携手同心，隆重纪念俄罗斯芭蕾大师彼得·安德烈耶维奇·古雪夫的文集，为接续中俄舞蹈界的传统友谊共尽绵薄之力，并能将两国舞蹈界间的交流学习深入细致地进行下去……

欧建平

中国艺术研究院舞蹈研究所名誉所长

博士研究生导师

文化部"优秀专家"

中国舞蹈家协会"突出贡献舞蹈家"

北京舞蹈家协会"30 年来最受欢迎舞评家"

2024 年 8 月 20 日于北京

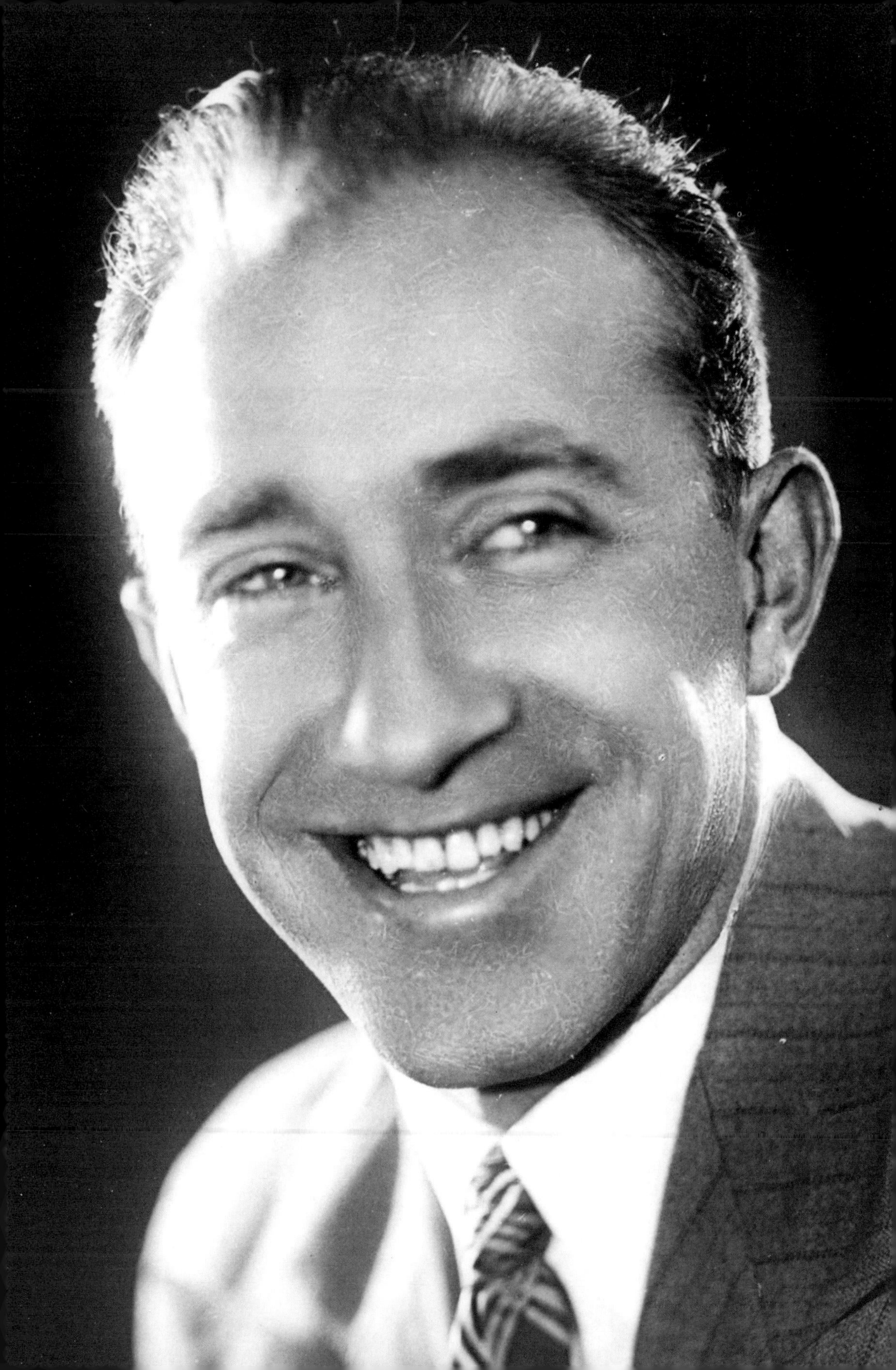

谨以这部中俄两国舞蹈家携手同心编辑的纪念文集，献给我们共同的芭蕾大厦的卓越建造者——彼得·安德烈耶维奇·古雪夫先生的120岁华诞（1904—2024），正是他的才华与创造力，助推了中俄两国芭蕾的蓬勃发展。让我们共祝两国舞蹈与其他各领域的传统友谊万古长青！

Эта памятная антология, подготовленная китайскими и российскими специалистами, посвящена 120-летию со дня рождения Петра Андреевича Гусева (1904–2024), выдающегося созидателя нашего общего балетного искусства. Это его талант и творческая энергия помогли рождению и расцвету балета в Китае. От всей души желаем, чтобы традиционная дружба между нашими странами и в этой области, как и в остальных, продолжалась всегда, во все времена!

中方主编：欧建平

中国艺术研究院舞蹈研究所
名誉所长、研究员
中国文化部优秀专家
中国舞蹈家协会突出贡献舞蹈家
2024 年 8 月 28 日于北京

俄方主编：А. А. 索科洛夫 - 卡明斯基

俄罗斯高等教育体系"舞蹈艺术史论"
专业创始人
国立里姆斯基 - 科萨科夫音乐学院教授
俄罗斯功勋艺术家
2024 年 8 月 30 日于圣彼得堡

目录

上编　接续中俄舞蹈界的传统友谊

003　张天骄博士致 A. A. 索科洛夫 - 卡明斯基主编及夫人的信

　　（汉语文本）

005　北京舞蹈学院科研处致 A. A. 索科洛夫 - 卡明斯基主编的信

　　（汉语版）

007　北京舞蹈学院科研处致 A. A. 索科洛夫 - 卡明斯基主编的公函

　　（汉语版扫描件）

008　欧建平致北京舞蹈学院科研处李卿处长的第一份工作报告

010　卡明斯基主编在北舞科研处公函上直接授予的汉译版权

011　卡明斯基主编以北京舞蹈学院院长的名义，给圣彼得堡国立里姆斯基 - 科萨科夫音乐学院的 A. H. 瓦西里耶夫院长起草的公函

　　（俄汉双语版）

015　北京舞蹈学院许锐院长致圣彼得堡音乐学院瓦西里耶夫院长的公函（汉语版）

017　北京舞蹈学院许锐院长致圣彼得堡音乐学院瓦西里耶夫院长的公函（俄语版）

019　圣彼得堡音乐学院瓦西里耶夫院长致北京舞蹈学院许锐院长的公函（俄语版）

021　圣彼得堡音乐学院瓦西里耶夫院长致北京舞蹈学院许锐院长的公函（汉译版）

024　欧建平致北京舞蹈学院科研处李卿处长的第二份工作报告

中编　来自中国舞蹈界的缅怀与感恩

029　中方主编的话

035　古雪夫中国弟子们的评论、回忆与感恩 / 欧建平　选编

036　古雪夫编导班的助教与学员名单

037　李承祥对古雪夫的回忆

047　王世琦对古雪夫的回忆

052　游惠海当年对古雪夫的评论与总结

- 056　房进激对古雪夫的回忆
- 065　其他几位成绩斐然的学员概况
- 069　白淑湘对古雪夫的回忆
- 073　沈济燕对古雪夫的回忆
- 075　万琪武对古雪夫的回忆
- 076　陈爱莲对古雪夫的回忆
- 081　贾作光对古雪夫的回忆
- 087　朱立人对古雪夫的回忆与译文

099　译者团队的肺腑之言

- 100　记《芭蕾大师古雪夫纪念文集》的翻译历程　/　张天骄
- 106　致敬新中国芭蕾的领航者
  　　——彼得·安德烈耶维奇·古雪夫　/　赵鸿
- 110　《芭蕾骑士——彼得·古雪夫纪念文集（1904—1987）》译后记　/　王彬
- 114　精神的洗礼与深刻的反思　/　欧建平

131　中编附录

- 132　附录一：中方主编简介
- 133　附录二：译者简介
- 134　附录三：中西文里关于古雪夫的文章目录　/　欧建平　编选

下编　来自俄罗斯的挚爱与追思

159　俄方主编的话

164　序言：人尽其才　才尽其用

　　　——创作概貌与特征

169　第一部分　向大师致敬

170　巨　匠 / 尼古拉·博亚尔奇科夫

172　人？本原！ / 加布里埃拉·科姆列娃

176　组织者　教师　指导者 / 奥列格·维诺格拉多夫

188　教师——革新家 / 尼基塔·多尔古申

192　命运的交会 / 拉菲尔·瓦加博夫

196　一生的挚爱 / 鲍里斯·布雷格瓦泽

203　舞蹈编导系——他的孩子 / 柳德米拉·琳科娃

217　芭蕾舞剧《七美人》/ 伊丽萨维塔·什马科娃

244　彼得·古雪夫——芭蕾理论家、芭蕾评论家 / 维克多·万斯洛夫

259　第二部分　回忆之夜

260　奥尔加·罗扎诺娃

262　塔吉雅娜·伊万诺娃

265	亚历山大·别林斯基
267	娜塔丽娅·杜金斯卡娅和康斯坦丁·谢尔盖耶夫
269	诺娜·娅斯特雷波娃
271	阿拉·奥西彭科
274	奥尔加·列别辛斯卡娅
276	尼基塔·多尔古申
278	奥列格·维诺格拉多夫
282	鲍里斯·艾夫曼
283	尼古拉·塔古诺夫
285	盖尔曼·扬森
287	塔玛拉·科索娃

291	**第三部分 彼得·古雪夫的文学遗产**
292	欢迎你们,亲爱的中国朋友们!
296	理解,热爱和珍惜杰作!
305	谁是芭蕾编导?
314	芭蕾舞的朋友们
322	对古典文化遗产的思考
330	舞剧《睡美人》的编导笔记
349	用舞蹈的语言表达当代生活

352　传统与创新

361　采访录：修复师眼中的芭蕾

365　列宁格勒室内芭蕾舞团

367　芭蕾舞剧的剧本

381　**第四部分　彼得·古雪夫与音乐文化界人士的通信**

382　彼得·古雪夫——吸引力与创新性的中心

386　彼得·古雪夫的信件和他人写给他的信件

425　"我想去列宁格勒，我想去小剧院，我想到您那里去……"

469　**下编附录**

470　附录一：彼得·古雪夫的生平、创作及复排年表　/ 编辑：Л. 琳科娃

480　附录二：俄方主编简介

481　附录三：俄方作者简介　/ 编辑：Л. 琳科娃

484　附录四：彼得·古雪夫获得的荣誉及本人撰写的各类文章目录

　　　/ 编辑：克·彼·克利洛娃、A. A. 索科洛夫 – 卡明斯基

496　附录五：有关彼得·古雪夫的文章目录　/ 编辑：克·彼·克利洛娃、

　　　A. A. 索科洛夫 – 卡明斯基

513　中方主编的致谢

上编

接续中俄舞蹈界的传统友谊

张天骄博士致 A. A. 索科洛夫 - 卡明斯基主编及夫人的信 *
（汉语文本）

尊敬的 A. A. 索科洛夫 - 卡明斯基先生（Аркадий Андревич Соколова-Каминский）及加布里埃拉·特罗菲莫芙娜·科姆列娃女士（Габриэла Трофимовна Комлева）：

您好！

我是张天骄，莫斯科国立大学艺术学博士、莫斯科舞蹈学院芭蕾教育硕士，我的博士学位论文是《20世纪俄罗斯芭蕾对于中国芭蕾的影响》，古雪夫先生则是我的主要研究对象。不久前，我在彼得堡的国家图书馆查找资料时，惊喜万分地找到了您主编的文集《芭蕾骑士——彼得·古雪夫纪念文集（1904—1987）》[Петр Гусев—рыцарь балета (1904—1987)]！

2024年9—10月，北京舞蹈学院将隆重举行建院70周年的大庆活动，并出版70本舞蹈书籍，而我通过前辈舞蹈学者欧建平先生的努力，已将您主编的这本《芭蕾骑士——彼得·古雪夫纪念文集（1904—1987）》纳入了整个出版计划。彼得·古雪夫先生曾在1957年12月至1960年6月的两

---

* 这是张天骄为取得这本纪念文集的汉译版权，专程飞往俄罗斯期间，于2024年3月17日，与欧建平共同执笔，给A.A.索科洛夫 - 卡明斯基先生撰写的版权申请信，俄文版由张天骄本人翻译。

年半时间里，通过在北京舞蹈学院的前身——北京舞蹈学校的第二届舞蹈编导训练班上的无私教学、复排经典芭蕾舞剧《天鹅湖》(1958)、《海侠》(1959)和《吉赛尔》(1960)，并以总导演的身份，指导中国青年编导创作中国民族舞剧《鱼美人》等多项工作，为新中国的舞蹈事业做出了重大贡献，因而至今为整个中国舞蹈界所崇敬与铭记。

中国自古就有"吃水不忘挖井人"的优良传统。为了让中国舞蹈界永远铭记古雪夫先生的大恩大德，我们恳望您将《芭蕾骑士——彼得·古雪夫纪念文集（1904—1987）》的中文翻译版权授予张天骄、欧建平两人，以便我们同出版社联系相关事宜。授权期限为2024年3月17日至2029年12月31日。待汉译本出版后，我们将会根据中国国家新闻出版署的具体规定，向您支付版税。为此，请您提供您准确的银行信息。

由于2024年9月近在眼前，我们期待您的尽快回复，并祝您身体健康！

您诚挚的朋友：张天骄
2024年3月17日星期日于莫斯科

北京舞蹈学院科研处致 A.A. 索科洛夫-卡明斯基主编的信*
（汉语版）

尊敬的 A.A. 索科洛夫-卡明斯基先生：

您好！

2024 年 9 月，北京舞蹈学院将要隆重举行建院 70 周年的大庆活动，并出版 70 本舞蹈书籍，而欧建平教授和张天骄博士组建的翻译工作组经过半年来的辛勤努力，即将把您主编的这本《芭蕾骑士——彼得·古雪夫纪念文集（1904—1987）》译成汉语，并申请加入我们的出版计划。如您所知，彼得·古雪夫先生曾在 1957 年 12 月至 1960 年 6 月的两年半时间里，通过在北京舞蹈学院的前身——北京舞蹈学校的第二届舞蹈编导训练班上的无私教学、复排经典芭蕾舞剧《天鹅湖》（1958）、《海侠》（1959）和《吉赛尔》（1960），创作中国民族舞剧《鱼美人》等多项工作，为新中国的芭蕾事业做出了重大的贡献，因而至今为整个中国芭蕾界所崇敬与铭记。

中国自古就有"吃水不忘挖井人"的优良传统。基于此，倘若您能将

---

* 这是张天骄为取得这本纪念文集的汉译版权，专程赶赴俄罗斯期间，根据莫斯科国立舞蹈学院博物馆与档案馆馆长扎伊图娜·哈比卜芙娜·利亚什科（Зайтуна Хабибовна Ляшко）女士的合理建议，欧建平于 2024 年 3 月 20 日，以北京舞蹈学院科研处的名义，给 A.A. 索科洛夫-卡明斯基先生起草的公函初稿，以确保张天骄在与卡明斯基主编素不相识的情况下，能与他讨论版权授予事宜。

《芭蕾骑士——彼得·古雪夫纪念文集（1904—1987）》的中文翻译版权授予张天骄、欧建平，他们二人将能确保全书的翻译质量，并让中国舞蹈界永远铭记古雪夫先生的丰功伟绩，而我们则非常愿意将此书纳入70本书的出版计划，授权期限为2024年3月至2029年12月。需要向您保证的是：在汉译本出版后，我们会根据中国国家新闻出版署的具体规定向您支付版税。为此，请提供您准确的银行信息。

由于2024年9月近在眼前，我们期待您的尽快授权，并祝您身体健康！

（盖章）

北京舞蹈学院科研处

2024年3月20日于北京

北京舞蹈学院科研处致 A.A. 索科洛夫 - 卡明斯基主编的公函*

（汉语版扫描件）

北 京 舞 蹈 学 院

尊敬的 Аркадий Андреевич Соколов - Каминский（A.A.索科洛夫-卡明斯基）先生：

今年是北京舞蹈学院建校七十周年，为了庆祝这一重要的历史时刻，我校将推出 70 部学术成果。古雪夫先生是为新中国芭蕾事业做出过重大贡献的专家。他曾在 1957 年 12 月至 1960 年 6 月于北京舞蹈学校的第二届芭蕾编导班无私教学，并为我们复排了经典芭蕾舞剧《天鹅湖》(1958)、《海侠》(1959) 和《吉赛尔》(1960)。

为了将古雪夫先生的舞蹈思想更好地应用于中国芭蕾的教学和研究中，我们希望能将您主编的 *Петр Гусев-рыцарь балета*（《芭蕾骑士——纪念古雪夫先生文集》）一书译成汉语，并纳入我院即将出版的这 70 部书籍之中，故特邀欧建平教授和张天骄博士负责此项翻译工作，并委派张天骄博士前去与您商议汉译版的授权事宜，特此恭请您给予接待，为盼！

祝您身体健康！

（盖章：北京舞蹈学院科研处）

2024 年 3 月 20 日于北京

---

* 这封公函的实际定稿时间是 3 月 20 日星期五下午下班之前。感谢北舞科研处李卿处长与青年学者雷斯曼为此推迟了下班时间许久。欧建平根据李卿的意见，将此前起草的信件提炼成了这封类似"介绍信"的公函。李卿审阅批准后，将其打印在北舞红头信笺之上并加盖了公章，随后立即发给欧建平，由他立即发给张天骄，张天骄立即找莫斯科的公证处译为俄语；这个过程如同一场激战，虽然通过微信穿行于莫斯科大学、欧建平家和北舞科研处三地之间，但却一气呵成，确保了张天骄次日清晨飞赴圣彼得堡拜会卡明斯基主编时，能够有效地洽谈版权授予事宜。

欧建平致北京舞蹈学院科研处李卿处长的第一份工作报告*

李卿、小雷：你们好！

因为我后天星期一上午要去研究院给博士生上课，所以今天虽然还是清明假期，但还是要把张天骄博士冒着生命危险，专程从莫斯科飞往圣彼得堡，面见古雪夫文集主编卡明斯基先生后取得的丰硕成果转告你们，以便加快我们的工作速度！

让我颇为惊喜的是，张天骄以其特有的激情和智慧感动了主编老人家，使他一方面对这本文集能借北舞院庆70年的良机在中国翻译出版之事倍感欣慰；另一方面还主动帮助我们按照俄方的行文方式，用俄语代北京舞蹈学院给出版这本文集的圣彼得堡国立里姆斯基-科萨科夫音乐学院院长 А. Н. 瓦西里耶夫先生起草了一封版权征求信，并且仅仅提出了3点礼节性的要求——在汉译本上：（1）注明原出版单位；（2）对全体作者表示感谢；

---

* 这是欧建平在接到张天骄与卡明斯基主编接洽顺利的具体收获之后，向李卿处长所作的工作汇报：张天骄在2024年3月29日19：30到22：40造访卡明斯基主编府上的3个多小时中，不仅当场便得到了他的慷慨授权，而且还得到了老人家的鼎力相助：他虽然年过八旬，体弱多病，却不辞辛劳地帮我们按照俄罗斯的行文方式，以北京舞蹈学院院长的名义，给这本纪念文集的第二个版权拥有者——圣彼得堡国立里姆斯基-科萨科夫音乐学院的 А. Н. 瓦西里耶夫院长起草了一封公函，并答应替我们随时跟进这件重要的授权事宜，以确保这本中俄双方共同纪念古雪夫大师的文集能在中国出版，其友好之情令人感激涕零！

（3）给该音乐学院的图书馆提供样书3本！

　　现将老人家给张天骄个人的说明信、他为我们起草的俄语信，以及张天骄翻译的汉译本，同时发给你们。信中的前三分之二内容来自我在3月20日于你们下班时起草，李卿特意留在办公室审阅，责成小雷打印出来并加盖了北舞科研处公章后的扫描件（我当即将这个扫描件发给了天骄，她则在莫斯科花钱找公证处翻译成了俄语），后三分之一则提出了上述3项小小的要求。

　　老人家还提醒说：我们一定要在这封俄语信上，请北舞的院长落款、签字、盖章，提供详细地址、电话号码和电子邮件，并打印在北舞的信笺上，然后发到他提供的该院院长的邮箱里（详见老人家给张天骄的信件）。

　　需要说明的是：在这封征求版权的信件右上角注明的"А. Н. 瓦西里耶夫"，与收信的"阿列克西·尼古拉耶维奇"是同一个人，因为前者中的А. Н. 就是"阿列克西·尼古拉耶维奇"的缩写，这是瓦西里耶夫院长个人的名字和父亲的名字，而瓦西里耶夫则是他的姓氏，而这种写法则是俄语的书写习惯。

　　最后，我建议，请将这封信的定稿给我一个副本，以便我转给张天骄，请她告诉主编，并请他跟进这件大事。

　　基本情况报告完毕，让我们保持联系，以确保这件复杂的工作尽快得到落实，并使我们翻译小组4人（我任主编，张天骄、赵鸿任翻译，王彬任校对）自去年暑假以来的辛苦不至于付诸东流！与此同时，我一定会在"后记"中，衷心感谢各位的鼎力支持和辛苦付出！

欧建平
2024年4月6日星期六18点至20点30分

卡明斯基主编在北舞科研处公函上直接授予的汉译版权 *

北 京 舞 蹈 学 院

尊敬的 Аркадий Андреевич Соколов - Каминский（А. А. 索科洛夫-卡明斯基）先生：

今年是北京舞蹈学院建校七十周年，为了庆祝这一重要的历史时刻，我校将推出 70 部学术成果。古雪夫先生是为新中国芭蕾事业做出过重大贡献的专家。他曾在 1957 年 12 月至 1960 年 6 月于北京舞蹈学校的第二届芭蕾编导班无私教学，并为我们复排了经典芭蕾舞剧《天鹅湖》(1958)、《海侠》(1959) 和《吉赛尔》(1960)。

为了将古雪夫先生的舞蹈思想更好地应用于中国芭蕾的教学和研究中，我们希望能将您主编的 *Петр Гусев-рыцарь балета*（《芭蕾骑士——纪念古雪夫先生文集》）一书译成汉语，并纳入我院即将出版的这 70 部书籍之中，故特邀欧建平教授和张天骄博士负责此项翻译工作，并委派张天骄博士前去与您商议汉译版的授权事宜，特此恭请您给予接待，为盼！

祝您身体健康！

2024 年 3 月 20 日于北京

---

* 这是张天骄 2024 年 3 月 29 日晚在 А. А. 索科洛夫 · 卡明斯基主编府上获得他的充分信任之后，老先生在北舞科研处公函上直接授予的汉译版权："我同意将关于彼得 · 安德烈耶维奇 · 古雪夫的书（文章与照片）翻译成中文出版"，并根据我们的要求，提供了护照号、联系方式和银行账号。

卡明斯基主编以北京舞蹈学院院长的名义，给圣彼得堡国立里姆斯基-科萨科夫音乐学院的 A.H. 瓦西里耶夫院长起草的公函*
（俄汉双语版）

Ректору Санкт-Петербургской государственной

консерватории им. Н. А. Римского-Корсакова

заслуженному артисту РФ, профессору

ВАСИЛЬЕВУ А. Н.

致圣彼得堡国立音乐学院院长

俄罗斯功勋艺术家，教授

A. H. 瓦西里耶夫

Многоуважаемый Алексей Николаевич !

尊敬的阿列克西·尼古拉耶维奇！

В этом году исполняется 70 лет со дня основания Пекинской

---

* 这是卡明斯基主编热心帮助我们，以北京舞蹈学院院长的名义，给这本纪念文集的第二个版权拥有者——圣彼得堡国立里姆斯基-科萨科夫音乐学院的 A.H. 瓦西里耶夫院长起草的公函，汉语译文由张天骄所为。

академии танца. Чтобы отметить этот исторический момент, мы собираемся опубликовать 70 выдающихся академических работ. Господин Гусев – специалист, внесший значительный вклад в дело создания нового китайского балета. Он альтруистично преподавал во втором наборе по направлению《Балетная хореография》в Пекинском хореографическом училище（в настоящее время Пекинская академия танца）с декабря 1957 по июнь 1960 года и возобновил классические балетные постановки《Лебединое озеро》（1958）,《Корсар》（1959）и《Жизель》（1960）.

今年是北京舞蹈学院建校70周年。为纪念这一历史时刻，我们将出版70部优秀学术著作。古雪夫先生是为创建新中国芭蕾做出重大贡献的专家。他在北京舞蹈学校（现北京舞蹈学院）的第二届舞蹈编导训练班上不仅无私地教学，而且复排了经典芭蕾舞剧《天鹅湖》（1958）、《海侠》（1959）和《吉赛尔》（1960）等。

Чтобы лучше применить танцевальные идеи господина Гусева в преподавании и исследовании китайского балета, мы надеемся перевести книгу《Петр Гусев-рыцарь балета（1904—1987）》, созданную на кафедре хореографии вверенной Вам Консерватории в 2006 году（составитель и ответственный редактор Соколов-Каминский А. А.）.

为了将古雪夫先生的舞蹈思想更好地运用到中国芭蕾舞的教学和研究中，我们希望翻译贵音乐学院编导系2006年出版的《芭蕾骑士——彼得·古雪夫纪念文集（1904—1987）》一书（由A. A.索科洛夫-卡明斯基先生主编）。

Просим разрешить нам перевести этот труд и издать его на китайском языке в числе 70 книг, которые будут в скором времени изданы нашей Академией. В связи с этим мы специально пригласили профессора Оу Цзяньпина и аспиранта Чжан Тяньцзяо в качестве ответственных за переводческую работу лиц.

我们请求贵院允许我们将这本文集翻译成中文，并在我院即将出版的70本图书中加以出版。为此，我们特别邀请欧建平教授和张天骄博士负责此项翻译工作。

Ссылку на источник – оригинальный труд, Санкт-Петербургскую консерваторию, слова благодарности создателям гарантируем. Обязуемся также предоставить Научной библиотеке Вашей Консерватории три экземпляра издания.

我们保证在汉译本中注明原著的出处：圣彼得堡音乐学院，并向创作者致谢。我们还承诺向贵音乐学院科学图书馆提供3本样书。

Благодарим Вас за помощь и надеемся на продолжение сотрудничества.

感谢您的帮助并希望继续合作。

подпись, печать

название должности и отдела: например

Ректор Пекинской академии танца, указать все регалии;

или: заведующий научно-исследовательским отделом, все регалии/

签名、盖章

职务和部门名称：例如
北京舞蹈学院院长，请注明所获荣誉称号和获奖内容
如果是研究系主任，请注明所获荣誉和奖励

Число　Пекин

Полный адрес, телефоны, e-mail

日期　北京

详细地址、电话号码、电子邮件

Все это на официальном бланке Академии

所有内容请打印在学院的官方信笺之上

北京舞蹈学院许锐院长致圣彼得堡音乐学院瓦西里耶夫院长的公函 *
（汉语版）

  致圣彼得堡国立音乐学院院长

  俄罗斯功勋艺术家，教授

  A. H. 瓦西里耶夫：

  尊敬的阿列克西·尼古拉耶维奇！

  今年是北京舞蹈学院建校 70 周年。为纪念这一历史时刻，我们将出版 70 部优秀学术著作。古雪夫先生作为为创建新中国芭蕾做出重大贡献的专家。他在北京舞蹈学校（现北京舞蹈学院）的第二届舞蹈编导训练班上的无私教学、复排经典芭蕾舞剧《天鹅湖》(1958)、《海侠》(1959) 和《吉赛尔》(1960) 等。

  为了将古雪夫先生的舞蹈思想更好地运用到中国芭蕾舞的教学和研究中，我们希望翻译贵音乐学院编舞系 2006 年出版的《芭蕾骑士——彼得·古雪夫纪念文集（1904—1987）》一书（由 A. A. 索科洛夫 - 卡明斯基先生主编）。

---

* 这是北京舞蹈学院院长许锐教授致圣彼得堡音乐学院院长瓦西里耶夫教授的公函，由张天骄翻译，李扬校对。

我们请求贵方允许我们将这本文集翻译成中文，并列入我院即将出版的70本图书中。为此，我们特别邀请欧建平教授和张天骄博士负责翻译工作。

我们保证注明原著的出处为圣彼得堡音乐学院，并向创作者致谢。我们还承诺向贵音乐学院科学图书馆提供3本该版本图书。

感谢您的帮助并希望继续合作。

我们还想借此机会邀请您或者贵院代表，于2024年10月来京参加校庆系列活动，其中包括"第一届舞蹈院校校长论坛"和"世界舞蹈教育联盟"（World Dance Education Alliance）的成立仪式，详细信息请您参考附件，非常期待您的莅临。

许锐　教授

北京舞蹈学院院长

北京舞蹈家协会副主席

联系方式从略

北京舞蹈学院

北京市海淀区万寿寺路1号，邮编100081

2024年4月8日于北京

北京舞蹈学院许锐院长致圣彼得堡音乐学院瓦西里耶夫院长的公函[*]

（俄语版）

北 京 舞 蹈 学 院

Ректору Санкт-Петербургской государственной
консерватории им. Н.А.Римского-Корсакова
заслуженному артисту РФ, профессору
ВАСИЛЬЕВУ А.Н.

Многоуважаемый Алексей Николаевич!

В этом году исполняется 70 лет со дня основания Пекинской академии танца. Чтобы отметить этот исторический момент, мы собираемся опубликовать 70 выдающихся академических работ. Господин Гусев – специалист, внесший значительный вклад в дело создания нового китайского балета. Он альтруистично преподавал во втором наборе по направлению «Балетная хореография» в Пекинском хореографическом училище (в настоящее время Пекинская академия танца) с декабря 1957 по июнь 1960 года и возобновил классические балетные постановки «Лебединое озеро» (1958), «Корсар» (1959) и «Жизель» (1960).

Чтобы лучше применить танцевальные идеи господина Гусева в преподавании и исследовании китайского балета, мы надеемся перевести книгу «Петр Гусев – рыцарь балета (1904 – 1987)», созданную на кафедре хореографии вверенной Вам Консерватории в 2006 году (составитель и ответственный редактор Соколов-Каминский А.А.).

Просим разрешить нам перевести этот труд и издать его на китайском языке в числе 70 книг, которые будут в скором времени изданы нашей Академией. В связи с этим мы специально пригласили профессора Оу Цзяньпина и аспиранта Чжан Тяньцзяо в качестве ответственных за переводческую работу лиц.

Ссылку на источник – оригинальный труд, Санкт-Петербургскую консерваторию, слова благодарности создателям гарантируем. Обязуемся также предоставить Научной библиотеке Вашей Консерватории три экземпляра издания.

Благодарим Вас за помощь и надеемся на продолжение сотрудничества.

---

[*] 这是北京舞蹈学院院长许锐教授致圣彼得堡音乐学院院长瓦西里耶夫教授的公函，由张天骄翻译，李扬校对。

北 京 舞 蹈 学 院

Мы также хотели бы воспользоваться этой возможностью, чтобы пригласить Вас или представителя вашей консерватории в Пекин в октябре 2024 года для участия в мероприятиях, посвященных юбилею Пекинской академии танца, включая первый «Форум ректоров хореографических училищ» и церемонию учреждения Всемирного альянса танцевального образования (World Dance Education Alliance). Подробная информация прилагается. С нетерпением ждем вашего приезда.

Сюй Жуй, Профессор, Ректор Пекинской академии танца,
Заместитель председателя Пекинской ассоциации танцоров

8 апреля 2024, г. Пекин
Китай, г. Пекин, район Хайдянь, ул. Ваньшоу, д. 1, 100081

圣彼得堡音乐学院瓦西里耶夫院长致北京舞蹈学院许锐院长的公函*

（俄语版）

МИНИСТЕРСТВО КУЛЬТУРЫ РОССИЙСКОЙ ФЕДЕРАЦИИ
MINISTRY OF CULTURE OF THE RUSSIAN FEDERATION

ФЕДЕРАЛЬНОЕ ГОСУДАРСТВЕННОЕ
БЮДЖЕТНОЕ ОБРАЗОВАТЕЛЬНОЕ
УЧРЕЖДЕНИЕ ВЫСШЕГО ОБРАЗОВАНИЯ
«САНКТ-ПЕТЕРБУРГСКАЯ
ГОСУДАРСТВЕННАЯ КОНСЕРВАТОРИЯ
ИМЕНИ Н. А. РИМСКОГО-КОРСАКОВА»

Россия, 190068, Санкт-Петербург,
Театральная площадь, дом 3, литер А

ИНН/КПП 7812036476/783801001
ОГРН 1027810336762 ОКПО 02175886

FEDERAL STATE
INSTITUTION OF HIGHER
EDUCATION
SAINT PETERSBURG
RIMSKY-KORSAKOV
STATE CONSERVATORY

3, Teatralnaya sq.
St. Petersburg,
190000, Russia

№ 744

7 июня 2024 года

Ректору
Пекинской академии танца,
Заместителю председателя
Пекинской ассоциации танцоров
профессору Сюй Жую

Многоуважаемый господин Сюй Жуй!

Руководство и профессорско-преподавательский состав Санкт-Петербургской государственной консерватории имени Н. А. Римского-Корсакова поздравляет Пекинскую академию танца со славным юбилеем — 70-летием со дня основания Академии. С радостью принимаем Ваше приглашение присоединиться к Всемирному альянсу танцевального образования (WDEA). Готовы направить для участия в мероприятиях, посвященных юбилею Пекинской академии танца, представителя Санкт-Петербургской консерватории — профессора кафедры режиссуры балета, видного специалиста в области хореографического искусства Андрея Петровича Босова.

Также благодарим Вас за интерес к изданию «Петр Гусев — рыцарь балета (1904—1987)», выпущенному в свет Санкт-Петербургской консерваторией в 2006 году. Консерватория дает свое согласие на перевод и публикацию книги на китайском языке. При публикации просим учесть пожелания, указанные в Приложении 1 к настоящему письму.

Желаем Пекинской академии танца процветания, а ее педагогам, студентам и выпускникам — больших творческих свершений! Надеемся на дальнейшее сотрудничество.

С уважением,

Ректор   А. Н. Васильев

Приложение: на 1 л.

Исп. помощник ректора
Подпорина О. О.

---

* 这是圣彼得堡音乐学院的 А. Н. 瓦西里耶夫院长回复北京舞蹈学院许锐院长的公函及附件的俄语原版。

Приложение 1

Уважаемые коллеги!

В связи с тем, что сборник «Петр Гусев — рыцарь балета (1904–1987)» был издан в 2006 году, на его титульном листе указаны надзаголовочные данные, не соответствующие актуальным требованиям.

Большая просьба при подготовке публикации перевода учесть следующие пожелания:

1. На титульном листе в надзаголовочных данных следует писать:
Санкт-Петербургская государственная консерватория имени Н. А. Римского-Корсакова (УДАЛИВ слово в скобках «(академия)».
2. На титульном листе после названия добавить:
Перевод сборника материалов к 100-летию П. А. Гусева, изданного Санкт-Петербургской консерваторией в 2006 году.
3. На титульном листе изменятся место и год издания:
Пекин, 2024.
4. На обороте титульного листа необходимо исправить библиографическое описание. Должно быть так:
Петр Гусев — рыцарь балета (1904–1987). К 100-летию со дня рождения / сост. и отв. ред. А. А. Соколов-Каминский; перевод на китайский Оу Цзяньпина, Чжан Тяньцзяо. Изд. 2-е, исправленное. — Пекин, 2024. 211 с.
5. На обороте титульного листа следует УДАЛИТЬ отдельную строку о А. А. Соколове-Каминском.
6. На обороте титульного листа следует УДАЛИТЬ фразу «Печатается по решению редакционно-издательского совета СПб консерватории».
7. На обороте титульного листа следует УДАЛИТЬ из copyright Санкт-Петербургскую консерваторию.

При возникновении дополнительных вопросов просьба связаться с проректором по научной работе Твердовской Тамарой Игоревной

圣彼得堡音乐学院瓦西里耶夫院长致北京舞蹈学院许锐院长的公函 *
（汉译版）

致北京舞蹈学院院长

北京舞蹈家协会副主席

许锐教授：

尊敬的许锐先生！

圣彼得堡国立 H. A. 里姆斯基 - 科萨科夫音乐学院全体领导及教职人员祝贺北京舞蹈学院成立70周年。我们很高兴接受您的邀请，加入世界舞蹈教育联盟（WDEA）。我们准备派圣彼得堡国立音乐学院芭蕾舞系教授、著名编导家安德烈·彼得罗维奇·博索夫作为代表参加北京舞蹈学院的校庆活动。

我们还要感谢您对圣彼得堡国立 H. A. 里姆斯基 - 科萨科夫音乐学院2006年出版的《芭蕾骑士——彼得·古雪夫纪念文集（1904—1987）》一书的关注。音乐学院同意翻译并出版该书的中文版。在出版该书时，请考虑本函附录一中所述的愿望。

---

* 这是圣彼得堡音乐学院的 A. H. 瓦西里耶夫院长回复北京舞蹈学院许锐院长的公函及附件的汉译版，由张天骄翻译。

我们祝愿北京舞蹈学院繁荣昌盛，祝福北京舞蹈学院的教师、学生及毕业生们取得巨大的创作成就！我们希望进一步合作。

谨启
校长
阿列克西·尼古拉耶维奇·瓦西里耶夫

附件：

亲爱的同事们！

《芭蕾骑士——彼得·古雪夫纪念文集（1904—1987）》是2006年出版的作品集，因此其扉页上显示的部分内容不符合当前的要求。

在准备出版译著时，请考虑以下要求：

1. 在扉页的上部标题中应写明：

圣彼得堡国立Н.А.里姆斯基-科萨科夫音乐学院（去掉括号中的"学院"）。

2. 在扉页的标题后应添加：

2006年圣彼得堡国立Н.А.里姆斯基-科萨科夫音乐学院出版的"古雪夫100周年纪念资料集"译本。

3. 更改扉页上的出版地和出版年份：

北京，2024年。

4. 在扉页背面，应更正书目著录。内容如下：

《芭蕾骑士——彼得·古雪夫纪念文集（1904—1987）》100周年诞辰纪念/А.А.索科洛夫-卡明斯基主编，欧建平、张天骄译成中文。第2版，修订本。北京，2024，211页。

5. 应删除在扉页背面的关于索科洛夫-卡明斯基内容。

6. 应删除扉页背面的"圣彼得堡国立音乐学院编辑出版委员会决定印刷"。

7. 应删除扉页背面的"版权归圣彼得堡国立音乐学院所有"。

如有其他问题,请联系科研副校长 Твердовская Тамара Игоревна。

欧建平致北京舞蹈学院科研处李卿处长的第二份工作报告*

李卿：

早上好！

关于古雪夫纪念文集的交稿时间，我认真考虑了最大的可能性，觉得在本月15号之前，应该能够将"齐、清、定"的稿件交给文化艺术出版社的楚锐编辑。

主要原因是，它的难度远远超出了我们的想象和预估，具体而言有三：

（一）正文为俄语。我去年暑假在给"桃李杯"做评委期间，接到这本书进入北舞院庆70本书出版计划的消息时，立即组建起了张天骄、赵鸿、王彬和我4人构成的翻译小组，并组建了微信群，以便随时沟通，解决任何问题，争取早日完工。与此同时，我们经过协商，还做了明确的分工，并且立即开工——因为他们3位都是各高校的教学和科研骨干，而赵鸿还是山东大学威海分校艺术学院的副院长，教学、科研和行政工作很忙，所以，由天骄负责翻译正文的前三章，赵鸿负责第四章，王彬负责校对全部译稿……其中还有1个月的时间，天骄为了拿到俄方主编和音乐学院的版权授予函，还

---

* 这是欧建平2024年8月3日早上向北京舞蹈学院科研处李卿处长所作的工作进度报告。

克服了重重困难，甚至冒着生命危险，赶往俄罗斯，在莫斯科和圣彼得堡周旋，最后如愿以偿！但也因为如此，她负责翻译的前三部分译稿迟迟无法交稿……在这个过程中，赵鸿潜心完成了他对第四部分的翻译工作；而在整个翻译过程中，王彬作为她们3人中的"大姐大"，一直忙于解决他们的各种具体问题，并终于在6月9日把全书的最后定稿交给了我，但此刻却赶上了研究院、北舞和民大的硕士、博士招新，在读学生中期检查、答辩的高潮，我有许多早已安排好的工作不得不完成，因此，我的校订、修改、补充工作虽然每天都在做，但效率不高，直至7月初放假，才可以每天10多个小时、全力以赴地来完成这本文集的校对、修改和补充工作。

（二）全书中有大量法语的芭蕾术语，比如在第三部分中的这篇古雪夫亲笔写的关于《睡美人》中主要舞段的作品分析，完全是用法语术语来分析的不同舞段，而由于3位留俄舞蹈博士作为目前既懂舞蹈，又去俄罗斯留学或访学过的奇缺人才，毕竟从未进行过如此密集的法语翻译，并且讲的都是芭蕾的技术流程，因此，全部的法语术语都需要按照国内的规矩颠倒译文的顺序，即首先将这些术语的汉语译名置入双引号之中，然后将法语的原文置入括号之中，最后更要将整个舞段用这些术语加以贯通……因此，仅是这篇文章的校改，我花了两天的时间，还没有完成，眼下还有几段需要待会儿继续完成。

（三）全书深度涉及了大批法国，尤其是俄罗斯芭蕾史上的重要人物，以及非常重要，但我们此前很少涉及的近百位其他人物，包括他们在通力合作，创作出《天鹅湖》《睡美人》《胡桃夹子》《七美人》《清澈的小溪》《雷电道路》等几十部芭蕾舞剧的过程中发生的重大或细小的问题，以及经过复杂的争论，最后如何解决的，等等。因此，这些深入细致、非常准确到位的文献，译成汉语出版后，将来可为我们全国高校的芭蕾作品分析和编导课程，提供价值连城的参考和借鉴！

总而言之，我近两个月来，义无反顾地搁置了两本个人亟待交稿的译著和教材，一是文化艺术出版社1994年给我出版的约翰·马丁的世界舞蹈名著《舞蹈概论》，目前已有5个版本；二是高教社2008年给我出版的畅销教材《外国舞蹈史及作品鉴赏》，截至去年已印了24次。尽管这两家国家级的大出版社都已慷慨许诺，重新签订出版合同时一定给我提高稿酬，而且有些高校还宣称，只能订购近年推出的新版教材，以确保"政治正确"……但对我而言，在衣食无忧的前提下，多拿稿酬并不重要，我深知，重中之重当然就是要尽早完成这本将在中国芭蕾舞界，乃至整个中国舞蹈界，引起强烈反响的古雪夫文集了！

报告完毕。总之，我会全力以赴地做好这件事情，不辜负大家的希望！

与此同时，我想代表我们这个工作小组的全体成员，再一次地感谢你，以及你的年轻同事雷斯曼，在为获取这本书版权的艰难过程中所付出的全部热情、巨大耐心和积极努力，并向你们致以崇高的敬意！我们的工作虽然很是繁琐，甚至微不足道的，但我确信，这本书一旦出版，将会在舞蹈界，乃至整个中外文化交流史上产生不可估量的积极影响！

好了，长话短说，请务必替我感谢文化艺术出版社的江楚锐等各位相关编辑朋友！让我们一起努力，确保这本书汉译本的完美面世！

欧建平

2024年8月3日星期六

早上6点至7点50分于家中

中编

来自中国舞蹈界的
缅怀与感恩

中方主编的话

1982年3月,我考入中国艺术研究院研究生部舞蹈系,有幸作为国内首批舞蹈研究生,接受了舞研所首任所长吴晓邦先生、副所长董锡玖和薛天,孙景琛、王克芬、刘恩伯、隆荫培、徐尔充、郭明达、傅兆先、周冰、刘峻骧、胡尔岩、何健安,北京舞蹈学院的彭松、朱立人、马力学、李正康,中国舞蹈家协会的蒲以勉、刘梦耋等多位专家学者们从理论到实践的精心调教,而在芭蕾史论方面的专业知识,就是特邀古雪夫先生当年在北京舞蹈学校教学时的口译专家朱立人先生亲授的——他不仅给我们滔滔不绝地教授了芭蕾史,而且极具代入感地讲述了俄罗斯和苏联的芭蕾史,其间自然提到了古雪夫的大名,以及他与这位大师级人物朝夕相处两年半的动人细节,其通晓古今的知识储备与如数家珍的状态给我日后从事舞蹈研究和教学树立了榜样,更让我拉近了与古雪夫大师的心理距离。让我始料不及的是,在一年来策划、主编和审校这部《芭蕾大师古雪夫纪念文集》的过程中,我居然真切地感受到,朱立人老师与古雪夫大师虽属两代人,但两人的激情似火与刚正不阿、无所不知与直言不讳,简直是如出一辙。换言之,朱老师的天赋异禀与博学多才在很大的程度上,堪称是对古大师的完美再现!

回首往事,在1984年年底毕业后留在舞研所从事外国舞蹈研究的30多年中,我曾无数次登门拜访过朱老师,有时是请教他的研究和写作经验。比如请他介绍早年缘何发现问题并率先撰文,提醒大家别把《仙女》(La

Sylphide）和《仙女们》（Les Sylphides）混为一谈；晚年大声疾呼，"马林斯基剧院"（Mariinsky Theatre）的正确翻译应为"马利亚剧院"，因为音译的"马林斯基"实际上是皇后"马利亚"这个名字的形容词等重要史学文章背后的来龙去脉；有时则是向他汇报我陆续出访纽约、伦敦、巴黎、米兰、哥本哈根等欧美芭蕾之都，尤其是莫斯科和圣彼得堡、基辅和哈尔科夫等俄罗斯芭蕾重镇的所见所闻……每一次都得到了他的倾囊相授和充分肯定，尤其是我在1988年秋天首次从美国和德国深造回国后，他在听了我的回国汇报、看了我的多篇文章后，便主动向研究院舞蹈系的系主任董锡玖老师力荐我去替他教授芭蕾史课程。

随着我的不断努力和逐步成长，我向他的虚心求教不知不觉地发展成了与他的平等对话，而他"从不以前辈权威自居，一切以学术为重"的态度则为我树立了为人为学的榜样——他欣然认可了我依据"名从主人"的原则，把他按照俄语发音翻译的"彼季帕"，改成了按照法语"Petipa"的读音译成的"佩蒂帕"；而他在高等教育出版社2008年给我出版的教材《外国舞蹈史及作品鉴赏》中，看到了"大双人舞"（Grand Pas de Deux）这个法语术语后，则立刻问我依据何在，因为在我们常用的《简明牛津芭蕾辞典》（The Concise Oxford Dictionary of Ballet，1982）和《牛津舞蹈辞典》（Oxford Dictionary of Dance，2000）这两本中型辞书中，的确都只收录了"大舞蹈"（Grand Pas）这个术语，而没有收录"大双人舞"这个术语。但当我把《国际舞蹈百科全书》（International Encyclopedia of Dance，2004）第5卷第105—107页上的这个术语拿给他看后，他则释怀地笑了。

凡此种种，都让我对他怀有深深的敬意与尊重，比如我在出任《中国大百科全书》第二版的"舞蹈学科"副主编和"外国舞蹈分支"主编期间，曾特意将他的权威著作《西方芭蕾史纲》"供"在了所有苏俄芭蕾条目参考文献第一条的位置上，并在苏俄芭蕾名人名作及术语的译名上，尽量按照他的方式加以统一，以表达我从内心深处对他的尊重。"舞蹈学科"主编资华筠老师为了学术上的一丝不苟，随后邀请他为全部的芭蕾舞条目把关，不料进而引起了他的连声称道："小欧的为人和为学都是一流的"，并在很多场合下说过这样的话："芭蕾史呀，我和小欧包了，我管苏俄，他管欧美"，让我既颇为感恩，又诚惶诚恐，因为我深知500年的芭蕾史博大精深，任何人即使穷尽一生，其成果也只能是冰山一角，怎敢妄称"包"了呀？

更有，2007年，当北舞时任院长王国宾教授为其主持的教育部重点科研项目"中外高等舞蹈教育研究"陆续采访了朱老师和我之后，又来找我了解苏联解体后的情况，原来是朱老师坦诚地对国宾院长说："苏联解体后，我就没能再去俄罗斯了，因此，对他们此后的情况没有亲眼见过，但我知道，小欧2004年去乌克兰国际芭蕾舞比赛做完评委之后，曾顺访过俄罗斯，并考察过莫斯科舞蹈学院（Moscow Ballet Academy）、圣彼得堡师范学院舞蹈系（Dance Department of St Petersburgh Teachers College）和瓦冈诺娃芭蕾学院（Vaganova Ballet Academy）等俄罗斯的顶级舞蹈院系，所以，你应该再去找他了解最新的情况……"在"却之不恭"和"众望难负"的心态下，我决定特邀我指导的第一位博士生——本科俄语出身、读硕阶段随我研究《天鹅湖》、读博阶段随我研究瓦冈诺娃芭蕾教学法、现在北舞图书馆任职的王彬副研究馆员和我一道，在做了充分准备之后，向国宾院长报告了我们的所见所闻。王彬在读博期间，我曾专门为她从瓦冈诺娃芭蕾舞学院找来了前去访学的邀请函，进而将她送往这个古典芭蕾教育的大本营深造过3个月，而她在此行中，则不仅得到了多位俄罗斯芭蕾大师的亲授小课，而且拿到了大量从网络上无法获取的内部资料……

行文至此，我的脑海里突然浮现出2016年去八宝山为朱老师送行时的画面：一想到从此就要与他天人两隔，再也听不到他的爽朗笑声，看不到他的慈眉善目时，我情不自禁地泪眼模糊，并因实在看不清他最后的面容而接连排了3次队，与他依依惜别了3次，但依然无法离去，最后则站在了他的家属行列中，主动推着他的灵车，把他送到了最后……那一刻，我居然禁不住失声痛哭，把坐在我身边的高铁游客吓了一跳！

因为如此，我在主持国家社科基金艺术学重点项目——"现当代舞蹈的传播与跨文化研究"期间，曾于朱老师过世的第二年，以子课题的方式，指导硕士研究生蔡露同学，撰写并通过了学位论文《中外舞蹈交流史上的翻译家——朱立人的个案研究》[①]，而如今身处这部《芭蕾大师古雪夫纪念文集》的语境之中，我则自然而然地联想到，在1987年送别古雪夫大师的队伍里，一定会有许多受过他鼎力提携的俄罗斯晚辈和我一样泣不成声，难以自拔。可惜当时由于信息不畅，我们中国舞蹈家的个人收入非常有限，所以没有代表前去参加悼念。因此，可以说，我们欠古雪夫大师的太多太多，而这次能借北舞校庆70年出版70部书籍的良机，代表中国舞蹈界，主动邀请俄罗斯舞蹈家参加，共同编好这本纪念古雪夫大师的文集，应该是不可多得的弥补措施了。

我将在这个中编部分中，以"古雪夫中国弟子们的评论、回忆与感恩"为标题，摘录在古雪夫于北舞执教的第二届舞蹈编导训练班上担任助教的李承祥和王世琦，作为学员的游惠海、房进激，作为舞者的白淑湘、沈济燕、万琪武和陈爱莲，作为第一届编导班毕业生的贾作光，以及作为口译的朱立人等诸位前辈在不同年代撰写的相关文章，然后是我们4位译者的切身体

---

① 蔡露：《中外舞蹈交流史上的翻译家——朱立人的个案研究》，硕士学位论文，中国艺术研究院研究生院，2020年。

会，最后则是 3 个附录：前两个是我们 4 位翻译小组成员的简介，第 3 个则是"中西文里关于古雪夫的文章目录"，希望为新生代的研究者们提供便利条件。

  回想起朱立人老师生前对我个人的这些无私提携（相信他还无私地帮助过许多其他的年轻人），我以为，他也一定是深受了古雪夫大师同样言行影响的！而通读这部文集下编的全部译文，我们更可以清楚地了解到，古雪夫一生中的确提携了大批的青年才俊，其中最具国际知名度者中，甚至包括了曾坐镇莫斯科大剧院芭蕾舞团和基洛夫芭蕾舞团数十载、创造出苏联芭蕾黄金时代的编导大师尤里·格里戈洛维奇（Yuri Grigorovich）和奥列格·维诺格拉多夫（Oleg Vinogradov）！

古雪夫中国弟子们的评论、回忆与感恩

欧建平 选编

"古雪夫"！这个名字的意义早已远远地超出了其本身……对于新中国的第一代舞蹈家们，尤其是对于他在北京舞蹈学校第二届舞蹈编导训练班的3位助教和15位学员而言，古雪夫是在芭蕾的艺术修养和编导的观念与方法，以及工作态度、敬业精神等各个方面都给予了"传道、授业、解惑"的职业导师和精神领袖！

古雪夫编导班的助教与学员名单

为古雪夫老师担任助教的这3位青年舞蹈家——李承祥、栗承廉和王世琦，均为第一届苏联专家维克多·查普林执教的编导班的优秀毕业生，他们日后均做出了突出的成绩，而其中收获最大、成就最为显赫者则公认为李承祥。

这15位学员分别是：孙桂珍、章民新、张曼茹、阮中玲、阮迂泰共5位女生，张毅、刘少雄、李秋汉、郑建基、李学中、房进激、韩统山、游惠海、孙志荣和甘珠尔扎布共10位男生。[1] 他们在经过长达7天的考试，幸运地进入这个编导班之前，都是其所在舞团的优秀舞者，有的则已开始编舞，毕业后更是成绩斐然，进而有能力为新中国的舞蹈建设做出了各自的贡献。

其中的游惠海，不仅思想活跃，而且知识积累相当丰厚，更能勤于笔耕，因而在学习期间，就对古雪夫担任总导演的经典芭蕾舞剧《海侠》品头论足，让当时的同行，乃至今天的我们始料未及。

---

[1]《北京舞蹈学院校友录》，北京舞蹈学院1994年，第87—88页。

李承祥对古雪夫的回忆

1950年,李承祥(1931—2018)曾在中央戏剧学院舞蹈团任演员,并于1954年参加了文化部舞蹈教师训练班,结业后留在北京舞蹈学校任教,1955年创作的藏族《友谊舞》在第五届世界青年与学生和平友谊联欢节上获得银质奖章。1955年,他有幸成为第一届编导班的学员,在苏联专家查普林门下深造,并因成绩优秀且才华横溢而成为第二届编导班的助教,进而对古雪夫的编导教学更能心领神会,其间参与编导了《鱼美人》,毕业后更是于1964年成为"中国芭蕾的丰碑"——《红色娘子军》的三大编导之首。

1972年,他调任中央芭蕾舞团编导,后任副团长和团长要职,其间编导了《沂蒙颂》《杨贵妃》《雁南飞》等大型芭蕾舞剧,同时频繁赴海外讲学、教舞、编导、复排自己的作品,回国后则以其厚积薄发的学识,发表了大量颇有新意的文章、编导经验的总结,并在《舞剧结构的专业特征》[①]一文中,对古雪夫担任总导演的民族舞剧《鱼美人》,尤其是它的结构计划与编导方式,进行了条分缕析的介绍与分析,而随后出版的教材《舞蹈编导基础知识》(1998、2005、2015)则陆续印刷了3个版本。有鉴于此,我在主持国家社科基金艺术学重点项目——"现当代舞蹈的传播与跨文化研究"期间,

---

[①] 中央文化部艺术局中国舞蹈家协会编:《谈舞蹈编导创作——全国第一次舞蹈编导进修班材料选编》,人民音乐出版社1984年版,第153—166页。

曾于2015—2018年，以子课题的方式，指导硕士研究生张金洋，撰写并通过了学位论文《中外舞蹈交流史上的芭蕾编导家——李承祥的个案研究》。[①]

作为古雪夫的亲传弟子，李承祥在《李承祥舞蹈生涯五十年》（2002）这本文集中，满怀深情地做了非常细致的介绍：

> 古雪夫原是一位优秀的芭蕾舞演员，尤以双人舞见长，曾被誉为"托举之王"，他编导的《七美人》《海盗》获得很高的评价，并积累了丰富的教学经验。我作为他的助教和学生，对他是十分怀念的。虽然相处只有两年多的时间，而且又经过了40多年的漫长岁月，一想起来，他的音容笑貌、言谈举止，始终牢牢地印在我的记忆中。记得初次见面时，他给我的印象极像他在《泪泉》中所扮演的鞑靼王。高大的身躯、威严的步态、凝重的目光，特别是那一双有力的大手，使你不由地产生一种敬畏感。但是相处一段时间以后，我却发现古雪夫是一位很有人情味的老师，他感情充沛，善解人意，对编导训练班的学生满腔热情，爱护备至，能根据每个同学的不同性格和特长加以引导。古雪夫在授课中既严肃认真，又幽默风趣，有时用词十分尖刻，但又不失为友善诱导。他在理论阐述中所显露出的深邃、机敏和智慧，产生了一种倾倒众生的魅力。同学们都很敬重他，但又很怕他，大家深知老师的治学态度是十分严谨的，他的内心好像蕴藏着一团烈火，对工作倾注了自己的全部激情，所以容不得半点虚假和怠惰，学生们几乎是被他驱赶着去完成自己的作业。每当看到学生的作品有了明显进步时，他是那样高兴，毫不遮掩地呵呵大笑，但对出现的漫不经心和差错，则毫不留情地加以训斥，态度

[①] 张金洋：《中外舞蹈交流史上的芭蕾编导家——李承祥的个案研究》，硕士学位论文，中国艺术研究院研究生院，2018年。

是显得过分严厉了，可是他随后所进行的精辟分析和独到的艺术见地，又使被批评者心服口服并由衷敬佩。他工作起来往往达到忘我的境地，有几次因劳累过度而住进了医院，当大家去看望时，他却总是避开病情的话题，滔滔不绝地讲述起新作品的构思，使病房变成充满情趣的艺术讨论会。[1]

作为这个编导班的助教，李承祥由于工作的需要，自然与古雪夫先生有更多的接触，并建立了更深的感情，他接着说：

古雪夫与周围师生的关系十分融洽，待人诚恳，平易近人。课余时间与大家打成一片，谈笑风生，亲如家人。当他听说我结婚的消息时，特意到东四人民市场的古玩店，买了一套中国古代的梳妆镜，悄悄地放在剧场我的化妆桌上，那时我正参加《天鹅湖》的演出，当我走进化妆室看到这份珍贵的礼物和写着贺词的卡片，激动的心情真是难以形容的。还有一次，他休假后返回北京，一下飞机就将一个纸包塞到我的手中说，"送你一件礼物"，我一接差点掉在地上，"怎么这么重啊"，原来是一对哑铃。这是他平时锻炼身体用的。他见到我当时的惊愕和窘相，像孩子般得意地开心大笑，真没想到老师会开这样的玩笑。一年以后，古雪夫仍记得这件事，在编导训练班结业时，他怀着依依惜别的心情，将这对哑铃真的送给了我："留作纪念吧！"我当时非常感动，至今仍珍贵地保存着。[2]

对于古雪夫的教学过程，李承祥回忆说：

---

[1] 李承祥著，中央芭蕾舞团编：《李承祥舞蹈生涯五十年》，中国戏剧出版社2002年版，第20—21页。
[2] 李承祥著，中央芭蕾舞团编：《李承祥舞蹈生涯五十年》，中国戏剧出版社2002年版，第21—22页。

古雪夫在教学中表现出常人所达不到的思维和敏感，他注重培养学生的实际编导能力，他要求学生思想活跃、想象力丰富、探索创新。古雪夫首先发觉学生中普遍存在"语汇缺乏"的现象，千方百计地为学生增加舞蹈课，他常讲"编一部舞剧起码应该有两百个不同的动作"，所以，他总是督促大家尽可能多地去学习古今中外的各种舞蹈，要求大家对自己民族的舞蹈要满怀热爱的情感，同时也要克服狭隘的保守思想，舞剧《鱼美人》就是在这样的思想指导下创作成功的。

关于古雪夫对中国舞蹈文化的感情，以及对中国芭蕾学派的建立，李承祥做了这样的介绍：

古雪夫来到中国以后，对观赏到的中国传统艺术和中国舞蹈文化，常常表现得十分惊奇和喜爱，由此产生了深入研究的浓厚兴趣，一个大胆的构想在他的头脑中逐渐形成了。古雪夫明确提出要建立一种新的舞蹈体系，即中国古典舞与西方芭蕾相互补充的古典—芭蕾体系。他多次讲过这样的话："芭蕾舞经过三百年的发展到今天，很难出现新的东西，中国的舞蹈这样丰富，现在该是西方向东方学习的时候了。如果芭蕾能和中国舞蹈结合，肯定是世界第一。"作为实现这种构想的第一步，他选择了《鱼美人》，古雪夫就是想通过舞剧《鱼美人》的创作，为中国舞剧事业探索一条发展道路。在他的总体构思下，编导训练班的全体师生都参加了编导工作，真是八仙过海，各显其能。他对学生讲："中国古典舞和芭蕾都有造型艺术上的共同特点，这两种艺术如果结合在一起，两方面都会有发展，《鱼美人》这个舞剧不妨做个实验。"在进入排练以后，同学们兴致勃勃地投入创作，编出了不少精彩的舞段，最后由古雪夫亲自动手，对全剧舞蹈加以修改和润色，起到了画龙点睛的作用。《鱼美人》的公演，达到了预想的结果，不仅受到了观众的欢迎，而且在公演以后的学术讨论中，又引发了对中国舞剧发展的进一步思考。①

关于这个编导班的教学情形，李承祥在《情倾芭蕾》一书中回忆道：

在五四年至五九年的六年中，我得到了三次学习机会，即"教员训练班"和两届"编导训练班"。虽然在此之前我也编过几个舞蹈，其中的《友谊舞》还在世界青年联欢节比赛上获银质奖章，但是真正掌握编导专业的知识和技能，还是通过两届编导班的学习逐步获得的。查普林和古雪夫都是苏联的著名舞蹈家，他们有丰富的舞台实践经验，有系统的编导专业理论，在教学中能结合中国的国情，指导学生进行中国的舞蹈和舞剧创作，比如第一届编导班学生李仲林和黄伯寿创作的《宝莲灯》；第二届编导班全体师生创作的《鱼美人》，都为中国舞剧事业的发展提供了一定的经验。②

等到一九五八年，我亲自参加《天鹅湖》的排练时，才有机会去仔细地寻找和分析它的魅力所在，尽管我担任的只不过是一个配角——魔王罗特巴尔特。第二幕是排练次数最多的一场戏。编导古雪夫力图恢复和保持伊凡诺夫的版本，要求极其严格和精准。③古雪夫常讲："编导应该从有舞台经验的演员中培养"，所以经常让编导班的学生在他排的舞剧中担任一些角色。

---

① 李承祥著，中央芭蕾舞团编：《李承祥舞蹈生涯五十年》，中国戏剧出版社 2002 年版，第 23—24 页。
② 李承祥：《情倾芭蕾》，城市当代舞蹈团 1993 年，第 8—9 页。
③ 李承祥：《情倾芭蕾》，城市当代舞蹈团 1993 年，第 17 页。

五八年，我在《天鹅湖》中扮演魔王罗特巴尔特，古雪夫让我自己设计宫廷一场的舞台调度，尽管魔王基本上是一个哑剧人物，我还是按照编导的要求，认真严肃地进行了角色创造，得到了古雪夫的肯定。[①]

五十年代先后培养了两届编导训练班，为祖国培养了整整一代编导人，这是舞蹈学院历史上极其重要的一页。苏联的编导理论教学在世界上是首屈一指的，在两届编导班任教的查普林和古雪夫都是苏联的著名舞蹈家。他们的艺术修养很高，掌握着系统的专业知识，有很丰富的实践经验，所以通过他们的教学活动，在培养编导人才方面都产生了良好的效果。回忆那段生活是十分有趣的，因为编导这行就要求思想活跃、想象丰富、探索创新，而这些编导在学习期间的确表现得十分出色。他们比一般学生的年龄要大得多，有些已经超过三十岁，如贾作光、赵得贤、游惠海等同志当时已是中国著名的舞蹈家，但在学习期间对自己要求非常严格，在基训课上像年轻人一样刻苦练习，在专业课上虚心好学，受到学校师生的称赞。苏联老师在教学中贯彻理论和实践相结合的原则，着重培养学生的实际编舞能力。当他们发现一些同学在实习创作中存在"语汇贫乏"的情况，就千方百计地为学生增加舞蹈课，查普林就曾经邀请伊丽娜来给编导学生上芭蕾课。古雪夫常讲："编一部舞剧起码应该有二百个不同的动作。"所以，他总是督促学生尽可能多地去学习古今中外的各种舞蹈。"小品课"是学生们最感兴趣的一门课，它可以启发学生的想象力，锻炼舞蹈的思维能力；特别是课堂的即兴表演，往往能调动起学生的创造欲望。经过这样从感性到理性的过程，老师传授的

---

① 李承祥：《情倾芭蕾》，城市当代舞蹈团1993年，第9页。

知识也就比较容易被理解和接受了。当时，很多奇思妙想的发挥受到老师的鼓励和称赞，而"文不对题"的表演则在大家善意的笑声中总结出经验来。……在苏联老师的指导下，创作出大量舞蹈（舞剧）作品，《宝莲灯》和《鱼美人》都是作为实习剧目进行创作的。查普林还不辞辛苦地到沈阳和延吉市去指导学生排练《秋收》和《金斧子》。学生们为舞校和一些表演团体创作了几十个中、小型舞蹈作品。①

对于古雪夫开设的编导课，李承祥还提供了这样一些弥足珍贵的细节：

古雪夫所开的"表演技巧课"也是很有启发性的，他尝试在舞剧艺术中运用斯坦尼斯拉夫斯基体系。他当时向我们介绍：乌兰诺娃善于将斯氏的表演技巧运用在自己的表演中，所以能在舞剧中塑造出朱丽叶等生动感人的形象，她既是舞蹈家，也是表演艺术家。与西方的某些抽象派艺术不同，古雪夫坚持现实主义的创作方法，强调内容与形式的统一，内在与外在的完美结合。古雪夫通过课堂小品讲解斯氏的诸元素，与舞蹈艺术的表现特点相结合，让同学——未来的编导认识到表演技巧的重要性，并懂得在训练中如何去要求和培养演员的全面修养。②

作为新中国芭蕾最具代表性的编导家和中央芭蕾舞团在新时期的第一任团长，李承祥这样总结说：

---

① 李承祥：《情倾芭蕾》，城市当代舞蹈团1993年，第40—41页。
② 李承祥：《情倾芭蕾》，城市当代舞蹈团1993年，第42页。

一九五四年，我国成立了第一所正规的舞蹈学校，这是中国芭蕾史上划时代的转折点。当时的北京舞蹈学校先后聘请了六位苏联舞蹈家前来任教，通过系统的专业训练，为中国培养了第一代的教员、演员、编导等方面的芭蕾舞人才。作为"俄罗斯学派"的苏联芭蕾，为中国芭蕾舞事业的建立打下了坚实的基础。苏联著名编导古雪夫为中央芭蕾舞团的开创时期做出了卓越的贡献：一方面他为剧团亲自编导了三部世界名著——《天鹅湖》《海侠》《吉赛尔》。另一方面还与中国年轻的编导共同创作了中国芭蕾舞剧《鱼美人》，这是一次芭蕾民族化的极其有益的探索。通过上述剧目的排练和演出，不仅为中国培养了出色的芭蕾舞演员，而且在他的指导下，中国芭蕾舞的编导、教员、音乐、舞台美术等各方面的人才，都得到提高并日趋成熟。[①]

2014 年，李老师在我应冯英团长之邀，主编的《中国芭蕾的丰碑：纪念〈红色娘子军〉首演五十周年文集》中，对古雪夫的开拓性和引领性贡献做了如下回忆。

我们创作《鱼美人》的时候，古雪夫老师就曾说："我们现在是不是可以做一个实验？尝试着把中国古典舞和西方的芭蕾舞融合起来，成为一种新的舞蹈体系。"他当时说，这要是做得好的话，肯定是世界第一。当然，他这样说，是有点夸张了，但他的意思是，西方芭蕾几百年了，已经创作不出什么更新的作品来了。他很喜欢中国的舞蹈，《鱼美人》就是做了一个这样的实验，我后来在创作《红色娘子军》时，也是抱着这种实验心态的。……

---

① 李承祥：《情倾芭蕾》，城市当代舞蹈团 1993 年，第 46 页。

我们当时在创作的过程中,首先要以现实主义的美学作为基础。第二是民族化,就像古雪夫要求的那样。我们三个编导原来都是中央歌舞团的,都是长时间学习民族民间舞蹈的,甚至都跟戏曲艺人学过,对我们中国民族民间舞蹈都比较熟悉。第三是群众化,我们那时追求的,是要创作一些群众能够看懂的舞蹈作品。①

关于古雪夫对他在编导上的重大影响,李承祥在临终前曾这样自述:"我作为一个编导真正开窍还是从古雪夫的一番苦心开始的。当时组里有那么多演员,他让我当助教的同时,也担任演员,是他让我发现了舞剧的规律,掌握了舞剧的特征。后来我编作品,像《红色娘子军》,都是从跟他演过的几个舞剧中得到的一些启发。"②

李承祥老师的成就显赫,与他多年来认真听讲、刻苦钻研,进而养成的随堂记录有着直接的因果关系。2020年,由其夫人郭冰玲老师授权,广州芭蕾舞团继任团长邹罡慷慨资助出版了当年由朱立人老师现场口译、李承祥老师随堂记录、青年学者刘晓勉近期整理校对的《彼得·安得列耶维奇·古雪夫编导技巧》一书。洋洋洒洒20万字的课堂笔记,细致入微地记录了古雪夫自1957年2月26日至6月20日、11月21日至12月20日、1958年12月下旬至1959年1月29日、3月30日至7月14日、9月13日至1960年1月25日、3月15日至6月24日的教学要义,而古雪夫将古希腊、古罗马、中世纪,直至法国皇家舞蹈学院的整条历史脉络与纷繁复杂的史料贯

---

① 李承祥:《倾情五十载〈红色娘子军〉》,载欧建平主编《中国芭蕾的丰碑:纪念〈红色娘子军〉首演五十周年文集》,上海音乐出版社2014年版,第26—27页。
② 孟梦采访:《中国当代舞剧创作的"先行者"——李承祥》,载中国舞蹈家协会、中国文联舞蹈艺术中心编:《舞者述说:中国舞蹈人物传记口述史》,中国文联出版社2018年版,第104页。

穿于他整个编导教学的思路中，以及宫廷芭蕾起源于民间舞蹈的史观，让我们看到了他对整部西方舞蹈史的烂熟于心，而他对编导过程中每个细节的剖析，尤其是借助斯坦尼斯拉夫斯基的戏剧表演理论，对学员海量作业进行的精准点评等，均为中国芭蕾及舞剧教学与创作的稳步发展，提供了可资借鉴的教材。[①]

[①] 参见彼·安·古雪夫《彼得·安得列耶维奇·古雪夫编导技巧》，朱立人课堂翻译，李承祥笔记记录，刘晓勉整理校对，广州芭蕾舞团 2020 年。

王世琦对古雪夫的回忆

同李承祥一样，王世琦（1930— ）也是作为查普林主持的第一届编导班的优秀毕业生，有幸成为古雪夫执教的第二届编导班助教的。1949年他在北京考入华北大学三部学习，1951年考入中央戏剧学院崔承喜舞蹈研究班深造，结业后进入中央歌舞团舞蹈队任演员和副队长。从古雪夫门下毕业后，他留在了北京舞蹈学校担任编导、教员和教研组组长，随后被调入中央芭蕾舞团任编导，先后独立创作了舞蹈《牧童与村姑》《风暴》《英雄的矿工》，与人合作编导了大中型舞剧《宁死不屈》《有情人终成眷属》《人定胜天》《鱼美人》《草原儿女》《杜鹃山》《骄杨》《香樟曲》《林黛玉》《雁南飞》等，1964年还参与创作了大型音乐舞蹈史诗《东方红》。

新时期以来，他不仅频繁赴全国各地讲学，而且作为艺术顾问，促成了西藏歌舞团的《热巴情》、内蒙古乌兰察布盟歌舞团的《英雄格萨尔》和《东归的大雁》，以及内蒙古鄂尔多斯歌舞团的《森吉德玛》等大型舞剧的问世，并主持了1981年内蒙古自治区舞蹈编导研究班的教学。此外，他还曾多次赴缅甸、澳大利亚等国教授中国舞蹈，在那里编导的舞剧《珊达根尼耶》和《龙腾澳洲》，深受两国观众的好评。1994年，他同家人一道定居澳大利亚，不仅创办了"雪梨中国民族舞蹈学校"（"雪梨"为澳大利亚华人俗称的"悉尼"），还大量参加社区及重大公益活动，为中澳舞蹈文化交流做出了突出的贡献。①

2007年,他在天马出版社结集出版了《舞坛寻梦:王世琦舞剧创作文集》,其中有两篇与古雪夫有关:第一篇是《有益的尝试——略谈舞剧〈鱼美人〉创作的点滴体会》②,其中的直接相关内容摘录如下:

这个舞剧是作为北京舞蹈学校附设舞蹈编导训练班的教学实习剧目进行创作和演出的。苏联专家彼·安·古雪夫作为编导训练班的教学主持人,指导并参加了整个舞剧的创作过程。通过《鱼美人》的创作,全班同学初步地掌握了编导艺术的专业知识和创作技能。

在创作中,大家体会最深的是,古雪夫专家对待艺术的那种大胆的革新创造、永不满足的探索精神。他在看了一些中国舞剧作品之后,认为中国舞剧艺术的发展道路,不应该局限于某一种固定的形式和风格之中,而应该开辟新的土壤,培植新的花朵,创造新的艺术形式。我们就是在这种创作思想的指导下开始学习的,而编导班作为教学单位,又有条件在艺术上进行革新的探索和尝试,于是开始了《鱼美人》的创作。

在近代舞剧艺术的发展中,现实主义的创作原则,已经成为最先进的创作原则。这一原则的实质,就在于舞剧的思想、内容、情节和登场人物的内心世界,都是通过舞蹈的手段去实现的,而不是依靠繁琐的手势、生活性的哑剧或其他来实现的。《鱼美人》的创作正是遵循着这样的原则进行的,从结构舞剧台本开始到进入舞蹈排练,在整个创作过程中,我们尽量抛弃了那

---

① 参见王克芬、刘恩伯、徐尔充、冯双白主编《中国舞蹈大辞典》,文化艺术出版社2010年版,第527页。
② 参见王世琦《有益的尝试——略谈舞剧〈鱼美人〉创作的点滴体会》,载《舞坛寻梦:王世琦舞剧创作文集》,香港天马出版社2007年版,第41—45页。

些舞蹈手段所表现不了的情节和事件，而对于某些看起来虽然是舞蹈难以表现的情节，我们也没放弃现实主义的创作原则去求助于自然主义的生活性的哑剧，而是尽力去寻找适当的舞蹈动作和鲜明的造型来展现这些曲折复杂的剧情。

舞剧《鱼美人》在创作上的另一特点就是广泛而丰富地发挥和利用了舞蹈的表现手段和方法，在艺术色彩上那种强烈鲜明的对比性，因而就形成了一种新的独特的艺术风格。古雪夫专家在指导《鱼美人》的创作中，反复地要求我们，在艺术上要善于发现和创作出新颖的与众不同的东西来，绝不能重复别人做过的东西，搞创作应该靠"想象"，而不应该靠"记忆"，只有这样，我们的创作才具有实践的意义。因此，面临在《鱼美人》创作面前的重大课题之一，就是必须扩大舞剧的表现手段。

古雪夫专家在创作过程中，曾经明确地向我们指出："中国的戏曲和古典舞比西方的更靠近艺术的真实性，如果由于吸收和借鉴了芭蕾的表现手段，而从千百年的优秀传统中退出来，走向纯西欧的做法就完全错了。"因此，他要求我们首先应该创作出中国的、民族的舞剧，"然后再考虑和芭蕾如何结合的问题。"

所以，《鱼美人》的创作是在全剧接近完成和定稿的时候，才进行这项工作的。我们决定了这样的创作原则：只有在神幻的境界和形象中，为了突出那种美妙神奇的浪漫主义色彩，才能采用足尖的技术。所以，在海底的一场，鱼美人和猎人的双人舞中，运用了许多芭蕾的托举技巧和足尖的动作。可以想象，优美清晰的古典舞姿，柔情娴静的中国妇女所特有的感情，在高度的足尖技巧的衬托下，鱼美人的形象更加光辉动人了。

《鱼美人》的创作实践证明了，芭蕾并不像某些人所理解的那样，和民族的手法是对立的、他们之间有着不可调和的矛盾。其实，芭蕾足尖只不过是一种技巧，它在特定的民族色彩中起特定的美化作用，我们运用了这样的表现手法，但是应该用民族的形式去解释它。所以，问题在于编导者是否富有创造性地去结合运用。

对于《鱼美人》首演时的剧本，王世琦老师还提供了这些重要的背景资料：

《鱼美人》的舞剧台本是1957—1959年由肖慎、栗承廉、李承祥、王世琦（执笔）综合了《龙女的传说》《人参的故事》等神话和民间传说编创写成的，曾经征求个别业内人士的意见。著名"中国戏曲史"专家周贻白教授曾提出过咨询意见，他亲自纠正了剧名之笔误，后被彼·安·古雪夫教授选定为第二届编导训练班的毕业实习剧目。

这篇文章最初发表于澳洲悉尼的《文江报》，具体日期及版面不详。

另一篇文章《舞剧创作技法的基本元素——"个性""对比""扩展""再现"》[①]，原本是王世琦1983年为解放军艺术学院编导训练班撰写的讲稿，他在其中亦多次提到古雪夫在其理论课、小品实习课和《鱼美人》的创作中，反复阐述要寻找、运用"对比"的观点，进而使他体会到：文学艺术是超自然的，可以对人的审美意识进行诱导和规范。一部成功的舞剧作品可以，也

---

① 王世琦：《舞剧创作技法的基本元素——"个性""对比""扩展""再现"》，载《舞坛寻梦：王世琦舞剧创作文集》，香港天马出版社2007年版，第72—73页。

必须引导观众产生一种审美情趣，而"对比"的技法具有非凡的艺术感染力和强烈的艺术煽动性，能给观众以视觉上的冲击，所以，古雪夫做出的"艺术的力量在于对比"这样的学术论断是非常精辟的。

在讲述"人物设置和形象塑造上的对比关系"时，王世琦进一步告诉我们：

《鱼美人》的戏剧构思就是从主要人物的形象与内在性格上寻找、确立对比关系起步的——女主角鱼美人：柔情、娴静、向往人间自由生活的海中女王；男主角猎人：勇敢、彪悍、质朴的森林猎户；反面角色山妖：凶狠、险恶而威严的妖魔；人参老人：善良、机敏而幽默的群体。这四种外貌形象和内在心理特征截然不同的主要登场人物，在鲜明的对比和相互反衬中推动了剧情的发展。这种舞剧人物的多彩性和形象性格的典型性，就调动了观众的审美兴趣，吸引他们关注舞剧主人公的命运。古雪夫专家在课堂上，引导我们全体师生为主要登场人物寻找、编创主题动作，特别是对鱼美人、山妖和人参老人编创的主题贯穿动作，进行了多种试验和努力，这是他强调《鱼美人》必须以舞蹈作为主要造型手段，要借舞言情，以舞叙事的美学理念成功的艺术体现和教学实践。

游惠海当年对古雪夫的评论与总结

游惠海（1925—2015）少年时代曾在上海随俄侨舞蹈家尼古拉·索科尔斯基（Nicolai Sokorsky，1889—1970）学习芭蕾，并参加演出了芭蕾舞剧《天鹅湖》（*Swan Lake*）、《葛蓓丽娅》（*Coppélia*）和歌剧《伊戈尔王子》（*Prince Igor*），随后又参加了吴晓邦、盛婕、梁伦、陈蕴仪、戴爱莲等前辈舞蹈家们组织的演出。在古雪夫门下学习舞剧编导期间，他深度参与了《天鹅湖》《海侠》和《吉赛尔》这3部经典芭蕾舞剧的排练和演出，毕业后参与创作了《碧莲池畔》《刚果河在怒吼》《东方红》等舞剧和大型音乐舞蹈史诗，随后则将重点转移到了理论研究和领导工作之上，曾任《舞蹈》杂志主编、中国舞蹈家协会副主席，实为中国舞蹈界的卓越领导人。[1]

我在1959年第6期的《舞蹈》杂志上，惊诧地拜读到了这位当年古雪夫编导班学员撰写的评论文章——《行动·冲突·舞蹈形象——从芭蕾舞剧〈海侠〉的演出中学习》![2] 文中不仅简要地介绍了这部经典大戏的文学背景、故事梗概、矛盾冲突、重要舞段和形象塑造，由此表现出作者在当时已具备了全面的文学和戏剧修养，而且还对这部由"古雪夫专家"担任总导演

---

[1] 参见王克芬、刘恩伯、徐尔充、冯双白主编《中国舞蹈大辞典》，文化艺术出版社2010年版，第646页。
[2] 游惠海：《行动·冲突·舞蹈形象——从芭蕾舞剧〈海侠〉的演出中学习》，《舞蹈》1959年第6期。

的大戏进行了实事求是的评论,一方面肯定了古雪夫:

认真谨慎地保留了优秀的遗产(包括彼季帕和彼罗在第二幕紧张的情节性戏剧性的形象创造);另一方面则了解到古雪夫在自己导演的这部大戏中,不断地创造和丰富了新的形象,例如在军舰上战斗的那一场,就吸收了许多中国古典舞中的把子、角斗。这一场的《开打》,那些具有特殊风格的刀光剑影,再加上现实主义的处理所形成的气氛,增强了戏剧上的色彩和表现力。那一个新编的用中国毯子功组成的杂技舞,也是很有趣味的创造。这种既严肃地保存优秀传统,又不断寻求赋予舞剧新的形象和新的手法的创作态度是非常正确的。

与此同时,游惠海对剧中的不足也敢于直言不讳:

但是从总的戏剧形象来说,总督的形象是较弱的。他同海侠们斗争的残暴和主动性展现得不够。作为康拉德忠实朋友和比尔邦托形成强烈对照的阿里的戏剧形象也较差,尤其是在第二幕,我们要求看见他在这一切事态面前的积极行动。另外,第二幕密多娜自商人阿赫麦特手上接过有迷药的花来献给康拉德,也不够自然合理,容易从直感上产生误解。从现在的演出效果看,全剧终场海侠胜利后的场面,情感还没有充分展开,因此不够饱满有力,实在可以把第二幕那段有力的海侠之舞在这里作新的发展,来展现海侠们那种团结的、乐观的、自由豪放的英雄气概,然后接胜利的远航才比较有力。我想这样一些地方都可以考虑进一步改善和加强。

作为当时的年轻学子,游惠海敢于对古雪夫这位芭蕾大师的创作提出不同的意见,这不仅能使我们一方面洞察到他对舞剧形象塑造的方式已经具有了深度的理解,另一方面也可以想见"古雪夫专家"在平日的教学中对学生们谆谆教导的专业印象,以及对不同意见的宽容大度。

事实上,这篇评论文章的最大价值就在于,它是古雪夫在中国教学的两年半中,唯一一篇出自与他朝夕相处的晚辈,并带有教学大纲性质的文章,因而弥足珍贵:

作为一个在古雪夫专家直接教导下的学生,我在《海侠》这个优秀剧目中学习到体会到的东西是很丰富的,首先使我打开了舞剧这门艺术的奥秘——实际地懂得了更多舞剧艺术的基本知识,更多地理解了舞剧艺术的特征。在创作方法上学习到了如何改编文学作品,如何掌握戏剧冲突和人物的行动,如何发展舞蹈形象,以及舞剧导演学上的其他许多实际知识。因此,应该说《海侠》的演出对我们所有舞蹈艺术工作者都是一次极好的学习机会。而在这个过程中,我认为,全体年轻演员的技术修养和体现作品的深刻内容都有许多进步。

游惠海接着对古雪夫的教学进行了这样的总结,并对其他5位苏联专家的工作表示了由衷的感谢:

从舞剧《海侠》的演出,我们可以看到总编导古雪夫专家渊博的知识修养和丰富的艺术实践经验,古雪夫专家在艺术创作上的特点表现在他深刻活跃的艺术想象、严格的艺术要求和科学的工作方法上,他的具体创作活动体现了舞剧编导在舞剧创作中的:编导、教师、演出者的三位一体的原则。他和另外两位苏联专家:瓦·鲁米扬采娃与尼·谢列布列尼科夫从《天鹅湖》

到《海侠》，已经把我们整整第一代的芭蕾舞演出的队伍培养起来了。展望未来的芭蕾舞剧艺术在中国灿烂的发展，应该衷心感谢他们和过去曾在中国工作过的阿历克珊娜、查普林、蜜雪维契这些苏联老师们。

房进激对古雪夫的回忆

军旅编导家房进激（1933—2005）作为第二届编导班的学员，同样参与创作了由古雪夫担任总导演的舞剧《鱼美人》，并在毕业后回到新疆军区文工团，编导了多个维吾尔族的优秀舞蹈。1981年，他被调回北京，在解放军艺术学院从事教学工作，之后则是佳作不断，其中与夫人黄少淑联袂编导的女子群舞《小溪·江河·大海》不仅在第二届全国舞蹈比赛上获得了二等奖，而且在"中华民族二十世纪舞蹈经典评比"中荣获了群舞的金像奖，由此成为他们夫妇二人最响亮的舞蹈名片。[①] 更有，作为深受古雪夫创作思想影响的编导家，房进激与夫人在中国艺术研究院舞蹈研究所主办的学术刊物《舞蹈艺术》1987年第1辑（总第18辑）上发表的论文《〈小溪·江河·大海〉创作的真情实录》，实属一篇不仅袒露真情，而且揭示规律的名篇佳作——尤其是面对根据他人意见，"强加"了"大浪淘沙""艰难险阻"等超出舞蹈所能负担主题的教训，他们坚持不懈地追求舞蹈本体美的成功经验值得特别关注，而他们从中归纳出的创作自觉更是弥足珍贵：

舞蹈作品的主题，不总像1+1=2那样一目了然。往往丰富的主题却存

[①] 参见王克芬、刘恩伯、徐尔充、冯双白主编《中国舞蹈大辞典》，文化艺术出版社2010年版，第132页。

在于单纯的美的形象之中。因为 1+1=2，就没有什么丰富可言了，这也是我们在创作中所努力追求的。因为当代观众的审美特征，更倾向于自己独立地思维、联想和独立地自由创造。主题宽泛概念、多主题概念，或是不固定主题、主题模糊概念，可能是依据当今观众审美特征、艺术发展的一种新趋势，人们可以从单纯中获得丰富，因为艺术的单纯之中，常常蕴含着极大的丰富性。[1]

1994 年，房进激在《舞蹈》杂志第 6 期上发表的论文《古雪夫的遗产——纪念舞剧大师古雪夫诞辰 100 周年》[2]，对古雪夫大师的创作思想、舞蹈形式观、艺术想象力和创新意识进行了条分缕析的分析。他撰写这篇文章的动因是：北京舞蹈学院和中国艺术研究院舞蹈研究所根据世界舞蹈联盟亚太分会的授权，准备联合承办"北京国际舞蹈院校舞蹈节和国际舞蹈会议"期间，北舞决定复排演出 1959 年由古雪夫担任总导演的民族舞剧《鱼美人》[3]，因为这部民族舞剧当年曾在民族宫等剧场演出了 120 场，但 35 年之后，人们几乎把这样一部经典舞剧给淡忘了。就这样，当年编导班的助教栗承廉、李承祥、王世琦，以及学员韩统山、游惠海都担任了艺术顾问，房进激作为当年的学员编导之一，则成了 5 位总编导之首，而同班同学章民新、张毅无疑也在总编导的团队之中。为此，房进激对当年在古雪夫执教的第二届编导班的教学理念及方法进行了理论总结，并对古雪夫的严格要求，

---

[1] 黄少淑、房进激：《〈小溪·江河·大海〉创作的真情实录》，《舞蹈艺术》1987 年第 1 辑。
[2] 转引自房进激、黄少淑《小溪·江河·大海：房进激、黄少淑舞蹈艺术文论集》，解放军出版社 2000 年版，第 242—247 页。（作者此处有笔误：古雪夫出生于 1904 年，因此，1994 年为其 90 周年诞辰。编者注）
[3] 参见大型中国民族舞剧《鱼美人》节目单，北京舞蹈学院，1994 年。

包括对自己的严厉批评,做了坦诚的回忆与实录。这部舞剧在这次国际舞蹈节上的首演获得了巨大的成功,因而接连演出了12场。而房进激则自我设问"为什么获得成功"?其答案是"古雪夫给我们留下的一份丰富遗产",由此构成了这篇精彩的论文。

房进激首先明确地指出:

除了当初作为总编导的古雪夫带领我们全班师生共同创作的原版《鱼美人》本身就是一部成功之作外,更重要的还在于他给我们留下的那份思想遗产,是指导我们新版《鱼美人》创作的源泉,这是我们几位编导都很清楚的。我个人对他诸多艺术思想感受最深的,有如下几点。在古雪夫大师100周年诞辰之际,写出来以作纪念。

关于古雪夫将传统与创新并驾齐驱的创作理论与实践,房进激总结为:

古雪夫在创作上不是一个反传统主义者,相反,他是传统艺术的捍卫者。他对中国民族传统艺术十分热爱,有时甚至有些发狂。他对齐白石的中国画无比崇敬,给予极高的评价。他要我们学习齐白石对生活的抽象与想象,创作出舞蹈的诗情画意来。他对中国舞蹈,无论是民间舞还是古典舞,更是推崇备至。但是在创作上,他又不是一个纯传统主义者;在创作中,他从不以传统来衡量今日创作中的是非,更不以传统束缚和替代自己的新创作。相反,他的创作思维相当开放和自由,总是站在创新的立场上,给传统以适当的位置。求新、求异、求变,追求"新"的创造与突破。他常说:"何为创作?创作即发明,是前所未有的一种发明和创造。"这句话已成为我多年进行创作活动的座右铭,也是我们进行新版《鱼美人》创作的指导思想之一。鉴于对中国民族舞蹈的热爱，又在自由开放的思想推动下，他产生了一个大胆新奇的艺术理想，即把中国民族舞蹈，尤其是中国古典舞，与西方芭蕾舞相结合，求得两者在美学方面的某些统一，创造出新的民族舞剧风格。原版《鱼美人》的创作就是他的这一艺术理想的一种实验。

房进激回忆道：

古雪夫认为，中国的一些传统舞蹈，部分审美已不能完全适应今天中国人的审美要求了，也有过时和僵化的一面，需要进行新的创造和改造。而西方芭蕾的某些美学原则，更不能完全适应中国人的审美要求。作为舞剧这种外来形式，要创作出中国的民族舞剧，使这两种古典艺术相融合，好似也是一种自然。他做了这个世界前所未有的创作，结果他成功了。当初《鱼美人》的演出，引起了十分强烈的轰动。他还希望通过这一创作实验，给中国古典舞蹈带来更多的新生机。

房进激认为：

古雪夫的这一思想，我们在94版《鱼美人》的创作中，依然坚持着，并且加以发扬。把当时由于时代的局限而没有做好，或是不能实现的某些追求，给予实现。例如，在构成舞剧骨架的情节舞，即四大双人舞的创作中，我们较充分地运用了芭蕾舞和现代舞的某些技术动作和艺术表现手法，与中国古典舞的舞姿韵味相结合，创造出了一种既是民族的又是现代的舞剧双人舞的形象。此外，诸多表演性的舞蹈，尤其在海底和魔窟中的众多表演舞，均具有强烈的形象性和个性。舞蹈编舞的手法与观念得到了极大的丰富、自由和解放。

关于古雪夫对于舞蹈形式及其美感的高度重视，房进激自然也是心悦诚服的，进而坚定地认为：

艺术创造，就某种意义上说，就是一种对于特定形式的创造。其形式除了是一种载体外，还在于这种载体本身就具有艺术的美和意味。观众首先看到和感受到的是艺术的形式，最后看到的还是艺术的有意味的形式。只有艺术的形式才能把观众带入艺术的丰富世界之中。舞蹈更是一种供人"看"的视觉艺术，人们"看"的只是它由人体构成的外部形式，只有通过观看它的形式，才能感受到它的艺术意味。

在他看来：

古雪夫对于这一点是非常清楚而自觉的，因之，他在创作和教学中，非常诚实地把这一真理告诉他的学生们，并与我们"顽固而不自觉的脑袋作斗争"，强迫我们接受这种实实在在的思想。

据他回忆：

古雪夫在编导舞剧《海侠》时，曾邀请他们参加编舞。他感觉这部舞剧中好看的芭蕾舞段太少，不能满足观众欣赏芭蕾舞的特殊要求，因之，决定在船上一场增加一大段独立的、装饰性的"花园舞"。这一做法，从现实主义的观点来看是不真实的，是不可能的。很长时间里，我们都不能理解，便向他提出疑问，而他则回答说，"为什么要那么真实呢？浪漫主义不好吗？使舞剧的舞蹈好看一点不好吗？"后来我们才知道，《海侠》本身就是浪漫主义时期的舞剧作品。

房进激强调：

在创作中，古雪夫总是千方百计地使舞剧中的舞蹈好看，在我们长期争论的"舞剧姓舞，还是姓剧"的问题上，古雪夫显然是站在"姓舞"的一方的。他一贯主张，舞剧首先应该有丰富多彩的舞蹈可看。在这个基础上表现其戏剧内涵，而不是相反。所以，他在《鱼美人》的创作中，从头到尾设计了大量不同性格的丰富舞段，甚至想把所有好看的中国舞都搬进这部舞剧中来，以充分满足观众欣赏舞剧的要求。

房进激坦言：

为了更加充分地发扬这一思想，更加适应当今观众欣赏要求的新变化，我们在94新版《鱼美人》的创作中，要求不再只是用动作详尽地讲述一个古老的神话故事，而是要创作出众多供人欣赏的精美舞段，为此，我们大大删去了过多的情节过程和多余的情节枝权，精练情节，留下了充分的章节和时间，充分展示了美的舞蹈，增强了舞剧的展览性和观赏性。所以，我们在全剧中安排了近40个舞段。除四个舞蹈是原有的，仅进行了少许修改之外，其余的36段全部新编。在创作的过程中，我们把主要时间和精力放在编好每个舞段上，质量要求也是很高的。许多舞段都是经过多次修改创作，才得以完成的。舞剧，舞之剧，没有众多精美的舞，怎能叫作好的舞剧呢？舞蹈作品本身就应是精美的舞蹈了，编不出好的舞蹈，怎能称是好的舞蹈作品呢？而我们的观念却常常相反，没有好的舞蹈，却可以是好的舞蹈作品。我常常反思，我们的一些舞蹈作品，舞蹈是否太少了，意思是否太多了些，致使舞蹈本体挺不起腰，抬不起头来。古雪夫曾顽强地与我们这种观念和思维方式做斗争，以更新我们的舞蹈创作观。

谈及古雪夫的"大胆想象"和"顽强的创新意识"，房进激现身说法道：

古雪夫在教学中，把主要的精力和时间，都放在培养学生的想象力方面了。我作为他的学生，这方面的体会尤深。从开学考试那天起，七天的入学考试题目，大多是以考查学生的想象力为内容的。他认为，丰富而活跃的想象力，是作为舞蹈编导最重要的先天条件。因之，整个两年多的学习生活，都是在做不完的小品练习中度过的。我们每天都要开夜车，进行想象创作，以备第二天过那可怕的回课关。如稍有粗心，后果是很严重的。记得有次做即兴小品，由于一瞬间的杂念所致，想象受到干扰而中断，他马上暴跳如雷，要我趴在地上数清全部教室的地板。这时我由于压力大和害怕，那无地自容的自尊心，早已完全忘却，集中全力地完成他的命令。当我如实地向他报告后，他才说：想象要绝对地真诚和精力集中，不允许有半点杂念和虚荣心。他还批评说：没有想象力的编导，是选错了自己的职业，最好改行。锥皮鞋这种职业，对他们更合适些。

在他看来，对于一个编导，丰富流畅而新奇的想象是最宝贵的能力。他要求创作每个作品都要与众不同、与以往不同，不能重复以往的自己和别人。要新奇，要流畅，要有前所未有的发明性。他有句名言，我至今记忆犹新,他说:成功总是在失败的边沿。他要我们不走人家走过的路,创新虽有失败的危险,这里却有成功的可能。老路固然保险,但那里却永远不会有成功。今天重温,这是实在的创作的真理,很富超前意识的真理。对老路的重复,严格地说,那不叫创作,因为创作总和创新相连,与前所未有的发明相关。

回顾这次新版《鱼美人》的创作,房进激认为:

虽应受原作制约,我们仍然以出新为宗旨。力求做到"原好"加"新好",实属不易,但创作就该如此,否则又何苦再创作呢?为此,我们对人物的合理改变、情节的精练删减与变化、鱼美人的性格发展处理、人参的性格发展与戏剧作用,众多的舞台艺术处理和所有舞蹈的编舞,都力求出"新",编出新水平,以强化神话舞剧的神奇性质等。许多艺术追求与理想虽未完全实现,但是,我们总是胆战心惊地在可怕的"失败边沿"寻找着新的成功。

回首既往的编创生活,房进激认为:

古雪夫离开我们 30 多年了,他把这些艺术思想和追求留给了我们,至今依然光芒四射,引导我们的创作实践向更加成熟的境界发展,尤其是在新版《鱼美人》的创作过程中,我们感到尤为深刻和亲切。它给新版《鱼美人》的创作,带来了新的时代活力。所以,我们说这是古雪夫的遗产。

最后,房进激这样满怀深情地写道:

我和章民新、张毅，作为他的学生，谨以94新版《鱼美人》的创作演出和我写的此文章，纪念我们的老师——古雪夫100周年诞辰，以表怀念之情。

其他几位成绩斐然的学员概况

章民新（1935—2023），在入学前曾在中央戏剧学院的崔承喜舞蹈研究班深造过，随后则前往西北人民革命大学文工团辅导组、西北文艺工作团担任舞蹈教员与编导，而她根据青海民间舞素材创作的《花儿与少年》①成为那个时代的代表作。进入这个编导班深造期间，她又在《鱼美人》中编导了优美动人的经典舞段《珊瑚舞》和《蛇舞》，毕业后调入陕西省歌舞剧院担任编导，并就《花儿与少年》遭到的种种非议，在《舞蹈》杂志1962年的第1期上撰文，冷静且客观地介绍了当地的民俗风情和自己的创作初衷，表现出对舞蹈创作真谛的极高洞察力和直抒胸臆的文字能力。②1977年，她调入北京舞蹈学院编导系出任编导教研室主任，1981年在《舞蹈》杂志第3期上发表的《舞蹈形象的产生》③堪称在国内编舞领域中的最早教材之一，并应邀在文化部1980年岁末主办的"全国第一次舞蹈编导进修班"，以及1985年秋天开办的北京舞蹈学院首个编导系授课，此后还经常去外地教授编导课程，培养的新生代编导家不计其数。④

张毅（1933—2013），在考入古雪夫主持的第二届编导班之前，便在大

---

① 中国舞蹈艺术研究会编：《花儿与少年》，上海文艺出版社1959年版。
② 参见章民新《谈谈〈花儿与少年〉的创作及其争论》，《舞蹈》1962年第1期。
③ 章民新：《舞蹈形象的产生》，《舞蹈》1981年第3期。
④ 参见王克芬、刘恩伯、徐尔充、冯双白主编《中国舞蹈大辞典》，文化艺术出版社2010年版，第680页。

连歌舞团自编自演过独舞《牧马舞》，而由他编导并担任领舞的《花鼓舞》1957年更是以精湛的技艺赢得了第六届世界青年与学生和平友谊联欢节的金质奖章，此后则频繁地在国内外演出，所到之处无不赢得热烈的掌声。进入编导班之后，他还在《鱼美人》和《海侠》中担任了主演和领舞，毕业后更成为闻名全国的编导家，不仅创作了多个获奖作品，而且参加了大型音乐舞蹈史诗《中国革命之歌》的编导工作。[①]他撰写的文章《舞蹈编导的专业要求》[②]也是在这个领域中最早的教材之一，而随后由大连音像出版社推出的DVD《鼓舞天下：中国舞蹈家张毅的舞蹈艺术》[③]，则为我们研究他的编导风格提供了宝贵的活态资料。

刘少雄（1933— ），1949年在甘肃省文工团做演员，1951—1953年先后赴中南民族歌舞团及新疆地区学习民族歌舞，1955年参加甘肃省戏剧观摩会演期间，表演的蒙古族独舞《牧马舞》获奖。1956年与人合作编导的舞蹈《抢荷包》《太平鼓》《滚灯》，参加了全国音乐舞蹈会演。1957年考入古雪夫编导班学习期间，他参与创作了舞剧《鱼美人》，毕业后回到了甘肃省民族歌舞团。他此后编导的大批作品中，包括了保安族的舞蹈《山区驮运队》，舞剧《雷锋》《筌篌引》《莫高神曲》，组舞《焦裕禄》，双人舞《跃马擒敌》等，并参与创作了新时期以来的第一部优秀民族舞剧《丝路花雨》。[④]

韩统山（1930— ），1949年毕业于东北铁道学院，同年参加组建东北铁路文工团。考入古雪夫执教的第二届舞蹈编导训练班期间，他参与创作了

[①] 参见王克芬、刘恩伯、徐尔充、冯双白主编《中国舞蹈大辞典》，文化艺术出版社2010年版，第678页。
[②] 中国文化部艺术局中国舞蹈家协会编：《谈舞蹈编导创作——全国第一次舞蹈编导进修班材料选编》，人民音乐出版社1984年版，第142—152页。
[③] 马志广：《鼓舞天下：中国舞蹈家张毅的舞蹈艺术》，大连音像出版社1999年版。
[④] 参见王克芬、刘恩伯、徐尔充、冯双白主编《中国舞蹈大辞典》，文化艺术出版社2010年版，第308页。

民族舞剧《鱼美人》，毕业后则来到北京的中国铁路文工团，先后担任了演员队长、歌舞团分团长和总团副团长，不仅独立创作了《腰鼓舞》《满载超轴》《板舞》《新主人》等舞蹈，参与创作了《并蒂莲》《乌江渔火》《珠穆朗玛展红旗》等舞剧，以及大型音乐舞蹈史诗《东方红》，而且多次率团赴国外演出，进而成为杰出的舞蹈领导人。[①]

甘珠尔扎布（1930—1973），蒙古族舞蹈家，自幼接受了良好的文化教育和爱国主义教育，1948年就读于哈尔滨工业大学，不久后休学，考入东北军政大学，1950年考入内蒙古文艺工作团（内蒙古歌舞团前身），表演过《鄂伦春舞》《马刀舞》《牧人舞》《乌克兰舞》等。作为唯一一位蒙古族学员考入古雪夫执教的编导班后，他接受了全面的舞蹈编导理论与实践教育，毕业后则回到该团从事编导，先后创作了蒙古族的第一部舞剧《乌兰保》、多幕舞剧《草原英雄小姐妹》，以及《筷子舞》《擀毡舞》等获奖作品，并因通晓中、蒙、日、俄4种语言，整理出版了蒙古族的民间故事集《英雄古那干》，撰写了《内蒙宗教舞蹈点滴介绍》等多篇论文，成为蒙古族中有影响力的学者型舞蹈家。[②]

张曼茹（1936—2020），1949年加入中央音乐学院音乐工作团舞蹈组，1952年调入中央民族歌舞团任主要舞蹈演员，1954年赴蒙古人民共和国国立音乐舞蹈话剧院攻读舞蹈专业，留学期间曾在苏联芭蕾舞剧《巴赫奇萨拉伊的泪泉》中饰演了鞑靼王吉列伊的宠妃扎列玛，两年后以优异成绩毕业，仍回到中央民族歌舞团，先后担任群舞和独舞演员，以及教员和编导。与其他同班同学不同的是，她从古雪夫主持的第二届编导班毕业后没有从事编导

---

① 参见王克芬、刘恩伯、徐尔充、冯双白主编《中国舞蹈大辞典》，文化艺术出版社2010年版，第182页。
② 参见王克芬、刘恩伯、徐尔充、冯双白主编《中国舞蹈大辞典》，文化艺术出版社2010年版，第147页。

工作，而是将在此学到的舞蹈史论及编导知识有机地融入了自己的表演，因而不仅继续活跃在舞台之上，而且成为著名的舞蹈表演家，尤其是在大型音乐舞蹈史诗《东方红》中主演的蒙古族舞蹈《盅碗舞》备受好评，而由她担任领舞的《草原上的热巴》则曾在第六届世界青年与学生和平友谊联欢节上获得铜质奖章。①

---

① 参见王克芬、刘恩伯、徐尔充、冯双白主编《中国舞蹈大辞典》，文化艺术出版社 2010 年版，第 674 页。

白淑湘对古雪夫的回忆

众所周知，古雪夫为中国，乃至世界芭蕾舞史创造了一个奇迹——仅用了半年多的时间，便为刚刚起步的中国舞蹈界复排上演了俄罗斯古典芭蕾舞剧的经典之作《天鹅湖》，而他慧眼识金，为我们相中的Ａ组女主演白淑湘，更是以"中国第一只白天鹅"的美名载入史册！为此，我在主持国家社科基金艺术学重点项目"现当代舞蹈的传播与跨文化研究"期间，曾于2015—2018年，以子课题的方式，指导硕士研究生苏倡，撰写并通过了学位论文《中外舞蹈交流史上的第一只"白天鹅"——白淑湘的个案研究》。[1]

2014年，我受中央芭蕾舞团冯英团长的重托，主编《中国芭蕾的丰碑：纪念〈红色娘子军〉首演五十周年文集》期间，带着中国艺术研究院的在读博士生辛明去采访白淑湘老师时，她对古雪夫的感恩之情溢于言表。[2]

1957年，苏联专家古雪夫老师来了。他是列宁格勒的芭蕾大师，还钻研过布农维尔，因此，可以把丹麦流派的东西也吸收过来。当时，组织上决定排演《天鹅湖》，古雪夫到课堂上看完我们练功，就把我选上了。就这样，

---

[1] 苏倡：《中外舞蹈交流史上的第一只"白天鹅"——白淑湘的个案研究》，硕士学位论文，中国艺术研究院研究生院，2010年。

[2] 参见白淑湘《苏联专家古雪夫的贡献》，载欧建平主编《中国芭蕾的丰碑：纪念〈红色娘子军〉首演五十周年文集》，上海音乐出版社2014年版，第79—80页。

我和刘庆棠成了《天鹅湖》双人舞六对候选人中的一对。专家开始给我们排练时，先是排二幕的双人舞，然后是一幕的出场，就是白天鹅初次见到王子的那段；然后还有三幕和四幕的双人舞，一共四段。

那时候，我们赶上了"除四害"和"打扫卫生"的活动。"除四害"，就要上房檐去抓老鼠；"打扫卫生"就要上那个窗台去擦玻璃。有天早上，古雪夫看到了我在窗台上擦玻璃，马上就急了，并且找到学校领导问："你们要培养的是擦玻璃的白淑湘，还是演白天鹅的白淑湘？"

古雪夫排《天鹅湖》之前，曾把所有人，包括演魔王的李承祥他们，都集中在一块，给我们讲历史、讲剧情。他说，《天鹅湖》是德国的故事，发生在德国的某个地方，等等，而在我们这个版本中，公主开始是人，到了序幕，才变成了天鹅，最后经过一、二、三、四幕，到了尾声，又恢复了人形。

我们刚听音乐时，连一个乐句都记不住，做动作还要咬住拍子，因此，钢琴伴奏朱老师每天都要给我讲音乐。为了练好 fouetté（挥鞭转），脚趾头断了都不知道。尽管脚疼，也要忍着，一边听音乐，一边跟着专家学，一个动作一个动作地学，一遍接一遍地练，就是那么硬拼下来的。所以，在我们的记忆里，当时并没有感觉《天鹅湖》是非常美的，只是感觉它是非常累的。

我之前在东北学过表演，演过话剧和歌舞剧，到了北京舞蹈学校之后，也上过表演课，中央戏剧学院很有名的老师也曾来讲课，讲过规定情节中，人物出场时的思路应该怎么样，感情线应该如何调动出来，等等。因为有这么点基础，而且用上了，所以，教我们基本功训练的伊丽娜专家曾经说：白淑湘这么快就能完成《天鹅湖》的演出，真是个奇迹！

我觉得，古雪夫等专家把苏联先进的舞剧经验都教给了我们，包括舞剧剧本的结构、舞蹈段落的编导和排练、舞蹈演员的挑选、全剧的走台，等等。《天鹅湖》演出之后，我们才知道了什么是舞台美术……那时候，哪知道什么叫舞台布景、侧场、四道光、顶光、对光呀，这些灯光技术都不懂，都是苏联专家教出来的！我们当时总是听到古雪夫在叫：老郝、老郝，要这样，要那样，明白吗？我们就是这样学出来的！老郝是当时的电工师傅，后来成了舞台上管灯光的技师。

演出之前要对光，灯光、道具、服装全套都要上，要穿那种独特的裙子，新娘的那个帽子是尖形的，等等，专家都会一个一个地帮我们弄好。大场面的调度是全校师生都要参加的，包括小丑部分，当时排了好几个小丑，另外还有八个男女在四周。

1958年6月30日，古雪夫给我们排的《天鹅湖》首演，周总理等党和国家领导人都来看了。后来，他还给我们排了《海侠》和《吉赛尔》。可以说，这三部经典芭蕾舞剧为我们中国的芭蕾事业打下了坚实的基础。其间的1959年，他还指导我们排练了中国题材的舞剧《鱼美人》，真是功不可没！

古雪夫专家很会教学，他把这些好东西都拿给了我们。考虑到中国人既爱看戏，又爱看舞，他把我们喜欢的、戏剧性强的舞蹈都拿了过来，并且在《海侠》的第三幕，还加入了杂技，而原版的《海侠》中，是没有杂技的。而且，他没有请专业的杂技演员，全是我们自己演的。此外，他还加入了中国的武术，但他都把它芭蕾化了。因此，我们当时就在芭蕾中做过虎跳，翻过跟头，用过这些中国的武术技巧。我觉得，这些对我们后来创作《红色娘子军》都产生了很大的影响。

白淑湘老帅的这段回忆弥足珍贵，因为不仅为我们再现了她当年是以怎样的聪明才智和忘我精神创造出来的中国芭蕾奇迹，而且也为我们弥补了

66年前中国第一部《天鹅湖》演出史的空白——从选角、创作、排练到走台、舞美、演出，以及其间必不可少的讲历史、讲故事、听音乐等细节，可谓无所不包，更以真实可信的第一人称，为我们塑造出了"古雪夫"这位可亲可敬、倾囊相授、无比热爱中国舞者的编导大师的形象！

沈济燕对古雪夫的回忆

作为新中国的第一代芭蕾舞演员，沈济燕不仅有幸接受了所有6位苏联专家的精心调教，更在古雪夫为中国排演的《天鹅湖》中饰演了《四小天鹅》中的角色，因而有可能在她于2023年出版的新书《记忆犹新的昨天——记中国第一代芭蕾舞演员》压大轴的位置上，以《老专家——中国芭蕾的功臣》[①]为标题，从三个方面入手，生动具体地回忆了古雪夫这位"芭蕾之神""恩人"与"大功臣"当年的音容笑貌与教学有方：

首先，"老专家有一双慧眼，人们觉得他一眼看中谁，他（她）一定能出来，几乎所有的主要演员都是这样选拔之后加紧排练上台的"。她接连举了赵汝蘅在《吉赛尔》中出色地扮演了女鬼王米尔达，高淳英在《天鹅湖》中成功地饰演了白天鹅，以及薛菁华、万琪武为例，其中的具体过程，乃至古雪夫当时提出的技术问题，都让读者们仿佛身临其境，进而将沈济燕过人的语言记忆力展示得与其动作记忆力同样的无与伦比！[②]

"老专家慧眼之后是排练，排练对每一个青年演员的成长太重要了，怎样从一个学生到演员，到一个好演员，全靠排练。每一个演员都深知遇到一

[①] 沈济燕：《老专家：中国芭蕾的功臣》，载《记忆犹新的昨天——记中国第一代芭蕾舞演员》，香港中国书局2023年版，第258—275页。
[②] 参见欧建平《一段呼之欲出的新中国芭蕾史——拜读〈记忆犹新的昨天——记中国第一代芭蕾舞演员〉》，《舞蹈》2023年第2期。

个好排练者的重要性,这将是改变命运的关键。"沈济燕举了古雪夫给万琪武在《海侠》中饰演的反面人物比尔邦托"一点一点地"说戏,导致了他"小小的年纪"便取得了巨大的成功,进而使其日后能在《红色娘子军》中成功塑造了"老四"这一角色的例子。古雪夫对饰演"吉赛尔"的钟润良更是厚爱有加:"每天下午三点到六点"都要给她排练芭蕾舞,"晚上六点半到八点半"则单独排戏,具体包括"每个动作、每个表情、每个回头、每个眼神的细腻打磨",甚至要求"发疯时眼睛的光要散",最终使这个17岁的弱姑娘"把吉赛尔这个人物演得出神入化"。

"老专家(的)第三步是培养人,人们也许很难想到他如此重视一个演员的舞台责任和演员道德,他认为,这两种品德跟你的技巧、舞感、表演一样重要。"沈济燕举了古雪夫的双人舞课为例,具体包括在跳双人舞的过程中,"男伴不许挑女伴,不许指责女伴;有什么不对,老师一定首先批评男伴;如果倒了,男伴要负责纠正;女伴不许乱动,如果空中的动作掉下来,男孩子自己要先躺下垫底"!而唯有通过这种方法,才能在男女舞伴之间建立起高度的信任,进而确保双人舞的成功。

接着,沈济燕又如数家珍般地列举了古雪夫严格要求的课堂纪律,具体包括"不准迟到,衣服鞋子整齐",女孩子必须把脚尖鞋的鞋带系好;中间分组做动作时,"不做的人必须站在两边把杆的前面,教室中间的后墙不许站人,避免教室很乱,老师看不清,不跳的人影响跳的人。第一组做完不许往后走,一定往前跑,这样不会相撞";"老师在讲动作时,学生不许用手比划,他会说,我在用脚教你,你用手比划,是不懂礼貌的";课上不能说话或交头接耳,不明白"只能举手问老师";等等。而正是这些细致入微的调教,才为这些中国第一代"不到十八岁的"芭蕾学生们,培养出了严格的"国际范儿",随后才能"正式挑起了中国芭蕾舞的大梁"!

万琪武对古雪夫的回忆

在我 2014 年主编的《中国芭蕾的丰碑：纪念〈红色娘子军〉首演五十周年文集》中，万琪武回忆说：

芭蕾舞团在安排演员上一直有个特点：导演们都倾向于使用相对成熟的演员。一旦某个演员出演过某种类型的角色，以后的导演都愿意把这类角色继续给这个演员，因为培养演员确实不容易，而当时的性格演员更少。我在舞蹈学校学习的时候，因为比较擅长表演，并被苏联专家和老师们发现了。在排《鱼美人》的时候，苏联专家古雪夫曾经亲自给我一对一地排过"比尔邦托"这个角色，他用最生动的办法，使我懂得了舞台上反派角色的价值，并告诉我，如果反派人物演不好，就无法很好地烘托正面人物的英雄气概。我在这个过程中受益匪浅。对芭蕾舞演员来说，演过一部戏就会提高一个层次。[1]

---

[1] 万琪武：《用历史的眼光回看〈红色娘子军〉》，宋敏芝采访并根据录音整理，载欧建平主编《中国芭蕾的丰碑：纪念〈红色娘子军〉首演五十周年文集》，上海音乐出版社 2014 年版，第 104 页。

陈爱莲对古雪夫的回忆

1959年的7月,古雪夫担任总导演的中国民族舞剧《鱼美人》获得了巨大的成功,而就演员的培养而言,古雪夫的丰功伟绩则被概括为:"1958年的一部《天鹅湖》,推出了一个白淑湘;1959年的一部《鱼美人》,推出了一个陈爱莲。"换言之,"《鱼美人》让她一举成名",而这句话则成了2012年出版的《共和国的红舞鞋:陈爱莲传》[①]中第32节的标题。

在这一节中,陈爱莲借助作者陈廷一的笔触,以第三人称的口吻,栩栩如生地细描了古雪夫在《鱼美人》首演前对她的挑选、肯定与"命令",以及她因为首演了这部大戏而一夜成名的历史:

1959年,是共和国成立10周年,神州大地各行各业都在热烈庆祝这个生日。同时,北京舞蹈学校每年的毕业班,总要编排一个作品,加上献礼,一个著名的舞剧——《鱼美人》便被列入了校方的计划。

担任剧目总导演的是苏联著名舞蹈专家古雪夫,还有几位崭露头角的青年教师来配合。

西方人总有一股冒险精神。这次,古雪夫打破惯例,决定借鉴苏联的舞

[①] 陈廷一:《共和国的红舞鞋:陈爱莲传》,中国致公出版社2012年版,第86—90页。

剧经验和艺术手法，将西方芭蕾与我国传统舞蹈艺术相结合，上演一个中西合璧式的作品。他要向世人证明，中国民族舞剧芭蕾化不是一句空话。

演好演坏，关键是选好第一女主角。

领导在期待，老师在期待，全校的学生都在期待。

古雪夫不敢大意。他开始海选了。他以挑剔的眼光在毕业班的学生中瞄来瞄去，最终，花落陈爱莲。

几天来，全校的角角落落，到处是一片赞叹：

"陈爱莲学习太优秀了，《鱼美人》非她莫属！"

"鱼美人漂亮、迷人，陈爱莲的身段、气质都适合，古雪夫有眼光！"

"我太了解陈爱莲了，只是，这次不同于以往，以前全是民族的形式，民族的内容，现在引入芭蕾样式，要立足尖，她丢了两年了，能捡起来吗？"毕业班的宿舍内，一位熟悉陈爱莲的同学不无担忧地说道。

同学的担心是有道理的，自从陈爱莲分科到中国古典舞班，就很少练芭蕾了，芭蕾鞋早已束之高阁，现在突然重新捡回，无论对谁来说，都是一个不小的挑战。

"明知山有虎，偏向虎山行。"素来不服输、性情要强的她，怎能放弃呢？

晚上，她在日记中信誓旦旦地写道："演不好鱼美人，我不叫陈爱莲！"

排练开始了。

在偌大的排练厅内，乐声袅袅，人影幢幢，大个子古雪夫一身深红的运动服，双臂抱在胸前，翘着俄国人特有的小胡子，在人群中走来走去，一边走，一边用生硬的中国话提醒道："手臂！手臂！"说着，耐心地扶一扶一个男演员的胳膊。

遇到一个女演员在使劲地弯臂，差点跌倒，他有点不满意了，头摇着：

"（这个）中国姑娘，身体太僵硬了！"

一转身，古雪夫走到了陈爱莲跟前，他凝眸片刻，似乎像换了一个人似的，眼睛里流露出少有的神采，竖起大拇指：

"陈，棒极了！"

休息时，大家席地而坐，围着听他讲，这个严肃的苏联人，表现出俄罗斯民族特有的幽默开朗的一面：

"中国古典舞，正处在上升期，可是你们奶奶的奶奶就缠脚了，现在的姑娘，穿裙子，脚下解放不够，必须吸收西方芭蕾元素……"。说着，50岁的他站起来，一会儿学起中国老太太走路，一会儿模仿起大姑娘穿裙子的样子，惟妙惟肖的情景，逗得学生们都笑出了眼泪。

……

经过几个月的排练，演员之间，方方面面配合默契，可以正式登台演出了。

演员们盼星星、盼月亮，只等着首场演出的成功。几天来，陈爱莲心里像三月的春风拂过一样，激动地等待着，盼望着。

可是，天有不测风云，女孩子的"特殊情况"早不来、晚不来，偏偏这个时候来了。费尽心血演不成，那不是前功尽弃吗？陈爱莲像一头惊恐的小鹿，躲在宿舍里难过得快要哭了。最后，她决定首场演出不参加了，让给女二号。

"陈爱莲不想演了！"

消息传到了后来被誉为"中国芭蕾之父"的古雪夫那里，这个一贯对陈爱莲欣赏有加的俄国人，愤怒了，像一头咆哮的雄狮发出了怒吼：

"陈，必须演！"

晚饭后，同学们都出去玩了，屋内只有陈爱莲一人，她穿了件淡绿色的短袖衬衣，赤脚懒洋洋地躺在床上看闲书。突然，门外传来一阵"咚咚咚"的脚步声，接着传来了几声低低的敲门声：

"陈爱莲在屋吗？"一个柔柔的女声传来。

陈爱莲慌忙整理一下，穿衣下床。拉开门一看，她大吃一惊，古雪夫板着面孔，在几个女同学的陪同下，来到了门前。

寒暄过后，古雪夫坐在下铺的床上，盯着陈爱莲，郑重地说："陈，你，必须演！你知道为什么吗？"他双手一摊。

陈爱莲不好意思地摇摇头。

"就像《天鹅湖》，演不好没关系，因为《天鹅湖》已经成名了，演不好只能说明演员的水平不高，而《鱼美人》呢？"他停顿了一下，大家都望着他。

他站起身来，在屋内来回走着。

几分钟过后，他激动地提高了声调："它是新作品，你，不可以，必须演！"

最后几个字，很生硬，几乎没有商量的余地。

在严师的要求下，陈爱莲答应下来。

1959年7月20日夜晚，北京。

位于西长安街上的民族文化宫前，华灯璀璨，车水马龙，熙来攘往，一场大型的舞蹈演出正在这里上演。舞台上，优美的旋律、美妙的音乐时而把观众带到茫茫的大森林里，时而又带到光怪陆离的海底世界里，猎人、鱼美人、山妖，矛盾重重……

这正是陈爱莲和北京舞蹈学校的其他同学表演的三幕神话舞剧《鱼美人》。

最后，在绿草苍茫的浪漫意境中，一声微弱的钢琴和弦声结束了全剧，而观众还沉浸在美妙的遐想中……

演出结束了。全场观众们都站了起来,大剧院的每个角角落落都响起了经久不息的掌声。

《鱼美人》演出成功了!

成功就在于艺术的表现上。首先,凸显舞蹈的功能,使演员的舞技发挥得淋漓尽致,同时,在舞蹈结构和舞段的编排上,突出技巧,如,充分发挥"双人舞"的功能,而少采用哑剧式的表演等。例子有鱼美人与猎人、鱼美人与山妖的双人舞等,还有如海底的"珊瑚舞"、森林中的"蛇舞"等,都令人耳目一新,叹为观止。其次,舞蹈动作风格与人物性格的相统一。再次,抒情而浪漫的旋律,陈爱莲高超的舞技,以及灯光设计,都给观众强烈的视觉冲击力和美的享受。

作为中国民族舞剧芭蕾化的第一部作品,《鱼美人》带有试验性质,它为民族经典舞剧《红色娘子军》《白毛女》的上演做了铺垫。

……

旋即,陈爱莲因在《鱼美人》中的成功饰演而名声大噪。从此,陈爱莲——一个青年舞蹈家的故事,在社会上广泛地传开了。她不仅上了《人民画报》的封面,同时,她的事迹也在《人民画报》上一版再版,风靡全国。

贾作光对古雪夫的回忆

贾作光（1923—2017）是新中国舞蹈的一代"舞神"。他1938年春考入长春伪满洲映画协会演员训练所，成为日本著名现代舞大师石井漠的学生。1943年，他到达北平，在爱国学生的帮助下组建舞团，自编自演了《渔光曲》《故乡》《少年旗手》等舞蹈。抗战胜利后，他又创作了《苏武牧羊》《国魂》等舞蹈。1946年到达东北解放区后，他在吴晓邦的引领下，参加了内蒙古文工团，自此开启了他深入蒙古族人民的文化沃土，开创蒙古族现代舞蹈的崭新历程，创作了《牧马舞》《鄂伦春舞》《马刀舞》《雁舞》《牧民的喜悦》等作品。

新中国成立之后，他曾于1955年9月至1959年7月进入北京舞蹈学校第一届编导训练班，接受苏联芭蕾舞剧专家维克多·查普林的系统教学，从而在编导的理论与实践上得到了巨大的提升。此后，他历任内蒙古歌舞团和内蒙古艺术剧院的领导职务，先后创作了《鄂尔多斯》《挤奶员舞》《盅碗舞》《灯舞》《牡丹花开凤凰来》《嘎巴》《鸿雁高飞》《牧民见到了毛主席》等大量精品，不仅提炼和发展了蒙古族的舞蹈动律，而且为蒙古族创造出崭新的舞蹈语汇。进入新时期以来，他又创作了《喜悦》《彩虹》《海浪》《万马奔腾》《任重道远》《蓝天的诗》等力作。他的诸多作品中，《鄂尔多斯》（1955）、《挤奶员舞》（1957）、《盅碗舞》（1962），分别在第五、第六、第八届世界青年与学生和平友谊联欢节上荣获金质、铜质和金质奖章，而《牧马舞》《海浪》和《鄂尔多斯》1994年则荣获了"中华民族二十世纪舞蹈经典评比"的金像奖。

贾作光虽然毕业于第一届苏联专家编导班，不是古雪夫的直系弟子，但出人意料的是，他在整个中国舞蹈界，与古雪夫结缘的时间却是最早的[①]：1949年7月，他因为随中国青年文工团，赴匈牙利首都布达佩斯参加第二届世界青年与学生和平友谊联欢节，与人合作编导的汉族民间舞《大秧歌》，以及参加表演的汉族民间舞《腰鼓舞》不仅同时获得特等奖，而且随后还前往苏联各地演出，先后在莫斯科大剧院与乌兰诺娃同台表演了自己的代表作《牧马舞》，更在莫斯科大剧院和列宁格勒的基洛夫大剧院，亲眼观看了古雪夫主演的《雷蒙达》和《巴赫奇萨拉伊的泪泉》，因此对他风流倜傥、潇洒自如的舞台形象，以及炉火纯青、令人折服的舞台技艺赞不绝口。

1957年年末至1960年6月，古雪夫来到北京舞蹈学校执教第二届舞蹈编导训练班期间，贾先生刚好从第一届编导班毕业，因此有机会经常与古雪夫见面，旁听他的编导课，而观看其学员们的回课，则是家常便饭，进而对古雪夫的教学和创作理念及方法耳熟能详且受益匪浅。而当他自编自演的《雁舞》赢得古雪夫的高度赞赏时，更是顿觉"受宠若惊"，并且备受鼓舞。

1986年，贾先生率领中国舞蹈家代表团访问列宁格勒期间，古雪夫不顾82岁的高龄，毅然冒着严寒前去探望，并在宾馆设宴招待中国同行，表现出最为真诚而深厚的情感，并打算找机会重返中国，可惜翌年便驾鹤西去，令中国同行扼腕叹息！

1994年，贾先生为纪念古雪夫大师的90华诞，撰写了《让友谊之花永远飘香——纪念一代宗师、杰出的舞蹈编导巨匠彼·安·古雪夫》一文[②]。

[①] 罗斌：《贾作光年谱》，载贾作光口述、罗斌记录、整理《雁在说——贾作光自传》，上海音乐出版社2014年版，第214—217页。
[②] 贾作光：《让友谊之花永远飘香——纪念一代宗师、杰出的舞蹈编导巨匠彼·安·古雪夫》，载《雁舞峥嵘：贾作光艺术文集》，上海音乐出版社2014年，第12—17页。

他在其中既深情回忆了自己与古雪夫结缘的往事，而且对他当年目睹过的《鱼美人》这部由古雪夫执教的第二届编导班完成的毕业大戏进行了逐条的分析，并对古雪夫的艺术功力与卓越成就进行了理论上的总结：

（1）古雪夫以他卓越的艺术才华，教导学生们如何遵循中国传统文化中的美学原则，在尊重民族优秀文化的基础上进行集成与挖掘。首先在题材、体裁样式、戏剧结构方面着重探讨，反复推敲，从形象思维到逻辑思维，他牢牢地把握住了中国民众的审美要求与审美趣味。他曾告诫同学们："编创一个舞剧，首先要注意它的主题思想，戏剧结构与人物情节都必须为展现主题服务。主题是舞剧的内核，如果离开舞剧的内核，舞剧的价值就不复存在。"因此，古雪夫在指导大家创作《鱼美人》时，首先抓住舞剧的主题思想，合理地安排戏剧结构，并把舞剧结构中的情节、人物、场面氛围一一地加以审核，然后去营造舞蹈，并通过舞蹈形象，使舞剧情节合乎逻辑并富有活力地展开。

（2）古雪夫特别强调舞蹈形象的鲜明性，他说："舞蹈没有鲜明的形象，就不会给人留下深刻的印象。"这句话给我留下了深刻的记忆。古雪夫在指导章民新的《珊瑚舞》时，用艺术语言启发她，并强调了舞蹈动作的质感。珊瑚是海底生长的动物，很美。如何把它拟人化，才能使之富有艺术魅力，让人喜欢？动作的节奏、力度、形象等应是怎样的？章民新听了他提出的问题后顿开茅塞。她强化了舞蹈形象的动作质感，把原来比较呆板的形象变化为活泼热情而有力度的动作，充分调动了垒叠式的画面，用五个少女身着红色闪光的服装装扮珊瑚，在欢快跳跃的节奏中形象地展现了珊瑚绚丽多彩的舞姿。演员们手臂交织伸开，错落有致，质感性很强，演出时效果极佳，观众反应很强烈。这是由于古雪夫的移情术指导有方，才使得《珊瑚舞》获得成功，成为百演不衰的佳作。再如古雪夫指导创作的双人《蛇舞》，由中国著名舞蹈家陈爱莲表演，猎人由王庚尧扮演（曾在1962年芬兰赫尔辛基的世界青年联欢节上获得金质奖章），那蛇的形象非常鲜明，演员身体在地面蜷曲。头、脚相交弯成O形，把猎人围在其中，蛇忽而立起，忽而缠绕于猎人，忽而媚态引诱，最后显露出凶相。编舞技巧高明，演员表演精湛，堪称精品。这段情节舞构成了一个完整独立的舞蹈。总之，古雪夫在指导创作时，总是着力去启发编导从捕捉舞蹈形象入手，从人物性格去把握，使用舞蹈动作、组合均有目的性，不无的放矢。

（3）古雪夫特别重视培养编导的音乐修养，他主张音乐是舞蹈的灵魂，舞剧的音乐语言是舞蹈动作的感情形象，一部好的舞剧音乐能够启发编导的想象力，舞剧是不能离开音乐的。我认为，音乐对舞剧的成败起着重要的作用，音乐是舞蹈艺术亲密的伙伴，不仅舞蹈不能离开音乐，而且舞剧更加需要它。

（4）古雪夫会将舞剧结构、情节和人物性格这几个方面的要求提供给作曲家，如人参老人，那可亲的形象是以轻巧的节奏，出现在2/4的节拍之中，使人能够感受到"人参老人"的可爱形象，以及谨慎而又具有神秘的感情色彩。他对作曲家提出，要把握住鱼美人的性格，才能准确地刻画出鱼美人主题的音乐形象。他说："音乐形象要刻画出鱼美人的感情、性格，她应是美丽而又善良、温顺而又典雅的姑娘。"杜鸣心、吴祖强这两位作曲家遵照古雪夫的艺术见解，经过反复推敲，精心创作了鱼美人的主题旋律，达到了音乐形象与舞蹈形象的统一。这段音乐与山妖的不谐和音形成了强烈的反差，善与恶的对比在音乐中得到了充分的表现。

（5）古雪夫对艺术创作严肃认真，一丝不苟。他对编导们极其耐心，虽然有时发急，但只是在编导们想不出辙来时他才这样。他经常用示范去启发大家，但他绝不让学生重复他的东西，而主张发挥学生自己的艺术想象力，从不取代学生。

（6）古雪夫尊重中华民族的传统文化，他不仅把这一点表现在形式上，而且见诸行动。他虚心学习中国的艺术，学习中国的民族风情与情感体验。他研究中国童话传说和艺术表现，如鱼美人与天鹅同样是美的化身，他们都代表着善与恶、光明与黑暗中的善和光明，但在两个国度、两个民族中，各有自己表现美的方式。古雪夫并没有把《天鹅湖》中奥吉塔的表现方式照搬过来，他在《鱼美人》中力求找到中国人的艺术个性，在共性中去提炼民族的特质，从而加重了《鱼美人》舞剧浓郁的民族风格。如在处理一群人参老人与猎人、山妖的关系中，古雪夫强调集体的力量，强调善的威力。他把人参老人与社会精神、道德、理想联系起来，并没有单纯表现人参的自然属性。相反，他把人参与人情意志紧紧相扣，力图把观众的视觉功能调动起来，从物质、思想上去感知正义与邪恶的较量，充分发挥了艺术想象的重要作用。

（7）从古雪夫指导学生的习作中可以看到，他反对编舞者去编脱离内容的纯动作，无目的的舞蹈组合和作品。他强调社会主义的现实主义与浪漫主义相结合的创作方法，并反对形式主义的作品。

（8）古雪夫的功力还在于他以历史唯物主义的美学观点，把主观认识与客观事件有机地结合起来，让学生们知道编导功能中的首要问题是应正确地认识世界、认识自我，强调用健康、美的艺术形象和高尚的思想境界陶冶情操和精神的伟大意义；他要求编导有所作为，并嘱咐同学们要以高尚的理想作为精神动力。

（9）概括而言，神话舞剧《鱼美人》开辟了一个新型的、中国式的民族舞剧的新天地，这与古雪夫以历史唯物主义艺术的广阔视野来发展中国人民喜闻乐见的舞剧艺术是分不开的。古雪夫以其精湛的艺术造诣观察中国舞剧美的样式，这种大胆的探索无疑凝聚着国际主义的感情，他对中国舞剧的献身精神令人十分敬佩。《鱼美人》虽然是集体智慧的结晶，但它体现出了古雪夫大师的创作风格和他高尚的艺术品位。

朱立人对古雪夫的回忆与译文

我之所以将朱立人老师的回忆安排在"中编"压大轴的位置上,是因为他作为"新中国第一代舞蹈翻译家、舞蹈理论研究者"[①],曾是当年全体中国师生与古雪夫大师在课堂上下进行交流的唯一桥梁,而事实上,人们关于这位德高望重的苏联舞蹈家的一切言谈话语,乃至生活细节,皆出自朱老师的"听、说、读、写、译"。

在朱老师著作等身的成果中,首先要提到的当然是他在芭蕾史和芭蕾术语辞典这两个选题上各自的三部曲了——分别是《芭蕾简史》(1987)、《世界芭蕾史纲》(1994)和《西方芭蕾史纲》(2001),以及《芭蕾术语辞典》(1984、1995、2013)的三个版本;此外还有公开出版的《芭蕾基础教程》(瓦冈诺娃的经典教材,1993)、《16—19世纪舞会舞蹈》(与杨越合译,2012)、《足尖上的梦幻——中外芭蕾精品欣赏》(与魏中合著,1997),北舞和多家舞协内部出版的教材和译文集《古典芭蕾动作解析》(塔拉索夫男子芭蕾经典教材,1996)、《舞剧编导艺术选译》(1980)、《舞剧编导艺术》(与戈兆鸿合译,1984);而在他数百篇的文章和译文中,仅是关于古雪夫大师的回忆文章就有3篇,而翻译他的文章也有3篇。我仅在此摘取其中的要

---

① 张延杰:《新中国第一代舞蹈翻译家、舞蹈理论研究学者朱立人教授》,《北京舞蹈学院学报》2014年增刊。

点,以飨有兴趣的舞蹈同行与诸位热爱舞蹈的读者,并聊表我对古雪夫和朱立人这两位已故前辈的敬仰之情!

第一篇文章:《古雪夫:一个平凡而又伟大的人——跟随专家工作忆零》。这是朱立人老师于1987年4月上旬,听闻古雪夫大师于3月31日仙逝噩耗时撰写的痛悼与追思文章,可以这么说,在全中国的舞蹈界,就与古雪夫朝夕相处的时间和对他的深入了解而言,没有任何人可以同朱老师相提并论。全文分三个部分,连载于《舞蹈信息报》1987年的第12期、第13期、第14期。①

第一部分介绍了古雪夫一来到北京舞蹈学校便开始忘我工作的实情,以及他对中国舞蹈家们的深情厚谊。

(1)他是大病初愈,并向苏联医生保证了"一定注意休息"之后才被允许来华的,但他一到北舞就一发而不可收地工作起来,每天总是从上午9点一直工作到晚上10点,多次因为心脏疼痛,捂着胸口侧卧在办公室的皮沙发上缓解一下,然后才乘车返回国际饭店的寓所。

(2)他因为病重住院期间依然坚持工作,方式为安排编导班的学生分批去病房,以"探视"为名上小课,多次被护士劝阻也无效。

(3)他从不向组织邀功,晚至1973年(69岁)才评上教授,1984年(80大寿)才荣获"俄罗斯苏维埃联邦社会主义共和国人民艺术家"的称号,而他的几代学生早就是教授和人民艺术家了。

(4)中国芭蕾代表团1985年赴莫斯科芭蕾舞比赛参赛期间,年过八旬的他身为大赛的督导,工作的繁忙可想而知,但依然对我们关怀备至,不仅

---

① 朱立人:《古雪夫:一个平凡而又伟大的人——跟随专家工作忆零》,载《漫话芭蕾艺术:朱立人舞蹈文集》,上海音乐出版社2013年版,第151—156页。

亲自提前去报到处等候长达半个小时，而且立即去排练场给予指导，鼓励我们的选手奋力拼搏，为国争光；赛后不仅设宴招待中国代表团成员，而且就地在莫斯科大剧院门前的喷水池旁点评中国选手的优缺点，并介绍当代苏联和世界舞蹈创作趋向长达 1 个小时。

（5）他晚年患有肝硬化，但在给朱立人的信中却写道："随它去吧，我不能休息，活着不干事，比死了更难受！"

（6）逝世前的两个月，他还在莫斯科参加莫斯科大剧院庆祝格里戈洛维奇 60 寿辰的仪式，并发表了 10 多分钟的讲话，这是朱老师借助卫星转播看到他的最后一次。

第二部分介绍了古雪夫对中外传统艺术的酷爱。

（1）他 1985 年在莫斯科见到中国芭蕾代表团时，依然重申这样一个观点："愈是民族的才愈是国际的，并语重心长地宣称：中国学派必将屹立于世界芭蕾之林。"

（2）他在不同时期、不同场合下，均热情洋溢地赞美过中国的古典舞和民间舞，尤其是在华工作近 3 年期间，他经常深入课堂了解中国舞蹈的技术和教学法，亲自参加中国古典舞教材编写组的讨论，帮助青年教师借鉴古典芭蕾教材的先进经验，在系统化和科学化的道路上迈出了最初的几步。

（3）由于中苏断交，他不得不回到苏联，否则他会对中国古典舞教材的建设做出不亚于他对中国芭蕾的重大贡献，因为他曾在 20 世纪 70 年代，受联合国教科文组织的委托，帮助拉德洛夫等丹麦舞蹈家成功地整理和宣传推广了布农维尔学派的芭蕾。

（4）他对待遗产既珍惜保存、细心恢复，又主张发展，绝不保守。他酷爱中国古典舞，利用一切机会虚心学习，有时在办公室里独自默记其中的动作和舞姿，并在纸上做记录、画小人，甚至有过一个抱负：在莫斯科或列宁格勒排演一部中国题材的芭蕾舞剧，至少把《鱼美人》搬上苏联舞台（我们可从这部文集中编第四部分的书信集中，读到他的这个愿望之迫切，以及为实现这一愿望所做的努力）。

（5）他非常尊重中国舞蹈和中国舞蹈家，即使在指导编导班的学生作业时，也会用商量的口吻表达自己的建议，并主张在"不忘民族性的前提下"，可以借鉴中国的武术、杂技、地方戏，并适当吸收一些国外舞蹈技巧。

（6）他还就加强中苏两国舞蹈交流，提出了4条畅想：①中国舞蹈家在不久的将来访问苏联，向苏联观众展示自己的高超技巧；②中国舞蹈教师把中国舞蹈的长处（他给起了一个名字："无所不能性"）展示给苏联同行看，让他们了解它是多么丰富、多么高明，并且教会苏联学生掌握中国古典舞的基本技巧；③派遣苏联教学法的专家到中国来，传授近20年来他们在这方面取得的成功经验；④组织中国和苏联有关人士一起研究和分析有千百年悠久历史的中国传统舞蹈文化，这对双方都会具有巨大的益处。

第三部分介绍了古雪夫回国后，依然对中国舞蹈家满怀深情。

（1）即使中苏关系破裂，他依然经常在广播电台发表讲话，在报刊上发表文章，赞颂苏中友谊，怀念伟大的中国人民。

（2）他在得知北舞急需学习苏联最新芭蕾教学大纲后，通过旅日舞蹈家余芳美女士送来了苏联舞蹈学校各门专业课程的新编教学大纲，并经常给朱立人老师购买新书，邮寄到北京来。

（3）他在1985年见到中国代表团时，像孩子一样雀跃、拥抱成员们，并且流下了欢乐的眼泪；为了参加我国大使馆为中国代表团举办的招待会，他退掉了回列宁格勒的飞机票，直到会后才直奔机场，重新购票回家。

（4）他从不以"老大哥"的身份自居，每当中国舞蹈家赞扬他对新中国芭蕾事业做出的重大贡献时，他总是谦虚地说："我们只是起了启蒙作用，主要还是靠中国同志自己！"他甚至还说："青出于蓝胜于蓝，学生往往会超过先生，我们苏联芭蕾工作者向中国同行学习的日子不会太远了。我坚信，中国芭蕾学派一定会在世界成为最优秀的舞派之一。"

（5）他即使到了晚年，依然心系中国，曾与朱立人老师商议了一条以来华求中医治疗其"肝硬化"为由的"妙计"，以便能继续给北舞讲授编导理论课，为中芭排演小舞剧，但未能如愿。

第二篇《真挚的友谊，无私的奉献——忆古雪夫专家在北京舞蹈学校》，是继前文之后撰写的，发表在《舞蹈教学与研究》的增刊——北京舞蹈学院建院35周年的专辑上。较之第一篇文章，朱立人老师提供了古雪夫在北京舞蹈学校工作期间的更多细节，比如：

（1）他除了从早到晚忘我教学之外，还要同学校的领导人共商大事，会见作曲家、美术家和乐队指挥，讨论创作问题，参加各种舞蹈教研会议等。

（2）在选择剧目上，他除了考虑这些舞剧本身的思想和艺术价值以外，更多地还注意到了它们的训练价值，通过它们让中国学生得到严格的、全面的古典芭蕾舞台实践机会，继续巩固课堂上学到的技巧，由此造就了以白淑湘、孙正廷、张纯增等人为代表的新中国的第一代芭蕾舞演员。同样，在古雪夫指导排演《鱼美人》的过程中，一批民族舞剧的优秀演员，如陈爱莲、陈泽美、陈铭琦、蒋华轩等也脱颖而出。与此同时，古雪夫言传身教，还培养出了张旭、曲皓、吴湘霞等一批称职的排练教师，他们在古雪夫走后，保证了这些剧目的演出质量。

（3）古雪夫在苏联素以精心保存古典遗产而著称，为了弄清某一版本，小到一招一式，大到整段整场舞蹈，他走访老人，查考文献，尽可能地恢复其本来面目。晚年，他把彼季帕、布农维尔、洛普霍大等人的一批失传的舞蹈精品重新搬上了舞台，并在列宁格勒音乐学院的舞蹈编导系主讲了古典遗产课程，向青年编导传授了自己的丰富知识。但是，他绝不是一个守旧的保守派，而是力求推陈出新，创作出反映当代生活的新作。

（4）虚怀若谷，永不满足——这正是古雪夫性格的第一特点，也是他成功的秘诀。他善于学习，勇于吸收。青年时期，他就吸收了杂技和体操的一些造型成分，创造性地丰富和发展了古典芭蕾的双人舞。他同样也希望通过对中国古典舞的研究和借鉴，丰富和补充古典芭蕾，形成一个新的造型体系，为此，他渴望重访中国。

（5）1985年，在莫斯科国际芭蕾舞比赛上看到中国自改革开放以来取得的巨大成绩后对我方的舞蹈家说："你们做得对，芭蕾舞是一门国际性的艺术，更应该全方位开放，博采各家之长，吸取世界最新成果。只要你们坚持下去，中国芭蕾学派屹立世界舞坛的日子不会太远了。"当我方成员感谢苏联老师当年打下了很好的基础时，他说："你们快追上和超过我们啦，不用多久，你们将成为老师，我们向你们学习。青出于蓝胜于蓝嘛！"

第三篇文章《周恩来与古雪夫探讨芭蕾舞剧——我为总理当临时俄语翻译》，发表于《新文化史料》1998年第1期。文章追忆了朱立人老师于1956年至1959年之间，先后三次为周恩来总理接见两位苏联芭蕾专家查普林和古雪夫担任翻译的对话，并将重点放在了周总理第二次、第三次同古雪夫的对话上，具体语境是在观看了古雪夫复排的《天鹅湖》和导演的《鱼美人》之后。其要点摘录如下：

（1）关于芭蕾民族化的问题：古雪夫坦言，因为这个问题很复杂，所以，苏联舞蹈界也没有解决好这个问题。因此，他建议中国舞蹈界首先借鉴学习，然后再尝试创作一两部中国题材的芭蕾舞剧，探索如何把中国民族民间舞蹈素材与古典芭蕾舞的语汇结合起来，排成大型的芭蕾舞剧。

（2）关于舞剧的分类问题：周总理问古雪夫，今后在中国是不是会出现民族舞剧和芭蕾舞剧这两大类？他认为，最好能发展成这两大类，而且差别越明显越好，百花齐放嘛。古雪夫等苏联专家教授的这种芭蕾舞，他赞成"洋"到底，主要是向他们、向世界宝库学习，要学得像才行。至于民族舞剧，应该走出一条自己的路子，不一定要学习芭蕾——"我主要说的是结构形式，因为中国人和外国人在心理素质、审美情趣上都有很大的差别，你们唱歌剧，我们则是演戏曲……舞剧中的确有一个姓'中'姓'洋'的问题。"古雪夫则坦言，他"对中国的舞剧缺乏研究，说不清楚，但鉴于中国是个文明古国，舞蹈如此丰富，加上戏曲里又有多种多样的舞蹈，也许可以有两大类舞剧。但在苏联，基本上只有一类，其结构形式和表现手法大同小异，尽管其中可以包括各个民族的分支"。

（3）周总理说："您这一部舞剧（指《鱼美人》）很有意思，既像芭蕾舞，又像中国舞，实在是一种创造。"古雪夫说："不过也惹来了一点麻烦。有人不愿意承认它，看了半截便退席走了。我们本来想叫它'中国民族舞剧'，通不过，只好改叫'中国舞剧'，算是中性的名称吧，勉强通过了，可是仍旧不批准作为'十周年献礼剧目'，推迟到今天才让首演。"周恩来总理说："好的作品迟早人民是会承认的，只要人民大众通过就是好作品，我今天看了以后，觉得不存在那么严重的问题。创作上的事情还是要提倡民主，尊重艺术家的主张，不要搞'一言堂'。"古雪夫说："应该说，在整个创作过程中，我和我的学生都是在做芭蕾民族化的试验，同时也在探索中国舞剧创作的道路。除了我，其他编导（指第二届编导班的全体师生）都是中国人，他们对中国舞蹈最熟悉，最有发言权，他们希望搞出民族风格的作品来。当然，我主持这件事难免会出一点馊主意，把他们的注意力引到洋芭蕾上去了。如果因此不像民族的了，由我负责……"周总理说："问题没有这么严重吧。要提倡试验，百花齐放，不要用一根尺子去衡量不同的作品。可以允许一些洋味儿多一点的舞剧作品在中国舞台上演出，这有什么不好？洋的东西引进中国来，难免会有一个土洋兼而有之，甚至杂交变异的情况发生。只要我们立足于为中国人民大众服务，为我们的社会主义建设服务，'洋'一点的作品也没有多大关系。叫'中国舞剧'也很好嘛，中国人创作，给中国人看，今后几十年中国的民族舞剧和芭蕾舞剧究竟应该怎么发展？应该是什么样子？这需要时间，不能先定出一个框框让艺术家去执行。通过这次演出《鱼美人》，你们（指北京舞蹈学院领导人）要认真总结一下经验。"

朱立人老师翻译的三篇译文，分别是《发扬芭蕾的优秀传统》《伟大的教育家——回忆瓦冈诺娃》《排练者——一个极其重要的角色》[1]。比较而言，第一篇《发扬芭蕾的优秀传统》译自《苏联芭蕾》1983 年第 4 期，约 7500 字，具有较强的理论价值，充分表现出古雪夫的问题意识和缜密的思辨能力，故摘取要点如下：

古雪夫开宗明义地提出了"舞剧界面临的永恒性问题，就是保持什么？怎样保持？创造什么？怎样创造？"他首先指出：

没有有效的记录手段——这是我们这门艺术的悲剧。我们只知道创作和演出的人、地点、作品和时间，但不知道是怎样创作和排演的。我们不知道诺维尔、维加诺、狄德罗及其他大师在创造自己的杰作时使用了什么样的表现手段。过去失传的舞剧留下了台本、总谱、舞台美术和一些服装设计图。这些都可以复原。可是激励当代人心灵的舞蹈却不复存在，不能复生了。而为了了解舞剧的丰富表现手段及其发展过程，就必须知道具体的舞蹈原作。

---

[1] 朱立人：《探索芭蕾：舞蹈学者朱立人译文集（上）》，中央民族大学出版社 2013 年版，第 183—199 页、第 221—228 页、第 291—296 页。

没有这么做，舞蹈科学的发展就会慢到不能再慢。而根据推测、假定、猜想，甚至臆造构成的科学，那会是什么样子？直到电影出现，才有可能把舞蹈永远记录下来。然后，在对待保持传统这个问题的理解上，有着不同的意见，不同的立场，他们可以集中为两种明确的立场——一种要求在任何情况下，舞蹈原本不能改动；另一种则认为，必须不断地改进传统的舞蹈结构。那么，舞剧遗产的实际情况是怎样的呢？

苏联舞剧继承了40多部俄罗斯舞剧，现在只剩下8部，其中只有从丹麦传来的《仙女》没有经过加工改动。改动最大的是《天鹅湖》。它的不同演出和版本达三四十种之多，完全恢复彼季帕和伊凡诺夫编导的舞蹈版本的原来面目大概是不可能的了。

由于许多舞蹈专家多年的努力，我们对10多部传统舞剧的舞蹈原作有了完整的了解，还对另外7部部分地掌握了原来的版本。这是多么巨大的财富！但是这一切正在逐渐地被遗忘，而个别的剧院对集中和出版全部孤本材料采取了阻挡的态度，他们对于随着行家们的故去而遗失的孤本材料抱着冷漠态度，因而大大地妨碍了以上工作。

接下来，古雪夫列举了苏联时期经典芭蕾舞剧面临的要么失传、要么被改得"乱七八糟、面目全非"的窘境……他在文中还提出，需要在对待芭蕾舞剧遗产的问题上形成统一的原则，而复原经典作品则要求复排者"具有高度的一般修养和专业修养"，具体包括：

研究打算复原作品的编导所创作的一切，研究他和时代的联系，他的理想、趣闻、倾向、风格、舞蹈语汇及其用法；要求付出时间和耐心，要有坚忍不拔的精神。必须翻来覆去地多次检验研讨获得的一切资料，把它们跟我们知道的该作者的其他作品加以比较，也就是说，每次都要做一番精细的版本学分析。要舍得花费时间和精力去探寻每一个动作——也许这个动作正是解决问题的关键所在。有时不得不从退休归隐、住在各国和各地的芭蕾表演家的记忆中去寻找这个动作，然后才能有信心地说，你已经把要找到的舞蹈原作学到手了。

古雪夫还揭示了苏联时期在复原经典舞剧过程中出现的种种弊端，比如女演员来排练时，会用自己喜欢或擅长的"猫步"去取代原作中的各式旋转；不负责任的编导会按照个人的口味乱改经典；有的编导会以"现代化""时代性"为名，用一部经典舞剧中的动作替换另一部经典舞剧中的动作。

古雪夫引用了前辈编导家F. 洛普霍夫的话："舞剧院既是博物馆，同时又是学校和教研室。"进而提出："对于时代精神的处理——就是要在新的知识基础上，尽可能最大限度地去接近素材，去理解它。这就是说，要注意接近我们这个时代的思想，要使用包括作者多方面想法的现代导演学、舞台美术的高度技巧这些手段，来寻求对原作最有表现力的传达。经典著作的宝藏是取之不尽、用之不竭的——他们至今还未被彻底认识。"

古雪夫认为：

"批判地掌握遗产"这句话常常遭到歪曲。在文学艺术中，这意味着从全部浩如烟海的遗产中选出作品。从时代的立场出发选择和分析作品，而不是按照自己的调子另搞一套……即使是过去最伟大的编导，也是以当时的进步思想为基础来进行创作的。他们的创作是人类精神活动和形象世界的一部分。如果不是有那么一些热心人坚持把舞蹈中转瞬即逝的时间保存下来，永久流传，如果不是他们创造了优美雅致的舞蹈结构，那么，我们对于过去的概念不知道要贫乏、枯燥到什么地步。彼季帕的创作充满理性的力量、非凡的技巧、和谐以及人类奔放的激情，为什么要去歪曲和毁灭这些丰富多彩的人类精神世界的丰碑呢？这样做简直是地地道道地毁灭古代文明的行为。

综上所述，可以归纳为两个问题：

——在舞蹈艺术中，有没有像其他文学艺术门类中一样的经典作家和经典作品？

——如果有，是不是任何人都可以按照自己的意图去改编它们，或者像别的文学艺术门类中一样，这是不允许的？

我们的回答只有一个：应该规定舞蹈的原作（不论它的作者是谁）不受侵犯的基本原则并且禁止改动原来的版本。优秀的文化遗产是无价之宝。苏联《宪法》第68条规定："关心和保护历史文物和其他文化珍品是苏联公民的责任和义务。"祖国舞蹈艺术的经典遗产是我们国家的骄傲。把这些财富科学地恢复原貌，珍惜地予以保护——这是良心驱使我们去做的事情。

译者团队的肺腑之言

记《芭蕾大师古雪夫纪念文集》的翻译历程

张天骄

  一年多的时光如白驹过隙，看着近40万字的书稿，翻译此书的一幕幕如电影片段般浮现在眼前……翻译之路，必有贵人相助，不胜感激；求知之行，总有好运相伴，吾心欢喜。

  彼得·安德烈耶维奇·古雪夫是一个伟大的名字，自进入大学学习，我便先后在王克芬老师、隆荫培老师主编的《中国近现代当代舞蹈发展史：1840—1996》，朱立人老师撰写的《西方芭蕾史纲》《漫话芭蕾艺术：朱立人舞蹈文集》《探索芭蕾：舞蹈学者朱立人译文集》中反复看到，而首次看到对他生平往事和杰出贡献的全面介绍，则是在欧建平老师的《外国舞蹈史及作品鉴赏》中，从此对于这个有着"托举之王"美誉的苏联舞蹈专家心生向往。

  在俄罗斯读博期间，根据欧建平老师的建议，我的研究重心聚焦于中俄舞蹈的跨文化传播与交流，其中关于6位来北舞教学的苏联芭蕾专家、深受苏联影响的中央苏区舞蹈，以及中国舞蹈在俄罗斯的交流传播等方面的内容资料，并希望进行深究。可是，关于这6位苏联专家，我能找到的只是《苏联大百科全书》、维基百科上简单的词条，而能在档案馆找到的材料则非常有限。直至2022年年末，当我如往常一样，搜寻整理古雪夫的网络报道信息时，无意间发现了这本纪念文集的存在，让我兴奋得一夜没有睡着。通过搜索图书馆的馆藏信息，发现本书当年只印了200本，而能看到的馆藏只局限于圣彼得堡！为了能够尽快看到这本书，我委托了当时还在俄罗斯读博的同学李桐馨，顶着严重的疫情威胁，赶往圣彼得堡图书馆翻印了全书。

拿到全书的电子稿后，我第一时间跟欧老师汇报了这一重要发现，他显然更懂此书对于中国舞蹈界的重要性，因此表现出的激动状态远远超过了我。他当即告诉我，这本书如能取得汉译版权，他一定想办法将它纳入北京舞蹈学院校庆出版的丛书之中，因为古雪夫对于北舞，乃至新中国舞蹈基础建设的丰功伟绩，足以同吴晓邦先生的开疆拓土媲美……因此，他要我尽快翻译目录和前言，并且提供每位作者的简历，以便他向北舞院领导申报。

本书包含的内容相当丰富，包括了古雪夫的文章、专访、剧本、同友人的书信、同行于其百年诞辰的回忆，以及俄罗斯艺术界名家的纪念文章等。其中令人惊喜的是在书中发现了关于中国舞剧《鱼美人》的剧本（在苏联发表时名为《人参》）和对中国舞剧评价的书信……2023年年初，欧老师将我提供的这些基础资料报给了"北舞"负责科研工作的邓佑玲副院长。2023年暑假"桃李杯"比赛期间，当他得到本书"入选北舞校庆70年的70本书出版计划"的通知后，便立即通过微信建群，组建了我们这个翻译团队，并让我们根据在各自高校的本职工作量做好可行性的分工：我因为从莫斯科大学博士毕业后入职南昌大学不久，仅从事教学和科研工作，所以，主动承担了全书除第四部分之外的全部翻译工作；赵鸿老师因为在从事教学与科研的同时，还兼任了山东大学威海校区艺术学院副院长兼系主任的行政职务，所以承担了翻译第四部分的50封书信，以及附录中的生平、创作与复排年表的工作；王彬老师则承担了全书的校对工作。整个翻译过程中，我们如遇重大问题，比如事关全书翻译进度的统一译名问题，都会立即请教欧老师，同时亦保持了随时的沟通，而赵鸿和王彬两位老师严谨的治学态度也深深地影响了我，尤其是对于个别专业术语译成中文的精准用词，我们常常各抒己见，并乐此不疲。

相较于翻译工作，难度更大的无疑是汉译版权问题，而在与本书主编及出版社素不相识的情况下，如何才能从俄方获取汉译版权，这在一年前，对我们来说就如天方夜谭。而一年后回看过往，则可谓轻舟已过万重山了，一切就是这么的幸运——这或许一来是因为"只要心诚，石头都能开出花"的真理，二来则是因为北京舞蹈学院的成就和名声在俄罗斯如雷贯耳吧！

莫斯科国立舞蹈学院博物馆与档案馆的馆长扎伊图娜·哈比卜芙娜·利亚什科（Зайтуна Хабибовна Ляшко）在得知我们想要翻译这本纪念苏联专家古雪夫的文集时非常高兴，并亲切地说，我们有什么需要，她都会全力地支持我。在尝试了自己联系出版社和主编无果后，我向利亚什科奶奶寻求帮助，并在几经周折之后，终于通过她在圣彼得堡舞蹈界朋友的引荐，帮我联系上了这本文集的主编、著作等身的舞蹈大学者阿尔卡季·安德烈耶维奇·索科洛夫-卡明斯基（Аркадий Андреевич Соколов-Каминский）老先生，并约定了见面的时间。可是天有不测风云，就在见面的前三天，莫斯科近郊的番石榴展厅发生了恐怖袭击，原定去圣彼得堡的航班被取消，而周末的莫斯科火车站和机场也实行了紧急封控……对于将要第一次见面的卡明斯基老先生，我希望能准时地赴约并给他留下好的印象，因此，做好了就算是坐出租车，也要从莫斯科赶赴圣彼得堡的计划。万幸的是，在我们约好见面的前一天，机场解封了，我迅速买好了当时能买到的最早航班，在见面的当天赶到了圣彼得堡。

在见到卡明斯基老先生之前的准备过程中，我的确有些焦虑和紧张……如何在第一次见面就能获得老先生的认可？如何在不让对方反感的情况下，巧妙地去洽谈版权的问题？如果被拒绝了，我该如何去斡旋？……我在大脑里，迅速地演练了可能会出现的场景。好在我们的翻译团队给我出谋划策，尤其是在欧老师逻辑缜密、有理有据的分析和嘱咐下,我开始如释重负,懂得了凡事尽力而为即可的道理!

卡明斯基老先生住在圣彼得堡主街道旁的临街公寓,当我赶到楼下,一进单元门,便立即与外面的繁华喧闹隔离开来。调整心绪之后,我敲门等待。开门迎接我的是卡明斯基的夫人加布里埃拉·特罗菲莫芙娜·科姆列娃(Габриэла Трофимовна Комлева)女士,她和在俄罗斯舞蹈选秀节目《芭蕾》中当评委时的高冷形象大相径庭,不仅亲切地让我进门,而且请卡明斯基老先生也来迎接我。一见面,老先生就给了我一个大大的拥抱,并且很绅士地帮我把外套挂起。房间里,书柜林立,满满当当地摆着书,还有些书放在了书桌和茶几上,客厅里的墙上则挂满了油画和藏品,几乎都是有关舞蹈的。他娓娓道来地跟我介绍他家中的藏书和藏品,以及这些油画藏品背后的趣事。

谈及古雪夫先生,他和夫人都有幸与他共事过,尤其是夫人科姆列娃女士,还称古雪夫是她的恩师,因为她曾经在音乐学院的编导系参加过古雪夫执教的大师班,而她能够被录取则离不开他的偏爱。交谈中,卡明斯基主编滔滔不绝地说起圣彼得堡和苏联时期的历史与舞蹈界趣事,而他与夫人在工作上则相辅相成。言谈话语间,他常将眼神转向夫人,并毫不吝啬地表达着对她的爱意。不言而喻的是:他永远是守候芭蕾公主(他夫人)的骑士,而她则永远是他文章的第一个读者。我们虽然是第一次见面,但好像已是相识很久的老朋友,交谈不知不觉地进行了3个多小时,等我离开的时候已是午夜时分,而老先生因为疲惫则已先回卧室休息了。离开前,我拿到了卡明斯基老先生在北舞科研处的公函上直接撰写的汉译授权意见,感动得热泪盈眶,并真诚地表示,我们中国翻译团队一定会非常认真细致地把这本文集翻译好,请他放心地把这本书交给我们。

近五年在俄罗斯的学习生活,让我学会了勇敢地表达感谢。

首先，我要感谢自己在学术上最重要的贵人——欧建平老师。我一直自诩是欧老师的编外弟子，从 2014 年至今，欧老师一直无私对我提供帮助与指导。他一直认为，俄罗斯文化的博大精深与俄罗斯芭蕾的兼收并蓄，都是值得我们虚心学习的榜样，而我们在经济转轨之前，很多问题都是因为没有把他们的东西搞明白，因此，当他得知我打算前往俄罗斯深造之时，便不仅把他多买的 1 套朱立人老师的著作——《探索芭蕾：舞蹈学者朱立人译文集》（上下卷）和《漫话芭蕾艺术：朱立人舞蹈文集》慷慨地送给了我，而且还以他做过多年评委的经验细心地指导我，成功申请到了国家公派留俄攻读博士研究生的机会，进而使我能在衣食无忧的条件下，于莫斯科国立大学、莫斯科国立舞蹈学院这两所世界名校深造。更有，本书能够如此顺利地进入翻译流程和被选入北京舞蹈学院的校庆丛书，同样离不开欧老师的策划、主编和审校，离不开他在北舞几十年来认真教学所积累的信任；鲜为人知的是，为了确保这部中俄双方共同编写的《芭蕾大师古雪夫纪念文集》顺利出版，他毅然放弃了原计划出版的个人著作《我的中外舞蹈交流史——北舞篇》。

其次，我要感谢本书编者阿尔卡季·安德烈耶维奇·索科洛夫 - 卡明斯基老先生，感谢您愿意把本书的翻译工作交给我们团队，并且不辞劳苦地频繁回复我的邮件，不遗余力地解答我们在翻译中遇到的各种困惑，并竭尽全力地帮助我们与圣彼得堡国立 H. A. 里姆斯基 - 科萨科夫音乐学院的院长阿列克西·尼古拉耶维奇·瓦西里耶夫（Алексей Николаевич Васильев）进行了数次沟通与协调，最终才使我们顺利地拿到了该院的汉译版权授予书。

接着，我要感谢帮助我们联系本书作者卡明斯基老先生的莫斯科国立舞蹈学院博物馆与档案馆馆长扎伊图娜·哈比卜芙娜·利亚什科（Зайтуна Хабибовна Ляшко），以及学术院长伊琳娜·亚历山德罗芙娜·博尔津科（Ирина Александровна Борзенко）。在我于俄罗斯求学期间，两位慈爱的俄罗斯奶奶常对在学业和生活上遇到麻烦和困难时的我施以援手，让我在异国求学期间，感受到了家人的温暖。

同时，我要感谢我们翻译团队的王彬和赵鸿——他们都是欧老师近 20 多年来，在俄罗斯芭蕾这个研究方向上精心培养出来的博士，不仅在欧老师的力荐下，分别去圣彼得堡和莫斯科做过访问学者，而且出版的专著《俄罗斯芭蕾历史经验研究》（2017）和《俄罗斯男子芭蕾教学研究》（2023）已经成为这个领域的重要文献，而我在和他们一起翻译和校对这部大书的过程中则获益良多，他们严谨的治学态度、审慎的翻译习惯，让我终身受益。

最后，或许也是最重要的，我要感谢北京舞蹈学院许锐院长、邓佑玲副院长和李卿处长的信任与帮助，因为我们之所以能从俄方顺利获取汉译版权，就是因为这部文集有幸被列入北舞校庆 70 周年的出版计划。

无疑，我还要感谢南昌大学以及艺术学院各位领导的大力支持，感谢学校科研训练项目的成员：陈萌萌、王胡悦、李若蕾和蔡卓研 4 位俄语专业同学的辅助；感谢我在莫斯科国立大学的博士同学——山东航空学院李桐馨博士和重庆文理学院李扬博士的鼎力相助。感谢在整个翻译历程中，教育部人文社会科学研究青年项目《苏联红色意识形态对中央苏区舞蹈文化的影响研究》（23YJC760161）以及江西省社会科学"十四五"基金青年项目《跨文化传播视域下中央苏区舞蹈文化考源研究》（24YS49D）的支持。

言归正传，我们都要顶礼膜拜的当是本书的主人公——彼得·安德烈耶维奇·古雪夫先生，他身为闻名世界的苏联舞蹈表演家、编导家、教育家，更是对中国芭蕾舞贡献最大的外国专家，而我们所有这些中国舞蹈同行近一年来所做的一切，就是为了向您致以最高的敬意！

致敬新中国芭蕾的领航者
——彼得·安德烈耶维奇·古雪夫

赵鸿

彼得·安德烈耶维奇·古雪夫，一位对于中国芭蕾而言功莫大焉的俄罗斯流派芭蕾大师，一位集芭蕾表演、创作和教学才华于一身的"俄罗斯苏维埃联邦社会主义共和国人民艺术家"。

此次，非常有幸在恩师欧建平先生的力荐和引领下，借助北京舞蹈学院建校 70 周年这个中国舞蹈史上的盛典与契机，加盟由欧老师组建，王彬、张天骄两位舞蹈博士构成的翻译团队，通过译文的形式，比较全面地了解了这位芭蕾大师。因此，我想借此机会对我的恩师欧建平先生、北京舞蹈学院的各位领导，以及两位同我合作完成此项翻译工作的同辈学者表示衷心的感谢！

首先，通过翻译古雪夫的生平与创作年表，以及他和苏联音乐文化界人士的部分通信内容，我由衷地为中国芭蕾感到骄傲。毕业于彼得格勒舞蹈学校的古雪夫，不仅先后在列宁格勒舞蹈学校和莫斯科舞蹈学校这两所世界顶级的芭蕾名校担任过古典芭蕾的教师，还分别在基洛夫剧院芭蕾舞团和莫斯科大剧院芭蕾舞团这两个俄罗斯艺术航母级别的剧院从事过芭蕾演员和教学指导的工作。1946 年至 1956 年，古雪夫更是凭借自身过硬的专业水平，先后出任了上述两个芭蕾舞团的艺术总监。以上种种工作经历，以及"国家荣誉勋章""俄罗斯功勋艺术家""俄罗斯苏维埃联邦社会主义共和国人民艺术家"等殊荣的获得，让我们完全有理由相信，中国芭蕾起步阶段的领航者——彼得·古雪夫,是一位彼时在苏联,乃至世界芭蕾领域内,真正具有顶尖水平的芭蕾大师!

其次,通过拜读古雪夫写给列宁格勒歌剧和芭蕾舞小剧院院长鲍里斯·伊万诺维奇·扎古尔斯基的多封信件内容,我再一次感受到了新中国芭蕾起步阶段的不易,以及我国芭蕾奠基阶段首批创业者们对于芭蕾事业的那份执着,并对这些拓荒者心生敬意!因为,无论是建校之初对于中国芭蕾在未来发展内容和规模上的宏伟愿景,还是完全起用一批学习未满 5 年的在校生成功出演《天鹅湖》全剧的大胆举措,抑或是在《海盗》的排演过程中,用尽一切方法辗转多次从苏联获得该剧的钢琴总谱,及所有服装与布景照片的艰难和不易,都会让大家深切地感受到,在他们身上背负着的一种强烈的"一切以集体利益至上"的使命感和荣誉感。用古雪夫的原话来说,那就是,"这里的工作充满了趣味性和责任感。我们置身于超越个人利益、远离幕后生活的境地。工作规模也将会是巨大的。他们非常珍惜我们!"

最后,通过翻译古雪夫与扎古尔斯基的全部通信内容,我认为,古雪夫的舞剧创作理念与方式主要受到了苏联戏剧芭蕾和交响化戏剧芭蕾的双重影响。这种舞剧创作理念的形成与他自身的工作经历、合作对象,以及所处的时代有着密切的关联。1922 年至 1924 年,舞蹈学校刚刚毕业的古雪夫便成为"列宁格勒青年芭蕾舞团"的组织者和成员之一。在这个团体中,后来成为"美国交响芭蕾之父"的同学乔治·巴兰奇瓦泽(乔治·巴兰钦)第一次展示了自己的芭蕾才华。与他们合作的还有苏联"交响芭蕾"概念的最早提出者费多尔·洛普霍夫,以及这种创作理念的坚定拥护者——苏联著名芭蕾理论家和剧作家尤里·斯洛尼姆斯基和芭蕾编导家莱奥尼德·瓦西里耶维奇·雅科布森等。而古雪夫在自己后续所有的舞剧复排、改编和创作过程中,与斯洛尼姆斯基的合作从未间断过。

然而，非常遗憾的是，虽然洛普霍夫提出的"舞剧应该交响化"原则为后世的苏联交响化戏剧芭蕾提供了一定的启示，但是随着 1927 年 6 月 14 日芭蕾舞剧《红罂粟花》在莫斯科大剧院的上演，以及"社会主义现实主义"艺术创作方法的提出和确立，苏联芭蕾开始全面进入了戏剧芭蕾阶段。这种在当时唯一被推崇的舞剧创作方式和局面，直到 20 世纪五六十年代苏联交响化戏剧芭蕾的出现才逐步发生了改变。由此可见，古雪夫自参加工作以来，由于先后受到交响芭蕾和戏剧芭蕾的双重浸染，促使他在舞剧创作领域形成了一种复合型的艺术观念。而这种复合型的创作观念，则于 1958 年至 1960 年间，通过他在北京舞蹈学校的课堂教学和舞剧创作等一系列的艺术实践活动得到了充分的体现。

纵观古雪夫全部的舞剧创作历程，除去对于像《法老的女儿》《吉赛尔》《天鹅湖》《海盗》等经典芭蕾舞剧的复排和改编外，由他本人原创的代表性舞剧作品主要有四部，分别是《七美人》《鱼美人》《洪水》和《三个火枪手》。其中，《鱼美人》和《洪水》均是古雪夫在北京舞蹈学校任教时，与该校编导班的中国学生们共同创作完成的。作为古雪夫在北京舞蹈学校任教期间的全程助教，新中国首批芭蕾舞剧编导家，李承祥先生在由欧建平老师主编的《中国芭蕾的丰碑：纪念〈红色娘子军〉首演五十周年文集》中，通过《情倾五十载〈红色娘子军〉》一文，提纲挈领地提出了自己对于舞剧审美特征的 5 点看法："第一，要想动人，首先要有人物形象；第二，要有戏剧结构；第三，就是交响思维；第四，就是诗画追求；第五，舞剧是一个综合性的体现。"我想强调的是，李承祥老师提出的这些观点，不仅与其自身多年的艺术创作息息相关，更离不开古雪夫先生当年的谆谆教导。关于这一点，我们可以在李老师当年的古雪夫课堂记录中窥见一斑。

行文至此，我想再一次感谢我的恩师欧建平先生、北京舞蹈学院的各位领导，以及王彬和张天骄两位老师！并向我们新中国芭蕾的领航者——彼得·安德烈耶维奇·古雪夫先生致以崇高的敬意！

《芭蕾骑士——彼得·古雪夫纪念文集（1904—1987）》*译后记

王彬

彼得·古雪夫，1904年12月生于圣彼得堡，1987年3月卒于列宁格勒，苏联著名芭蕾表演家、编导家、导演、教授、理论家。他出生于一个工匠家庭，毕业于彼得格勒芭蕾舞学校（现为瓦冈诺娃俄罗斯芭蕾学院），师从波诺马廖夫和希里亚耶夫，先后担任过彼得格勒舞蹈学校教师、基洛夫歌剧和芭蕾舞剧院主要演员、列宁格勒戏剧艺术学院编舞教师、基洛夫歌剧和芭蕾舞剧院的艺术总监和首席编舞、莫斯科大剧院芭蕾舞团的艺术总监、列宁格勒音乐学院芭蕾编导系教授，等等。

1957年，作为俄中文化交流的伟大使者、中国芭蕾的奠基人，古雪夫来到北京舞蹈学校，为中国带来了博大精深的俄罗斯学派芭蕾，训练出了新中国的第一批芭蕾舞演员和舞蹈编导，不仅为北京舞蹈学校附属实验芭蕾舞团（中央芭蕾舞团前身）复排上演了3部西方经典芭蕾舞剧《天鹅湖》《海盗》《吉赛尔》，而且以总导演的身份，手把手地指导中国的青年编导群体创作出了中国题材的舞剧《鱼美人》，进而为中国的舞剧创作开辟了一条正确的发展之路。

为了庆祝北京舞蹈学院建院70周年，纪念古雪夫等大批学科专家们的巨大贡献，我们翻译了《芭蕾骑士——彼得·古雪夫纪念文集（1904—

---

* 这是这本俄语纪念文集的原文书名。

1987）》，正如原作中所说："……他值得永远被铭记，值得我们写一本好书来纪念他。"因为他是苏联时期俄罗斯芭蕾学派最伟大的人物之一，是整个苏联芭蕾舞史的同龄人、见证人和创造者之一，更是中国芭蕾、北京舞蹈学院芭蕾学科的重要奠基人之一。

此书呈现给读者的"古雪夫"到底是一位怎样的人呢？

古雪夫是一个极具魅力、能干高效的人。他个子不高，面带微笑，眼神既亲切又严厉。他肌肉强壮，舞步优美，拥有很高的托举技巧和跳跃能力，是一位很受欢迎的男舞伴。他的音乐天赋和文学素养极高，热爱诗歌，熟读经典，擅长模仿与夸张的表演。

古雪夫是一位富有活力的艺术家、思想家、活动家。他与苏联舞蹈、音乐及文化各界代表人士关系密切，积极发起了多项艺术活动计划，同时也乐于响应他人的倡议，参与了各种实验性的艺术活动。他的很多崭新且富有创造力的艺术思想呈现于往来的书信之中。从1927年起，他开始在期刊上发表有关芭蕾舞理论和实践等艺术问题的文章，并一直延续至晚年。在苏联芭蕾的各个发展阶段，他都能敏锐地捕捉到重要而关键的事务，并积极地参与其中，在努力传达思想的同时，也成为发展的助力。他紧握时代脉搏，与读者分享他的关切和愿望。所以很多人回忆和评价他时，都愿献上"巨匠""革新家""指导者""组织者"等溢美之词。

古雪夫是古典遗产（又称舞蹈文学）生存和保护的最重要的坚守者。他一直坚持舞蹈应与文学紧密联系，认为文学是舞蹈艺术家思想充实和诗意灵感的活跃源泉，而这也引领了当时芭蕾舞剧院流行的艺术实践。他多次在媒体上发表讲话，亲自演出并指导学生们演出经典作品，组织全联盟首席芭蕾舞大师研讨会，并在创意教研室向人们展示他自己和同行们的创作成果。他主张倡导的"古典文化遗产"课程，包括19世纪至20世纪初的古典文化遗产、20世纪苏联的古典文化遗产、性格舞的古典文化遗产、历史生活舞蹈这四个方面，意在"尽可能找到并修复原作或寻找最接近原作的版本，并在最权威的古典文化遗产鉴赏家的参与下仔细研究它们"。据古雪夫研究统计，苏联当时留存了45部古典芭蕾舞剧，其中包括30部完整的舞剧和15部独幕舞剧。他认为，如果更早地开始记录那些以前只以口头方式传承的作品，这个数字本来是可以更多的。失去的东西无法挽回，但已知的东西必须保留下来，作为苏联芭蕾进一步发展的基础。因为每个时代的古典文化遗产不仅要储存在人类的记忆中，而且将继续成为人类生活经验的一部分。

古雪夫是一位善于发掘人才、教学课程设计严谨的良师。他的课程节奏快，组合多，舞蹈性强，善用简单而合乎逻辑的舞蹈组合，从而避免机械低效的训练。他善于发现和鼓励人才，是年轻舞者和编导们积极发挥创造性的助力与后盾。

古雪夫是苏联芭蕾革新的拥护者和践行者。他反对教条化，反对将单一风格和单一方式奉为圭臬，支持并追求创作的多样性，坚持芭蕾舞剧现代化发展的革新方向。

在这部纪念文集中，我们可以看到多部古雪夫参与创作的舞剧剧本和歌剧剧本等文学遗产。其中包括《七美人》的创作历史、舞剧编导与表演分析；《睡美人》的编舞手记；中国题材芭蕾舞剧《人参》的剧本探讨；等等。

在这部纪念文集中，我们可以学习古雪夫的舞蹈记录方法和对舞谱记录方法的探讨。他认为，只有在身体上对舞蹈了如指掌的人才能记录舞蹈。每个人都用自己的方式记录着同样的东西，只有记录者才能破译它，并结合音乐、通过身体回忆舞蹈动作。

在这部纪念文集中，我们可以感受到古雪夫对中国芭蕾和中国古典舞蹈发展的炽热的爱与真知灼见。他在中国开创了新局面和新事业，奠定了中国芭蕾发展的坚实基础。他认为，传统与创新是中国芭蕾通往未来的睿智之路，而中国古典舞蹈，及戏剧舞蹈体系，堪称与欧洲古典芭蕾体系并驾齐驱并且"令人难以置信"的存在。

在这部纪念文集中，我们可以领略到苏联境内其他艺术家的人物形象和艺术风采。譬如年轻、有朝气且幽默的尼古拉·德米特里耶维奇·沃尔科夫；近乎刻薄、愤世嫉俗但才华横溢的卡西扬·亚罗斯拉维奇·格列伊佐夫斯基；隐忍且频受病痛侵扰的尤里·斯洛尼姆斯基……一言以蔽之，拜读过这些弥足珍贵的文献，我们好似可以勾勒出当时苏联艺术界的风气面貌和创作情况。

彼得·古雪夫，受过正规俄罗斯芭蕾学派训练的舞者，在苏联芭蕾发展史上"冲锋陷阵"，既倡导保护古典遗产，又主张坚持创新，既事必躬亲地实践，又积极地组织宣传，展现出爱国、忠诚、勇敢、实效的骑士精神，是一位值得尊敬和铭记的"芭蕾骑士"。

精神的洗礼与深刻的反思

欧建平

主编并审校这部《芭蕾大师古雪夫纪念文集》的一个多月时间里，我的心灵深处经历了一次又一次的精神洗礼，用"刻骨铭心"一词来形容绝不为过。与此同时，我的大脑里一直在不断地强化着这样的一个定论：古雪夫的确和毛主席当年赞美过的那位加拿大援华医生白求恩一样，是"一个高尚的人，一个纯粹的人，一个有道德的人，一个脱离了低级趣味的人，一个有益于人民的人"，而他们之间的主要不同则在于：一个是拿着手术刀救死扶伤的外科医生，一个是拿着芭蕾舞陶冶性情的舞蹈大师。

通读全书，让我频频泪目的热点和印象深刻的佳作可举如下这些：

在由俄方提供的48张照片中，首先进入我眼帘的4张珍贵照片，依次是幼年的古雪夫；幼年时的他和姨母，而非母亲；少年时的他和母亲、姨母及姐姐的合影；青年时的他与这位姨母，由此可见这位姨母对他的重要性超过了母亲。那么，我的问题就来了：在这3张家庭成员的照片中，我始终没能见到他的父亲！这便唤起了我探究他从幼年到青年时代家庭生活的兴趣，目的是想了解这种缺少父爱，甚至母爱不足的生活，对于他日后形成的独立自主与坚忍不拔的性格产生了怎样的影响？

在随后大量难得一见的老照片中，我看到了19世纪末至20世纪20年代初风靡俄罗斯—苏联芭蕾舞台的炫技明星O.普列奥布拉金斯卡娅，从古雪夫的生活年表中得知，她是当年推荐古雪夫进入舞校的伯乐；古雪夫的两位启蒙老师 A. 希里亚耶夫和 V. 波诺马廖夫；18 岁的古雪夫与其同班同学们的毕业合影，其中的 L. 拉夫罗夫斯基在 18 年后的 1940 年，编导了感动世界的苏联芭蕾舞剧《罗密欧与朱丽叶》；古雪夫的精神导师及交响编舞大师 F. 洛普霍夫；古雪夫敬畏有加的作曲家 B. 阿萨菲耶夫；古雪夫的终身合作伙伴、大名鼎鼎的芭蕾理论家和剧作家 Y. 斯洛尼姆斯基；5 位苏联时期的芭蕾巨星 M. 谢苗诺娃、G. 乌兰诺娃、S. 戈洛夫金娜、N. 杜金斯卡娅和 K. 谢尔盖耶夫；列宁格勒小剧院时任院长 B. 扎古尔斯基的肖像，古雪夫曾为在苏联复排中国题材的舞剧《鱼美人》，与这位院长大人费尽了口舌，但最终未能如愿；古雪夫分别与两位经他提携而成名的编导家多尔古申、维诺格拉多夫的合影；6 张《七美人》的剧照，包括造型各异的单、双、三人舞及群舞；最让我激动不已的，当然是古雪夫本人在《红罂粟花》《葛蓓丽娅》《巴赫奇萨拉伊的泪泉》《清澈的小溪》《雷蒙达》《吉赛尔》等 8 部芭蕾舞剧中塑造的性格迥异的舞蹈形象，他在平时教学、排练、讲评、开会，与演员们聚会，接受鲜花时的各种形象，以及两张风度翩翩的大师肖像。不过，最让我眼前一亮的剧照还是古雪夫在 1958 年为我们复排的《天鹅湖》二幕中那个双人舞与大群舞合一的场面了。

在第一部分"向大师致敬"中，有 9 位艺术家发表了文章，他们大多是在名不见经传之际，便因为古雪夫的识金慧眼，开始在他热情洋溢的鼓励与不厌其烦的扶持下，甚至以他的编导助理身份、安排其姓名与佩蒂帕、伊万诺夫、瓦冈诺娃、谢尔盖耶夫这些前辈大师同框等方式，被一步一个脚印地推上了人生之巅，最终成为苏联芭蕾舞台或讲台上的佼佼者；因此，他们发自内心深处地称古雪夫为"巨匠""革新家""理论家""评论家""雷霆万钧的火星或赫米斯小行星的形象"，则是既充满感恩之心，也是实至名归的。

其中有 3 位的鼎鼎大名特别引人注目，分别是编导家 O. 维诺格拉多夫和 N. 多尔古申，以及理论家 V. 万斯洛夫。维诺格拉多夫在他的文章中，历数古雪夫的创业历程，并在其中写道："他在中国工作过很长的时间，为当地奠定了俄罗斯古典芭蕾学派的基础。在此基础上，勤奋的中国人建立了自己的舞蹈学校，该校的毕业生近年来已在最负盛名的芭蕾舞比赛中领先于俄罗斯的同行。"我以为，我们此刻将他在 2004 年讲的这段话翻译成汉语，可以用来告慰北京舞蹈学院在这次 70 年校庆盛典中的全体芭蕾同行！

多尔古申的文章则是从当年身为青年演员及编导的角度出发，回忆了古雪夫在 20 世纪 60 年代的种种开拓性贡献，无论是在偏远的新西伯利亚剧院芭蕾舞团，还是在中心城市列宁格勒的音乐学院编导系，他带去的"变革之风"都让演员们为之倾倒。尤其是他基于对世界芭蕾编导史的了如指掌，呼吁实践家们接受高等教育，在此基础上认真总结经验，并通过增设培养排练教师的专业，扩大了编导系的教学范围，进而使许多人随后都成了这个领域的专家，因而对这位"魔术师"的呼唤纷纷做出积极的回应，因为大家都相信他、爱戴他，并顺从他。

作为研究者，我自然对前辈大学者万斯洛夫的文章最为关注，因为此前曾拜读过朱立人、刘梦犇、戈兆鸿这 3 位苏俄芭蕾专家为他翻译的多篇重头论文，比如《舞剧与其他姐妹艺术——试论舞剧的专业特性》《舞蹈交响化理论及其应用》和《苏联芭蕾与舞蹈交响化》[1]，《舞剧与当代》[2] 和《苏联舞剧的现代题材》(分 3 次连载)[3]，《舞蹈美学知识十二则》(与瓦尔科维茨基合

---

[1] 朱立人：《探索芭蕾：舞蹈学者朱立人译文集》，中央民族大学出版社 2013 年版，第 27—49 页、第 124—139 页、第 347—350 页。
[2] 万斯洛夫：《舞剧与当代》，刘梦犇译，《舞蹈论丛》1986 年第 3 期。
[3] 万斯洛夫：《苏联舞剧的现代题材》，刘梦犇译，《舞蹈论丛》1983 年第 3 期；1983 年第 4 期；1984 年第 1 期。

写）①，他在这篇回忆文章中称古雪夫"不仅擅长跳舞，谈起艺术来也是妙语连珠。我在许多会议、研讨会和讨论会上见过他，他的演讲总是思路清晰、表述准确、长短得当。他讨厌冗长空洞、词不达意的演讲。他能在 10—15 分钟内，简明扼要地概括出别人需要一个小时才能完成的内容。他的演讲总是逻辑严密且具有说服力的"。

万斯洛夫不愧是研究家出身，说起话来总是言之有据的，他还通过梳理文献发现："作为理论家、评论家和时评家，古雪夫很早就开始发表文章了。他发表第一篇文章时，年仅 18 岁，而他的最后一次公开演讲是 1987 年 1 月在苏联大剧院举行的纪念尤里·格里戈洛维奇的 60 周年诞辰典礼上。"

对于研究古雪夫的创作史而言，E.什马科娃的文章相当重要，因为她为我们详述了古雪夫全新创作的大型舞剧《七美人》，并对其艰难曲折的创作历程、错综复杂的故事情节与多姿多彩的舞蹈段落，进行了栩栩如生的细描，进而为我们深入研究古雪夫在舞剧创作上的观念、意识、方法和技术，提供了绝无仅有的文献；由于原始资料的局限，朱立人老师提供的剧情介绍选自 1985 年出版的《苏联舞剧剧情概要》②，只有 2000 多字，而什马科娃的这篇文章则长达 17443 字。

第二部分"回忆之夜"收录了 14 位舞蹈家的 13 篇发言稿，其中既有古雪夫的女儿 T.伊万诺娃、他的舞伴 O.列别辛斯卡娅，也有他的同辈和晚辈同事们——比如 K.谢尔盖耶夫和 N.杜金斯卡娅夫妇、多尔古申和维诺格拉多夫这两位当年因为古雪夫的力挺而崭露头角的编导家，近年来风靡世界的

---

① 万斯洛夫、瓦尔科维茨基：《舞蹈美学知识十二则》，戈兆鸿译，《舞蹈论丛》1988 年第 1 期。
② 作者不详：《七美人》，载朱立人译《探索芭蕾：舞蹈学者朱立人译文集》，中央民族大学出版社 2013 年版，第 327—329 页。

当代芭蕾编导家 B. 艾夫曼，以及当年在校就读的学生们。

我第一个拜读的，也是最让我魂牵梦绕的发言稿，无疑是伊万诺娃对其慈父古雪夫的那份含有无限深情的回忆！1856 个字显然不能满足我的求知欲，但其中的含金量之高可谓空前，或许绝后，因为古雪夫的许多生平往事是任何第三者所无法提供的，因此，我屏住呼吸、满含热泪，一气呵成地读完了第一遍、第二遍、第三遍……比如她一开始便介绍："据我母亲说，我的父亲彼得·古雪夫是一个了不起的舞蹈表演家。他的弹跳能力好，肢体柔软，舞步优美。他能出色地表演那段《蓝鸟》的舞蹈。"这段话弥补了我们以往对于古雪夫作为表演家的认识不足，因而一直将他固定在了"编导家、教育家"的生态位上，并且忘记了芭蕾与现代舞的显著不同就在于，它作为一种有标准化的语言，并拥有大批经典性剧目的舞种，没有足够表演经验的人是难以成为优秀编导家的这个事实。

让我始料不及的是，伊万诺娃介绍说："我的父亲虽然身居要职，却一生都是个无党派人士。总的来说，他不是一个善于逢场作戏、字面意义上的'戏剧人'——但他热爱戏剧。"仅就我们在内心深处，对一位名副其实"共产党员"的认识而言，他在中国的种种表现，堪称一位优秀的共产党员，但他实际上，却是一位无党派人士，并且能够受苏联共产党及其政府部门的重托，前来共产主义刚刚取得成功的中国，帮助我们建立自己的芭蕾艺术，这无疑也是一个奇迹。

伊万诺娃说："有人说得好，他从未品尝过嫉妒的滋味。他不仅会把舞台让给其他舞蹈家，还会将原本指定让他表演的剧目让给别人。例如，卡拉·卡拉耶夫专门为他创作了《雷电之路》的音乐，但他却把它交给了 K. 谢尔盖耶夫，并坚持让他接手这部作品。父亲总是以事业为重，剧院是他最关心的事情。"事实上，古雪夫在中国教授编导的过程中也是这样大公无私、一心只为我们着想的：他在以总导演的身份，帮助我们创作中国题材的舞剧《鱼美人》时，不但没有将我们这些当年的青年编导变成他的打工仔，反而将他们推向了编导的第一线，并在节目单上庄重地写上了他们的名字，就和他在苏联的做法一模一样。

伊万诺娃坦言："我父亲在战后接管了基洛夫剧院时，遇到了可怕的阻力。因为他出众的创作能力和笔下接连不断诞生的、饱满且独立的新角色，父亲周围出现了许多对他眼红的人。同时，他也在不知不觉中改变了许多人的生活。在他的指导下，Л.雅科布松、B.瓦伊诺宁、Л.拉夫罗夫斯基开始登台演出。我父亲有自己的圈子，他并不担心有人会冒犯他。他年轻时言辞犀利，但随着岁月的流逝，则变得异常细腻。"这些实情告诉我们，大获成功者自然会导致一些无能的嫉妒之徒出现，但这并未影响古雪夫一如既往地与人为善和助人为乐，并力促同时代的编导新人脱颖而出。与此同时，他无私者亦无畏，年轻时气血两旺，目睹各种弊端疾恶如仇，习惯于直言不讳，甚至不计后果，直到晚年才变得和风细雨起来。至此，我们面前出现的已不仅是一位慈眉善目、循循善诱的芭蕾名师，更是一个血肉丰盈、为正义而战的勇士。

在随后的段落中，古雪夫的这位千金还介绍了父亲在艺术、工作、学习和子女教育上的特点，比如对诗歌的热爱、对喜剧的擅长、对音阶的敏感、对小提琴的喜爱，长年看书学习并做笔记，注重实干并将工作与生活画等号的习惯，以及对子女的严格要求，等等。

同时，她还为我们塑造了一位热爱大自然和日常生活等典型的俄罗斯人形象，具体表现在：喜欢采蘑菇并在林中散步；喜欢吃面包和盐，并且热心招待客人；喜欢踢足球、划皮艇、骑单车、游泳、做体操、跑步、举哑铃，在中国期间还学过气功……这些良好的运动习惯成了他战胜心脏病的良方。

作为父亲的贴心人，伊万诺娃称古雪夫是个"不可多得的讲故事能手，但在生活中并不健谈。对于当权者，他根本不屑一顾，尽管他确实为此吃了不少苦头。他从不谈论政治话题"。作为最亲近的家人，她目睹了父亲脚部肌肉和肌腱撕裂的痛苦，当人们担心他将无法行走时，父亲却非常调皮地在下楼梯时，还做两腿相击的跳跃动作。

作为父亲的女儿和女人，伊万诺娃非常理解父亲热爱女人的天性，认为那是一个唯美主义者的基本品质。在芭蕾女演员中，她深知父亲喜欢 M. 谢苗诺娃、G. 乌兰诺娃、T. 维切斯洛娃这 3 位苏联芭蕾舞台上的女神，甚至曾经追求过维切斯洛娃并遭到了拒绝，但事后依然同她保持了友谊。她说："父亲很容易原谅别人，从不记仇。也许正是这种高尚的品质让他的敌人感到不高兴——他不仅从不赘述别人对他做的恶事，甚至好像没有注意到一样。"所有这一切，或许就是他能在患有严重心脏病的状况下，每天超负荷地工作，依然活到了 83 岁的秘诀！

伊万诺娃称父亲"欣赏美，且品位很高。我记得当我去中国购物时，他总是能准确无误地挑出其中品质最好的商品。他喜欢送礼物，而且送的都是昂贵的东西。到中国后，整个公寓都堆满了礼物——中国人一直不停地送礼物给我们。每位来访的女士都带着瓷器和贵重的首饰离开了，公寓后来变得空荡荡的，他把所有的东西都送了人。他从不想要拥有任何东西，他喜欢给予。也许对家庭来说，他不是一个合适的丈夫，会伤妻子的心。但我们家的所有人都很崇拜父亲，我母亲则一直在支持他"。从这段讲话中，我才得知，古雪夫有个幸福美满的家，其中既有懂他、包容他的妻子，又有爱他、理解他的女儿——一个从未听说过的细节是：她的女儿曾经来到过中国，但一个问题应运而生：女儿缘何没有采用古雪夫的名字和姓氏呢？我想，必须通过青年学者张天骄，就此问题再次请教本书的主编 A. A. 索科洛夫 - 卡明斯基先生了!

在这个部分中,还有 3 篇发言稿让我特别关注,一篇出自古雪夫在 20 世纪 40 年代的舞伴 O. 列别辛斯卡娅,他们最为经典的双人舞就是那段令人叹为观止的《莫什科夫斯基的圆舞曲》了!她在发言中袒露了古雪夫作为"一位纯属罕见且才华横溢的"男舞伴,拥有着这种神奇的能力:"他有一双看似普通的手,但我们总是笑称,他能用两根手指让舞伴感觉不到被托举,但又确信自己被他所持抱。"紧接着,她又为我们描述了这样一个激动人心的场面:"他出色地在中国开创了新的事业,并且成为北京舞蹈学校的灵魂人物。当他的中国同事们来莫斯科参加国际比赛时,礼堂里出现了全场沸腾的场面。一向拘谨的中国人激动地冲向他,与他拥抱并接吻。他们说,古雪夫为中国所做的事情是无法估量的:他成功地将我们的古典舞流派与中国的戏剧传统相结合。时至今日,中国人在芭蕾舞方面,仍然遵循着古雪夫开辟的道路。"每当我读到这里时,都禁不住热泪盈眶,不知我们未来的读者们,是否能与我共情,并为中俄两国舞蹈界之间的传统友谊而纵情欢呼和呐喊?

第二篇出自谢尔盖耶夫和 N. 杜金斯卡娅夫妇,这对 20 世纪 30—50 年代苏联芭蕾的最佳舞伴比古雪夫晚出生 6—8 年,因此曾在列宁格勒舞蹈学校上过古雪夫的技术课,因为"从他那里领悟到了所有的舞蹈技术原理",所以总是"迫不及待地奔向他的课堂,期待着他的舞蹈技术教学"。谢尔盖耶夫称:"他在舞台上的表现极富感染力,并且令人惊讶。他的所有动作,尤其是双人舞的动作,都非常迷人,我们总是很享受地观看他的表演。"而杜金斯卡娅则说:"我们从小就喜欢曼加洛娃和古雪夫的双人舞——那绝对令人惊叹。古雪夫来学校的时候,我们见到了他:我们冲到他的班上,只为一睹他的风采。他充满激情地工作,这种认真积极的态度也使我们全神贯注,最终完成了令人难以置信、极具挑战性的任务。他在担任基洛夫剧院的艺术总监时，对待我们格外细心，安排工作时富有创造性，我非常感谢他。在《巴黎的火焰》最后一幕中，我和他一起跳了一段难度很大的抒情性舞蹈。我有幸与他合作，他稳稳地托着我，在他那双有力的大手上，你可以放心地依赖他，并且知道即使是有意为之，你也永远不会坠落和跌倒。"

第三篇则出自近年来风靡中国的当代芭蕾编导大师B.艾夫曼！他在文中坦言："我们这代人非常幸运——有机会看到他、聆听他的发言并与他交流过，他身上承载着一个非凡时代的文化和能量：这是20世纪20年代芭蕾前卫性、创新性和独特性尝试的最后一次爆发。彼得·安德烈耶维奇·古雪夫的魅力在于，他能用这种能量感染我们。我总是想与他交流，倾听他的声音。我的许多同事都受到了他的鼓舞，他用创造性实验的必要性这个信念感染了他们中的许多人，从而帮助了他们。这让我和许多同行对他产生了极大的兴趣。"查阅一下工具书，我便得出了这样的结论：出生于1946年的艾夫曼由于辈分原因，未能从古雪夫那里得到直接的帮助，但他在创作《火鸟》《卡拉马佐夫兄弟》《柴科夫斯基》《红色吉赛尔》《俄罗斯的哈姆雷特》《安娜·卡列尼娜》《罗丹》《奥涅金》这些惊世骇俗的当代芭蕾舞剧过程中，无疑是受到了古雪夫当年那种"前卫性、创新性和独特性尝试"之鼓舞的。

第三部分叫作"彼得·古雪夫的文学遗产"，收录了古雪夫的9篇期刊文章、1篇编导笔记、1篇采访录、2个舞剧剧本，其中翻译难度最大、耗时最多的当数这篇《舞剧〈睡美人〉的编导笔记》，因为其中不仅使用了大量的法语芭蕾术语，还自然而然地插入了一些貌似拉丁字母，却又解释不通的细微末节！最后，经过我们的反复推敲，才发现它们虽然貌似拉丁字母，但却是俄语字母。

但我想在此分享的却是第一篇文章：《欢迎你们，亲爱的中国朋友！》。这是古雪夫1960年6月25日回国后，在《苏联文艺》报1961年9月28日第4

版上发表的文章，原因是我们中央歌剧舞剧院的舞剧团将从 10 月 1 日开始，去苏联的三大城市——莫斯科、列宁格勒、明斯克巡演，演出剧目为中国民族舞剧《宝莲灯》《雷峰塔》《小刀会》。古雪夫的这篇文章中不仅充满了对中国文化的热爱，而且给予了高度的评价，充分说明了他在中国的两年半时间里，不仅忘我地传授了西方芭蕾的真谛，还尽力地研究了中国舞蹈的历史。

他的开篇句是这样的："对于第一次了解中国舞蹈的欧洲芭蕾舞演员来说，这些舞剧将会打开新世界的大门。首先，他们将会感到非常震惊。在文艺复兴时期，意大利为古典芭蕾奠定了基础，接着是法国、俄罗斯和其他欧洲国家，将其发展到了今天的水平。但即将呈现在我们眼前的中国古典舞，将会让我们难以置信，因为它是如此的奇妙而又神秘！"

接着，古雪夫以确凿的史料为依据这样写道："原来，早在意大利舞蹈大师开始为我们的古典芭蕾奠定基础之前，中国就已经有了一套完整的戏剧舞蹈体系。在许多方面，它与欧洲人随后创建的体系颇为相似，但在某些方面，却要优越得多。我们曾经听到过这样的说法：欧洲的古典芭蕾不是起源于皇宫，就是诞生于皇宫舞厅的地板之上——但事实证明这是毫无根据的。因为在中国，人们深信古典舞起源于古代，并与古代的民间舞有着直接的联系。"他的这种自省是真实的，因为在西方，关于"芭蕾起源于民间舞"这个史实一直没有得到重视，直到美国学者琼·基里诺霍姆库（Joann Kealinohomoku）1970 年发表了这篇重要的学术论文《一位人类学家将芭蕾视为一种民间舞的形式》[1]，才让人们恍然大悟。

---

[1] Kealinohomoku, "*Joann. An Anthropologist Looks at Ballet as a Form of Ethnic Dance*", Copeland, Roger, Cohen, Marshall. ed., *What Is Dance？ Readings in Theory and Criticism*, Oxford, New York, Toronto, Melbourne: Oxford University Press, 1983, pp.533-549.

古雪夫胸有成竹地告诉广大的苏联读者："在中国，就像在东方的其他地方一样，古典舞被称作民间舞蹈或戏剧舞蹈，具有严格的程式性和规范性。它的传统手势、舞姿和肢体动作非常丰富，并且具有非常特殊的含义，这些舞蹈数百年来保持不变。在大多数情况下，它们都有一个特定的内容，有时还有一个情节，并通过程式化的手段将其揭示出来。舞蹈越古老，其象征意义就越大。与此同时，我在中国还没有看见过，也没有听说过为了舞蹈而舞蹈，就像体操那样没有内容的舞蹈。"

他认为："这门艺术非常复杂。演员必须会跳舞，并且精通舞蹈技术和剑术，即熟练地使用不同类型的古代武器，并以完美的技术和表现力运用它们，而这也是中国舞蹈传统的重要组成部分。欧洲的古典芭蕾中，几乎不可能与产生古典芭蕾的民间艺术建立联系。但中国古典舞与古代体育、民族体育，特别是与民间舞蹈，尤其是'秧歌'的有机联系，可谓一目了然。有专家称，它可能还与古代的宗教仪式、宫廷典礼和节日有关。直到今天，古典舞的主题仍然是神话，是关于英雄（将军和皇帝）、守护神和恶魔的传说。而今天的中国舞剧，正在成功地向现代化过渡。"

鉴于古雪夫在中国工作的时间是 1957 年 12 月至 1960 年 6 月，因此，中国舞蹈界在此阶段发表的有关中国舞蹈史的文章，均有可能成为他的学习和研究资料——这类研究发端于吴晓邦先生 1956 年组建的"中国舞蹈史研究组"，他自任组长的同时，还特邀了传统学养深厚的戏曲大师欧阳予倩出任艺术指导，而欧阳老随后则率领孙景琛、彭松、王克芬、董锡玖等当年的青年学者们，率先从 48000 多首《全唐诗》中摘编出了《全唐诗中的乐舞资料》[1]，并以此为基础，在查阅了浩繁的古代文献后，亲自动笔撰写并在《舞蹈》1959年第3、4、5期、1960年第6期连载了长篇的《唐代舞蹈总论》[2]，以及《唐代舞蹈续谈》[3]。而在同一时期，戏曲研究家周贻白在《舞蹈》杂志1958年创刊后的第2、3期连载了长篇论文《中国戏剧与舞蹈》[4]；戏曲出身的舞蹈家栗承廉在《舞蹈》1958年的第5、6期连载了图文并茂的《中国古典舞基本训练》[5]；董锡玖和王克芬两位前辈史学家陆续在《舞蹈》1959年第1、2、3、11期、1960年第1期连载了关于《胡旋舞》《剑器舞》《柘枝舞》《绿腰》《健舞和软舞》《胡腾舞》《兰陵王》《铎舞》《踏摇娘》《巴渝舞》《春莺啭》《字舞》《破阵乐》[6]等最初的研究文章；文史专家阴法鲁在《舞蹈》1960年第2期发表了《从舞蹈史上看汉藏两族亲密的文化关系》[7]，叶宁在《舞蹈》1960年第3期发表了《试谈中国古典舞基本训练的教学原则》[8]；等等。但究竟古雪夫通过翻译学习过哪些文章，只有朱立人老师知道了，可惜我们对古雪夫大师的研究起步太晚了！

面对中西舞蹈的异同，古雪夫指出："芭蕾舞的现代性基础已经变成了动作性的舞蹈，形态活跃且技术发达。中国的戏剧家和舞蹈家们在为现代剧目选择题材时非常谨慎。自然主义、泥土气息和非诗意的视角是中国艺术的绝对禁忌，而我们的北京同行在创作当代题材时则会尽力地避免这些问题。"

---

[1] 中国舞蹈艺术研究会舞蹈史研究组编：《全唐诗中的乐舞资料》，人民音乐出版社1958年版。
[2] 欧阳予倩：《唐代舞蹈总论》，《舞蹈》1959年第3期；第4期；第5期。
[3] 欧阳予倩：《唐代舞蹈续谈》，《舞蹈》1960年第6期。
[4] 周贻白：《中国戏剧与舞蹈》，《舞蹈》1958年第2期；第3期。
[5] 栗承廉：《中国古典舞基本训练》，《舞蹈》1958年第5期；第6期。
[6] 董锡玖、王克芬：《唐代舞蹈14种系列介绍》，《舞蹈》1959年第1期；第2期；第3期；第6期；第11期；1960年第1期。
[7] 阴法鲁：《从舞蹈史上看汉藏两族亲密的文化关系》，《舞蹈》1960年第2期。
[8] 叶宁：《试谈中国古典舞基本训练的教学原则》，《舞蹈》1960年第3期。

由此可见，他对中国传统艺术的诗意美学是有所了解的，而这一点则可从他在京期间热衷于观看中国戏曲演出的事实中找到依据。

基于这些准确的认识，他信心十足地告慰广大苏联观众："这个周日，莫斯科人将在舞台上看到我们亲爱的客人。我们将看到技艺精湛的中国大师们的表演，那完美的技艺简直会令人叹为观止。我们还将看到优秀表演艺术家们的舞蹈和哑剧表演，以及魅力十足的女性舞者们和勇敢、敏捷、强壮的男性舞者们。"

古雪夫最后这样写道："我毫不怀疑，这场演出将为我们的观众和舞蹈编导揭示出许多新的、不同寻常的、有趣的东西，来丰富我们对舞蹈世界的认识，对激发舞蹈多样性能力的认识，对人体技术开发能力的认识，对中华民族丰富多彩和极高水平的舞蹈文化的认识。"

我想，在庆祝北京舞蹈学院建校 70 周年的大喜日子里，古雪夫大师早在 63 年前（1961）于苏联公开发表的这篇文章，无疑是对以北舞为核心创建的"中国古典舞"的高度认可，更是对源远流长的中国古代舞蹈文化的极力推崇！

在这第三部分中，我饶有兴趣地读到了 A. A. 索科洛夫 - 卡明斯基主编的介绍，"早在莫斯科时，古雪夫就有了创作一部中国题材芭蕾舞剧的想法，但是他对这个主题的深入理解和详尽设计，是在其作为芭蕾编导在中国生活了几个月之后才最终确定的。在中国期间，他有机会接触并深入地了解了中国的传统文化，包括民间传说、舞蹈特点，以及中国的音乐"。

"这个剧本于 1958 年 7 月完成，但古雪夫并不认为这项工作已经全部完成，因为他意识到剧本的某些部分需要做进一步的修改。目前，有关后续版本的信息还没有办法收集到。古雪夫当时正在北京筹备上演这部最终定名为《鱼美人》的芭蕾舞剧，同时他还在与列宁格勒歌剧和芭蕾舞小剧院进行谈判。剧院的院长扎古尔斯基对在列宁格勒的舞台上以古典芭蕾的形式进行'中国风格'的演出很感兴趣。然而，这个构想最终未能实现。双方的意向在古雪夫写给扎古尔斯基的信件中有所体现，这些信件已在这部文集中发表。芭蕾舞剧《人参》的剧本手稿保存在扎古尔斯基的档案中[①]。原件的拼写和标点已按照现代俄语的规范进行了调整。"

有趣的是，通读古雪夫最初的剧本，并对比在中国演出的《鱼美人》剧本之后，我发现他在原有的剧本基础上做了不少变通，比如原稿将全剧的善恶之争放在了"人参——善良的巫师"与"鸬鹚——邪恶的巫师"之间，而中国版本则将善恶之争放在了猎人和山妖之间，保留了男女主角"狩猎者——年轻人"和"海洋公主——金鱼"，只是将原版中的女主角"金鱼"改成了"鱼美人"。总体而言，认真比较俄中两个剧本，我们会发现很多的不同，进而说明古雪夫对中国文化和中国青年编导群体的尊重。既然我们此刻已将古雪夫最初构想的这个剧本译成了中文，有兴趣的读者可以自行对比，并做出自己的结论了。

在第四部分"彼得·古雪夫与音乐文化界人士的通信"中，A. A. 索科洛夫-卡明斯基主编首先告诉我们，这些书信将能把我们带回到20世纪40—80年代那个"写作是生活和工作中不可分割部分"的时代，而他特邀出版商 A. 帕夫洛夫-阿尔贝宁和 N. 杜纳耶娃提供的这些书信中，既可以让读者自己做出结论，也可以通过两位通信者之间往来的信件，揭示引人入胜的情节，以及背后隐藏的戏剧性。

最令人感叹的是，其中的大多数信件都是手写稿，可见收藏者付出了

[①] 俄罗斯国家图书馆手稿和珍稀书籍部。档案编号：1117，单元号：1776，第51—55页。

多少心血与工夫。这50封信函中，最抢眼的几封当数古雪夫写给大作曲家B.阿萨菲耶夫的两封信，其谦虚求教的态度和耐心讲解新剧本的言辞，足以让对方无法推辞作曲的工作。

此外，先锋派编导家K.格列伊佐夫斯基写给古雪夫的5封信，让人看到了这位艺术家直言不讳的风格与非同寻常的经济头脑，乍看起来，似乎有伤知识分子的大雅，但一旦我们考虑到他为了剑走偏锋、毅然离开体制内的舞团之后，在经济上陷入的窘境，这一切就是可以理解的了。

比较而言，古雪夫写给列宁格勒歌剧和芭蕾舞小剧院院长B.扎古尔斯基的信件最多，而几个主要的话题中，不仅有将他在阿塞拜疆创作的舞剧《七美人》搬上圣彼得堡小剧院舞台的提议，还有把他在北京舞蹈学校，率领一批中国青年编导创作的中国题材舞剧《鱼美人》搬上苏联的舞台的请求，可惜由于中苏关系随后的破裂而未能如愿。

从古雪夫给扎古尔斯基的多封信件中，我还得知，他为了在1959年为我们复排舞剧《海侠》，费了很多的口舌，恳请这位院长大人将钢琴谱寄到北京，以便我们进行日常的排练。

此外，他原本来华教学的安排是两年时间，但随后因为苏联政府的安排，需要延长半年至1960年6月。换言之，即使中苏关系依旧不错，他也是要在1960年6月回国的了。这一点，我们是从未听说过的，不知道朱立人老师当年是否知道这一点？不过，一个苏联的大艺术家在遥远的异国他乡，一口气忘我地带病工作了两年，并且是在语言不通、水土不服的情况下度过的这两年，其中的不易，我是完全能够理解的，而这与他对中国舞蹈家们的真挚感情，乃至对中国文化艺术的真正尊重与无私帮助之间，是没有任何矛盾的。

不过，言归正传，通览如此之多的古雪夫信件过程中，我被他始终如一的君子风度和娓娓道来的广博学养深深打动。行文至此，面对如此之多的信件，我突发奇想，倘若日后能够抽出空来，我倒是很愿意以古雪夫为核心，将他的这些"信友"，乃至更多曾在他的人生际遇中出现过的、重要的和次重要的、直接的和间接的人脉，画出一张图表来，以此来理解古雪夫的那个时代，以及他在其中所发挥的、不可取代的作用！

最后，我想就古雪夫在第三部分中的第二篇文章《理解，热爱和珍惜杰作！》，坦言自己的反思：古雪夫用了近 6000 字的篇幅，条分缕析地讨论了 1966 年前后苏联新闻与文化界展开的那场关于"如何对待古典文化遗产"的重要争论。据他介绍，著名编导家洛普霍夫、格里戈洛维奇和著名理论家斯洛尼姆斯基都坚持认为，不能放任不负责任的当代编导随意改编往日编导家们的杰作，并要求对这些经典作品采取严格的保护措施。尽管他们的意见激起了很多反对的声音，但他认为，"生活最终给出了答案，过往的岁月也证明了，苏联芭蕾之所以能在世界占有一席之地，根本的原因就在于：它拥有最丰富的经典剧目，并能对这些伟大的剧目做出精彩的诠释"。

而反思我们自己：从 20 世纪 20 年代算起，芭蕾与舞剧这种国际化的艺术散兵游勇地进入中国，已有百年的历史；倘若从 1954 年算起，芭蕾与舞剧这种国际化的艺术大规模地进入中国，也有 70 年历史，但令人扼腕的是，时至今日，我们在这个方面不仅已经晚于人家了 50 多年，而且连"如何对待古典文化遗产"这个问题都还没有形成！基于此，在我们为自己的伟大成就欢呼雀跃之同时，是否应该沉下心来，认真地加以思考：下一个 100 年，至少下一个 70 年，究竟该做些什么了？

谨将这本中俄两国舞蹈界深情纪念古雪夫大师的文集，献给他的 120 岁华诞！更愿在接受这位大师的精神洗礼之同时，对我们的过往做出深刻的反思，对我们的未来做出长远的规划！

中编附录

附录一：中方主编简介

欧建平，中国艺术研究院舞蹈研究所名誉所长、研究员、博士导师，自1982年起，在中国艺术研究院师从吴晓邦先生和舞蹈研究所全体专家学者，从事中外舞蹈美学与批评、交流与传播研究，42年来频繁受中国政府派遣及多国文化机构邀请，前往32个国家52个城市考察、开会、讲学，用汉英双语发表舞蹈与美学文章千余篇，出版《舞蹈概论》《舞蹈美学》《东方美学》《印度美学理论》《当代西方舞蹈美学》《西方舞蹈文化史》《现代舞的理论与实践》《外国舞坛名人传》《外国舞蹈史及作品鉴赏》《世界艺术史·舞蹈卷》等专著、译著、文集30余部，其中有6部在台湾再版繁体字本；1998年以来，先后由中国文化和旅游部（原文化部）、中国舞蹈家协会和北京舞蹈家协会授予"优秀专家""突出贡献舞蹈家"和"30年来最受欢迎舞评家"称号。

附录二：译者简介

张天骄，南昌大学艺术学院舞蹈系讲师，受中国国家留学基金资助，先后在莫斯科国立舞蹈学院、莫斯科国立大学获得芭蕾教育硕士及艺术学博士学位，研究方向为中外舞蹈史、跨文化舞蹈交流与传播，先后主持"教育部人文社会科学规划基金项目""江西省文化艺术基金"等国家级、省部级课题共4项，2021年度入选"江西省第四类高层次人才"。

赵鸿，山东大学（威海）艺术学院副院长兼舞蹈系主任、副教授、硕士生导师，曾在乌克兰卢甘斯克国立大学文化艺术学院攻读了舞蹈硕士学位；自2012年起，在中国艺术研究院师从欧建平研究员专攻俄罗斯男子芭蕾教学10余年，其间受中国国家留学基金管理委员会资助，赴莫斯科国立大学、莫斯科国立戏剧艺术学院访学，博士学位论文获中国艺术研究院"优秀博士论文奖"，2023年出版专著《俄罗斯男子芭蕾教学研究》。

王彬，舞蹈学博士，艺术学博士后出站，现就职于北京舞蹈学院。自2001年起，在中国艺术研究院师从欧建平研究员专攻《天鹅湖》、瓦冈诺娃芭蕾教学法和苏联芭蕾编导与教学研究，先后获得舞蹈学硕士与博士学位，读博期间曾赴瓦冈诺娃芭蕾学院访学；此后则再接再厉，于北京师范大学随金秋教授完成了艺术学博士后研究，两项研究成果《俄罗斯芭蕾历史经验研究》《中西舞蹈艺术比较》出版后，均已成为重要的学术文献。

附录三：中西文里关于古雪夫的文章目录

欧建平　编选

一、中文文章

[1] 彼·安·古雪夫：《发扬芭蕾的优秀传统》，朱立人译，《舞蹈论丛》1987年第3辑；载朱立人《探索芭蕾：舞蹈学者朱立人译文集》（上），中央民族大学出版社2013年版，第183—189页。

[2] 彼·安·古雪夫：《伟大的教育家——回忆瓦冈诺娃》，载朱立人《探索芭蕾：舞蹈学者朱立人译文集》（上），中央民族大学出版社2013年版，第221—228页。

[3] 彼·安·古雪夫文：《排练者——一个极其重要的角色》，载朱立人《探索芭蕾：舞蹈学者朱立人译文集》（上），中央民族大学出版社2013年版，第291—296页。

[4] 斯洛尼姆斯基编剧，古雪夫编导：《七美人》剧本，载朱立人《探索芭蕾：舞蹈学者朱立人译文集》（下），中央民族大学出版社2013年版，第327—329页。

[5] 朱立人：《苏联舞蹈界隆重庆祝古谢夫八十寿辰》，《舞蹈与教学研究》创刊号，1985年7月1日。

[6] 朱立人：《古雪夫教授答本刊问》，《舞蹈与教学研究》1985年第2期；载朱立人《探索芭蕾：舞蹈学者朱立人译文集》（上），中央民族大学出版社2013年版，第344—346页。

[7] 朱立人：《古雪夫：一个平凡而又伟大的人——跟随专家工作忆零》，载《漫话芭蕾艺术：朱立人舞蹈文集》，上海音乐出版社 2013 年版，第 151—156 页。

[8] 朱立人：《真挚的友谊，无私的奉献——忆古雪夫专家在北京舞蹈学院》，载《漫话芭蕾艺术：朱立人舞蹈文集》，上海音乐出版社 2013 年版，第 157—161 页。

[9] 朱立人：《周恩来与古雪夫探讨芭蕾舞剧——我为总理当临时俄语翻译》，载《漫话芭蕾艺术：朱立人舞蹈文集》，上海音乐出版社 2013 年版，第 162—166 页。

[10] 朱立人：《平凡的事迹，伟大的友谊——记芭蕾女专家鲁米扬采娃》，载《漫话芭蕾艺术：朱立人舞蹈文集》，上海音乐出版社 2013 年版，第 172—175 页。

[11] 戈兆鸿：《致给古雪夫教授的问候》，《舞蹈》1985 年第 2 期。

[12] 苏珊娜·兹维亚金娜：《托举之王》，戈兆鸿译，《舞蹈摘译》1985 年第 3 期。

[13] 李承祥：《难忘的十年》，载《情倾芭蕾》，城市当代舞蹈团 1993 年，第 40—43 页。

[14] 李承祥：《在广泛的国际交流中促进发展》，载《情倾芭蕾》，城市当代舞蹈团 1993 年，第 46—47 页。

[15] 李承祥：《我的良师益友》，载李承祥著，中央芭蕾舞团编《李承祥舞蹈生涯五十年》，中国戏剧出版社 2002 年版，第 19—25 页。

[16] 李承祥：《古雪夫的舞剧编导艺术——与舞剧〈鱼美人〉创作者的谈话》，载李承祥著，中央芭蕾舞团编《李承祥舞蹈生涯五十年》，中国戏剧出版社 2002 年版，第 235—246 页。

[17] 孟梦采访：《中国当代舞剧创作的"先行者"——李承祥》，载中国舞蹈家协会、中国文联舞蹈艺术中心编《舞者述说：中国舞蹈人物专家口述史》，中国文联

出版社 2018 年版，第 99—103 页。

　　[18] 王世琦：《感悟艺术，品味人生——我的舞海生涯散记》，载《舞坛寻梦：王世琦舞剧创作文集》，香港天马出版社 2007 年版，第 23—24 页。

　　[19] 王世琦：《有益的尝试——略谈舞剧〈鱼美人〉创作的点滴体会》，载《舞坛寻梦：舞剧创作文集》，香港天马出版社 2007 年版，第 41—45 页。

　　[20] 王世琦：《舞剧创作技法的基本元素——"个性""对比""扩展""再现"》，载《舞坛寻梦：舞剧创作文集》，香港天马出版社 2007 年版，第 71—74 页。

　　[21] 游惠海：《行动·冲突·舞蹈形象——从芭蕾舞剧〈海侠〉的演出中学习》，《舞蹈》1959 年第 6 期。

　　[22] 房进激：《古雪夫的遗产——纪念舞剧大师古雪夫诞辰 100 周年》，《舞蹈》1994 年第 6 期；载《小溪·江河·大海：房进激、黄少淑舞蹈艺术论文集》，解放军出版社 2000 年版，第 242—247 页。

　　[23] 白淑湘：《苏联专家古雪夫的贡献》，辛明、欧建平采访并根据录音整理，载欧建平主编《中国芭蕾的丰碑：纪念〈红色娘子军〉首演五十周年文集》，上海音乐出版社 2014 年版，第 79—80 页。

　　[24] 沈济燕：《老专家：中国芭蕾的功臣》，载《记忆犹新的昨天——记中国第一代芭蕾舞演员》，香港中国书局 2023 年版，第 258—275 页。

　　[25] 欧建平：《一段呼之欲出的新中国芭蕾史——拜读〈记忆犹新的昨天——记中国第一代芭蕾舞演员〉》，《舞蹈》2023 年第 2 期。

　　[26] 万琪武：《用历史的眼光回看〈红色娘子军〉》，宋敏芝采访并根据录音整理，载欧建平主编《中国芭蕾的丰碑：纪念〈红色娘子军〉首演五十周年文集》，上海音乐出版社 2014 年版，第 104 页。

　　[27] 陈廷一：《共和国的红舞鞋：陈爱莲传》，中国致公出版社 2012 年版，第 86—90 页。

[28] 贾作光：《〈鱼美人〉的成就与问题》，《舞蹈》1960年第1期。

[29] 罗斌：《贾作光年谱》，载贾作光口述，罗斌记录、整理《雁在说：贾作光自传》，上海音乐出版社2014年版，第214—217页。

[30] 贾作光：《让友谊之花永远飘香——纪念一代宗师、杰出的舞蹈编导巨匠彼·安·古雪夫》，载《雁舞峥嵘：贾作光艺术文集》，上海音乐出版社2014年版，第12—17页。

[31] 郭佩芳：《忆舞剧〈鱼美人〉的诞生》，《光明日报》1958年11月29日，第2版。

[32] 马少波：《再谈〈鱼美人〉》，《舞蹈》1960年第1期，第9页。

[33] 邵府：《〈鱼美人〉与中国民族舞剧创作》，《舞蹈》1994年第5期。

[34] 欧建平：《纽约的"红舞鞋"与"芭蕾爆竹"》，《舞蹈》1986年第5期。（文中提到对《鱼美人》的评论）

二、中文著作

[1] 彼·安·古雪夫：《彼得·安得列耶维奇·古雪夫编导技巧》，朱立人课堂翻译，李承祥笔记记录，刘晓勉整理校对，广州芭蕾舞团，2020年。

[2] 朱立人：《西方芭蕾史纲》，上海音乐出版社2001年版，第118页。

[3] 欧建平：《外国舞蹈史及作品鉴赏》，高等教育出版社2008年版，第119页。

[4] 邹之瑞：《新中国芭蕾舞史》，清华大学出版社2013年版，第29、32—36、39—41页。

[5] 许定中、李春华、刘秀乡、王菲叶：《中国芭蕾舞史》，中央民族大学出版社2016年版，第58—71页。

[6] 王克芬、隆荫培主编：《中国近现代当代舞蹈发展史：1840—1996》，人民音

乐出版社 1999 年版，第 209—211、229—232、242—245 页。

[7] 王克芬、刘恩伯、徐尔充、冯双白主编：《中国舞蹈大辞典》，文化艺术出版社 2010 年版，第 164 页。

三、西文著作

[1] Natalia Roslavleva , "Pyotr Gusev", *Era of The Russian Ballet: 1770−1965*. New York: E. P. Dutton & Co, Inc., 1966 , p. 195, 201, 202, 256, 259, 260, 265, 270.

[2] Elizabeth Souritz, "Pyotr Andreievich Gusev" , *Soviet Choreographers in the 1920s*, London: Dance Books, 1990 , p. ix, 72, 74, 75, 180, 249, 272, 303.

[3] "The Great Encyclopedia of Russia", *The Great History of Russian Ballet*, Bournemouth: Parkstone Publishers, 1998, pp. 108−109.

四、西文辞书

[1] G. B. L. Wilson , "Pyotr Gusev" , *A Dictionary of Ballet* , New York: Theatre Arts Books, 1974, p. 242.

[2] Horst Koegler , "Pyotr Andreievich Gusev" , *The Concise Oxford Dictionary of Ballet*, Oxford & New York: Oxford University Press, 1977, p. 190.

[3] Mary Clarke & David Vaughan , "Pyotr Gusev" , *The Encyclopedia of Dance & Ballet* , London: Rainbird Reference Books Ltd , 1977, p. 168.

[4] Debra Craine, Judith Mackrell , "Pyotr Gusev" , *The Oxford Dictionary of Dance*, Oxford: Oxford University Press, 2000, p. 204.

[5] Martha Bremser , "Pyotr Gusev" , *International Dictionary of Ballet*, Vol. 1,

Detroit, London & Washington DC: St James Press, 1993, pp. 628-630.

[6] Selma Jeanne Cohen, "Pyotr Gusev", *International Encyclopedia of Dance*, Vol.3, New York & Oxford: Oxford University Press, 2004, pp. 327-329.

[7] Philippe Le Moal, "Pyotr Goussev", *Dictionnaire de la Danse*, Bordas: Larousse, 1999, p. 186.

下编

来自俄罗斯的挚爱与追思

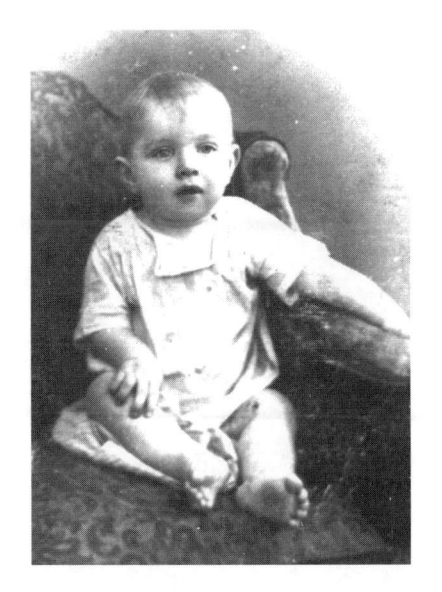

佩佳（彼得的昵称）·古雪夫的童年

Π. 古雪夫和姨母 A. 莎姆伯格

左起分别为 Π. 古雪夫的母亲埃尔马科娃、姐姐玛丽娅、姨母 A. 莎姆伯格和少年时代的古雪夫

П. 古雪夫和姨母 A. 莎姆伯格

O. 普列奥布拉金斯卡娅

A. 希里亚耶夫

B. 波诺马廖夫　　　　　　　　　　　　　Ф. 洛普霍夫

1922 年的毕业生 П. 古雪夫（卧着），后排左二为 Л. 拉夫罗夫斯基，左五为 Н. 斯图科尔金娜

Б. 阿萨菲耶夫

С. 萨莫苏德

Ю. 斯洛尼姆斯基

《红罂粟花》，П.古雪夫饰库里

T.维切斯洛娃与П.古雪夫在剧场舞蹈演出

H.斯图科尔金娜与П.古雪夫的舞蹈演出

《葛蓓莉娅》，3. 瓦西里耶娃饰斯瓦尼尔达

《葛蓓莉娅》，B. 罗森伯格饰葛蓓莉娅

《葛蓓莉娅》，П. 古雪夫饰弗朗兹

《巴赫奇萨拉伊的泪泉》，П. 古雪夫饰吉列伊

《清澈的小溪》，3. 瓦西里耶娃饰吉娜，П. 古雪夫饰彼得

《巴赫奇萨拉伊的泪泉》，Г. 乌兰诺娃饰玛丽娅，П. 古雪夫饰吉列伊

《吉赛尔》，П.古雪夫饰汉斯

《雷蒙达》，П.古雪夫饰阿布德拉赫曼

《清澈的小溪》，M.罗斯托采夫饰老农夫

M. 谢苗诺娃　　　　　　　　　　　　Г. 乌兰诺娃

19世纪30年代,苏联国立莫斯科大剧院芭蕾舞学校的领导 И. 斯莫尔佐夫、E. 多林斯卡娅、П. 古雪夫、E. 格特、A. 莫尼科夫

C. 戈洛夫金娜

《七美人》，H. 博亚尔奇科夫饰门泽尔，B. 季明饰巴赫拉姆

《七美人》，M. 马尊饰艾莎，H. 博亚尔奇科夫饰门泽尔，B. 季明饰巴赫拉姆

《七美人》，H.米里马诺娃饰马格里布美人

《七美人》，Г.皮罗日娜娅饰伊朗美人，B.季明饰巴赫拉姆

《七美人》，Л.克里莫娃饰艾莎，A.西多罗夫饰巴赫拉姆

《七美人》，B.季明饰巴赫拉姆，T.博罗维科娃、H.米里马诺娃、E.伊万诺娃、B.安德列耶娃饰美人

Б.扎古尔斯基

《内亚达和渔夫》，Г.科姆列娃饰珍妮

П. 古雪夫和 Н. 多尔古申

П. 古雪夫和 O. 维诺格拉多夫

中国舞者表演的《天鹅湖》

"演员之家"的芭蕾时刻（从左到右：И.贝尔斯基、
П.古雪夫、А.索科洛夫－卡明斯基）

《帕基塔》的排练，П.古雪夫和首席编舞
В.叶利扎廖夫。明斯克，1977年

《天鹅湖》排练，候选新娘，Т.秋林娜音乐学院的学生
在登台表演前的排练。萨拉托夫，1978年

П. 古雪夫在舞蹈学校的课堂上

П. 古雪夫和芭蕾演员们

Н. 杜金斯卡娅、К. 谢尔盖耶夫在 П. 古雪夫纪念日

在 П. 古雪夫纪念日上，Г. 科姆列娃献花给 П. 古雪夫

П. 古雪夫饰演佩蒂帕

彼得·古雪夫

俄方主编的话

彼得·安德烈耶维奇·古雪夫是一位极具魅力的人物。他作为苏俄崛起时期民主文化的传承者，是一个时代的产物，也是一个时代的象征。那里涌动着力量，迷人的远方在向我们招手。幸福似乎近在咫尺，只要伸出手就能触摸到。但古雪夫自己幸福吗？似乎并不幸福。因为他在那种情况下仍然保持怀疑、不断寻找。他是充满活力的，远离那些死板的意识形态教条。他常常不按"权贵们"的期望行事，他不卑不亢，与使其他人屈服的环境作斗争。

他似乎生逢其时，以一种他自己知道的方式与时俱进。

古雪夫，即那个时代。革命后的时代是爆炸性的，但对他来说，那时却是很舒适的！20世纪20年代的"彼得格勒青年学院芭蕾舞团"，在这里每个人都能发声，做自己认为值得的事情。古雪夫更愿意遵循时代的东西，而不是创造自己的。杂技（双人舞托举技巧），有一种不可思议的力量支撑。几乎像马戏表演一样，这是一种民主而勇敢的艺术。起初，列加特兄弟已为这种冒险性的爱好奠定了基础，而古雪夫则坚持 Б.В. 沙夫罗夫的理念继续发展，最终取得了成功。这种无限的热爱驱使着他们。杂技（双人舞托举技巧）这样的支撑，成为古典芭蕾的有机组成部分，并增添了紧张的20世纪的现代色彩。

古雪夫有幸遇到了"自己的"舞蹈编导。他就是充满活力的 Ф.В. 洛普霍夫。他为当代艺术开辟了一条崭新的道路，而古雪夫则与奥尔加·蒙加洛娃一起，帮助证实了这位舞蹈大师的猜想。《雪姑娘》（1927）由此而生。脆弱的美有一种迷人的力量，并吸引着主人公进入其领地，但这次令人激动的相遇对主人公来说却是毁灭性的。古雪夫的躯干肌肉发达，脸部轮廓粗犷，完全不具备浪漫诗人的儒雅气质：他是工人阶级和农民诗人的民主化身。他与蒙加洛娃的双人舞是对儿注定要消失的和谐与美丽的告别赞歌：这里是完美的顶点，也是它的终点。如果超越了这一点，就超过了可以预见的未来。洛普霍夫在这里大胆而有远见地预测了自己的命运，以及俄罗斯精英文化在未来几十年中的命运。由于苏联时期对意识形态的大屠杀不可避免地逼近，这出戏剧的内涵几乎达到了悲剧的程度。

古雪夫喜欢做新的事情。他不喜欢在任何地方久留。他似乎是害怕日常生活的机械化会消磨人的积极性。除了在前马林斯基剧院的舞台上表演之外，他还在小歌剧院（列宁格勒歌剧和芭蕾舞小剧院）演出，因为他希望能与已经调到那里了的洛普霍夫合作。

他再次进行了实验，并构思了一部关于苏联日常生活的喜剧剧目。他转向了 Д. Д. 肖斯塔科维奇的音乐。芭蕾舞剧《清澈的小溪》（1935）获得了巨大成功，被搬上了莫斯科大剧院的舞台，并在那里继续获得成功，直到爆发了一声巨响——《真理报》的社论文章《舞剧的矫揉造作》否定了这一切。这篇社论延续了一周前曾以《纷乱代替音乐》为题的攻击。首要的攻击目标是肖斯塔科维奇，而洛普霍夫也遭到了攻击。古雪夫设法摆脱了危险的处境，从某种意义上说，他得到了赦免，甚至在大剧院剧团一待就是 10 年。

在成为公认的"托举之王"的舞者这种职业生涯之后，他作为一名教育家、指导老师和舞蹈编导，经历了同样充满变数和多舛的命运。事实证明，古雪夫是一位天生的领导者：他拥有团结人民的才能，能以共同的目标将他们凝聚在一起，并唤醒他们沉睡的力量。最终，他成了苏联时期俄罗斯芭蕾舞最伟大的人物之一。这也是这本书的主题。

他生命中最闪亮的一点，是与荣获列宁勋章的尼古拉·安德烈耶维奇·里姆斯基-科萨科夫国立音乐学院的舞蹈系（正式名称为芭蕾编导系）有着紧密的联系。在这里，古雪夫继续了其导师洛普霍夫的事业，并且创立了这个系。为了将其打造成为一个科学的、系统的中心，并发展最先进的创意理念和技术，他付出了诸多努力。在 16 年的时间里，古雪夫一直担任该系的系主任（1967—1983）。

他的一个重要理念是关注古典文化遗产的生存和保存，而他则为此投入了大量的时间和精力：他曾多次在媒体上发表讲话，亲自演出并指导学生们演出经典作品，组织全苏联盟首席芭蕾舞大师的研讨会，以及在创意教研室向人们展示他自己和同行们的创作成果。

音乐学院的舞蹈系举办了纪念古雪夫 100 周年诞辰的活动，并制定了一整套特别活动的计划。2004 年 11 月 17 日，音乐系和舞蹈系的学生们齐心协力，以"看得见的音乐"为主题，在音乐学院的 A. K. 格拉祖诺夫音乐厅举行了一场舞蹈演出。除了古典音乐外，还演奏了现代音乐，其中包括音乐学院的学生和教师们创作的作品。我们舞蹈系的学生则试图找到与"现场"音乐相契合的舞蹈形象。舞台上音乐家的参与为舞蹈编导们提供了额外的创作空间。有些舞蹈编导将乐器演奏者与舞蹈动作巧妙融合，有些则以参与的音乐家为基础构建了舞蹈的情节。

剧院工人工会的圣彼得堡分会也举办了为期 3 天的大型庆祝活动，其中的重头戏是"艺术家、舞蹈家、教育家彼得·安德烈耶维奇·古雪夫的百年华诞纪念之夜"。这台纪念晚会于 2004 年 12 月 29 日，即大师的生日当天，在涅瓦大街 86 号的"演员之家"举行。晚会上，彼得·安德烈耶维奇·古雪夫的女儿、同事和学生们均发表了感人的致辞。

在 H. H. 博亚尔奇科夫的倡议下，2005 年春季还举办了青年舞蹈编导公开赛。第一届是献给彼得·安德烈耶维奇·古雪夫的比赛,于 3 月 27 日至 30 日,在音乐学院的演奏厅举行。比赛规则的制定考虑到了古雪夫扮演的最佳角色,因而建议参赛选手根据他编导剧目的音乐创作自己的舞蹈。在这里,庆典的主角"本人"也参与其中:他由一个木偶加以表现,令人惊讶的是,其与真人的相似度极高!这个以木偶形式体现的古雪夫"参加"了排练和比赛,不仅指导了动作,而且创造出了有趣的情境。毋庸置疑,这些新颖且有趣的纪念活动得到了活动主办方的高度赞赏。

本文集下编展现了古雪夫多方面活动的一些侧面。序言由俄罗斯芭蕾艺术界最伟大的人物之一、史学家、评论家、教育家和编剧 Ю. И. 斯洛尼姆斯基撰写于 1974 年,契机是古雪夫的 70 岁生日,而他在创作道路上的主要阶段则在文中得到了回顾。

本文集下编将由四个部分和附录组成。第一部分收录了古雪夫的年轻同事和学生们为他撰写的文章,以便向他致敬。在这里,通过对其个人细节和作者的个人印象进行对比,许多事情都得到了揭示。该部分还附有一篇关于《七美人》的文章,这是古雪夫最成功的作品,它在国内外的许多剧场进行了广泛的巡演,并在舞台上持续取得了成功。

第二部分展示了 2004 年 12 月 30 日为纪念古雪夫的百年诞辰,在科技与发展部举办纪念晚会的情况。

第三部分以片段的形式,介绍了古雪夫的文字遗产。事实上,从下编附录中的参考文献可以看出,古雪夫的文字遗产要广泛得多。在这个部分中,还收录了一些由古雪夫参与创作的舞剧剧本和歌剧剧本,但他并未实现了所有的艺术构思。不过,这里引用的文本则证实了芭蕾舞剧院以往的实际做法,当时的人们认为关于未来演出的这部分工作非常重要,并且仔细地研究了几十年。

第四部分是关于文字文献的内容。古雪夫的书信遗产,即使是这种选择性的形式，也能把我们带回写作是生活和工作中不可分割部分的那个年代。出版商亚历山大·帕夫洛夫-阿尔贝宁和娜塔丽娅·杜纳耶娃以不同的方式介绍了这些文献，有时让读者自己做出结论，有时则在两位通信者的信件中，揭示了引人入胜的情节，因而充满了戏剧性。

本文集的下编部分还展现了对同一事件的不同观点。这些观点的全景式呈现，则丰富了这位命运多舛人物的形象。

在这本文集的汉语版即将于中国出版之际，我要感谢所有这些有识之士的鼎力相助：圣彼得堡国立里姆斯基-科萨科夫音乐学院院长、俄罗斯功勋艺术家 A. H. 瓦西里耶夫教授，北京舞蹈学院院长许锐教授，北京舞蹈学院科研处处长李卿副教授，以及欧建平研究员领导的翻译团队——南昌大学艺术学院教师张天骄博士、山东大学艺术学院赵鸿副教授、北京舞蹈学院王彬博士。我尤其要感谢张天骄博士，她不仅找到了这本文集、承担了大部分翻译工作，而且还专程从中国南昌飞到俄罗斯圣彼得堡，最终完成了这本文集的版权授予工作。

更有，我们俄罗斯同行对中国同行在芭蕾舞领域取得的巨大成功感到由衷的高兴——这些成功非常引人注目，而让我们尤为自豪的是，我们伟大的俄罗斯同胞彼得·古雪夫当年曾为这些成功奠定了基础。

最后，我们要热烈祝贺北京舞蹈学院迎来美好的 70 周年庆典，祝愿你们在未来取得更加辉煌的成绩，并期待继续开展富有成效的合作！

阿尔卡季·索科洛夫-卡明斯基
尼古拉·安德烈耶维奇·里姆斯基-科萨科夫
圣彼得堡国立音乐学院教授
俄罗斯功勋艺术家

序言：人尽其才　才尽其用
——创作概貌与特征*

古雪夫从学生时代就开始涉足艺术，那是 50 多年前的事情了，他那时的生活与青年人紧密相关。

1919—1922 年，他成为一个名为"青年芭蕾舞团"的团体创始人之一，这个团体汇集了新成立的舞蹈学校和歌剧与芭蕾舞剧院①的青年舞蹈新秀。古雪夫同他们一道进行了一系列创新实践的实验，并得到了观众的支持。他与他们一起演出了 Ф. 洛普霍夫在剧院执导剧目中的新作品。在领导小歌剧院（列宁格勒歌剧与芭蕾舞小剧院）的芭蕾舞团时，古雪夫在重新上演的《葛蓓莉娅》和《清澈的小溪》中担任了主角，并赢得了观众的热烈掌声。他与洛普霍夫一起被调进了莫斯科大剧院，而他在《清澈的小溪》《巴赫奇萨拉伊的泪泉》（从始至终，他都是最好的吉列伊的扮演者）和其他演出中的表现，均得到了莫斯科人民的认可。

在校学习期间，古雪夫便开始教授古典芭蕾，苏联时期第一位伟大的芭蕾舞演员阿列克西·叶尔莫拉耶夫就曾跟随他学习过多年。

无论古雪夫来到哪里，无论他以何种身份出现，年轻人总是蜂拥而至，因为他对新事物的感知力像磁铁一样吸引着这些年轻人。他善于发掘人才，

---

* 载《列宁格勒晚报》1975 年 2 月 19 日。
① 即苏联解体后恢复原名的马林斯基剧院的前身。（译者注）

帮助他们成长，并点燃了苏联芭蕾急需的求新之火。正因为如此，他在莫斯科大剧院附属学校（莫斯科国立舞蹈学院）的发展中发挥了重要作用，并曾在卫国战争前，担任了该校的艺术指导和教师。然而，仅仅列举这些职务还不能充分地描述他的工作。他是每个项目的灵魂，并且不知疲倦。与此同时，他不仅严于律己，对他人的要求也极高，并且乐于试验和尝试。

他说服莫斯科大剧院的芭蕾舞演员 A. 拉杜斯基、H. 波普科和 Л. 波斯佩欣创作了一部儿童芭蕾舞剧，并在其中讲述了先驱们为友谊和种族平等而斗争的故事。在该校创作的这部《雏鹳》，几乎成为所有苏联芭蕾舞剧中第一部真正成功的现代题材作品，而该剧至今仍保留在列宁格勒高尔基文化宫的舞台上。在首演中扮演"鹳"这一角色的学生们后来都成了名人，其中包括现在莫斯科大剧院的芭蕾女主演莱莎·斯特鲁奇科娃。

一年后，古雪夫组织了一场前所未有的现代题材的芭蕾舞晚会。两位受到邀请的年轻舞蹈编导，Л. 雅科布松和 B. 布尔梅斯杰尔，则得到了展示其才华的机会。雅科布松创作了儿童舞蹈《三个朋友》，让女孩子们在嬉戏中再现了 B. 格里佐杜博娃、M. 拉斯科娃和 A. 奥西彭科的传奇飞行。布尔梅斯杰尔则编排了舞蹈《投弹兵》，激烈地表现了西班牙人民反抗法西斯独裁统治的英勇斗争。经过数天、数月的讨论、辩论和排练，古雪夫得以呈现了一场广受社会认可的舞蹈演出，其中的《投弹兵》曾在舞台上长期上演，并成为这一主题众多舞蹈变奏的典范。

卫国战争期间，古雪夫与 O. 列别辛斯卡娅一道组织了一次舞蹈巡回演出，深受许多城市观众的喜爱。他以 3 种不同的形象出现：（1）以流行歌曲《谁又了解他》为曲调，巧妙地利用夹板道具，塑造了一个在爱情中有些胆怯的年轻人的形象；（2）在 И. 施特劳斯的圆舞曲中，塑造了一个迷人的花花公子；（3）在 M. 莫什科夫斯基的圆舞曲中，描绘了一对大胆的苏联青年。时至今日，由列别辛斯卡娅和古雪夫表演的这段圆舞曲之舞仍在电视上播放，并在国外被称作《莫斯科圆舞曲》[①]。这些角色始终与苏联青年的代表联系在一起，他们沉浸在生命的喜悦中，无所畏惧，勇往直前。在那个时期，古雪夫已经获得了"托举之王"的称号，随后则将他"开辟"的一些高难动作自然地融入了苏联的舞蹈语汇之中。

卫国战争后，古雪夫接到了一项艰巨的任务——他回到家乡列宁格勒，在基洛夫歌剧和芭蕾舞剧院[②]，重新恢复其舞团的实力，包括恢复以前的全部剧目并准备新的剧目，最终为芭蕾舞演员和舞蹈的"老将"们组建一支合格的接班人队伍，并找到了新的编导家。经过整个团队在四五年中无私且热情的工作，古雪夫成功地解决了这些问题。年青一代的艺术家们从此光荣地登上了领军地位，比如 И. 祖布科夫斯卡娅、О. 莫伊谢耶娃、Б. 布雷格瓦泽——这些新出现的名字只是很快在列宁格勒及国内广为人知者中的一部分。这个由新生力量组成的芭蕾舞团应运而生，其中不乏才华横溢、前途无量的人才。卫国战争前夕，古雪夫又在喀山指导创作了第一部鞑靼题材的芭蕾舞剧《舒拉尔》。由于作曲家 А. 亚鲁林和舞蹈编导 Л. 雅科布松没有共同创作的经验，他们在创作过程中产生了不少争议。而古雪夫的戏剧天赋、缜密逻辑和在专业上的权威性，则帮助这些编导家在争议中找到了共同点。但是，该剧的诞生却因战争而受阻。

在列宁格勒的基洛夫歌剧和芭蕾舞剧院的舞台上，《舒拉尔》由于古雪夫的指导，经受住了卫国战争的洗礼，巨大的成功致使它在全国各大舞台上进行了巡演，至今仍作为鞑靼民族的音乐和舞蹈经典保留在这里。而 Ф. 洛

[①] 而他给北京舞校的沈济燕老师复排时，则称之为《青年圆舞曲》。（译者注）
[②] 即此前和苏联解体后恢复旧称的马林斯基剧院。（译者注）

普霍夫的《春日童话》、B.布尔梅斯杰尔的《塔吉雅娜》和瓦伊诺宁的《民兵》，都丰富了苏联芭蕾舞剧的可能性，特别是后两个作品中的角色——《塔吉雅娜》中的列宁格勒人和《民兵》中的南斯拉夫人，都表现了战争中的英雄形象。不仅如此，古雪夫挖掘人才的天赋也让他从两位年轻的芭蕾舞演员身上预见了未来的芭蕾编导——Ю.格里戈洛维奇和И.别尔斯基就是因为他的推荐，而成为舞蹈编导的。在与作家和作曲家建立了密切的联系之后，古雪夫还向剧院推荐了许多关于我们这个时代的芭蕾舞主题，其中的《希望之岸》和《雷霆之路》在列宁格勒舞台上大放异彩，继而证实了用芭蕾舞创作有关我们这个时代作品的可能性。

新的任务接踵而至，1945年成立的新西伯利亚歌剧舞剧院需要一位能将其提升到西伯利亚作为"芭蕾之都"的领军人物。在短暂的时间里，古雪夫就为该剧院提供了丰富的经典剧目。譬如И.别尔斯基和Ю.格里戈洛维奇在这里表演了他们已在列宁格勒首演成功的剧目，而古雪夫还建议另一位年轻的芭蕾舞编导О.维诺格拉多夫尝试芭蕾编导的工作，并帮助他完成了首次试演，而舞者尼基塔·多尔古申也随后成了著名的芭蕾编导之一。

工作让古雪夫再次回到了列宁格勒。他执导了芭蕾舞剧《七美人》，并在小歌剧院（列宁格勒歌剧和芭蕾舞小剧院）的舞台上演出了200多场，进而成为他青年时的导师洛普霍夫的得力助手。作为苏联芭蕾舞界的老前辈，洛普霍夫曾在列宁格勒音乐学院领导了芭蕾舞编导教育系的工作。在即将迎来80岁生日之际，他自然希望讲述自己在漫长而艰辛道路上的所见所闻，并总结过去的经验，以为后人提供借鉴。洛普霍夫的文章和著作随后相继问世。实际上，古雪夫几乎每天都在主持该部门的工作，而在洛普霍夫去世后，则完全接管了这项工作。音乐学院培养出了15位芭蕾舞团的领导者，这是他在培养新一代芭蕾编导方面工作的成果之一。

近年来，古雪夫开始在媒体上发表文章。他的文章涉及了读者广泛关注的话题，不但紧握时代脉搏，而且与读者分享了他的关切和愿望。在思考苏联芭蕾舞的发展前景时，他一如既往地坚持将这种前景与文学紧密地联系在一起，并认为文学是舞蹈艺术家思想充实和诗意灵感的活跃源泉。

今天我们看到的彼得·安德烈耶维奇·古雪夫，他是音乐学院的教授，俄罗斯苏维埃联邦社会主义共和国的功勋艺术家，国际芭蕾大师联盟苏联分会的主席，世界贸易组织列宁格勒分会的副主席，全苏、国际芭蕾比赛的常任评委，他在任何新的事业中都是顾问和朋友。

什么使他如此的多才多艺、慷慨大方呢？在他伟大而光荣的人生旅途中，他的思想始终没有停歇，不断求新求变。他的思想不断得到充实，超越了芭蕾舞这个行业的范畴，以亲近这个滋养了艺术，并与其他艺术形式共生的现实世界。这是高级的芭蕾艺术所必需的优势，也是古雪夫相比那些仅仅致力于舞蹈技艺、不知不觉地失去了翅膀的芭蕾舞者所拥有的巨大优势，而这种优势对于高尚的芭蕾艺术来说，则是首要的且至关重要的。

尤里·斯洛尼姆斯基

第一部分 向大师致敬

巨 匠

尼古拉·博亚尔奇科夫

彼得·安德烈耶维奇·古雪夫是我的偶像，就像费多尔·瓦西里耶维奇·洛普霍夫一样。是他让我有了职业的意识。尽管我只是1960年到1962年，在他的指导下，于列宁格勒歌剧和芭蕾舞小剧院工作了两年，但无论是在个人方面，还是在成为演员方面，他都教给了我很多。

古雪夫对年轻人的支持是很果敢的，尽管遭到年长同事的抵制。不幸的是，他也因此被解雇，这对他来说是很悲伤的。而史无前例的是，几乎整个剧团都吵着要留住这位被降职的导演。他们前往斯莫尔尼宫、州委会，派代表团前往莫斯科。然而这些都无济于事。但在短短的两年内，他所取得的成就却是令人惊叹的——他首次将芭蕾舞团带到国外——澳大利亚。当时没有直飞的航班，旅途因此十分漫长，先是在苏联境内的乌兹别克斯坦首都塔什干着陆，然后一路西行，接连在保加利亚、匈牙利、捷克斯洛伐克、南斯拉夫等欧洲的社会主义国家转机……最有趣的是，在悉尼，他的每日津贴被偷光了。剧团尽其所能为他筹到了钱，但他却坚决不收。这种态度体现了他的无私。

古雪夫首次邀请了K.格列佐夫斯基来到剧院。后者创作的舞蹈仅演出了两次，便出乎意料地被取缔了。但对我们来说，这是一个全新的发现。舞蹈的编排虽然让人感到不太舒服，但却非常有趣。

1964年，古雪夫在另一个方面展现了他的才华。我作为一名音乐学院大三的在读学生，受命演出了大型芭蕾舞剧《三个火枪手》。这时，古雪夫正在新西伯利亚剧院担任首席芭蕾编导，并在那里排演这部芭蕾舞剧。突然，他从新西伯利亚打来了电话，问我何时首演，在得知我们的首演日期重合之后，便决定推迟自己的首演。我当时感到有点不知所措，但我明白，他这位功成名就的大师能在芭蕾舞界推广我这个新人的名字，可谓至关重要。我不知道，还有谁能做到这一点。

我再次见到彼得·安德烈耶维奇是在1967年，当时他在列宁格勒组织了列宁格勒室内芭蕾舞团。首场演出是由音乐学院毕业的年轻编导们编排的，其中包括了我。我们根据普希金的文学作品，配上C.普罗科菲耶夫的音乐，创作了《黑桃皇后》《鲍里斯·戈杜诺夫》和《叶夫根尼·奥涅金》，并为此策划了整场晚会，而我则只负责《黑桃皇后》的编排。

后来，我在彼尔姆遇到了古雪夫，并向他提议复排尼古拉·马尔卡里安茨在H.卡姆科娃的主演下创作的《睡美人》。这是一部非常出色的作品。舞团的工作非常成功，整个剧团都迷上了古雪夫。他的妻子B.鲁米扬采娃给他提供了帮助，并且非常熟悉所有的舞蹈变奏。舞台设计师是T.布鲁尼。这个伟大的团队带来了彼得堡的文化，并为《睡美人》创造了独特的氛围。

从1967年到1983年，古雪夫在我们的音乐学院担任舞蹈系主任。他是Ф.洛普霍夫的追随者，以及所有舞蹈实验的参与者。他一回到彼得堡，就邀请我到他的系里任教。从那时起，我一直努力延续我们这些"伟大前辈"所开创的事业，保护那种在俄罗斯土地上生长起来的文化。

古雪夫和洛普霍夫都是神圣的名字，他们对我来说极为珍贵。

人？本原！*

加布里埃拉·科姆列娃

彼得·安德烈耶维奇·古雪夫超越了普通人的范畴，他是本原。这正是我对他的亲近之处，也是我喜欢他的原因。

有些人天生就是发声者、主导者，他们承担着开拓的责任。正是这种人才成了我们祖国的杰出人物，毫不犹豫地说，古雪夫是苏联芭蕾的杰出代表。他的出现并非偶然。他的性格是由苏联在20世纪20年代初的艺术环境锻造出来的。在那个时代，即使首创精神并非总被认同，但至少不会受到惩罚。

古雪夫以他的民主本性为荣，并闯入了这个帝国芭蕾舞团的禁地。我向您保证，这个芭蕾舞团在1917年后依然存在，顶着"阿芙乐尔号"巡洋舰的炮声而独立存在。

古雪夫的想法与众不同，他与这个帝国芭蕾舞团毫无瓜葛。他创造了新时代的艺术。他当年曾与乔治·巴兰奇瓦泽（后来的巴兰钦）一起，在"青年芭蕾舞团"进行无偿的创作，巴兰钦曾在我们这个音乐学院学习。古雪夫锻炼肌肉，而为前帝国剧院如饥似渴的艺术家们表演托举的奇迹，也是从这

---

* 这个演讲是2004年11月17日在A. K.格拉祖诺夫音乐厅举行的《看得见的音乐》舞蹈演出中进行的，作为纪念P. A.古雪夫100周年诞辰系列活动的开幕词。片段则刊登于音乐学院的刊物《泛音》，2004年第12期，第3页。（原编者注）

里开始的；或者说，他延续了其他伟大前辈的事业，如列加特兄弟、鲍里斯·沙夫罗夫。换言之，无论他是否愿意，他都延续了传承的纽带。我们是多么怀念这种与生俱来的、对前人的感激之情啊！

古雪夫并不是一位伟大的舞者，但是一位被需要和受欢迎的舞者。在轰动一时的舞剧《红罂粟花》中，他扮演了一个搬运工、苦力的角色。他展示了强壮的肱二头肌和惊人的托举臂力，进而为女主角提供了充分的舞台自由。而当他在1927年出演费多尔·洛普霍夫的《雪姑娘》时，观众席上则是一片欢呼声。奇迹出现了。这个看似平凡的年轻人展现出了对幻想的神往，展现出了灵魂的细腻。在他的想象中，出现了一位缪斯女神。她时而吸引他，时而远离他，时而卷入奇怪的游戏之中，其中的完美是以死亡为代价的。这与西方的艺术产生了许多相似之处！我们的同胞宣称：生活中没有地方给予诗意！这是可怕的结局。也许，在我们10年革命的生活环境下，这个结局本是天意……

古雪夫总是站在艺术界最有争议和"丑闻"的十字路口。比如他首先参与了备受争议的《舞蹈交响曲》，继而参与了费多尔·洛普霍夫颠覆传统的超现代版《胡桃夹子》，其中包含了劈叉、翻跟斗和其他不可思议的杂技动作。当然，他还是由洛普霍夫编剧并编导、肖斯塔科维奇作曲的芭蕾舞剧《清澈的小溪》的主角，该剧先在小歌剧院（列宁格勒歌剧和芭蕾舞小剧院）的舞台上演，后来又在莫斯科大剧院上演。那里的动作以杂耍的形式进行，看起来就像讽刺性的多幕喜剧。演出的巨大成功吓坏了苏共的艺术审查员，他们害怕这一切都是对苏联现实的讽刺。随之而来的，则是严厉的批评和谴责。

万幸的是，古雪夫没受到波及。他变成了一个职业流浪者。他穿梭于各个团体之间，从不在任何地方久留，但无论走到哪里，他都会以各种可能的方式支持和激发出创造力来。从那时起，他就成了年轻人的偶像。无论古雪夫出现在哪里，哪里创作生活的基调就会立即改变。他先后担任过基洛夫剧院、小歌剧院（列宁格勒歌剧和芭蕾舞小剧院）、莫斯科大剧院和莫斯科舞蹈学校的艺术总监。戏剧界的传说中，也保留着他作为杰出舞蹈指导的声誉。演员们小心翼翼地等待着他对演出后的书面评论，这些评价会在第二天早上公布，其中会经常出现大名鼎鼎的名字……

古雪夫并不经常创作芭蕾舞剧，但在这方面也取得了真正的成功。根据卡拉·卡拉耶夫的音乐创作的舞剧《七美人》在多个舞台上演。他的创作中有一个特殊的方面，那就是复兴古老的芭蕾舞剧。他作为激情辩论家的热情在这里得到了充分的体现。古雪夫热情地捍卫着回归原创作品的权利。尽管这一观点备受争议，但这一立场也引起了人们对保护古典芭蕾文化遗产的关注。与此同时，反对者的阵营也由此而形成。

我认为，古雪夫作为组织者，取得了三项最重要的成功：首先，他在新西伯利亚剧院发动了一场革命，该剧院在他的领导下成了领导者。其次，他帮助中国建立了自己的舞蹈学校和芭蕾舞团。最后，他在我们音乐学院的音乐导演系创办了舞蹈编导专业（后来则发展成了舞蹈编导系）。

洛普霍夫只是一个开始：这个舞蹈编导系是他的心血结晶。其余的工作则都落在了古雪夫的肩上，并由他领导了该部门长达17年。即使在这里，他也毫不畏惧地开始了一项新的事业——除了舞蹈编导外，他还培养芭蕾指导。这是以一种开放的方式完成的，绕过了官方批准的途径。我曾是他的学生，但他从未将其现成的方案强加给我们，而是让我们根据自己的职业见解，根据不同的具体情况做出选择。

我们班的同学在准备毕业作品时，古雪夫仍然保持着顽皮的本性。他委托全体毕业生在斯维尔德洛夫斯克歌剧和芭蕾舞剧院上演《舞姬》的第一幕。我们付出了巨大的努力，并准确地再现了演出的气氛和细节，然后由大师接手，而他则重新编排了被遗忘并已消失在过去的第四幕。这个举动遭到了冷遇，但却引发了一种新的潮流：恢复芭蕾舞剧被删掉的尾声。这种风潮席卷了世界各地的剧院，随后传到了圣彼得堡。

  古雪夫的多才多艺令人惊叹，他集众多才华于一身。这就是为什么我说：他不仅仅是一个人，而是万物的本原！也许，他已经成了传奇。

组织者　教师　指导者

奥列格·维诺格拉多夫

1958年，我从列宁格勒的瓦冈诺娃国立舞蹈学院（瓦冈诺娃俄罗斯芭蕾学院的前身）毕业后，便与其他毕业生一起应邀加入了新西伯利亚歌剧与芭蕾舞剧院。这个剧院是一座出色的建筑，根据独特的设计建造而成。剧院内有歌剧院、芭蕾舞剧院、交响音乐厅、电影院和宾馆，还有工作室、排练厅、行政办公室等。在这个西伯利亚的剧院里，工作着一些非常有趣的人，他们曾被流放，为了确保这座在整个战争期间建造起来的剧院能在胜利日开幕而被释放出来。他们中间，不乏艺术家、音乐家、经济学家……

这个剧团的演出剧目包括了经典剧目《吉赛尔》《天鹅湖》《艾丝美拉达》《堂·吉诃德》和《睡美人》。《吉赛尔》在P.扎哈罗夫忠实的学生米哈伊尔·萨图诺夫斯基的改编下，分三幕演出。为了改进这部杰出的舞剧，并强化其戏剧性，这位编导在第二幕中增加了吉赛尔和阿尔伯特在森林中隐居，并躲避朋友的情节。这个细节的荒谬是显而易见的，古雪夫两年后则将这部舞剧恢复成了经典版本。同样，萨图诺夫斯基的《艾丝美拉达》是一部庞大、沉重、笨拙的芭蕾舞剧，并且追求真实感。单是卡西莫多的妆容就足以令人震惊！近距离看他，真的很吓人。整个舞剧更像是一部没有歌唱的歌剧：舞蹈编排软弱无力，就像扎哈罗夫在俄罗斯国立戏剧艺术学院的学生们的作品一样。

1962年，传奇人物古雪夫取代了原任芭蕾艺术总监C.帕夫洛夫。我在学校里，则是通过芭蕾文献和 M. 弗兰戈普洛的叙述了解他的。他曾担任过基洛夫剧院、莫斯科大剧院和小剧院（列宁格勒歌剧和芭蕾舞小剧院）的艺术指导，并在中国工作过很长时间，为当地奠定了俄罗斯古典芭蕾学派的基础。在此基础上，勤奋的中国人建立了自己的舞蹈学校，该校的毕业生近年来已在最负盛名的芭蕾舞比赛中领先于俄罗斯的同行。C. 帕夫洛夫在担任艺术总监期间"并没有什么作为"，剧团的剧目主要由舞蹈指导兼编导 H. 乌兰诺娃[1] 和 E. 马切列特制定。C. 帕夫洛夫本人、他的妻子 3. 瓦西里耶娃和 A. 尼基福罗娃负责授课。

剧团早就需要一个人才，而古雪夫无疑就是那个人才。然而，我知道得太晚了。古雪夫一到剧团，就立即开始在各班走动、听课，并熟悉剧团的情况。过了一段时间，他便开始亲自授课，先是在女班，然后是男班。在男班中，他作为"莫斯科人"，其课程与列宁格勒的课程相比节奏更快，组合更多，舞蹈性更强。由于机械的节奏而疲惫不堪、气喘吁吁的演员们，在简单而合乎逻辑的舞蹈组合中得到了解放。我们还没来得及察觉，一堂课很快就结束了。我们都希望他能继续上下去，并亲切地称他为"爷爷"（他那时仅 58 岁）。他的风格本身就是愉快、鼓舞人心的，而非严厉的。古雪夫在我们那里受到了热烈的欢迎！

他很快就开始"清理"剧目了：将《天鹅湖》恢复成了 B. 布尔梅斯杰尔的版本，将《吉赛尔》恢复成了在莫斯科上演的、佩蒂帕 - 拉夫罗夫斯基的版本，并彻底取消了萨图诺夫斯基在俄罗斯国立戏剧学院的所谓创新版本。

---

[1] 教师和排练教师，与表演大师「. C. 乌兰诺娃同姓，但不同名。（原编者注）

每场演出后，出了错的人都会被广播请到导演控制台前，古雪夫会对他们提出批评和指导。没有被点名的人则会满意地回家。这样，原本已经很好的规范就得到了改善，演出进行得非常顺利，尤其是由古雪夫排练的女子芭蕾舞剧目。他的确是一位非常出色的导师。

与此同时，新西伯利亚舞蹈学校的校长埃米利娅·伊万诺夫娜·舒米洛娃，在看到我于歌剧中的首次编排后，便建议我到她的学校去试试，我欣然同意了。我为大男孩们编排了一个舞蹈，使用了B.卡林尼科夫的俄罗斯舞曲作为音乐，而在第二个舞蹈中，该校的所有学生，从小到大，都参与其中。这个节目以古巴的音乐为背景，取名《古巴，万岁!》。当时，我们同中国闹翻了，却与菲德尔·卡斯特罗建立了友谊。

在该校即将于剧院举行的舞蹈演出排练时，古雪夫问校长，是谁编排的那段俄罗斯舞蹈，她指了指我，于是，古雪夫就把我叫过去，说道："《古巴，万岁!》……《古巴，万岁!》……无须多言。这是我非常喜欢的俄罗斯舞蹈，服装也很有意思。"

服装也是我设计的。我们就这样认识了。

不久，古雪夫开始根据卡拉·卡拉耶夫的音乐编排芭蕾舞剧《七美人》。我在列宁格勒的小歌剧院舞台上看过这部芭蕾舞剧，但我当时完全沉醉于芭蕾舞的魅力之中，而没有深入地了解其内涵。后来，我开始参加古雪夫的舞台排练，观察他的作品。有一天，已经习惯了我频繁造访的彼得·安德烈耶维奇突然转过身来对我说：

"维诺格拉多夫，你为什么要浪费这个时间？你至少可以帮帮我，你懂得怎么创作!"

我能帮什么忙？帮谁？古雪夫本人吗？

"我可以吗？"我低声问。

"站起来试试！总比坐着强。"大师笑着回答道。

他当时编排了斯拉夫和马格里布美人的变奏曲。女独舞演员们惊讶地看着我，并继续尝试着他编排的动作组合。我在角落里也开始重复着他的动作组合，但不时加入自己的改动。在变奏的中间部分，古雪夫展示了从五位的半脚尖上将腿收回的动作——relevé（立脚尖）接 passé（变换舞姿时的一种辅助性动作），并重复了 6 次至 8 次。而我在第二次完成 relevé 时，则在三位上，将腿经过 passé 收回到内侧，并以一个旋转的方式打开双腿，再次回到五位上。我的双脚继续重复着这个组合。当我在角落里进行创作时，以为没有人注意到我。但古雪夫突然拍着手停下了彩排，并转过身来对我喊道：

"来，再来一遍！"

我重复了一遍。

"过来，再展示一遍！"

我走到中间，重复地示范了几次这个组合，女孩们随后则和我一道试起了这组动作。

"来，如果我们同时在不旋转的 passé 动作中弯曲身体，并把头转向这边"，古雪夫边说边示范着这个动作……

她们照做了，而且完成得很漂亮。

"如果我们再把双手放在一起，会怎样呢？"他继续说道，"很好，干得好，维诺格拉多夫，再来一次，不要害羞！"

在年长的同事面前，我感到有些不自在。作为芭蕾舞团的舞蹈演员，我遵守着等级制度。我随后退到角落里，继续跟着排练，不过分地抢风头。

排练结束后，古雪夫把我叫了过去，并对我说：

"你拿着这份变奏曲的乐谱，我会给你记录时间，让你自己去练习。在创作中不要害羞，而要从音乐感受到的情感来进行创作，但不要过分夸张。"

不过，如果你想要有所突破，也可以尝试一些新的创意。"

第二天，总的排练日程表上出现了如下时间："从 15 点到 17 点（我在剧院兼职的时间段）——O. 维诺格拉多夫和钢琴艺术指导——自主练习。"在这回的首次自主创作中，我构思了许多不同的动作组合，其中有一大半被古雪夫选中并融入了他的编排中。他要求我持续出席他的排练，进而使我参与了所有的舞蹈编排，而这就使我无法继续其他的兼职了。但为了未来的职业发展，我则不得不放弃了这些兼职工作的机会。

当古雪夫开始编排卫兵的出场舞时，他在我身上尝试了他的动作组合。我在完成了他的版本之后，则开始尝试对所展示的内容进行一些修改，时而这样，时而那样。

"这样更好"，他筛选着说，"再试试其他的方式；就这样，太棒了！"

他要求所有人重复我的舞蹈组合。在休息时，我与他一起修改了整个舞蹈中多达 90% 的内容（古雪夫在多个剧院都演出过这段舞蹈）。在排练的后半段，我们与舞蹈演员们一起排练了这个改编后的舞蹈。我感到非常高兴，而我的同伴们则开始对我的做法持怀疑态度了，因为我的改动和创作难度更大，需要投入更多的努力。

古雪夫对剧院非常了解。在他之后留下了一个独特的流派，他则是其中的一位大先生。他关于自己和那个时代的讲述令人难以忘怀。有一次，我和妻子莲娜邀请他到我们的小房间里喝茶和白兰地，他接连不断地讲述了许多令人不可思议的故事。此后，当我们定期在他位于酒店的家里见面时，我们惊讶地听他讲述与洛普霍夫、巴兰钦和 M. 福金，以及 K. 格列佐夫斯基相处的经历。

古雪夫在意识到我在芭蕾舞团的问题之后，便解除了我在其中的其他职务，而正式任命我做他的助手，而这则招来了很多诽谤者。从那时起，我就一直陪伴在他的身边，记录排练过程中的所有批评意见，同时也将节目的文本记录在案。士兵的出场和美人的变奏已经在我的指导下开始排练，而古雪夫则在此基础上，委托我编排了第三幕中的民间舞蹈。这一幕持续了 20 分钟，内容是关于民间节日的，我需要重新创作它的全部内容。我当时对阿塞拜疆的舞蹈一无所知，只能根据自己对东方的理解，以东方为主题进行创作。三个星期后，我向古雪夫展示了整个片段，他在该幕结束后示意性地鼓了掌。当然，没有其他人附和他的掌声，因为所有参与本幕演出的人都已累得疲惫不堪，并用一种意味深长的神情斜眼瞪着我。

古雪夫没有对我的作品做任何修改，而是将它纳入了这部芭蕾舞剧，并在演出的节目单上这样注明：士兵的出场、斯拉夫和马格里布美人的变奏，以及第三幕第六场的舞蹈均由 O. 维诺格拉多夫创作。据我所知，此前还从来没有一个大编导家在其节目单上注明他助手的名字。古雪夫首次将版权的概念引入了剧院。他知道什么该归属于谁。例如，在我们的《天鹅湖》节目单上写着：这是 M. 佩蒂帕创作的，那是 Л. 伊万诺夫、A. 瓦冈诺娃和 K. 谢尔盖耶夫创作的，而这个（第一幕的舞蹈）是 O. 维诺格拉多夫创作的。

接下来，芭蕾舞团开始排演 Ю. 格里戈洛维奇的作品《爱情的传说》，这部作品在全国范围内引起了轰动。从列宁格勒首演回来的舞者 H. 乌兰诺娃兴奋地讲述过她的感受。此前，C. 普罗科菲耶夫的《宝石花》曾由格里戈洛维奇编排上演过，并在几年里取得了巨大的成功。乌兰诺娃按照舞蹈编导的要求，将这部作品出色地表演于国内外的剧院，并严格地维护了舞蹈编导的著作权。

在取得了辉煌的创造性胜利，并成功地领导了基洛夫剧院之后，格里戈洛维奇和C.维尔萨拉泽却被剧院解雇了①，乍听起来令人费解。显然，这种处理依据了"越好也越糟"的原则。主要职位再次由K.谢尔盖耶夫接任，舞团则再次陷入黑暗之中。我们在西伯利亚对这些事件感到震惊。导演谢苗·弗拉基米罗维奇·泽尔曼诺夫、总导演埃米尔·叶夫根尼耶维奇·帕森科夫和彼得·安德烈耶维奇·古雪夫都劝说这位失宠的编导家到我们这里来。原因并不重要。只是为了远离当时的阴谋和纷争。古雪夫让他可以完全自由地选择——可以根据他的意愿进行任何项目。在很长一段时间里，格里戈洛维奇无法下定决心做任何事，他忧心忡忡，极力掩饰自己的状态，并经常在我们这里、帕森科夫那里，以及A.莫罗佐夫和T.齐米娜那里酗酒。不久之后，他表达了想要创作自己版本《天鹅湖》的愿望，当然，他得到了这个机会。

　　这是他人生中的一个艰难时期。但格里戈洛维奇没有为这次演出做好充分的准备，因此，他的工作紧张而不规律。他自己备受煎熬，剧团也备受煎熬。古雪夫非常谨慎地保护着格里戈洛维奇敏感的自尊心，并尽一切努力确保他不会彻底崩溃。我们赞扬这部作品，并尽我们所能地鼓励他。但他自己很清楚，并对这个演出不满意。首演平淡无奇，毫无声响，并且没有给任何人带来快乐。于是，他更加沮丧地离开了。我们热情而温情地为他送行。大家都很担心他，但工作还是要继续进行的。

　　格里戈洛维奇离开后，古雪夫立即撤去了他的《天鹅湖》，并恢复了莫斯科大剧院的正式版本，并让我负责第一幕的舞蹈。出于对列夫·伊万诺夫的第二幕，以及M.佩蒂帕和A.戈尔斯基第三幕舞蹈的敬仰，我试图拒绝。

---

① 这是本文作者对这一事件的解读，与事实不符。（原编者注）

虽然第一幕和第四幕的舞蹈没有让我心悦诚服，但毕竟这是《天鹅湖》——俄罗斯芭蕾舞的象征！古雪夫没有接受我的反对意见，并向我解释说，我应该从构图上加以考虑，因为他从我给《七美人》编排的舞蹈中看出了这一点。我感到诱惑很大，但我害怕，并且没有屈服于这项工作。然而，当我思考第一幕并分析所做的选择时，我则倾向于认为，尽管柴科夫斯基的乐曲结构按照序号规定了舞蹈的编排，而这种方式也已被广泛接受，但最好还是将整个场景以一个统一的交响乐组曲的形式加以呈现，而不是将其分割成独立的片段和"留下的间隙"来博取掌声。整个情节的结构，以及涉及王子、王后、小丑、农民和宫廷成员的情节，应该像天鹅的画面一样完整而统一。我向古雪夫讲述了这个想法，他非常高兴，并说就连巴兰钦也没有想到这一点。当然，那只是一个玩笑。我从未见过巴兰钦，但我了解过他的交响编舞法，并从与格里戈洛维奇与帕森科夫的漫长谈话中了解了很多。在格里戈洛维奇的作品中，以及著名的《舞姬》中的《幽灵王国》，《睡美人》和《吉赛尔》中，我开始领悟到交响编舞法的一些东西。

当我听到古雪夫提及巴兰钦这个名字时，开始感到警觉。我心想："啊哈！巴兰钦想出了什么？为什么古雪夫回忆起他，而不是谢尔盖耶夫，或者格里戈洛维奇呢？"但我在新西伯利亚能和谁谈起这件事呢？只有一个人——尼基塔·多尔古申，我们在舞校结成的友谊在新西伯利亚得以延续，他离开基洛夫剧院时就来到了这里，成为新西伯利亚剧团的首席独舞表演家。尼基塔经常谈到巴兰钦，并对他赞不绝口，但他当然没能看到巴兰钦的舞蹈作品，就像我一样。他觉得我的方案很有意思，并建议我把它搬上舞台。于是，我就开始了。

对我而言，首先变得清晰的是华尔兹和波洛涅兹这两个舞段的角色分工。柴科夫斯基的华尔兹是一段农民舞，而波洛涅兹则是宫廷舞，并在身穿白色衣裙的宫女们的簇拥下登场，把农民舞者们挤了出去。与他们一道出现的还有表演三人舞的舞者们，他们是王子的朋友，来祝贺他的成年日。所有的舞蹈几乎没有停顿地串联在一起，彼此交织为一体。整个舞团时而静态地衬托独舞，时而有力地为它们伴舞，由此形成了一部从头到尾都是舞蹈的优雅组舞，而没有哑剧元素。古雪夫和帕森科夫都喜欢这个构思。首演时，列宁格勒的著名评论家和史学家维拉·米哈伊洛芙娜·克拉索夫斯卡娅专程赶来，对我的舞蹈给予了高度评价，并再次提到了乔治·巴兰钦。这让我很是高兴，尽管我并不知道这意味着什么。总的来说，《天鹅湖》仍然是一部中规中矩的作品，就像其他版本的芭蕾舞剧一样，深受观众的喜爱。

在这部《天鹅湖》取得成功后，我迎来了两件令人愉快的事件。一是我被正式任命为芭蕾舞导演的助理，解除了舞蹈演员的职务，这让我非常高兴。二是我将接受委托，演出谢尔盖·普罗科菲耶夫的芭蕾舞剧《灰姑娘》。我当时 23 岁，渴望全身心地投入工作，而我也确实做到了，并为此夜以继日地辛勤工作。

古雪夫还向我提出了与他合作编排 B.巴斯纳的芭蕾舞剧《三个火枪手》的建议。原来的剧本并不理想，我们决定一起重新改编它。我记起在托木斯克市的古老大学里曾有一座宏伟的图书馆，它是西伯利亚的商人和企业家们为了自己的孩子建造的，因为他们认为，"既然巴黎有学习的地方，我们也要建造自己的索邦大学"！我出差去了托木斯克。有人告诉我，托木斯克的图书馆很有名，大学的创建者为它订阅了全世界最好的书籍，但大部分则来自法国。

当我来到那里时，我的惊讶简直无以言表。我对火枪手的时代，尤其是那个时期的舞蹈，特别感兴趣。当然啦，我不懂法语，但我有一个熟人，在我们于托木斯克演出期间，我曾邀请她去观看过我们的表演，而她则在这个图书馆工作，并且懂得英语和法语。我们和她一起沉浸在这些宝藏之中。我简直无法想象，这些书是在路易十四时代出版的。皮革封面、雕刻、插图、装饰和字体之美令人惊叹。许多书籍都专门介绍了舞蹈，包括对舞姿、编排和图像的详细描述。当我们看到里歇尔的自传时，我无法抑制内心的激动。这位杰出的宗教和政治人物，除了参与阴谋，还创作了关于芭蕾舞的作品并撰写了相关的文章。我一边画一边写，娜塔莎则一边阅读一边翻译。看来我无法离开，桌上的书也没有变少，但是没有时间了。一口吃不成胖子！我不得不返回。古雪夫对我的这次考察非常满意。舞蹈的氛围和整个背景都非常清晰地展现出了戏剧性的特点。

与古雪夫合作编导《三个火枪手》时，是我第一次创作原创的舞剧作品。A.仲马（大仲马）的这部小说广为人知，其中的人物非常适合芭蕾舞的表现。情节中有爱情、冒险的浪漫氛围，以及法国宫廷的氛围，并且满是装饰性和华丽的服装。从好的方面来说，所有这些元素在舞蹈中都很适合，具有舞蹈性、戏剧性和情感张力。舞台的材料非常出色，但是……提前说一句，这部芭蕾舞剧并没有取得成功。

我和古雪夫经常在晚上相聚，一起幻想并创作剧本和戏剧元素。我们在交谈中演绎情节，并且不受限制地发挥了各自的想象力。他非常喜欢加柠檬和奶酪的浓黑咖啡，我们在工作中经常会喝得很多，有时甚至工作到凌晨。

经过两个月的努力，剧本准备就绪。古雪夫才华横溢，他不仅是一位出色的演员，而且在向剧团介绍构思时表现得也很出色。而我，即使参与了情节的构思，也无法想象，可以如此有趣地讲述整个故事。他在我们的面前扮演了所有的角色，甚至包括达达尼昂的马；在我的建议下，这匹马成了这部芭蕾舞剧中一个活跃的角色，大家也很支持这个想法。剩下的问题就是创作音乐和编排舞蹈了。关于作曲家，我们打算邀请以歌曲创作而闻名的维尼亚明·巴斯纳,他的战争歌曲《在无名高地上》曾风靡全国。但歌曲只是歌曲……

1965年,格里戈洛维奇突然从莫斯科打来电话,而此刻离苏维埃政权成立50周年和庆祝活动还有一年半的时间。根据党和政府的决议,每个劳动集体和剧院都必须通过新的成就和胜利来庆祝这一事件。莫斯科大剧院则理应成为第一个为我们这个时代和人民创作和演出的剧院,但格里戈洛维奇本人并不想搞这样的作品,于是便选择了我。评论家们向他介绍了《灰姑娘》和《罗密欧与朱丽叶》,媒体也广泛地做了报道。但他曾在新西伯利亚看到过我的舞剧创作构思,并且还记得我关于《伊卡洛斯》这部芭蕾舞剧的构思。因此,当我所崇拜的他给我打来电话,并提议让我在莫斯科大剧院演出芭蕾舞剧时,我感到非常高兴。我做梦也想不到会有这个机会,因为我当时正在准备《三个火枪手》,而他从莫斯科打来电话,提议让我去莫斯科大剧院上演另一部新的芭蕾舞剧!我回答说,我从未考虑过现代芭蕾舞剧,正在准备上演《伊卡洛斯》,已为这部作品准备了多年,并曾在新西伯利亚给他看过我的设计构思图。

"是的,我记得那些设计构思图",格里戈洛维奇回答道,"我们稍后会上演《伊卡洛斯》,但现在需要一部现代题材的芭蕾舞剧。我们有素材,请尽快过来。"

他给帕森科夫和泽尔曼诺夫打电话,请求他们放我离开,而那些培养我的导师们,则没有反对,只是古雪夫非常沮丧,因为他希望我参与《三个火枪手》的创作。尽管B.巴斯纳的音乐并没有激发我的灵感,但我已做好开始工作的准备了。古雪夫举了很多根据糟糕音乐也能创作出优秀芭蕾舞剧的例子,但并没能说服我。虽然我本想开始创作的,但很显然,这并不是我的命运……

我与古雪夫这位了不起的人并肩走过，直到他生命的最后一刻，而我则从他的身上学到了很多有用的东西，模仿他，并向他学习。他给我指明了一条生活的道路，尽管经常与我的意见相左，不能理解我的很多做法，但他总是支持我、帮助我。

教师——革新家 *

尼基塔·多尔古申

在我的童年和青年时期，就知道彼得·安德烈耶维奇·古雪夫了，他是俄罗斯芭蕾舞领域的著名人物，曾担任多个剧院和学校的领导。他被称为伽拉忒亚的皮格马利翁①，也是几个剧院中最能创造出高质量新剧目的芭蕾舞剧创作者，并且还培养出了那么多舞蹈编导！

相识的幸福发生在20世纪60年代初，他的到来照亮了位于西伯利亚大剧院的新西伯利亚芭蕾舞剧院。在这里，命运也眷顾了我——作为基洛夫芭蕾舞团一个年轻的舞蹈演员，我在那里开始了自己的创作生涯，而这也是我从列宁格勒舞蹈学院毕业后的第一步。我不想多说，为什么年轻人很难在当时的马林斯基剧院出人头地。只是提醒一下，最有才华的年轻编导尤里·格里戈洛维奇被驱逐出了马林斯基剧院，才华横溢的莱奥尼德·雅科布松受到了当权者的迫害，而鲁道夫·努里耶夫则被迫去了西方。

在1950年到1960年的转折点上，俄罗斯芭蕾舞遭遇了危机，这则促使能独立思考的人们找到了"移民的窗口"。这些移民并不仅限于西方的拥护者：才华横溢的舞蹈家康斯坦丁·布鲁德诺夫离开了基洛夫剧院，阿拉·奥西彭科和约翰·马尔科夫斯基也选择离开了这个著名的舞台，并加入了当时

---

* 首次刊登于音乐学院的刊物《泛音》2004年第12期，第3页。（原编者注）
① 希腊神话中的美女雕像和最终使其变成女人，并娶她为妻的雕塑家。（译者注）

并不知名的舞团。娜塔丽娅·马卡洛娃在一段时间里，一直在学院派的桎梏中苦苦挣扎。

但是，尽管面临着威胁性的言论，我这个谦卑的仆人还是抛弃了在基洛夫剧院的舞团职业生涯。当一个年轻人收到格里戈洛维奇本人从遥远的西伯利亚发来的电报时，官僚主义的障碍对他而言，又算得了什么呢？这位备受尊崇的编导家，堪称这一代人的偶像，他呼唤着我前往他的列宁格勒改革之地。他在舞台上呈现了《宝石花》《爱情的传说》，并正在筹备《灰姑娘》和《罗密欧与朱丽叶》这些舞剧。这是一个困境：在圣彼得堡没有前途，而在新西伯利亚却闪烁着希望。新西伯利亚剧院是一个充满无限可能和卓越创造力的舞台。前两部芭蕾舞剧已经上演，而接下来的作品注定由另一位舞蹈编导来完成，而他的指导者，实际上，就是我回忆中的这位主人公。

1962年，就在我被派往西伯利亚的两三个月后，彼得·安德烈耶维奇·古雪夫来到新西伯利亚。他以雷霆万钧的火星或赫米斯小行星的形象出现，影响着人们和戏剧的命运。那时他只有58岁，比我现在还年轻得多。但如果我不想现在把自己看作老年人的话，那时的他对我来说，就像个老人一样，一个"没有胡须"的老人。（他后来为了扮演 М. И. 佩蒂帕这个角色，留起了真正的胡须。有趣的是，不仅在外貌上，他与佩蒂帕在其他的方面也有相似之处）

他的出现让剧院感受到了"变革之风"：演员团队开始争先恐后地追随他，他们在他的带领下不断成长。他促使演员们变得更加苗条，开始思考，并为了保住自己的位置而努力。特别是女演员们，她们在他的魅力浪潮下不禁"为之倾倒"。这种情况在纽约 Д. 巴兰钦的舞团里，以及后来在列宁格勒 Л. 雅科布松的舞团里，也同样地出现了。

的确，1904年可谓舞蹈大师们的诞生之年：古雪夫、巴兰奇瓦泽（巴兰钦）和雅科布松，这些俄罗斯的芭蕾巨匠们都诞生于这个年份，而这样的盛况此后则是难以复现了！

这是多么多彩的回忆啊！古雪夫的排练堪称新一代大师们得到深造的学院，让我们领略了其风格、技术和令观众留下深刻印象的能力。我们在这里不仅学会了干净的舞蹈，还学会了如何接近意象，如何影响观众。难道这不是艺术家的"根本性的本能"吗？在他的指导下，在剧院工作就像是在艺术表演学院里学习一样，在这里学到的东西是无价之宝。

1966年，是我离开新西伯利亚的一年。对于芭蕾舞来说，这一年标志着苏联"冷冻"时代的结束，也标志着戏剧领域中新形式的创立。在列宁格勒，出现了一家不再受歌剧日常琐事束缚的芭蕾舞剧院[①]，由彼得·古雪夫领导。稍早之前于莫斯科，在另一位俄罗斯舞蹈界的大师伊戈尔·莫伊谢耶夫的领导下，也成立了一个芭蕾舞剧院，而我则迫不及待地投身于这个新的舞台。然而，这两个团队的存在时间都不到两年。无论是莫伊谢耶夫还是古雪夫，都没有完成他们肩负的使命。莫伊谢耶夫先是将他的团队交给了一个继任者，然后又换了一个；而古雪夫则直接将他的团队交给了当时的年轻创作天才雅科布松。命运的波折再次将我与古雪夫会聚在一起，他以他那充满活力的特质投身于培养舞蹈编导，而不仅仅是舞蹈表演者的过程中。他接管了列宁格勒音乐学院的芭蕾舞导演系，该系由俄罗斯芭蕾舞界的泰斗Ф.洛普霍夫于20世纪60年代初所创建。古雪夫笃信，同作曲家一样，舞蹈编导也能在音乐大学中得到培养。

古雪夫对于世界芭蕾编导的发展历史了如指掌，因而呼吁实践家们总结

[①] 这里指列宁格勒室内芭蕾舞剧院。（原编者注）

经验，将他们聚集在学生的座位上，通过增设排练教师的专业，扩大了编导系的教学范围。他们中的许多人之后都成了这个领域的专家，即使不是俄罗斯芭蕾领域中的"新秀"，也是负担着各种荣誉的资深从业者，而他们都对古雪夫这位伟大而热情的芭蕾舞剧院的魔术师的呼唤做出了回应。人们相信他，爱戴他，顺从他。

我也顺从他，那时我已经创作了几部芭蕾舞剧。我还很幸运地融入了高等教育体系，这得益于俄罗斯第一所位于圣彼得堡剧院广场的音乐大学，它围绕着俄罗斯芭蕾舞的圣地而建立起来。因为正是在这里，曾经有过我们城市的第一座剧院，格林卡的歌剧音乐在这里首次奏响，佩蒂帕的编导之路也是从这里开始的，而在马林斯基剧院建成之前，俄罗斯的戏剧活动也是从这里开始的。那个剧院就是普希金在《叶夫根尼·奥涅金》中赞颂过的那座位于圣彼得堡的宝石大剧院。

我们的圣彼得堡音乐学院与歌剧和芭蕾舞剧院至今仍保持着传统与实验艺术的印记。我为能服务于这座音乐学院而感到自豪。我是在彼得·安德烈耶维奇·古雪夫的指导下完成学业的，我将永远地感激他。

命运的交会

拉菲尔·瓦加博夫

人们的脑海中充满了联想,有些稍纵即逝,更多的则是持续久远的。我脑海中也有许许多多的联想,其中之一与彼得·安德烈耶维奇·古雪夫的名字相关,并可追溯到1952年在巴库演出的芭蕾舞剧《七美人》,因为它由K.卡拉耶夫作曲,而古雪夫则是编导。我在1955年参与了这部芭蕾舞剧的演出,当时我还是当地舞蹈学校的一名小学生。

首次登台时,我只有11岁,我为自己能在真正的芭蕾舞剧中翩翩起舞而感到自豪。观众们的目光似乎都聚焦在了我的身上,使我感到身上的担子沉甸甸的!于是我竭尽全力,忘我地跳着,真诚地体验着正在发生的一切。

我们这些小学生在成年舞蹈演员身边,表演了充满爱国情怀的战斗舞。剧中大量出现的民间场景里,几乎都能看到我们这些孩子的身影。就在那时,戏剧就像是一种"病毒",在我的内心深处扎下了根,并从此一发不可收拾。

没有人给我们读过或详述过剧本的内容。我们是从舞团内部了解的剧情,可以说,剧情对我们来说是似乎是一目了然的。现在我则知道,《七美人》是一部经典的芭蕾舞剧,有大量自由的场面设计及变奏曲,情节复杂,冲突纷呈。但对当时的我来说,一切都是简单而自然的。美妙的音乐和精彩的舞蹈令人陶醉。勇敢的工匠、婀娜多姿的民间姑娘、美妙绝伦的后宫舞女……这些生动的角色至今依然历历在目。《收获舞》的轻快音乐依然温暖着我的心,带给我平和的快乐。时至今日,我仍然痛恨那些咄咄逼人的残暴

"税吏"。我眼前仍会浮现出《幻影舞蹈》的壮丽景象，舞台上飘动的幕布变换着7位美人的美妙幻象：黑色的印度美人神秘地出现后又消失，蓝白色的斯拉夫美人从天而降，柔弱而娇美的中国美人身着绿松石色的华服，摩洛哥美人热情似火。而国王巴赫拉姆与"美人中的美人"——伊朗美人之间的双人舞看起来实在迷人！

多么鲜活的回忆啊……在那些漆黑而华丽的丝绸幕布后，是燃烧着复仇烈焰的宰相，贪婪地渴望登上王位。质朴少女阿伊莎的悲伤令人动容，她与统治者的相遇和对彼此的爱情导致了悲剧的发生。傲慢、虚荣、感情丰富的巴赫拉姆被权力束缚，最终则被权力吞噬……

1959年，在莫斯科举行了为期10天的阿塞拜疆艺术与文学展览。古雪夫亲自前往巴库，为他的芭蕾舞剧巡演做准备。那是我第一次见到他本人。他个子不高，面带微笑，略带嘲讽的眼神，既亲切又严厉。他活跃而机智，几乎是一个传奇人物。在我的眼中，他的权威地位不容置疑。

岁月流逝，新一代的演员为这部舞剧注入了新鲜血液，而时代却展露了它冷酷的一面：毕竟，旧的东西，即便再好也没有人需要了……古雪夫敏锐地感受到了时代的变迁，勇敢地重新审视了他的"心血"。他再次来到巴库，不顾自己和演员的辛苦，全神贯注地工作，夜以继日地待在舞蹈排练厅中，他的激情、对芭蕾的狂热无时无刻不在感染着我们。那个时候，舞团的实力显著增长，古雪夫不断地将舞蹈复杂化。这些舞蹈获得了新的内涵，但却失去了那种我所习惯的民间舞蹈的直率又朴素的魅力。贯穿舞剧的编导主线渐渐有了轮廓，日常场景逐渐消失，情节尽可能简化，强大的社会主题稍稍减弱并让位于心理学。

那一年，我们在俄罗斯各个城市进行了长期的巡演，从莫斯科到伊万诺沃，再到顿河畔的罗斯托夫。巡演剧目包括了新版的《七美人》，演出受到了热烈欢迎，取得了巨大成功。

1965 年，我前往列宁格勒，考入音乐学院的芭蕾编导班，并进入了阿拉·雅科夫列夫娜·谢莱斯特的工作室。世界何其小，圈子何其窄！那时，我得知将要在列宁格勒歌剧和芭蕾舞小剧院上演《七美人》。我开始好奇，古雪夫是如何决定将我们的民族芭蕾搬上俄罗斯舞台的。不过令我惊喜的是，我又可以看到自己童年时的那台演出。啊，那是连我自己都无法形容的甜蜜的幻觉！阿伊莎这个角色由拉里萨·克里莫娃扮演，她是我在音乐学院的同学。她表演得很好，我为她感到高兴。此外，站在指挥台上的是奥尔加·马克西米利亚诺夫娜·伯格，她曾是基洛夫（现马林斯基剧院）剧院的杰出舞蹈演员，也是我未来的音乐教育导师。女指挥家？真是令人惊奇和难以理解。

这种音乐和舞蹈的呈现方式与我所熟悉的有所不同，并让我感到不习惯。其中的音乐强调戏剧性，而不是民族旋律的多彩感。对我来说，接受这样一个明显改变了侧重点的演出是困难的，因为它偏离了我所习惯的方向。我认为，舞蹈编导有意强调了风格和民间舞蹈动作的外部轮廓，而巴库舞团的阿塞拜疆舞蹈则更自然，而没有追求形式上的完美。然而，这只是我个人的看法。

同一学年的春天，古雪夫接管了音乐学院的系主任一职。我记得他的飞机在列宁格勒降落，不知为何我被派去机场接他。他带着很多行李，身穿华丽的斗篷（他曾在中国工作了很长的时间）。我们坐在汽车里，被别人认出来后，我感到说不出的高兴。这时，一个完全不同的古雪夫展现在我的面前，他活力四射、开朗幽默、口才敏捷。

生活是一种恩赐，它常常给予我们意想不到的东西。1970 年的秋天，阿拉·雅科夫列夫娜·谢莱斯特被任命为古比雪夫（现为萨马拉）歌剧院芭蕾舞团的领导。我是她的第二个芭蕾编导。1972 年，是苏联庆祝成立 50 周年的纪念日，所有剧院都必须以主题展演的形式来迎接这一盛事。在文化管理部门中，他们做出了明智的决定：既然剧团有两位自己国家的芭蕾编导，而且其中一位（即我）还是国家干部，为什么要浪费本就不多的资金，从外面请一位芭蕾编导呢？我立刻想到了《七美人》这个剧目。但我反抗，我不想，我害怕重复，因为古雪夫的舞蹈不管是在我的意识中，还是在身体上，都留下了深刻的烙印。然而，他们坚决地告诉我："上帝亲自命令你演出这个剧目！"并立即将它列入剧院计划中，我只能服从。

谢莱斯特草拟了一个新的剧本，需要对音乐部分进行大量的重新编排，因此，我们前往莫斯科，与卡拉·卡拉耶夫商讨修改事宜，并花了很长的时间试图说服他，但这个固执的作曲家一直不肯妥协！有时是他，有时是谢莱斯特，去厨房里服用瓦洛科金（一种用来扩张血管的药物）。我沮丧地弯下腰，用双手抱住头。突然间，我出于某种直觉，看着目录，便清楚地认识到如何在不损害卡拉耶夫对谱曲的关注下，去构建修正后的情节。他立刻理解了一切，并信任我的直觉。欣喜之余，他甚至在自己的键盘上留下了亲笔签名，并递给了我，然后则心绪平和地离开了。

最终，这部芭蕾舞剧成功上演了。它是我们自己辛苦创作的，与古雪夫的作品完全不同。文化部将其评为周年纪念创作的最佳作品。然而，又发生了另一件事：从列宁格勒赶来了一个我们没有邀请，甚至有点心存戒备的人——古雪夫。谢莱斯特是个富有洞察力的人，她对我说："古雪夫显然是在嫉妒！"或许事实就是如此。现在我理解他了，对于创作的嫉妒是艺术家的天性，而古雪夫无疑就是这样的一位艺术家。

最后，我们的命运分道扬镳，几乎没有交集，但这并不重要。在我的记忆中，意志坚强、性格刚毅的彼得·安德烈耶维奇·古雪夫始终是有原则的、雷厉风行的、热爱生活的。

一生的挚爱

鲍里斯·布雷格瓦泽

我第一次见到古雪夫，是在1940年战前的萨拉托夫，当时电影《艺术大师》刚刚上映。而在各种歌剧片段中，有一支以 M. 莫什科夫斯基的音乐为背景的圆舞曲，由古雪夫与 O. B. 列别辛斯卡娅共舞。当时我14岁，对芭蕾舞情有独钟，这些陌生艺术家的舞蹈以其精湛的技艺和艺术上的才华震撼了我的心，我永远记住了这个令人眼花缭乱、拥有高难技术的舞蹈表演。但我怎么也想不到，过一段时间，我会在列宁格勒与费娅·巴拉比娜、塔吉雅娜·维切斯洛娃、阿拉·奥西彭科和尼妮尔·库尔加普金娜等舞伴一起跳了莫什科夫斯基的这段圆舞曲（浓缩版）！我和库尔加普金娜跳了很多次，尤其是最后一部分，我们总是会多跳一次。这支圆舞曲仿佛是古雪夫给我的祝福。

我从16岁开始就在家乡萨拉托夫这座剧院工作了，先后在芭蕾舞剧、歌剧和轻歌剧中表演，并从1944年起，从剧院主办的工作室毕业后，便成了芭蕾舞团的独舞演员。但我梦想着能去著名的芭蕾舞学校继续深造，结识杰出的艺术家，向他们学习，也正是这个梦想让我坚持了下来。

20岁那年，我终于考进了列宁格勒舞蹈学院，并在 Б. В. 沙夫罗夫的班上就读。这是我第一次见到活生生的彼得·安德烈耶维奇·古雪夫，他当时是基洛夫（马林斯基）剧院芭蕾舞团的艺术总监。他身材修长，略微秃顶。虽不能说他英俊，但他身上的确有一种令人着迷的气质。后来，当命运给了我与他共事的机会时，我才知道了他的"迷人"之处——魅力非凡、彬彬有礼、谈吐风雅。无论他与谁交谈，我都从未听他提高过嗓门。

在 Б. В. 沙夫罗夫的班上学习期间，我为自己设定了一个目标——提升自己的专业技能，观看我耳熟能详的艺术名家的演出，然后回到我的家乡萨拉托夫，因为我虽然来到了列宁格勒（现为圣彼得堡），但我在生活上却一无所有，仅凭一张工作证过活，而剧院则成了我摆脱绝望的救赎。在那里，在楼座的楼梯上，我忘记了世界上的一切。但到了十月底，饥饿让我难以忍受，我决定，我的梦想已经实现，可以回家了。我收拾好行李，准备去上最后一节课，但这时发生了一件事，让我留在了列宁格勒。费多尔·瓦西里耶维奇·洛普霍夫在课上选择了我和彼得·库兹涅佐夫在他的《春日童话》中表演独舞的段落。我居然能够在基洛夫剧院的舞台上与这些伟大的艺术家一起跳舞！正是在这样的激励下，饥饿变得不再可怕。

古雪夫参加了新芭蕾舞剧的排练，并在1947年1月的首演中见到了我。同年春天，古雪夫突然邀请我参加由 B. 布尔梅斯杰尔新编导的芭蕾舞剧《塔吉雅娜》的排练。谢苗·卡普兰和塔吉雅娜·维切斯洛娃在这部舞剧中饰演男女主角，而其中的《春雷》中则有一段慢板，表现了男女主角初次相遇时，安德烈对塔吉雅娜的爱慕之情。

他们跳完后，古雪夫对我说："鲍里斯，去试试。"音乐响起，我和维切斯洛娃共舞，并且没有出一点差错，成功地完成了所有的托举和旋转动作，甚至还意犹未尽。显然，古雪夫对我们的表演很是满意。于是，在他的认可下，还是学生的我，成了剧院中第二个表演这一角色的人。

首先是毕业演出。Б. В. 沙夫罗夫和我一起准备了《堂·吉诃德》中的双人舞。演出结束后，古雪夫建议我带着《堂·吉诃德》的变奏去莫斯科参加布拉格世界青年节的选拔。于是我与 А. 谢莱斯特、И. 祖布科夫斯卡娅、

H.娅斯特雷波娃、H.祖布科夫斯基和 B.巴卡诺夫一起前往首都，在柴科夫斯基音乐厅表演，并获得了好评。回到列宁格勒后，我与娅斯特雷波娃一起为下一轮选拔做准备，可当我们带着作品再次来到柴科夫斯基音乐厅时，结果……却失败了。

尽管如此，我还是去了布拉格，不过是带着不同的剧目。C.科伦根据肖邦的音乐为我和谢莱斯特创作了一段《玛祖卡舞》。此外，我还被安排在《巴赫奇萨拉伊的泪泉》的第三幕中扮演叶夫努赫，而古雪夫则扮演了吉列伊。在那里，看着他的表演、举止、谈吐和着装，我突然觉得自己开始爱上这个人了。当然，我曾多次听人讲起他是一位了不起的艺术家和导师，能够为有才能的年轻人提供机会，但那时我还没有和他共事过，这一切是在我成为剧院演员后才切身体会到的。

尽管我已经饰演了两个角色，他们还是没能让我加入芭蕾舞团，但古雪夫开始与我和诺娜·娅斯特雷波娃一起排练《堂·吉诃德》，那是一段美妙而激动人心的时光！在接下来的 3 个月里，古雪夫每天都和我们一起工作，无论我们有多累，他的到来都能改变一切。我们被他的魅力深深吸引。古雪夫作为一名出色的专业教师和艺术家，知道如何让我们快速熟悉彼此，能够立刻发现并纠正我们的所有错误，帮助我们理顺最难的部分。最后的双人舞变奏，我跳了两次没有休息。前两段我还能够坚持下来，第三段让我感到有些筋疲力尽，但在演出时还发挥得不错，跳完这个变奏后，我没有喘不上气来。

古雪夫对我们在首次亮相中的表现非常满意，又说又笑。诺娜和我对此则感激不尽，特意准备了礼物，但古雪夫拒绝接受。这样一个精心准备了多年的角色，我毫不费力地就得到了，并给我带来了巨大的喜悦。

在剧院里，我觉得古雪夫给自己定下的目标是培养一批年轻的独舞演员——"初出茅庐者"。他在向一批杰出艺术家致敬的同时,并没有阻断这些年轻演员们跻身一流艺术家行列的权利,而是在准备将他们培养成接班人——新一代的艺术家,这些人将成为剧院 20 世纪 50 年代至 70 年代的支柱。

古雪夫在专业方面做了大量工作。他带领年轻人学习了所有新的芭蕾舞剧《塔吉雅娜》《民兵》《春日童话》,重新上演了《艾丝美拉达》《雪姑娘》和《红罂粟花》。就我个人而言,仅仅来得及学习所有新的部分。难以想象,在两个演出季(1949—1950 和 1950—1951)中,我饰演了梅尔库茨欧、阿克特翁、索洛尔人、《灰姑娘》中的王子、《劳伦希娅》中的弗朗多索和《青铜骑士》中的叶夫根尼。以前我是万万想不到这些的!而且其他人也能有这样的机会。他称赞过我们的表现吗?称赞过,虽然次数不多,但我们仍能感受到他满意的情绪,虽然更多时候得到的是批评。

古雪夫本人并不创作芭蕾舞剧,但他积极参与同事们的舞台工作。我记得在《舒拉尔》第三幕的一次排练中,他与 Л. 雅科布松争论不休,古雪夫试图证明在"森林王国"这部分花费太多时间是没有必要的,省略这段情节只会对整台演出有益。尽管雅科布松极力反对,但事实证明,古雪夫的观点是正确的。

我依旧记得芭蕾舞剧《青铜骑士》的故事。舞剧编导 P. 扎哈罗夫指定 K. 谢尔盖耶夫和 B. 乌霍夫扮演叶夫根尼这一角色,而我则被安排在第一幕中扮演小角色阿尔勒金。但是我因脚部受伤,不得不放弃饰演这一角色的机会。之后我还是参加了排练,观看了剧目的进展情况,但我并不指望能扮演叶夫根尼。杜金斯卡娅和谢尔盖耶夫一起首演后,就前往中国做巡演了,时间是 1949 年,中华人民共和国成立之年。第三场演出原定由 T. 维切斯洛娃和 B. 乌霍夫演出,但就在他们首演的前几天,意外发生了,乌霍夫在弯腰拿起一张凳子时导致了腰伤复发，无法再直立身体，这次意外使得演出陷入了危机。这时，古雪夫对我说："准备好扮演叶夫根尼！"

我必须在4天内学会这个角色，当然，古雪夫也帮了忙。他冷静地排练，指导我理解表演人物，并非常细心地安慰我，让我免受紧张情绪的影响。叶夫根尼这个角色在技巧和形象上都很难诠释。现在回想起来，我觉得有点可笑，但当时我对表现爱情，对爱人的恐惧、疯狂和死亡等情绪，感到非常害羞。

当接近表演疯狂的场景时，我中断了表演，并向古雪夫保证，我会在演出时按部就班地完成一切。他理解我的处境，没有给我施加压力，而是让我一个人待着，保持平静的心态。我和不同的舞伴连续跳了12次。面对这种情况，我不得不做出许多调整，寻找新的表现方式，并始终能感受到导师的关心和支持。

1951年，古雪夫离开了剧院。至今我还不知道他离开的原因。他担任领导的4年是年青一代演员最幸福的时光。他培养了我们的自信，赋予了我们全新的角色，而且是多么出色的角色呀！最重要的是，他培养了一大批独舞演员——芭蕾舞的未来！

此后，我们与古雪夫不时还会有交集。他没有忘记我，有一次，他向В. П. 布尔梅斯杰尔推荐我去莫斯科斯坦尼斯拉夫斯基和涅米罗维奇-丹钦科音乐剧院，主演《天鹅湖》中的齐格弗里德王子一角。在这部作品中，王子不同于传统的浪漫主义主角的形象，需要一个充满激情与活力的舞者来饰演。但我因为腿伤而注定无法扮演这个角色。还是因为腿部受伤，我也没能在古雪夫本人于列宁格勒歌剧和芭蕾舞小剧院上演的《七美人》中扮演巴赫拉姆一角，尽管这个角色非常适合我。

古雪夫担任莫斯科大剧院芭蕾舞团的艺术总监时，曾不止一次地邀请我去大剧院演出。其中一次是邀请我在 1956 年 2 月 23 日红军纪念日的盛大演出中登台。

芭蕾舞剧《劳伦希娅》由瓦赫坦·恰布基阿尼编导，他本人还参与了首演，但他拒绝在这次盛会中表演第二次，于是，古雪夫让我尽快前往莫斯科，但我赶到莫斯科后，恰布基阿尼突然又同意演出了，所以我的到达也就失去了意义。但我非常高兴地看到古雪夫的身体状态良好，不仅与他做了交流，而且还到他在高尔基大街的家里做了客。

还有一次，古雪夫邀请我和 H. 杜金斯卡娅一起跳《劳伦希娅》，因为他想向舞者们展示这位杰出的首演者。毕竟，《劳伦希娅》是 B. 恰布基阿尼创造的一种风格独特的舞剧，它富有冲击力、简单干练、手型清晰。这部芭蕾舞剧的前两幕舞姿优美、动感十足、非常生动。在莫斯科，芭蕾编导不得不重新编排效果不佳的第三幕，而他则在这里创作了一段精彩的男子独舞变奏。

1956 年 3 月 8 日，我们在莫斯科的演出通过电视进行了全程转播。文化部长 E. 富尔采娃也在大厅现场观看了演出。随后，古雪夫又在 3 月和 6 月两次向我发出邀请，安排我与 M. M. 普利谢茨卡娅一起跳《劳伦希娅》。之后，有人邀请我去莫斯科大剧院担任独舞演员，这让我受宠若惊，要知道这很令人向往。

但上帝阻止我迈出这一步。我在最后一场演出中，旧伤复发，感到腿疼，于是对自己说："停下来吧。"我权衡了利弊：在列宁格勒，我是自己人，观众喜爱我。而在莫斯科，我将不得不重新证明自己是一个舞者。古雪夫的邀请可能会改变我的一生，但我已经不想改变了。尽管每个独舞演员都梦想进入莫斯科大剧院，但我选择留在了列宁格勒，并且对此一点也不后悔。一年后，古雪夫离开了莫斯科大剧院。

多年后，1980 年，我们在布达佩斯歌剧院再次相遇，当时我在那里担任排练教师。古雪夫和他的妻子 B. 鲁米扬采娃应邀出演芭蕾舞剧《雷蒙达》的第三幕。我观察到，他是如何认真地对待佩蒂帕的编舞的。布达佩斯芭蕾舞团当时是欧洲最好的芭蕾舞团之一，但佩蒂帕的匈牙利风格舞蹈并不好诠释。古雪夫表现出了极大的耐心，他的教学技巧取得了极佳的效果。果然，只要古雪夫亲自参与其中，一切都会变得非常顺利。

请允许我稍微说句题外话。在布达佩斯剧院美丽的建筑物旁边，有一张长椅。有一天，当我走向剧院时，目睹了不为人知的一幕。古雪夫和鲁米扬采娃，这两位年纪不算小的人儿，就像热恋中的情侣一样在长椅上嬉戏，他们互相拍拍对方，开玩笑地调侃对方……真的，爱情是不分年龄的！

还有一段回忆，当我被任命为科鲁普斯卡列宁格勒国立文化学院（现为文化艺术大学）的舞蹈系主任时，我需要一份别人对我工作能力的评价。我向古雪夫求助，他怀着敬意和善意写下了对于我的评价，让我感到无比的幸福。

在彼得·安德烈耶维奇·古雪夫丰富多彩的生活和事业中，我只是一支小小的插曲。但对我来说，他是我最喜欢的艺术指导、老师和人。我至今仍能感受到他的魅力，无法忘记他，并且为自己能在人生的道路中遇到他感到庆幸。

舞蹈编导系*——他的孩子

柳德米拉·琳科娃

"向大家致以我最崇高的敬意和忠诚。"彼得·安德烈耶维奇·古雪夫说完这些话,并向所有在场的人点头示意后,便踱着步子就此告别了音乐学院。他将他生命中的最后 20 年都奉献给了列宁格勒音乐学院的舞蹈编导系——他在那里担任了 17 年的系主任,而最后的 3 年,则是作为一名"普通"教授和技艺高超的舞蹈指导在系里教学。

古雪夫是在该系成立的第 4 年加入的。他属于特殊的那代人,对他们来说,艺术工作是一项神圣的活动。他们不把艺术当作娱乐的手段。艺术不仅能给人们带来欢乐,还有助于道德净化,提升精神境界,并引发人们对精神启迪的渴望。艺术取代了宗教,剧院成了神圣的殿堂。艺术家是精神的仆人,他们将自己毫无保留地奉献给了工作。该系的创始人 Ф. 洛普霍夫、Н. А. 卡姆科娃、А. 谢莱斯特就是这样的人,彼得·安德烈耶维奇·古雪夫也是这样的人。

邀请古雪夫担任该系主任的想法是由娜塔丽娅·亚历山德罗夫娜·卡姆科娃提出来的。洛普霍夫因高等教育委员会拒绝批准其教授职称[①]而受到伤

---

* 正式名称是芭蕾舞导演系。(原编者注)

① 1931 年,瓦冈诺娃接替他成为前马林斯基剧院芭蕾舞团团长,尽管没有接受过高等教育,但她还是在 1946 年获得了音乐学院教授的头衔,洛普霍夫对瓦冈诺娃的桂冠不禁心生嫉妒。(原编者注)

害（原因是他没有接受过高等教育），很快放弃了他一手创建的编导系的领导工作，而行政工作的全部重担都落到了卡姆科娃的肩上。她积极地捍卫其被监护人的利益，但在学术委员会上的"斗争"对她来说代价高昂，并经常以她的心脏病发作而告终。于是，卡姆科娃一直在寻找一位积极而有权威的人来管理这个系。

在阿尼奇科夫花园夏季剧院观看捷克芭蕾舞团时，我和卡姆科娃一起漫步在绿荫小道上，全程旁听了她与一位对我而言，纯属陌生人的对话。在玩笑般的寒暄之后，卡姆科娃开始与他谈论起音乐学院的芭蕾舞系来。谈话漫长而充满激动和热情。卡姆科娃时而劝说，时而坚持，时而愤怒，时而要求些什么。那个陌生人盯着地面，眉头紧蹙。他的脸部紧绷，一动不动。他似乎沉浸在自己的世界里，没有听到她情绪激动的咆哮。最后，他说："我得考虑一下。"然后从我们的身边走开了。卡姆科娃兴奋地感叹道："没有比他更好的系主任了！"原来他就是彼得·安德烈耶维奇·古雪夫。

1965年，古雪夫在新西伯利亚歌剧院担任首席芭蕾编导。卡姆科娃不断打电话到新西伯利亚，用电话轰炸他，希望他能担任系主任一职。而古雪夫当时则以必须帮助一位新晋芭蕾编导完成一场演出为借口而加以推辞，这场演出是关于O. M. 维诺格拉多夫和他的芭蕾舞剧《罗密欧与朱丽叶》。尽管如此，卡姆科娃最终还是成功说服了他来担任系主任。

1966年春天，古雪夫来到列宁格勒，并在音乐学院任职。不久后，另一道命令随之而至——从1966年11月12日起，古雪夫因调往列宁格勒音乐厅担任主要工作，而被解除了在音乐学院的正式职务。

事实上，古雪夫认为，芭蕾舞系能够得以存在，主要是因为学生能够与乐手共事。他对歌剧院的芭蕾演员不满意，认为他们的专业水平不够高。因此，他打算组建一个新的芭蕾舞团。招募演员是通过竞赛进行的，要求非常严格。这个团队旨在与学生合作，并向大众宣传他们的作品。为此，他们预留了 4 个月的时间进行选拔。根据古雪夫的计划，此后会进行为期 1 个月的巡演，演员们随后则将有两个月的假期。

在新成立的这个"列宁格勒室内芭蕾舞团"的首演中，确实有两个部分是由学生准备的。Г. 阿列克西泽编导了莫扎特的《第二十五交响曲》。Г. 扎穆埃尔和 А. 杰门蒂耶夫怀着十足的激情进行了创作。演出的尾声是由古雪夫重编的、佩蒂帕的独幕芭蕾舞剧《骑兵驿站》。第二个部分包括了 Н. 马丁诺夫的《第二交响曲》，由 А. 杰门蒂耶夫编排，以及 Н. 博亚尔奇科夫编导的《黑桃皇后》。按照当时的惯例，这些节目均由文化部的委员会验收，但这个委员会否决了许多节目。古雪夫为学生们的作品辩护，但通常都以失败告终。此外，列宁格勒音乐厅的管理层还要求团队将重点放在巡演上，而巡演的时间则要延长到 10 个月。这使学生们失去了与乐手们认真合作的机会。最终，古雪夫离开了乐团，新的领导人是 Л. 雅科布松，但他不能容忍别人的作品。

现在，古雪夫将注意力集中到了系里的工作上。他力图吸引当时一流的舞蹈编导来此任教。很快，他就将全国最优秀的师资力量集中到了这里，而这对于提高该系的声望，并顺利开展教师们的教学实践来说都是必要的。

年过八旬的洛普霍夫在系里受到了重视，他出席了所有关于芭蕾编导的考试，在讨论会上积极发言并与学生们交流，在他生命的最后几天依然如此。两个首都的所有芭蕾编导都曾在不同的时期与该系合作过，其中包括 Л. 雅科布松、К. 谢尔盖耶夫、К. 博亚尔斯基、Ю. 格里戈洛维奇、И. 别尔斯基、О. 维诺格拉多夫和 Н. 博亚尔奇科夫。古雪夫能精准地预测系里有才华的毕业生，并主动建议他们从事教学工作。例如阿列克西泽和波卢本采夫，他们从学生时代就开始从事教学活动了。

并非所有受邀的教师都热衷于教学，如编导大家雅科布松，他最初对教学充满激情，摒弃了此前所受的理论培训，并将教学过程视为"活体雕塑"，由他指导的团队从来都是满勤的。但几个月后，他的激情便冷却了下来，并决定放弃在音乐学院的教学工作。

古雪夫千方百计地吸引人们关注舞蹈编导新人们的活动。1969年1月，在莫斯科举办了"第三届全联盟新人舞蹈编导作品比赛"。古雪夫是评委会的成员，获奖者中不仅有列宁格勒音乐学院的学生，还有舞蹈编导 Г. 马约罗夫和作曲家 В. 乌斯别斯基。

这次比赛举办得十分成功，也间接地影响了古雪夫的命运——他被提名为教授。但由于他也没有接受过高等教育，这件事则变得复杂起来，音乐学院的管理层决定采取大胆的举措。1971年10月26日，该院的学术委员会决定向"代理教授"古雪夫颁发列宁格勒音乐学院芭蕾舞系的毕业证书，并授予他"芭蕾编导"的资格[①]。最终，1972年10月19日，古雪夫经最高学位评定委员会批准，被评为教授。

彼得·安德烈耶维奇·古雪夫还积极推动了该系教师在职务晋升方面的发展，在他的努力下，Н. 卡姆科娃被评为副教授，Н. 阿尼西莫娃虽然也被任命为副教授，却经历了一番激烈的斗争。А. 谢莱斯特本来也应该成为副教授的，但由于她去匈牙利工作了，职称的评定也就被耽误了。

彼得·安德烈耶维奇·古雪夫将系里教师的选拔范围加以扩大。为了更好地教授《舞蹈编导艺术》这门课程，他邀请了当时已成长为一位有趣的芭蕾编导的 О. 维诺格拉多夫，还邀请了 К. 谢尔盖耶夫（时任基洛夫芭蕾舞

[①] 这样就消除了历史上形成的不平等：芭蕾舞演员接受的都是中等专业教育。古雪夫的创作经验和知识积累无疑超越了这个资格的范围。（原编者注）

团团长）、Ю.格里戈洛维奇（莫斯科大剧院首席芭蕾编导）和 И.别尔斯基（先后领导了列宁格勒歌剧和芭蕾舞小剧院与基洛夫剧院的芭蕾舞团）等来系里任教。

别尔斯基成了系里的长聘教师。他在同学生们一道工作的过程中，对舞蹈题材的创作非常痴迷，特别注重开发舞蹈的主题。例如，他建议从古典芭蕾的动作中凝练出一个主题，然后将其发展成具有特色的、日常生活的现代舞蹈风格，或者将 16 个小节的主题缩减到 4 个小节，或者相反，将其扩展到 32 个小节。

1977 年，博亚尔奇科夫从彼尔姆返回，并出任了列宁格勒歌剧和芭蕾舞小剧院芭蕾舞团的团长，而古雪夫则立即邀请这位前毕业生，回到自己的母校来教授舞蹈编导艺术。

古雪夫本人总是会特别关注边远地区剧院的学生们。他会亲自前往这些城市，为学生们做现场指导，并前往彼得罗扎沃茨克、基辅等城市，指导学生们的毕业作品。

他非常注重方法论方面的工作，这是一块处女地，他要求每位教师为自己的课程编写教学大纲，其中难度最大的就是编写专业课程《舞蹈编导艺术》的大纲。当时，这门课程由 Ф.洛普霍夫、Н.阿尼西莫娃和 А.谢莱斯特共同教授。古雪夫委托谢莱斯特编写教学大纲，但考虑到她不擅长写作，便让我帮助她。他说这是我当时的主要职责。我们的会面持续了两个星期，而为了这件事，我的讲座也不得已被取消。我记录了谢莱斯特每一个灵光乍现的点子，但它们当时是杂乱无章的。

谢莱斯特本人也承认，这份教学大纲是她在去莫斯科的火车上意外制定的。所以，在她回去后则必须制定出详细的方案来。这个方案最后被打印出来，并于洛普霍夫在场的情况下，在编导系进行了研讨。尽管我没有参与这个大纲的最初制定，但我的名字还是与谢莱斯特一道，并列出现在了扉页之上。

谢莱斯特建议在两个方面同时开展舞蹈教学：音乐（掌握音乐风格、音乐形式——从简单的三段式到奏鸣曲的快板）和戏剧、情节方面（从微型舞剧到独幕叙事舞剧），以及舞蹈形式方面（从变奏到多段体的大型舞蹈）。随后，Г.阿列克西泽、И.别尔斯基、О.维诺格拉多夫、А.波卢本采夫和古雪夫本人进一步补充和完善了这一计划。虽然已经制定了教学大纲，但这并不意味着所有教师都必须遵循它。古雪夫认为，每个教师都有权提出自己独特的教学方法。在这种情况下，每个教师都需要提交自己的教学计划。

系主任古雪夫对"舞蹈文学"（后来被称为"古典文化遗产"）这门课程的重视程度丝毫不减。毫无疑问，这门课程对于编舞家的未来尤其重要。在这一点上，部门成员的意见是一致的。"古典文化遗产"这门课包括了4个不同的部分：

（1）19世纪和20世纪初的古典文化遗产

（2）20世纪的苏联古典文化遗产

（3）性格舞的古典文化遗产

（4）历史、生活舞蹈

后来，古雪夫又曾打算开设"性格舞的民间起源"这门课程，并计划聘请1名教师来研究各种民族舞蹈的基础知识。他最初想让尼古拉·马克里安茨来实现这个想法，但更倾向于选择另一个方向——掌握民族舞蹈团的剧目。而到最后，他不得不放弃了这个创举，并取消了这门课程。

娜塔丽娅·卡姆科娃教授的是"19世纪和20世纪初的古典文化遗产"。她与学生们一起重温了经典的芭蕾舞剧《吉赛尔》《睡美人》《肖邦组曲》中的独舞部分。此外，还包括一些片段，如由阿格丽宾娜·瓦冈诺娃执导的

《戴安娜与阿克特翁的双人舞》、М.佩蒂帕和Л.伊万诺夫重编的《无益的谨慎》中的舞台场景和《丝带舞》。她的课程注重演员对于角色的诠释，要求学生"入戏"，并表现出人物的特点。她邀请了基洛夫剧院的演员来担任考试评委，而他们对她的许多教学方式都表示了赞同。

古雪夫决定强化这部分内容，并增加了芭蕾舞群舞的课程。基洛夫剧院芭蕾舞团的资深舞者Т.布亚诺芙斯卡娅（艺名巴济列芙斯卡娅）应邀担任了教师。古雪夫对布亚诺芙斯卡娅的教学赞赏有加，认为她对舞蹈文本的理解非常准确，并具备了完美的乐感。在古雪夫的建议下，她总结了自己对早期舞蹈研究的精华，并向芭蕾的"老前辈"寻求帮助，并因此在《帕基塔》于各个不同时期的版本中，找到了"大舞蹈"（Grand Pas）中的14个变奏。

在古雪夫的允许下，布亚诺芙斯卡娅开设了以"本尼什体系"为基础的舞谱课程。后来，О.阿里妮娜则尝试研究了拉班的舞谱记录体系。但由于其他系统资料的不全，他们最终又回到了描述性的舞谱记录模式上来。

布亚诺芙斯卡娅改变了她所研究的剧目。现在，她已完全掌握了《吉赛尔》第一幕和第二幕的舞蹈编排，包括独舞和群舞的部分，还详细研究了《睡美人》《雷蒙达》《帕基塔》中的"大舞蹈"，以及《肖邦组曲》，后来还加入了《神驼马》的片段，另外还有М.佩蒂帕的《壁画》和А.高尔斯基执导的《沙蚕》。所有这些工作都是由古雪夫亲自把关的。

А.马卡罗夫和Н.彼得罗娃应邀教授了现代剧目。在他们的帮助下，学生们学习了Л.拉夫罗夫斯基的《罗密欧与朱丽叶》片段和Р.扎哈罗夫的《巴赫奇萨拉伊的泪泉》片段，以及Л.雅科布松的《斯巴达克》片段和《臭虫》片段、Ю.格里戈洛维奇的《爱情的传说》中宫廷舞者的舞蹈和王后梅赫米奈-巴努的独舞。后来，Ф.洛普霍夫的《雪姑娘》选段也被收入其中。

古雪夫将历史生活舞蹈作为一门独立的课程，委托给М.斯特拉霍娃负责。这门课程涵盖了不同时期的舞蹈：中世纪和文艺复兴时期、18 世纪和 19 世纪，以及 19 世纪至今的舞蹈。学生们学习了古籍中记载的舞蹈，以及古典芭蕾中的历史生活舞蹈。随后，玛丽娜·鲍里索夫娜的女儿 H. 娅娜妮丝开始教授这门课程，她当时已在古雪夫的指导下从音乐学院毕业，并成了一名芭蕾舞教师。

古雪夫委派 И. 佩夫兹内尔教授性格舞。不久后，她被基洛夫剧院舞团的一位性格舞演员 A. 佩斯托娃所取代。此课程的教学计划包括教授佩蒂帕、福金和后来的瓦伊诺宁的舞剧中最具代表性的舞蹈。

音乐类的课程以解析乐谱而结束。起初，这项课程由杰出的音乐专家 A. 德米特里耶夫教授。理论课程结束后，学生们被分配到作曲专业的研究生那里去学习技法。未来的舞蹈编导则由 H. 马丁诺夫和 Б. 季申科负责培训。然而，所有这些安排在当时都是偶然的、零散的和非系统性的。

古雪夫所处时代的情况发生了巨大变化。他将舞蹈编导的音乐启蒙重任委托给了 O. 伯格，她是一位集舞蹈家、钢琴家和指挥家于一身的传奇人物。她制定了独特的教学计划：从维也纳古典音乐教到 C. 普罗科菲耶夫和 Д. 肖斯塔科维奇的交响曲。在她精心的教学下，学生们了解了乐谱分析的奥秘。伯格指挥着伴奏者，并明确地要求他们遵从作曲家的指示，包括节奏。当学生跟不上音乐节奏时，她会立即中止伴奏。

古雪夫上任时，没有人向他介绍系里的情况。尽管如此，他还是立即投入其中，熟悉情况，并且在没有提前通知教师们的情况下旁听了课。他也听过我的课，经过一年半的锻炼，我已经习惯了讲课工作，所以并不感到困惑（第一年我是"义务"地无偿工作——就像研究生教育实习一样，之后的半年则是兼职）。考虑到"贵客"的存在，我重新准备了教案，将史料与当代芭蕾舞剧院所面临的问题联系起来，并大量引用了列宁格勒著名评论家

В.克拉索夫斯卡娅、В.奇斯佳科芙和Г.多布罗沃尔斯卡娅等人的言论。彼得·安德烈耶维奇·古雪夫没有直接告诉我他的任何感受，但我很快就感受到了他的支持态度。

他开始着手安排将我转为全职，而我当时还在Б.布雷格瓦泽的文化学院任教。他积极寻找各种机会，以增加我的教学工作时间。最终，一切如他所愿。从此以后，一遇到科研工作上的问题，古雪夫就会"掩护"我。因为那时候，我必须发表论文，而我当时却正在忙于制定《芭蕾舞史》的教学大纲。我深入研究了外国文献，阅读了相关期刊，收集并选编了芭蕾舞剧的剧本。所有这些都融入了我的教学中，但没有提及这些文献的出处。后来，很多在我课程中使用的内容都在专门的研究中得到了证实。古雪夫知道这一切，包括我对档案工作和图书馆的偏爱。对他来说，我的教学内容比那些年未能发表的文章更重要。

在古雪夫的直接参与下，一门新的课程——"芭蕾舞剧的剧本创作"应运而生。

古雪夫决定将导演引入课程教学，首先由В.菲亚尔科夫斯基开始，然后是А.别林斯基。我参加了这两位的所有课程，而正是从这些课程中，我萌生了一个想法：舞蹈编导应该懂得舞剧创作的剧本！听了专业戏剧导演的讲课，我觉得对于芭蕾舞编导来说，这种素材应该更加贴近他们所掌握的舞蹈艺术的规律性。但学生们最终忽视了这门新开设的课程，并且不再去上课，而这也证实了我最初的猜测。

我大胆地向古雪夫提议，请他教授学生如何创作芭蕾剧本。古雪夫大吃一惊："你们会被吃掉、压垮、毁掉的！"然后又补充了一句："你需要一个'保护伞'——一个权威人士的意见，去找费多尔·瓦西里耶维奇·洛普霍夫，并争取他的同意吧！"

于是我来到了 Ф.洛普霍夫的家。我们的谈话大约持续了 4 小时，激烈而冗长。我谈到了编导形式中的蒙太奇编舞法，谈到了要将情节融入舞蹈。我们为了自己的观点争吵不休，气愤得跺脚，对彼此的误解耿耿于怀。现在看来，洛普霍夫当初更多的是被我的热情逗乐，而不是认真地进行论战。谈话结束时，洛普霍夫同意了我教授学生如何创作剧本的提议。

我给洛普霍夫展示的第一部作品是芭蕾舞剧《丑小鸭》的剧本。剧本由娜塔莉亚·沃尔科娃创作。她是一个兴奋、热情、有进取心的人，她成功地使其作曲家同学对她的想法产生了兴趣，这些人以她的剧本为基础谱写了乐曲。洛普霍夫则对剧本进行了严格的审阅。他很喜欢第一幕和最后一幕（"鸟园"和"长大后的丑小鸭与天鹅群相遇"）。他在剧本中激动地划去了"小鸭子与狐狸相遇"，以及"小鸭子在小屋中的生活场景"。他的反应如此激烈，以至于他甚至折断了一支铅笔。两个月后，他去世了，而这也是他唯一看过的一份学生的剧本。

后来，Л.列别杰夫根据已创作出来的音乐写出了自己的剧本，并在列宁格勒歌剧和芭蕾舞小剧院上演了一台别开生面的舞剧。

关于舞剧剧本写作的课程如何持续开展，我仍然怀有疑虑。我的直觉并未完全奏效——文学作品中有多少"适合舞蹈"？我还没有找到同学生一起工作的方法。其中的一些学生甚至否认舞蹈家独立创作剧本的必要性，他们认为，这是剧作家和文学家的职责。即使我提到了诺维尔、迪德洛、彼得罗夫、佩蒂帕的例子，也没有说服他们，因此出现了冲突，有些学生甚至拒绝上这些课程。

古雪夫知道了这些冲突，但没有加以干涉。他告诉我：在这种情况下，谁更年长、更聪明，谁就会受到指责。而我则继续教授这门课程，但以前的自信已荡然无存。我在想是不是该放弃了。最后，我决定为自己安排一次

"考试",并请求古雪夫主持一次关于学生从事剧本创作的研讨会。

于是在 1976 年 7 月,我们编导系召开了这次会议,会上宣读了几个舞剧的剧本。在这些剧本中,他们看到了芭蕾的戏剧化倾向。我的意见受到了严厉的批评,而我却无法说服同事们赞成我的意见。在意识到自己的尝试失败后,我休了一次假。在休假期间,我经历了一次精神崩溃,于是不得不去别赫特列夫研究所接受治疗。回到工作岗位后,我告诉古雪夫:"我决定停止教授学生这门课程了。"但古雪夫却冷冷地说:"你的这门课程已被列为了必修课程。"原来,它在此之前,一直是选修课。

在调整了教学流程后,古雪夫转向了我们的另一项活动——科研工作。他不甘心自己的成果就这样沉睡在编导系的年鉴中,而出版的希望渺茫,所以,他联系了音乐出版社。他的想法是出版系列性的合集,取名为《现代芭蕾音乐与舞蹈》,这个想法得到了支持,由此推出了这个系列性的文集,而他则成了第一卷的撰稿和编辑。芭蕾编导 Ю. 格里戈洛维奇、Л. 雅科布松、И. 别尔斯基、Н. 博亚尔奇科夫、О. 维诺格拉多夫,以及老一辈芭蕾舞学者 Ю. 斯洛尼姆斯基、В. 克拉索夫斯卡娅和 Г. 多布罗沃尔斯卡娅都在这里发表了文章。这部作品还涵盖了音乐方面的内容,包括奥利加·贝尔格的文章《音乐与舞蹈的相互关系以及芭蕾舞编导的音乐教育》,以及卡伦·巴兰萨尼扬的文章《芭蕾舞蹈家的音乐教育》。我的文章《芭蕾舞剧剧本的写作》也在这里发表。尽管有许多困难,但这篇文章最终得以发表,而这都得益于古雪夫的帮助。

写一篇关于芭蕾舞剧的文章,本是古雪夫的建议。1975 年春天,他向我表达了这个想法。整个夏天,我都在努力地撰写这篇文章,但最终还是来不及完成。我坦白地告诉了他,而他则回应我说:"这篇文章现在是最重要的,教学都没有写完它重要。为了它,我会让你从目前的课程中解脱出来。"

他在精神上对我的支持，以及 Г.多布罗沃尔斯卡娅的兴趣（她同意我的一些论点）都鼓励了我，最终使我写完了这篇文章。然而，编辑对这篇文章并不满意，我在古雪夫回来之后，向他汇报了这一情况。

文集出版时，古雪夫送了一本带有他亲笔签名的样书给我。我很惊讶地看到我的文章被原封不动地刊登出来，没有做任何修改。唯一被改动的是标题，由原来的《概念——高于一切》改成了《论芭蕾舞剧的剧本写作》。古雪夫在文章的前言中写道："艺术史学博士 Л.А.琳科娃在她的文章《论芭蕾舞剧的剧本写作》中提出了一个重要的理论问题，这是对一个鲜为人知问题的首次尝试。毫无疑问，这个问题将持续被关注。"古雪夫的引言和他慷慨"赠予"给我的学术头衔（我并没有这个学位），都证实了这篇文章所引发的讨论，在古雪夫的舞剧编导教学中具有何等重要的意义！

古雪夫的许多倡议主要是在他加入该系的第一年中得以实现的。这些倡议在当时都非常合理和有效，随后又有人对其进行了补充和完善。

1978年最重要的事件是"舞蹈指导班"的开设。这个想法从编导系成立之初就一直在酝酿，卡姆科娃曾不止一次提到过这个想法，而剧院对此类专家的需求则几乎同对编剧一样大。古雪夫支持了这一想法，并在文化部进行了"推动"，并最终使其得到了批准。

他亲自教授了"舞蹈指导的艺术"这门课程。他的第一批学生包括基洛夫剧院最好的芭蕾舞演员 И.科尔帕科娃和 Н.库尔加普金娜。第二年，著名舞者 Г.科姆列娃、Н.亚纳尼斯、Е.叶夫捷耶娃和 Р.阿卜迪耶夫也选择了古雪夫作为他们的导师。最后，古雪夫则选择了 Н.博尔什雅科娃、В.古利亚耶夫、Н.斯韦什尼科娃和 Л.维卡诺娃作为他的学生。他们都是具有高水平的专业人士，并且都是各自领域的大师。在古雪夫的号召和支持下，这些"明星"来到他的身边学习。在《舞蹈指导的艺术》这一课程上，古雪夫制定了一个独一无二的课程大纲。他提议学习芭蕾舞剧《骑兵驿站》《内亚达和渔夫》《法老的女儿》中已被删除的古老片段，以及《舞姬》中已经失传的片段，这些舞蹈非常优美。古雪夫说，他是从 A. 希尔亚耶夫那里获得这些舞蹈记录的。

为了指导学生们完成毕业作品，古雪夫找到了塔林、斯维尔德洛夫斯克、彼得罗扎沃茨克等地的专业剧院。在古雪夫去世后，科姆列娃继续指导这些学生。一段时间后，H. 多尔古申也从事了这项工作。与此同时，H. 彼得罗娃也在教授导演系的学生。

古雪夫本人教授了两门课程，负责芭蕾编导大师班和舞蹈指导大师班的教学。他的学生主要是在其他城市工作的职业舞者，因此，他们需要根据个性化的计划开展学习。

在该系工作期间，古雪夫充满干劲。他不仅在苏联各个城市帮助各剧院重新排演芭蕾舞剧、参加国际研讨会、组织学生实习或指导毕业作品，而且监督他们的创作，并帮助调节学生与当地行政部门之间的关系。同时，他还经常"招募"新的申请者，为该领域提供高水平的人才。除了出差之外，古雪夫经常在系里工作 12—14 个小时，解决当时积压的问题，与教务处联系、与校长协商、编辑系里的会议记录等，都是他日常的工作。想要与他见面无须提前预约，他总是待在教研室里。他总能雷厉风行地解决当下的所有问题，签署教师和学生们的申请书，撰写推荐信，考虑教师和学生们的提议，并规划好未来的任务目标。

古雪夫充分认识到创作交流的重要性。1970 年，他在世界贸易组织的协助下组织了"首席芭蕾编导教研室"。每年在国家最大的音乐剧院举行两到三次会议，如明斯克、第比利斯、塔什干和维尔纽斯剧院。他们为来宾提供了表演，包括新的演出。与会的音乐学家和芭蕾舞学者可以就芭蕾舞剧院的某些问题举行会议、开展辩论。这一切都很有趣，既有内容丰富的演出，也有与剧团表演相关的讨论，但最重要的或许还是专业人士之间的意见交流、激烈辩论，同时，这也算是一场昔日同学们的聚会。

总而言之，编导系的生命力，以及它在综合和专业教育中的作用，都可以追溯到它的创始人，尤其是彼得·安德烈耶维奇·古雪夫所奠定的芭蕾艺术的基本原则。

芭蕾舞剧《七美人》

伊丽萨维塔·什马科娃

一、《七美人》的创作历史

卡拉·卡拉耶夫作曲的芭蕾舞剧《七美人》，其原版由古雪夫在巴库创作，并于阿塞拜疆艺术节之后的第 20 天在莫斯科上演。后来还在列宁格勒歌剧和芭蕾舞小剧院举行了列宁格勒版的首演，这是无数人为之付出了漫长而艰巨努力的结果。

让我们从该剧的创作历史说起。按照传统，戏剧的情节通常取自史诗、童话或民间历史，其中通常涉及由民间英雄领导的叛乱、起义。这类戏剧演出形式豪华、丰富多彩、如诗如画，并伴有大量的民族舞蹈。[1] 波斯大诗人尼扎米-甘杰维的诗歌《七美人》在艺术水平上丝毫不逊色于任何世界文学名著，并且非常适合改编为舞剧剧本加以演出。这首诗所包含的故事元素几乎囊括了此类芭蕾舞剧所需的全部要素：爱情故事、对主要角色的背叛、民众的暴动，以及在那个时代任何一部戏剧都无法回避的社会冲突——民众与权力的冲突。

剧本由当时著名的作家和剧作家萨比特·拉赫曼，以及阿塞拜疆的导演

---

[1] 参见彼得·古雪夫《如何创作芭蕾舞剧〈七美人〉》，载卡拉·卡拉耶夫《文章、信件、发言》，苏联作曲家出版社 1978 年版，第 361 页。

伊斯梅尔·伊达亚特-扎德共同完成。正是伊达亚特-扎德向 Д. 肖斯塔科维奇的学生卡拉·卡拉耶夫提出了将尼扎米的形象融入音乐中的想法。于是作曲家首先创作了交响乐组曲《七美人》，随后才创作了芭蕾舞剧的配乐。

芭蕾舞剧的编导任务交给了阿塞拜疆歌剧和芭蕾舞剧院的首席芭蕾编导 Г. 达维塔什维利，但排练很快就停止了，因为达维塔什维利被捕了。这时文化部提议由古雪夫接替。这个人选令人出乎意料，因为古雪夫并没有任何原创的芭蕾舞剧作品，请一位更有经验的舞蹈编导帮忙似乎更合乎逻辑。但不知是担心大师们会拒绝完成别人的作品，还是希望给古雪夫一个尝试的机会，当时的剧院领导决定邀请古雪夫来到巴库。在此期间，古雪夫已在斯坦尼斯拉夫斯基和涅米罗维奇-丹钦科剧院出任要职。他拥有辉煌的职业生涯，并与20世纪杰出的理论家和芭蕾编导家之一——洛普霍夫合作了多年。然后，他还担任过莫斯科舞蹈学校（1935—1941 年）及基洛夫剧院芭蕾舞团的艺术总监（1945—1950 年）[①]。古雪夫在谈到新时期的生活时曾感慨道："我的生活……沉闷，无事可做……唯一的喜讯是 B. 涅米罗维奇的《天鹅湖》获准上演……我很高兴，因为这是我的倡议和坚持不懈的结果。"[②] 正是由于缺乏有趣、吸引人的工作，古雪夫几乎不假思索地接受了巴库歌剧舞剧院的邀请。此外，他还有机会尝试创作大型舞剧，据理论家 Ю. 斯洛尼姆斯基称，这是古雪夫梦寐以求的事。

然而，梦想成真并非易事。对剧本的了解让古雪夫感到绝望。"我正

[①] 资料摘自《芭蕾百科全书》。有关详细数据，请参阅本文集中的"彼得·古雪夫的生平、创作及复排年表"。（原编者注）
[②] 摘自彼得·古雪夫于 1951 年 12 月 11 日写给尤里·斯洛尼姆斯基的信。斯洛尼姆斯基：《七个芭蕾故事：编剧的叙述》，列宁格勒艺术出版社 1967 年版，第 85 页。

在为剧本而苦恼，它非常糟糕。以这种形式上演是不可能的。"①他写信给Ю.斯洛尼姆斯基说道。

显然，提供给古雪夫的剧本与当时的典型剧本并无不同，只是增加了每部舞剧必须演出"十年"的压力。根据古雪夫的说法，这样的演出应该是一场奢华的表演，要展现出民间舞蹈适度戏剧化的场景效果、戏剧性的民间仪式、仿照古老的古典芭蕾舞剧的爱情场面——所有这些通常都有一个借鉴于民族史诗、传说等的简单明了的情节。②

后来，Ю.斯洛尼姆斯基在《第一部芭蕾舞剧的诞生》中，对共和国音乐剧院的经典芭蕾舞剧本作了如下描述：

戏剧中的确有经典的奸臣和国王、军官和地主，以及无名的民众，但这些角色的塑造更像是一张张面具，而不是一个个有特定性格的角色，这种现象在30年代末是非常普遍的。但很少有例证来说明这一规律，而巴库歌剧和芭蕾舞剧院的领导以及制作团队均固执地认为《七美人》的剧本拥有极高的水准。于是我很难去责怪新成立的芭蕾团队的成员们，因为他们确实为此付出了很大的努力。③

在看到剧本后，古雪夫感到失望，他在寻找一个巧妙的借口来拒绝这部

---

① 摘自彼得·古雪夫于1952年1月31日写给尤里·斯洛尼姆斯基的信。斯洛尼姆斯基：《七个芭蕾故事：编剧的叙述》，列宁格勒艺术出版社1967年版，第86页。
② 参见彼得·古雪夫《第一部芭蕾舞剧的诞生》，载卡拉·卡拉耶夫《文章、信件、发言》，苏联作曲家出版社1978年版，第347页。
③ 参见彼得·古雪夫《第一部芭蕾舞剧的诞生》，载卡拉·卡拉耶夫《文章、信件、发言》，苏联作曲家出版社1978年版，第347页。

作品。然而，当在听过舞剧的配乐后，他的心情和计划发生了巨大变化。

"K.卡拉耶夫的音乐颠覆了我所有的想法，我被它的戏剧性、抒情性、乡土气息、专业的现代语言，以及节奏的丰富多样性、令人陶醉的舞感所吸引"，古雪夫写道："音乐不仅使剧本的一切得到了提升，而且充分地融入了它，没有流于表面的效果，而是实实在在地令人在心理上被它所营造的轻松和自在的氛围所感染。这是20世纪中达到了世界级标准的音乐，在形式上无可挑剔，乐器演奏上也有极高的专业性，同时在其精神上具有深刻的民族性。谁能拒绝如此美妙的音乐呢？"① 高水平的配乐也意味着，舞蹈编导必须对剧本进行更加全面系统的修改，但由于自己缺乏剧本创作和舞台经验，古雪夫不得不寻求专业和权威人士的支持。

他找到了著名芭蕾舞史学家、评论家和编剧斯洛尼姆斯基，而作曲家卡拉耶夫也支持了他的决定。尽管卡拉耶夫很清楚，剧本的调整会导致乐谱的改动，但他也求助了斯洛尼姆斯基："根据普遍的意见，我写的这个舞剧剧本需要修改……请您熟悉一下这个剧本，并在创作过程中及时提出意见，以便我们对演出加以改善。"② 古雪夫后来回忆说，是作曲家的一位挚友促成了他的这一转变："这是……聪明、有远见、以外交手腕出众的文学学者贾法洛夫的影响，他曾在阿塞拜疆的共产党中央委员会工作。"③

斯洛尼姆斯基迅速地回应了舞蹈编导古雪夫和作曲家卡拉耶夫的请求。

---

① 参见彼得·古雪夫《如何创作芭蕾舞剧〈七美人〉》，载卡拉·卡拉耶夫《文章、信件、发言》，苏联作曲家出版社1978年版，第361页。
② 摘自卡拉耶夫于1952年2月3日写给斯洛尼姆斯基的信。现存于国家剧院图书馆的斯洛尼姆斯基档案中，第492号。
③ 参见彼得·古雪夫《如何创作芭蕾舞剧〈七美人〉》，载卡拉·卡拉耶夫《文章、信件、发言》，苏联作曲家出版社1978年版，第362页。

作为有经验的编剧和理论家,他甚至没有在与两位新手的合作中被不可避免的困难所吓倒,尽管大部分的责任自然而然地落在了他的肩上。斯洛尼姆斯基与古雪夫一样,立即被这部芭蕾舞剧的音乐所吸引了。他后来回忆道:"我希望能与这位作曲家在创作方面进行更加深入的交流。"[1]

用斯洛尼姆斯基和古雪夫自己的话来说,他们开始工作时干的第一件事,就是"修正"和"修补"此前的剧本。然而,他们越是深入地研究素材,就越是明显地感觉到试图改写已完成的作品是徒劳无益的。他们认为,这个剧本的主要问题是缺乏内在的内容和统一的思想理念。

这个主要问题导致了一系列的失误,譬如不合时宜的侦探元素、巴赫拉姆单薄的形象、与人民的相互关系、人民英雄的地位、巴赫拉姆和阿伊莎对人民态度的缺乏。斯洛尼姆斯基批评这个剧本强调视觉效果,而非叙事性,套用了刻板的情节模板,并且弱化了民族色彩。

因此,剧本需要的是推翻重写,而不是修改其中的细节。对于斯洛尼姆斯基和古雪夫来说,这是至关重要的一步,而这则使得舞剧的音乐结构也发生了变化。

作曲家对第三次重写乐谱感到恐惧。因此,面对词曲作者的提议,K.卡拉耶夫也提出了一些要求,而这些要求都被采纳了。

首先,要"尊重这部舞剧的音乐,并且重视它的存在"[2]。其次,要使其适合剧本中出现的新想法。还有一个相当重要的要求——这部舞剧应保留其标题和同名组曲的音乐。最后一个要求则是一个重大的难题,古雪夫和斯洛尼姆斯基为《七美人》的形象苦恼不已,不知道应该在芭蕾舞剧中的哪个部

---

[1] 尤·约·斯洛尼姆斯基:《七个芭蕾故事:编剧的叙述》,列宁格勒艺术出版社1967年版,第86页。
[2] 尤·约·斯洛尼姆斯基:《七个芭蕾故事:编剧的叙述》,列宁格勒艺术出版社1967年版,第90页。

分加以运用。

编剧们的工作也不简单,他们希望创作出一部具有这位波斯大诗人尼扎米精神的作品,但尼扎米的作品涉及了大量的文学主题。因此,关于巴赫拉姆国王命运的诗歌,是由不同的短篇故事组成的,而每个故事又都是独立的。更有,尼扎米的作品不是简单地再现各位主人公的生平。《七美人》带有中东著名说教论文体裁"镜子"的烙印,而尼扎米非常熟悉这种文体的技巧,他使用了这些技巧并将他的想法整合成了一部真正的艺术品。这首诗的核心主题之一是"人民与权力",而这个主题则成了斯洛尼姆斯基剧本策划中的核心主题。

该剧中的主角和诗歌中一样,都是巴赫拉姆国王。但编剧引入了新的人物,他们是人民的化身——阿伊莎和门泽尔。巴赫拉姆心爱的纯朴女儿阿伊莎代表了人民的灵魂和良知,而她的猎人兄弟门泽尔则代表了自由和英雄主义。顺便说一下,"门泽尔"这个角色是由经验丰富的 H. 瓦尔科夫[①] 给编剧提供的创意,这个角色能与巴赫拉姆形成对比。他还帮助确定了七美人的形象。这一次,幻想不仅仅是对浪漫传统的致敬,还起到了揭示主人公形象特征的作用。然而,剧作主题和主要人物的选择并没有解决其他问题,因此,还必须根据舞剧中的具体情况来设计舞蹈动作。

具有讽刺意味的是,巴库剧院的领导居然只给了《七美人》剧组一周的时间去创作新的剧本,但这部舞剧却有许多场景需要推敲,因而时间安排得很紧张。

这部舞剧可以讲述巴赫拉姆的故事,"从他的童年到他居住在斜坡上的

[①] 著名评论家、戏剧学者和编剧。详见本文集里"彼得·古雪夫与音乐文化界人士的通信"中关于他的介绍。(原编者注)

山洞里"①。但斯洛尼姆斯基认为,"这样的演出不太可能再现尼扎米诗歌的主要内容,也不可能引起广大观众的兴趣"②。这部舞剧可以采取奇幻式的,并且可以是一场"舞蹈丰富多彩又充满宫廷风情的演出"③。它可以讲述巴赫拉姆在看到7位美人后,如何长年累月地寻找她们,直到实现了目标的故事。这首诗的小说式结构表明,剧本可以根据一篇结构完整的短篇小说来加以改编。斯洛尼姆斯基在其著作《七个芭蕾故事：编剧的叙述》中撰写的"七美人"一章,便讲述了创作这部舞剧的精彩故事。

这个剧本获得批准后,古雪夫立即开始工作。几乎同时,卡拉耶夫完成了缺失的部分,并重新编写了以前的乐谱。排练过程是痛苦的,但从一开始就能看出,这部舞剧注定是成功的。"每个人都赞不绝口,卡拉耶夫最为兴奋,他坚称自己是按照我们的要求创作的音乐,但他最初无法想象其音乐将在舞台上呈现出什么模样,而随后则看到了这部舞剧的巨大可能性……他称赞了演员舞蹈和仪态的简洁与干练,并为此感到由衷的高兴。他告诉我,一切都编得非常音乐化。"④

《七美人》这部舞剧于1952年9月6日在巴库首演。有关这部引人注目新作品的消息很快便传到了列宁格勒。列宁格勒歌剧和芭蕾舞小剧院的领导对《七美人》产生了浓厚的兴趣,并紧急派遣了一位代表前往巴库,回来后则证实这部舞剧值得关注。当时的剧院领导正在考虑制作一部带有"东方色彩"的芭蕾舞剧。据列宁格勒歌剧和芭蕾舞小剧院当年的首席芭蕾舞演员Г.伊萨耶娃回忆："当时,列宁格勒歌剧和芭蕾舞小剧院的芭蕾舞团在技

---

① 尤·约·斯洛尼姆斯基：《七个芭蕾故事：编剧的叙述》,列宁格勒艺术出版社1967年版,第93页。
② 尤·约·斯洛尼姆斯基：《七个芭蕾故事：编剧的叙述》,列宁格勒艺术出版社1967年版,第93页。
③ 尤·约·斯洛尼姆斯基：《七个芭蕾故事：编剧的叙述》,列宁格勒艺术出版社1967年版,第93页。
④ 尤·约·斯洛尼姆斯基：《七个芭蕾故事：编剧的叙述》,列宁格勒艺术出版社1967年版,第121页。

方面遇到了困难，因此，计划中的演出不得不只起到一种培训的作用。我们需要通过一部新的芭蕾舞剧来提高团队的技术水准。"[1]

从卡拉耶夫同斯洛尼姆斯基的通信中可以看出，在《七美人》首演之前，他已经有了将这部芭蕾舞剧搬上列宁格勒舞台的想法，甚至已经有了在基洛夫剧院上演该剧的计划。但显然，当时的领导不愿意将这座城市的主要芭蕾舞台交给古雪夫并上演他的作品。而古雪夫却非常希望在自己的家乡列宁格勒上演一部成功的作品，于是便接受了列宁格勒歌剧和芭蕾舞小剧院的邀请，但提出了一个条件——C.维尔萨拉泽必须为这部芭蕾舞剧设计舞美。在得到了这位设计家的同意后，剧院立即开始筹备这部新的芭蕾舞剧。

《七美人》于1953年11月11日在列宁格勒首演。主要角色的扮演者是：B.斯坦科维奇扮演阿伊莎，B.季明扮演巴赫拉姆，Ю.利特维年科扮演门泽尔，H.菲利波夫斯基扮演维齐尔。Э.格里库罗夫则为这部舞剧在此演出的总导演。

音乐戏剧领域的权威专家对这台演出给予了高度的评价。史学家和评论家A.戈森普德在首演的评论中称《七美人》是"列宁格勒芭蕾舞史上的一件喜事"[2]，"剧院的整个创作团队努力创作的这部芭蕾舞剧，将作为现代芭蕾舞剧音乐和舞台技术的最佳范例之一，并理所当然地被载入了苏联舞蹈艺术的宝库之中"——卓越的俄罗斯联邦演员E.格尔舒尼在文章中如是说。[3]

---

[1] 这段文字来自作者1998年2月2日与伊萨耶娃的谈话。
[2] 阿·阿·戈赞普德：《七美人》，《苏联音乐》1954年第5期。
[3] 格舒尼：《小歌剧院舞台上的新芭蕾表演》，《真理报》1953年12月20日。

二、对表演的描述性重构

《七美人》剧本结构的主要复杂之处在于其题材的广泛性,它包含了 5 条不同的情节线:少女阿伊莎、国王巴赫拉姆、大臣维齐尔、人民和 7 位美人。这种"原始材料"可能会导致常见的叙述过多、让作品变得太表面化和过于图解化。

编剧成功地为每条情节线赋予了独立的发展空间,并在这些情节线之间创建了紧凑的叙事结构,进而将它们联系在了一起。精心设计的舞台构图、编导大师详细编排的舞蹈和演员丰富的表现力,则解决了剧本可能存在的问题。

芭蕾舞剧《七美人》的舞蹈结构是主要舞段(包括组舞、情节舞、大舞蹈、变奏)与场景交替出现,场景包括哑剧和舞蹈场面,这两个部分使这部舞剧具有一定的结构性,并且由四幕组成,其中包括序幕,紧接着是第一幕。

这部芭蕾舞剧以管弦乐的前奏开场。第一主题具有"抒情和沉思的情绪"[1],它围绕着第二主题,与舞剧中的女主角阿伊莎的特性非常接近。人民是最重要的戏剧主题之一,这个主题也曾短暂地出现过。这样,芭蕾舞剧的核心形象就已经显露出来了。

为了使即将开始的演出更加接近史诗般的戏剧开端,而非东方辛香的异国情调,舞美设计者选择了一幅巨幅油画作为演出的"扉页"。他在中场休息时的前幕上描绘了披挂着冰冷铁灰色盔甲的巨大的骑兵形象,他们正骑在

---

[1] 邦奇 - 奥斯莫拉夫斯基:《卡拉·卡拉耶夫的芭蕾舞剧〈七美人〉和〈雷电之路〉》,《说明》,1961 年,第 29 页。

全速前进的野兽身上。

　　这也是舞蹈编导的成功之举，同样用了一幅简洁的"画作"替代了复杂的戏剧场景。巴赫拉姆在暴风雨中的狩猎并没有展示给观众，舞美设计家描绘的是永恒的皇家娱乐的形象，而出现在舞台上的巴赫拉姆似乎是幕布上描绘的骑手之一。

　　第一段音乐生动形象地描绘了一幅雷雨交加、狂风怒号的画面。舞台陷入一片黑暗，一束光线从黑暗中捕捉到一个年轻人的身影。这个年轻人就是巴赫拉姆国王。一个驼背的老人前来迎接他，这位隐士一直住在这里。他恭敬地鞠了一躬，然后邀请巴赫拉姆跟他同行。

　　为了给这个疲惫的年轻人解闷，隐士老人向他展示了历经时间洗礼的7位美人的画像。老人举起灯时，灯光照亮了薄纱，舞美设计家在薄纱后面"藏"了7个半圆形的壁龛，而编舞家则在壁龛里安排了7位独舞演员。

　　随着华尔兹的第一声响起，大幕徐徐拉开。巴赫拉姆发现自己被那些玲珑剔透的女孩子所包围。"在无数优美的、令人着迷的、重复的旋律中，轻柔的滑步与强烈的和声赋予了华尔兹诱人的特征"，在这样的歌声中，漂亮的姑娘们飞快地掠过正在欣赏她们的巴赫拉姆。[①] 在半昏暗的夜色中，她们悄无声息地从身边掠过，充满了诱惑。巴赫拉姆刚冲向其中一位，另一位就立即出现了。国王渴望触摸这些梦一般的幻影，便追逐着这些美人，但少女们却从他的手中溜走了。这段情节中的舞者身着相同的半透明长裙，从视觉上营造出一个神秘的共同形象。古雪夫在给作曲家的音乐主题任务中写道：

[①] 邦奇-奥斯莫拉夫斯基：《卡拉·卡拉耶夫的芭蕾舞剧〈七美人〉和〈雷电之路〉》，《说明》，1961年，第31页。

"不要个人的和民族的特色。"①

在这个场景中，编导家创造了一个可以召唤但难以触及的美的形象。没有民族特色的自由舞蹈元素构成了这个舞段的基础，语汇来自古典芭蕾的语言，如"布雷舞步"（pas de bourrée）、"双脚起单脚落地跳"（pas sissonne），以及其他足尖上的跳跃。这种"半透明"的舞蹈非常贴近音乐，其中展现的仅仅是华丽的华尔兹尾声，这个主题将在第三幕中继续。可以理解，魔幻般的美人形象还有待塑造。

这个序幕始于舞台的后区（隐士老人和巴赫拉姆之间的哑剧对话），然后通过舞蹈片段继续（巴赫拉姆遇见7位美人）。在这个画面中，展现了主要角色巴赫拉姆国王的形象以及7位美人的奇幻主题，同时还呈现了巴赫拉姆的一个重要特征——他的诗意本性，他对魔法和美丽的渴望。

如果说序幕交代了舞剧的奇幻特征，那么第一幕就呈现了真实的世界。在这幕中，揭示了主要的情节线索，展现了全剧的主题，而主要角色也逐一登场。

舞美设计者用明亮温暖的色调描绘了此刻的舞台场景。在峭壁边上，有一座简陋的猎人小屋，门泽尔站在巨大的石头之上，欣赏着日出，俯瞰着远处的山坡。

接下来上演的第一幕由两部分组成。第一部分是由5个段落组成的组舞，每个舞段都有自己的戏剧任务。通过这种方式，主要人物平静而祥和的生活逐渐地展现在了观众的面前。这就是为什么这段组舞不会变成独舞。前两个舞段《阿伊莎的变奏》和《阿伊莎和门泽尔的嬉戏》揭示了主人公及其

---

① 《七美人》芭蕾音乐的编制计划。引自彼得·古雪夫《〈七美人〉芭蕾舞剧的创作过程》，载卡拉·卡拉耶夫《文章、信件、发言》，苏联作曲家出版社1978年版，第365页。

兄弟的形象：这里描绘的是简单的人间欢乐。

第二幕，晨雾渐渐散去，天色变得更加明亮。门泽尔欣赏着美丽的风景。在山上眺望，可以看到一座古堡的废墟和一座小房子。透过残破的城堡，可以看到远处的山脉、河流和一棵小树。

阿伊莎从小房子里走出。编导以阿塞拜疆民间舞蹈的"出场"（entrée）变奏为蓝本，在跳跃的基础上编排了女主人公的变奏。东方诗歌中经常将少女比作优雅的雌鹿，而编导则成功地运用了这一诗意的比喻，并由此确定了变奏的特征。一个顽皮的、充满活力的少女就这样出现在了观众的面前。

门泽尔奋力抓住了嬉戏的妹妹。他抱住阿伊莎，将她带到了自己刚刚欣赏风景的巨石之上。阿伊莎静静地站了一会儿，便陶醉在家乡的美景之中。当她注意到岩石脚下有一把利剑时，便立即冲到它的面前。作为大山的女儿，她娴熟地驾驭着这把利剑，展现出高超的技艺和巨大的勇气。接下来的《阿伊莎和门泽尔的嬉戏》则为女主角的形象增添了新的色彩。阿伊莎怀着孩童般的兴奋，给了哥哥盾牌，用来保护他免受自己迅猛的攻击。门泽尔用盾牌保护自己免受攻击，而另一只手则以"阿拉贝斯"（arabesque）舞姿托举起阿伊莎，并任她在自己的头上挥舞着利剑，进而使这场"战斗"成为全剧中的一个小高潮。

然而，最终的胜利总是属于哥哥的，因为他比妹妹高大，也比妹妹强壮。但这个淘气的少女很快便发明了一种新的娱乐方式——射箭比赛。两人以迅猛的"猫跳"（pas de chat）动作在空中穿梭，仿佛骑在想象中的野兽背上一样疾驰而过。

巴赫拉姆从城堡的废墟中走出来，对门泽尔的敏捷感到赞叹，并想和他比试力量。

他们的搏斗舞蹈，是以跳跃为主题来进行编排的，并成为全剧中最精彩的舞段之一。其交替的舞步使用了男性古典芭蕾中最复杂的动作。

巴赫拉姆和门泽尔之间的这段一对一的舞蹈，以一种崭新的形象塑造了这部舞剧的主人公——一个敏捷而勇敢的年轻人，并丰富了他的人物形象。在这一幕中，国王和猎人处于平等的地位，并在这段较量舞蹈的高潮中，保持了相互尊重和棋逢对手的惺惺相惜之情。

舞蹈术语"滑步"（glissade）和"旋转"（tour），手臂类似于《列兹金卡舞》中的手臂动作。每个角色的旋转动作均沿斜线进行，包括"巴斯克跳"（saut de basques）、转单圈和转双圈。门泽尔的动作"空转接大跳"（tour en l'air-grand jeté）。

巴赫拉姆比猎人更加敏捷。为了表示敬意和友谊，国王送给了门泽尔一条金腰带。两个年轻人握了握手。门泽尔接受了这份纪念礼物并与他告别，去准备回礼。

在整个比赛过程中，阿伊莎一直为她的哥哥感到担忧。当一个普通猎人打扮的陌生人赢得比赛时，她大吃一惊，并好奇地看着他。女孩的美貌让巴赫拉姆陶醉，他转过身去看她，而她则不好意思地转过脸去，不敢看这个年轻人的眼睛，甚至把脸藏了起来，并躲开他坚定的目光，避开他触摸自己肩膀的手。然而，他坚持不懈地追求着，到了音乐的高潮部分，终于把她抱在了怀里——用编导的话说，"就像捧着一杯昂贵的酒"[①]。在阿伊莎心中，模糊的情感逐渐苏醒，一开始还羞涩，后来则变得越来越坦率起来，她开始积极地回应巴赫拉姆的情感。

编导为主角们的第一个慢板舞段找到了一个有趣的解决方案。舞蹈分为

---

① 摘自作者1998年3月16日与斯坦科维奇的谈话。

三个部分，而慢板的结束部分则是对第一部分的重复。熟悉的舞蹈动作在结尾处获得了不同的含义。这种重复式的演绎使舞蹈在最后的部分焕发出全新的意义。

此后，门泽尔回到了舞台。他回赠了巴赫拉姆一支长矛，以纪念他们的相遇。

这组舞蹈以《与号角共舞》而结束：朋友们轮流品尝着阿伊莎端上来的美酒。这一部分是精心编排的，因为每个角色都有自己的"潜台词"。

到了最后，巴赫拉姆被邀请进了屋里。当角色们消失在门后时，音乐突然变得亢奋起来。在一队宫廷卫兵的逼迫下，一群惊慌不安的农民忽然造访，打破了宁静祥和的气氛。

一群女人之后跟着男人，又一群女人之后跟着男人，最后是封建主们走了出来。大臣维齐尔停下脚步，敲开了门泽尔的家门，巴赫拉姆、门泽尔和阿伊莎走了出来。所有人都奴颜婢膝地向巴赫拉姆问好，先是人民，然后是军队，最后是所有人一起向他致敬。士兵们则组成了一个方阵，将其他人从巴赫拉姆身边推开。这时，阿伊莎和门泽尔才意识到，这个陌生人并不只是个猎人，而是刚刚登基的巴赫拉姆国王。披着黑色斗篷的卫队长向国王禀告了一个令人震惊的消息——这个国家遭到了入侵者的袭击。

《战斗之舞》（胜利之舞）则成为对这个消息的独特响应。在柔美的旋律伴奏下，上演了这个国家最古老的仪式——指挥官集结备战。战士们用两面大盾牌遮住巴赫拉姆，以便他脱下猎人的衣服，换上国王的服饰，然后举起利剑，宣誓将效忠于国家和人民。封建领主们也通过动作重演了同样的誓约。音乐中的战舞主题随着每一次战术的变化而变得更加强烈。国王以一种威严的姿态呼唤大臣维齐尔，并将其权杖交给了他，意在战争期间，由他对国家负责。军队排成一排，伴随着《战斗之舞》的乐曲向敌军进发。农民们则在门泽尔的领导下加入了方阵,并成了士兵。

舞台上只剩下了大臣维齐尔,他召集了卫队长和 6 名士兵。塑造这个反派的狡猾形象时,舞台上响起了"刺激的共鸣声、棱角分明的机械音、仿佛在原地踱步的重复乐段、多音调的组曲"[①]。维齐尔伸手示意撤走军队,并命令仆人杀死巴赫拉姆。导演选择了一种传统的表现手法——芭蕾的哑剧,来呈现这场阴谋。接到命令后,士兵们消失了,维齐尔也离开了。

刹那间,舞台上空无一人,并响起了悲伤的音乐:在弦乐"歌唱"的背景下,响起了令人伤感的双簧管独奏。阿伊莎慢慢地走回家来。她的小段独舞标志着第一幕的结束。

因此,第一部分是由两个场景组成的——序幕和第一幕。序幕包括了一个哑剧场景和一段加长了的舞蹈,芭蕾舞剧的奇幻主题将在第三幕中呈现。在这里,巴赫拉姆—— 一个热情洋溢年轻人的形象跃然于舞台之上。第二幕将我们带入了现实世界。编导将舞剧的主人公阿伊莎和她的哥哥门泽尔引进了舞台,不仅用古典芭蕾表现了他们的性格,还通过哑剧手势、身体和芭蕾的手臂舞姿(port de bras),赋予了这段组舞以民族特色,并描绘了一幅平静、无忧无虑的生活画面,而剧中的爱情线也从这里开始。但国家遭受侵袭的消息打破了宁静的氛围,舞蹈则被迫中断了。

第二幕的第一场以一段长长的舞蹈开场,描绘了劳动人民的和平生活。巴赫拉姆的城堡中,喧闹的东方集市设在高耸的城墙附近。第一个片段是组舞的表演。"不要模仿!不要真实的市场环境!不要讨价还价的商人!"斯

[①] 邦奇-奥斯莫拉夫斯基:《卡拉·卡拉耶夫的芭蕾舞剧〈七美人〉和〈雷电之路〉》,《说明》,1961 年,第 35 页。

洛尼姆斯基在谈到这一场景时如此写道。① 编舞家成功地规避了"传统"东方芭蕾舞对"集市"场景的描绘。这里没有忙碌的商贩，也没有在摊位之间穿行的购物者。呈现在观众面前的是多声部的舞蹈"合唱"，而每个声部都有自己的任务。舞台上的工匠们被分成了几组，每一组都有自己的舞蹈动作。这些由导演发掘出来的动作代表了角色的各自职业：陶工在他们的舞蹈中模拟制作陶器、绳匠编织绳索，等等。

这种集市的繁忙感是由音乐所营造的，并且出现了意外的音调对比，一个主题结束后，另一个主题接替上来，好不热闹。

第一批客人来了，姑娘们像一群小鸟一样跑上舞台。随着她们的出现，小贩们似乎忘记了自己的工作，并把注意力转移到了舞台中央正在发生的事情上。

丝织工将一个装满了各种颜色丝绸的大篮子展示给大家看。女孩子们面带羞怯，远远地看着这些诱人的商品，然后鼓起勇气，慢慢走近。很快，篮子中的丝绸就被一抢而空了！阿伊莎手持一块最宽的丝绸，并在大家的面前跳起舞来。

与第一幕一样，第二幕也遵循了轮番跳舞的原则。组舞继续展示了男性的精湛变奏，而各种手工艺人的独舞则接连表演。车轮匠推出了一个车轮，并像陀螺一样"启动"了自己的作品，而车轮旋转时，他则展示出了复杂的膝部动作，仿佛在与车轮做动态的竞争。他跳跃起来，而副歌的变奏则使他的舞蹈变得更加多样。武器匠和铁匠们将铁砧移到了广场的中央，以展示他们的技艺，而他们的动作则与武器的制作相呼应；在这里，独舞者再次加入

---

① 尤·约·斯洛尼姆斯基：《七个芭蕾故事：编剧的叙述》，列宁格勒艺术出版社1967年版，第107页。

了群舞。

轮到鞋匠了,他绕着广场走了一圈,向聚集的人们提供修补鞋跟的服务。绳匠挥舞着一根粗绳,让人们试试他的产品是否结实,而年轻人则分成两队,拉动绳子。关键时刻,武器匠出现了,他用一把小匕首割断了绳子。在大家的欢笑声中,工匠们纷纷翻倒在地。

阿伊莎再次成为众人瞩目的焦点。她跳的这支舞蹈深受大众喜爱,并与欢乐的气氛融为了一体。同第一段变奏一样,这段在集市广场上跳的舞蹈也是以跳跃动作为基础的——"猫跳""拉腿蹦子"(jeté en tournant)。女主角仿佛飘浮在空中,被一种从未体验过的新奇感所鼓舞。阿伊莎的变奏是整个舞段的高潮,而最后这一幕则是以全体演员的舞蹈来宣告结束的。

突然间,欢乐的气氛遭到了破坏。卫兵们在大臣维齐尔的带领下,像一群披着黑色斗篷的乌鸦一样扑了过来。人群四处逃散。恐惧中,工匠们藏起了自己的商品,妇女们则躲藏到了不同的角落。卫兵们横扫了一切,并殴打了抗议者,而战士们的离去则与他们的出现一样迅速。

一开始在节日热闹场面中的哑剧演员,现在成了一个个静止的石雕,传达着人民的苦难。"只有以阿伊莎为首的芭蕾群舞在空旷的舞台上以非学院派的'半性格舞'(demi-caractère)形式舞动着,充满了悲伤和不解。"[①] 而阿伊莎的独舞更是充满了绝望和痛苦。

第二场把镜头带到了国王宫殿的地下室。大臣维齐尔像小偷一样悄无声息地潜入了国王的这个宝库,并环顾四周,走近了众多箱子中的一个,打开了沉重的盖子,而黑暗的地下室则瞬间被闪亮的宝石发出的粼粼波光所照

[①] 尤·约·斯洛尼姆斯基:《七个芭蕾故事:编剧的叙述》,列宁格勒艺术出版社1967年版,第108页。

亮。(在箱子的底部，舞美设计师安装了灯光，因此，一打开箱盖，灯光就亮了起来)这个大臣贪婪地翻找着这些珠宝，当他看到国王巴赫拉姆的宝座上有件他的斗篷时，便急忙跑了过去。他轻轻地抚摸着带有刺绣的金色布料，其欲望战胜了谨慎，进而试着披上了这件斗篷，并用颤抖着的手戴上了王冠。就在这一瞬间，他从一个原本看起来既可怜又软弱的人，突然在大家的眼前发生了蜕变，并且获得了力量和权势。"音乐越来越富有动感。"[1]维齐尔仿佛失去了理智，疯狂地与无形的幽灵搏斗，并在与这些幽灵的战斗结束后爬上了阶梯，坐上了国王的宝座。

一阵急促的敲门声将他从甜蜜的忘我境界中拉了回来。仆人们跑进来告诉他，巴赫拉姆还活着，而且凯旋了。远处传来了号角声，一时间，维齐尔惊慌失措，"在令人不安的心跳声中，维齐尔的主旋律时隐时现，并且充满了恐惧和迷茫"[2]。但音乐逐渐地平和下来，国王的主题曲再次响起，骄傲而坚定。维齐尔终于找到了出口，并提前开始得意起来，高高在上地俯视着拜倒在他脚下的仆人们。

镜头回到了集市广场。远处传来了渐行渐近的马蹄声。人们在路边夹道欢迎着凯旋的士兵们。然而，城堡的大门却紧闭着。巴赫拉姆不耐烦地打了个手势，命令门泽尔发出他们到来的信号。门泽尔吹了两次号角，但城门依然紧锁着。在征得国王的同意后，他们拖来一根木梁，准备强行攻破大门。但不等他们强攻，威严的大门便缓缓地打开了。"两个宛如童话中仙女的少

---

[1] 邦奇-奥斯莫拉夫斯基：《卡拉·卡拉耶夫的芭蕾舞剧〈七美人〉和〈雷电之路〉》，《说明》，1961年，第42页。
[2] 邦奇-奥斯莫拉夫斯基：《卡拉·卡拉耶夫的芭蕾舞剧〈七美人〉和〈雷电之路〉》，《说明》，1961年，第42页。

女翩翩起舞,并将一块地毯铺到了站在舞台前方的巴赫拉姆脚下"①,地毯从舞台右上角铺到了左下角,斜向地分割了整个舞台,少女们不停地抛撒花瓣,抬着花环,播撒熏香。一名宫廷舞者在 6 名女子的簇拥下出场。她用手遮住半裸的身体,摇摆着臀部,向巴赫拉姆走来。当她走近这位国王时,则张开双臂,向他展示自己的美貌。在她之后,朝臣们出现了,并向国王献上了铺在垫子上的丰盛礼物。在激情并带赞美意味的舞蹈中,护卫队长带着他的战士们登场。

音乐逐渐变得雄浑、有力起来,鼓点也越来越密集,由此展现出引人注目的"管弦乐色彩"②。随着主题的不断重复,紧张感逐渐增强。编导通过一系列的舞蹈出场来增加紧张感,从侍女们的舞蹈到首席侍卫的独舞。在音乐的高潮中,大臣维齐尔现身,紧张的氛围达到了顶点,双方剑拔弩张,冲突一触即发。

维齐尔就像在地上爬行一样,弯腰屈膝,手持权杖。国王从这个叛徒的手中夺回了这个权力的象征,像踢一只流浪狗那样用脚踢向了维齐尔。但紧张氛围并未减弱,一场为了王位的斗争在哑剧中展开。门泽尔指责维齐尔密谋反对国王,并出示了一个身着卡扎尔服饰的杀手尸体。但维齐尔却立即供出了第二个参与密谋者,并用匕首立即夺去了他的生命。巴赫拉姆点点头,表示很满意,认为冲突已经解决。人群中一片哗然,巴赫拉姆猛地一挥手,人群才顿时安静下来,他们怎么能嘀嘀咕咕呢?在深沉的低音中,代表人民的旋律最终沉寂了下来,而维齐尔的《疯狂之舞》则就此展开——他围着巴

---

① 维·米·克拉索夫斯卡娅:《列宁格勒的芭蕾演出季》,《恒星》1954 年第 9 期。
② 邦奇 - 奥斯莫拉夫斯基:《卡拉·卡拉耶夫的芭蕾舞剧〈七美人〉和〈雷电之路〉》,《说明》,1961 年,第 43 页。

赫拉姆大献殷勤。卫兵们将国王从人群中分离开来，并簇拥着他步入了宫殿的大门。宫门吞没了侍女、封建领主、士兵……维齐尔下令抓捕具有不满情绪的煽动者。工匠们肩并肩，想逃脱逼近的卫兵们的追捕，但最终还是被困住了。音乐不断重复着维齐尔的旋律。再一次，就像在宝库中一样，他似乎在我们的眼前发生了巨变，从一个可怜的奴隶变成了残酷而强大的领主。

第三幕的背景是奢华的国王寝宫。巴赫拉姆在诸侯的簇拥下，正在庆祝他的胜利。维齐尔始终不离国王左右，不停地往他的酒杯里倒酒。小丑们被召来取悦宾客。不过，他们的表演更多地引起了恐惧，而不是欢笑：他们4人参加了表演，其中的1人扮演了刽子手，另外3人则是受害者。刽子手用1根长绳拖着这3个囚犯。在欢庆的群臣面前，他将他们一字排开，大开杀戒。他跳起身来，一个接一个地砍下了他们的头颅。每杀一个人后，他都会哈哈地狂笑。最后，他可笑地迈着一瘸一拐的步子，绕着受难者们走了一圈，又用绳子把他们捆绑起来，并拖进了后台。

观众看着这些试图搞笑的小丑，却想起了在地牢中受苦受难的工匠和门泽尔，并不由自主地想到了那些在囚禁中受苦受难者的命运。

此后，小丑们被宫廷的舞女们所取代。6位女舞者围绕着领跳的舞女，铺开了一块几乎覆盖了整个舞台的蓝灰色丝绸。穿着金色锦缎内裤和金色胸罩的这个舞女站在这块柔软织物的中心，开始了她迷人的舞蹈，并使巴赫拉姆忘记了所有的烦恼。这些宫廷舞女摇动着丝绸的边缘，并在那热情而性感的舞蹈中渐渐消融，最后被半透明的丝绸所遮蔽，仿佛是海市蜃楼般虚无缥缈。突然间，音乐的变化预示着某种突变，领跳的舞女挣脱了硕大的丝绸，扑向了巴赫拉姆，并且呼唤着他……当她返回原来的位置时，丝绸则完全地覆盖了她。跳群舞的女子们纷纷跪下身来，而女仆们则牵着丝巾的四角，围着领跳的舞女旋转，并将她包裹了起来。最后，她们把这块硕大的丝绸向两端牵引，形成了一颗星星的构图。事实上，这个舞段也是宫廷世界的写照，在这里，美丽与残酷并存。小丑的舞蹈是对工匠历史无意识的呼应，而宫廷舞女的舞蹈则延续了"七美人"舞蹈的脉络，并为接下来的大型组舞拉开了序幕。

庆祝活动被阿伊莎的出现所打断。这位女主人公迅速地穿过宫殿，扑倒在国王巴赫拉姆的脚下，并恳求他放工匠们一条生路。大臣维齐尔从国王的身后出现了，他将阿伊莎从国王身边拽走。但国王还是下令让门泽尔和工匠们进来。两个敌对的群体对峙着：工匠们傲然地抬起头，巴赫拉姆的封建领主们则站在他们的周围。阿伊莎跪在他们中间，并低垂着头。巴赫拉姆下令解开了对门泽尔的捆绑。

接下来是男主人公门泽尔的变奏，这也是他在全剧中的唯一变奏，更是一种抗议和愤怒的独白。在结尾部分，门泽尔伸出双臂护住工匠们，进而有效地保护了他们，不让他们受到伤害。

巴赫拉姆陷入了狂怒。阿伊莎再次冲向他，但封建领主们却挡住了她的去路。门泽尔冲到妹妹身边，把她拉到一边，并拒绝了她的帮助。这个年轻人把国王送给他的金腰带扔到了他的脸上，而受到侮辱的国王则将门泽尔回赠他的长矛扔了过去。在最后的时刻，阿伊莎冲向巴赫拉姆，紧紧地抱住了他的胳膊，才使门泽尔免于一死。在随后的混乱中，门泽尔设法逃走了。阿伊莎紧紧地抓住愤怒的巴赫拉姆，但却被他推开。而当她试图再次阻止他时，却因力气彻底衰竭并失去知觉而被卫兵们抬走。

巴赫拉姆冲向维齐尔，认定他是造成这一切灾难和不幸的原因。但这个狡猾的家伙还是逃过了一劫，并佯装着安慰巴赫拉姆。为了转移巴赫拉姆的注意力，他送给了他一幅神奇的帷幕。

覆盖了整个舞台的丝绸帷幕带着半透明的质感缓缓地降了下来，上面描绘着7位美人的美妙倩影，并且恰好是巴赫拉姆在城堡废墟中看到的那些。多彩的光线在幕布上游荡着，人们已在序幕中就耳熟能详的"七美人"主旋律顿时将他带入一个奇妙而梦幻的世界，而这个世界则在向巴赫拉姆招手。

"与帷幕共舞"这个舞段在视觉上给观众留下了无限遐想的空间，是一场十分抓人眼球的舞台表演。巴赫拉姆抓住轻薄丝绸的一侧，跑向了舞台的中央，而帷幕则在空气的涌动下飘向了观众席。巴赫拉姆抚摸着丝绸，仿佛上面描绘的少女都是真实存在的。而这个梦想果然成真了。

丝绸不断向上升起，在巴赫拉姆眼前展现的，首先是壮观的夜景，其中的繁星点点，美不胜收。首先映入他眼帘的是印度美人——她低垂着头，坐在舞台的后区，看上去就像一朵莲花；她仿佛沉浸在冥想的梦境中，随着东方舞蹈奇异的动作而飘动，更像是在刺绣一幅无形的图案。她的每一次"缝合"都会以一个舞姿结束，而这个舞姿的灵感则来源于古印度的雕塑。这个美人的双手仿佛随着灼热的南风摆动，并且伸向巴赫拉姆，向他召唤，甚至呼喊……渐渐地，她的动作变得更加明确和性感，呼唤也更加强烈，但最后又回归了平静，仿佛一朵在夜间绽放的花，随后合上了花瓣。

拜占庭美人像一颗流星翩然起舞。仿佛在一瞬间，她携带着自身的火花，从火热的巴克斯舞中迸射出来。她身姿窈窕，穿着浅粉色的长袍和凉鞋，从黑色的天鹅绒幕布后面出场。她的舞蹈变奏是即兴创作的，似乎是受到了伊莎多拉·邓肯的启发。

来自乌兹别克斯坦的美人以俏皮的形象出现。她优雅地完成了动感十足的"布雷舞步"，并展现了出色的技巧。她的长发在身后飘扬，手指在微微颤动，就像一只不安分的小鸟在抖动着翅膀。她从远处俯冲过来，初而跪下，终而屈身跃起。

摩洛哥美人有着完全不同的特征。她的舞蹈融合了西班牙人的优雅和东方人的妩媚，散发着南方炎热激情之夜的芬芳。这位女子从容不迫的动作激起了巴赫拉姆的欲望。他从王座上站起身来向她走去。但美人没有让他触碰自己，而是保持着一定的距离。少女最后精疲力竭，慢慢地倒在地上。巴赫拉姆无法抑制自己的感情，仿佛是一头豹子似的向她飞奔过去。然而，这位美人的身影却消失在黑暗之中。

斯拉夫美人像一只白翅鸟，从星光闪烁的黑暗中飞到了舞台之上（她和拜占庭美人一样，从台阶上跑了下来）。她身着白色的太阳裙，长袖飘飘，令人联想到天鹅公主的形象。她的变奏舞段结合了许多定点的姿态和跳跃的动作。

中国美人像蝴蝶一样从巴赫拉姆身边飞过。她在原地跳跃，向年轻的国王招手，但每当国王准备向她走去时，她都会立刻离开原地，用一连串的旋转迅速地穿过舞台，离他远去。

星空中飘荡着的一轮明月，变成了一辆童话中的马车：伊朗美人就像被装在贝壳里一样，坐着这辆马车来到了这里。这位"最美的人儿"走在月光下的小路上，最后倒在了巴赫拉姆的怀中。在几乎整段的慢板舞蹈中，台上的每个人都与他密不可分。巴赫拉姆仿佛害怕起来，害怕这个已经成为现实的"海市蜃楼"最终成为泡影。这个美人也时而顺从，时而抗拒。但她最后还是迎合了巴赫拉姆的愿望，以此更加紧密地将他绑在自己的身上。二人的双人舞以一个接吻而宣告结束，当他们的嘴唇相接时，其他的 6 位美人和神女（场景《梦》中必不可少的陪衬）也登上舞台，围绕着这对情侣而舞。

随着华尔兹的第一声音乐响起，绚丽的群舞开始散去。在华尔兹的旋风中，姑娘们又继续跳起舞来。这个场景的高潮令人惊叹，不仅在服装上丰富多彩，而且在舞蹈的编排上也是如此，美人们的独舞一段接着一段，但巴赫拉姆的变奏才是高潮。与门泽尔的变奏一样，它也是以男性古典芭蕾的精湛动作为基础，展现了一串大跳和空转。

第四幕与第二幕一样，以描绘丰收场景的组舞开场。舞美设计者在舞台上放置了一些机械装置，上面挂满了黑色的麦穗，从而营造出一片麦田向远方延伸的印象。

牧羊人萨亚奇的舞蹈打断了华尔兹的节奏。紧接着是舞校学生们表演的儿童舞（首演后不久，由于这部芭蕾舞剧结束得很晚，孩子们在演出结束时已相当疲惫，因此，这段舞蹈随后被删掉了），接着是《农民的庆典》舞蹈。抒情的旋律响起，门泽尔从人群中走出，并向其中的一位女孩致意，邀请她一起跳舞。这是一种公开求爱的方式，门泽尔围着这个女孩旋转，并对她耳语了几句，仿佛是在对她说着悄悄话，而她则羞涩地将目光移向了一旁。在整个舞蹈过程中，他们没有触碰彼此。

阿伊莎的舞蹈变奏为这种节日的气氛增添了些许的不协调。女孩子们向她招手，请她跳舞，她同意了，但她的舞蹈却没有任何喜悦之情。她忧伤地走到舞台的中间，低垂着头，肩膀也耷拉着，似乎走不动了，一会儿呆滞在那里，一会儿又跪在了地上。在沮丧和困惑中，她疑惑地转向了自己的朋友们。过了一会儿，她的力气恢复了，则出现了抗议和愤怒的基调。但最后，哀伤和哭泣的声音占据了上风，她重复了舞蹈变奏的前半部分，然后再次跪了下来，显然是体力渐渐地不支了。

第五幕，宫廷里熟悉的军队进行曲突然响起。卫兵的首领在随从的簇拥下登场，打断了原本欢快的音乐。他们在寻找门泽尔，但他和战友们都躲进了人群。卫兵的首领很是生气，下令将庄稼踏平。

下一个场景中的"踢踏舞"是一个延伸性的舞蹈片段，它描绘了一幅满目疮痍的可怕画面。在一种特殊装置的帮助下，带有固定麦穗的机械装置倒了下来，曾经是麦田的地方变成了一片荒凉。士兵们排成两排，走上前台，而卫队长则在前面挥舞着鞭子，驱赶着他们。

妇女们裹着长围巾从后台走了出来，她们的手伸向地面，努力举起折断的麦穗。渐渐地，妇女们占据了整个舞台空间。在背景中，与人群一起重复着相同的动作，而阿伊莎则开始独舞。身穿鲜红色长袍的她不停地奔波，却无法改变任何现状。她的舞蹈看起来，像是农民们绝望和痛苦的呐喊。

巴赫拉姆威风凛凛地骑着马狩猎归来，全场欢呼雀跃。悲恸欲绝的妇女们向他们的国王伸出双手，乞求公正。国王猛然挥舞鞭子，以此打断了哭声。众人惊恐万分，纷纷退后，妇女们为躲避鞭笞而惊恐地跑开或倒在了地上。怒火中烧的巴赫拉姆没有注意到阿伊莎，而她正在厌恶而惊恐地目睹着眼前发生的一切。当他们的目光相遇时，巴赫拉姆冲向了自己的爱人，但阿伊莎挣脱了他的怀抱。

慢板拉开了这段非常激烈的舞蹈对话，讲述了这段因被践踏而无法实现的爱情。此刻的阿伊莎，已从一个胆小的少女变成了一个意志坚强的女人。她渴望正义，并愿意为之挺身而出。她跳着"布雷舞步"，奔跑在已被践踏的田野上。她跳着带有攻击性的"阿拉贝斯"舞步，一步步地接近巴赫拉姆，并将悲剧归咎于他。年轻的国王试图安抚他的爱人，并短暂地获得了成功，而音乐和舞蹈则再现了第一幕中的爱情慢板。

据阿伊莎的扮演者 Л.П. 卡米洛娃回忆说："当阿伊莎发现自己躺在巴赫拉姆的怀里时，似乎忘记了所发生的一切不幸。但当她用眼睛去看巴赫拉姆时，则意识到他已经不再是她认识的那个他了。"绝望之中，女主人公冲出了国王的怀抱，再次跑过被践踏的田地，然后冲向巴赫拉姆，仿佛在呐喊着:"别折磨我啦!杀了我!杀了我吧!"[①] 被激怒的巴赫拉姆想拔出匕首,却无法下手,只能躲了起来。

精疲力竭的阿伊莎虚晃了几步,便跪倒在地上。大臣维奇尔偷偷地走向她,准备抓住她,但阿伊莎被其沙沙的脚步吓得跑开了。

音乐被不和谐的和声和"野蛮"的音乐所填满。舞台上全是维奇尔的仆人。在他的命令下,他们正在放火焚烧村庄,红色的光束照亮了舞台,风扇吹动了固定在架子后面的红色布条。卫兵们在维奇尔的带领下疯狂地跳起舞来。狂怒中,这个大臣没有注意到自己已经孤立无援,并被工匠们紧紧地围在了中间。他们用"巴斯克舞步"这种常见的动作向他逼近,仿佛要把他踩在脚下。圈子逐渐地合拢,而当人们分开时,维奇尔已经死了。

在第七个场景之前,有一首三段式的管弦乐前奏。第一段的主题是人民,第二段揭示了艾希的形象,第三段则直接地引入了下一个场景。

舞台的布景与序幕相同。暴风雨再次肆虐,开场的音乐几乎没有变化。巴赫拉姆回到了古堡废墟。这位年轻人渴望得到慰藉,他希望这里的美人能给他安慰。她们的身影虽然出现了,但她们的舞蹈却已失去了往日的丰富色彩。她们虽然同样身着半透明的芭蕾舞服,但面纱却遮住了脸庞。随后,美人们开始围着巴赫拉姆转圈,几乎是在重复序幕中的动作。但是,她们并没有让他的心跳加速,而阿伊莎的身影则在追逐着他。在冷静的、描绘幻象的音乐中,紧张的和弦突然响起,小提琴传达着痛苦的情感,而这种情感在最后一幕的慢板中是如此的熟悉。少女们不知不觉地消失了,巴赫拉姆绝望地冲向她们藏身的壁龛,试图追上她们。

[①] 摘自作者1998年4月16日与卡米洛娃的谈话。

闪电击碎了城堡的高墙，在美人们潜伏的地方，此刻站立着年轻工匠们的身影，他们准备攻击巴赫拉姆。在音乐中，人民的旋律越发自信地响起，战舞的旋律也开始响起，并且提醒人们想到，他们与国王曾经是多么地团结一心。每个年轻人曾经都有过自己的舞蹈独白——市场上工匠们的舞蹈。但在此刻，他们的主旋律都是责备：人民在祖国困难的时刻支持了国王，但国王最终却背叛了他们。工匠们离开了，只剩下国王一个人，一怒之下，他把斗篷和手杖都扔到了地上。

披着黑色盖头的阿伊莎走近了国王，跪在了他的身前，并与他开始了交谈。她用手掌抚摸着自己的脸庞，仿佛要将自己的美丽凝聚在手掌之中，然后又向巴赫拉姆伸出了双手，将这份美丽送给了他。二重唱逐渐恢复了似乎永远失去的和谐，阿伊莎和巴赫拉姆再次相聚，没有什么能将他们分开。女孩从地上拾起了他的手杖和斗篷并递给了他。牵着爱人的手，阿伊莎把他带到了悬崖边，眼前则豁然开朗。"这一切都将属于我们。我们走吧！"阿伊莎喊道，但巴赫拉姆猛地推开了她，并怒气冲冲地说："我是这片土地的主人，我统治着世界，我统治着你们。"紧接着，巴赫拉姆猛地将阿伊莎拉到身边，将她揽入怀中。最后的一吻，金色的刀刃在空中闪过。

工匠们慢慢地走了出来，门泽尔也走到了阿伊莎的身边，并将她拥入怀中。女孩已经失去了力气，她最后的话语是对爱人说的：她原谅了他，她仍然深爱着他。

舞台上站满了人。现在，人们一致要求巴赫拉姆离开，国王最后只能消失在人群之外。门泽尔走下舞台，抱起了妹妹的遗体。

彼得·古雪夫——芭蕾理论家、芭蕾评论家

维克多·万斯洛夫

彼得·安德烈耶维奇·古雪夫是为数不多的艺术实践者之一，他不仅能进行艺术创作，还能对艺术进行深入思考，以文章、评论和报告的形式，简明扼要地表达自己的思想。他不仅擅长跳舞，谈起艺术来也是妙语连珠。我在许多会议、研讨会和讨论会上见过他，他的演讲总是思路清晰、表述准确、长短得当。他讨厌冗长空洞、词不达意的演讲。他能在 10—15 分钟内，简明扼要地概括出别人需要一个小时才能完成的内容。他的演讲总是逻辑严密且具有说服力。

作为理论家、评论家和时评家，古雪夫很早就开始发表文章了。他发表第一篇文章时，年仅 18 岁[①]，而他的最后一次公开演讲则是 1987 年 1 月在苏联大剧院举行的纪念尤里·格里戈洛维奇的 60 周年诞辰典礼上。

古雪夫是整个苏联芭蕾舞史的同龄人、见证人，更确切地说，是创造者。在他的所有文章中都能看到这段历史的影子。

他对周围发生的事情都很关心。在苏联芭蕾舞的各个发展阶段，他都能敏锐地捕捉到对于该阶段来说最重要和最关键的事物，并且不是一个被动的旁观者，而是积极参与其中，不仅努力了解其传达的思想，还成了其发展的助力。

---

① 根据我们所掌握的信息，古雪夫发表的第一篇作品出现在 1926 年，当时他也只有 22 岁。具体请参阅本书"彼得·古雪夫获得的荣誉及本人撰写的各类文章目录"部分。（原编者注）

古雪夫的许多文章都提及了对一些问题的思考。他试图探讨和解决那些从芭蕾实践中暴露出来的重要问题。因此，他的理论演讲总是能及时而有效地帮助舞蹈创作者找到一条对于他们的艺术工作来说，最有成效的路径。

他从舞蹈学校一毕业，就开始努力地融入艺术生活。他参与了"青年芭蕾舞团"的创立，在列宁格勒的国立模范歌剧与芭蕾舞剧院当舞蹈演员，兼顾表演、科研和创作。他写作，是因为他不得不写。他关心和担忧着年轻苏联舞蹈发展的前景，他参与讨论，据理力争，为正义而战。

古雪夫在 20 世纪 20 年代的文章中，再现了那个遥远的时代。这些文章充满了天真和青春的激情，但同时也反映了当时的动荡。古雪夫反对那些否定芭蕾舞生命力的人，并证明了自己所热爱的艺术具有强大的生命力。与此同时，他似乎又带着一种年轻人的激情在追赶着时代的脚步。他为舞蹈艺术发展步伐的"迟缓"感到惋惜，并呼吁创作出与新时代相适应的作品。

古雪夫在跳古典芭蕾的同时，还参与了 Ф.洛普霍夫创作的苏联剧目《伟哉苍穹》和《红色旋风》的首次实验。一方面，他呼吁要以最高的学术水准对古典剧目进行创造性的改编；另一方面，他也重视新的作品，努力推动舞蹈艺术的更新与发展。

20 世纪 20 年代的讨论虽然激烈，但在许多方面却显得幼稚。到了 30 年代，芭蕾舞不仅证明了其存在的合法性，还取得了一些成就。如今这些成就已成为经典，于是，新的创作被提上日程，而古雪夫则无法置之不理。他高度赞赏《雪姑娘》《红罂粟花》《巴黎的火焰》《巴赫奇萨拉伊的泪泉》，倡导将芭蕾舞与文学和戏剧紧密结合，因为文学具有很高的思想性和内涵。同时，他也反对一味推动这一趋势的发展，以至于走极端。

实际上，不仅如此。我们必须为我们的这位英雄主持公道，他在 1936 年《真理报》发表社论《芭蕾的虚假》之后并没有自惭形秽，这篇社论针对

的是 Д. 肖斯塔科维奇的芭蕾舞剧《清澈的小溪》。顺便提一下，彼得·安德烈耶维奇·古雪夫也参加了这次演出，后来他回忆说，其中有许多是 Ф. 洛普霍夫编排的精彩的舞蹈片段。古雪夫没有为自己的行为感到懊悔，只是继续处理其他同样重要的事情。[①]

我国的芭蕾事业正在走向成熟。伴随着 20 世纪 30 年代取得的成就，我国的舞蹈艺术也出现了一些危机。一些狂热的舞蹈家将芭蕾舞与戏剧等同起来。于是出现了舞台定制化和动作过于生活化的危险，而芭蕾的独特性被忽视，表现手段也变得贫乏。所有这些问题都在 1940 年由俄罗斯苏维埃联邦社会主义共和国人民委员会下属的艺术委员会组织的一次讨论中暴露出来，会上出现了尖锐对立的观点。一些人（Р. 扎哈罗夫、Л. 拉夫罗夫斯基及其支持者）主张将芭蕾舞完全戏剧化，这些言论低估了芭蕾舞的独特性，并对古典文化遗产表现出了庸俗化的态度。另一些人（Ю. 斯洛尼姆斯基、В. 戈卢博夫及其支持者）则支持以芭蕾的特殊可能性和特性为基础的艺术性，批评庸俗化，尽管他们有时也低估了对手的成就。双方都有许多不准确、含混不清和毫无理论依据的说法（以及激情和论战的狂热）。但为捍卫芭蕾舞独特性的与会者立场更为正确，也更具前瞻性。

在这种情况下，古雪夫在《文学报》上发表了一篇题为《是什么阻碍了我们》的文章（1940 年 10 月 13 日）。他在文章中谈到了会议讨论中最核心的问题，并给出了至今仍具有现实意义的理论表述。首先，他指出了在芭蕾舞中，动作和舞蹈哪个更重要的二元对立是错误的。他批评了片面强调"有动作无舞蹈"和"有舞蹈无动作"的做法，指出这两种说法在本质上是一回

[①] 参见《关于〈真理报〉上的文章"芭蕾的虚假"的舞蹈团体全体会议决议》，《苏联演员》1936 年第 3 期。

事，因为它们将重心转移到了作为动作表现形式的哑剧之上，而舞蹈则变成了额外的装饰品。根据芭蕾舞的独特性，舞蹈应该占据主要地位，舞蹈应该是动作的表现形式，而哑剧则是次要的部分，应从属于舞蹈，就像纯粹的组舞一样。古雪夫批评了 P. 扎哈罗夫编导的《高加索的囚徒》中过多的哑剧、日常的生活和表现手法的贫乏，并得出了这样的结论："我看到的芭蕾舞表演是充实的、激动人心的，完全通过富有表现力的舞蹈来呈现的，各个舞段之间不需要任何哑剧来连接。在我看来，这才是真正的芭蕾之路。"在未来，古雪夫预言的正确性得到了证实。

在这些观点的指导下，1952 年，古雪夫在巴库的歌剧和芭蕾舞剧院上演了他最好的作品——卡拉·卡拉耶夫作曲的《七美人》。许多古雪夫之前所预见到的威胁变成了现实，自然主义对芭蕾舞剧的影响越来越大，而古雪夫的作品则成为这种趋势蔓延开来的少数阻力之一。他主张舞蹈表演应具有高度的诗意，以丰富的舞蹈作为行动的表达方式，并致力于在台词中运用多样化的语汇和句式。

古雪夫高调支持所有体现出编导才华，并不使芭蕾舞剧陷入常规的作品，例如 Л. 雅科布松的《舒拉尔》，但这样的作品越来越少。芭蕾舞剧的过分戏剧化显现出危机的征兆，而失败则接踵而至。"芭蕾舞演员何时才能翩翩起舞？"观众问道："难道芭蕾舞什么都能演？"他们不禁要问，舞蹈编导是如何成为表现人物的外在行为，而非内心世界的一种手段？又是如何将日常生活情景自然而然地搬上芭蕾舞舞台的？

这一转折发生在 20 世纪 50 年代后期，其标志是 Ю. 格里戈洛维奇根据 С. 普罗科菲耶夫的音乐编导的《宝石花》（1957）和 И. 别尔斯基根据 Ф. 彼得罗夫的音乐编导的《希望之岸》（1959）。古雪夫立即对这些剧目给予了强烈的支持，即使是忠于老派舞剧的舞台剧爱好者们也对这些作品感到反感。

1963年1月，在莫斯科，古雪夫在全俄戏剧协会举行的一次芭蕾舞艺术家会议上发表了详尽的讲话，不仅细述了"舞剧创作首先需要寻找特定的情节和象征"这一论点，而且强调了这一论点对于反映当代社会状况的重要性。并不是所有的生活场景都能机械地搬上芭蕾舞台，从这个意义上说，并不是所有的东西都可以用芭蕾舞来表现。

过分的戏剧化扼杀了芭蕾舞的主要表现手段——舞蹈："只有舞蹈才能将芭蕾艺术从物质文化领域提升到精神文化领域。这才是真正的现实主义。"一方面，古雪夫抵制了这种高度精神化的舞蹈现实主义被自然主义的伪现实主义所取代的趋势；另一方面，也抵制了它被自我放纵的形式主义和技巧所取代的趋势。

他举了这样一个例子。P. 扎哈罗夫和В. 布尔梅斯杰尔在同一题材的舞剧《塔吉雅娜》中，同样上演了女主人公被法西斯分子折磨的情节。在扎哈罗夫的版本中，女主人公表演得非常逼真：在党卫军上校的办公室里，她被逮捕后，摔在地上，并且被扔来扔去。而布尔梅斯杰尔的版本中，纳粹的影子在熊熊大火燃烧的废墟中时远时近，而女主角则在恐惧、痛苦、抗议和愤怒中，下定决心并坚定不移地翩翩起舞。

只有第二条路才是真正的芭蕾之路，因为它通过具体的芭蕾意象，揭示了生活的内涵。而只有走这条路的芭蕾舞才能拥有真正的艺术说服力，否则，即使是最好的创意也只能徒留下空洞无物的声音和不知所云的内涵。

古雪夫高度赞赏Д. 巴兰钦的作品，同时批评了外国芭蕾舞中的形式主义倾向，还谈到了现代舞的局限性。苏联芭蕾面临着新的挑战和任务。但这种创新是在内容和形式上同步的创新，而不仅仅是形式上的创新。形式是创新内容的条件，也是其艺术表现的必要条件。这正是古雪夫在Ю. 格里戈洛维奇和И. 别尔斯基最初的芭蕾舞作品中所看到的创新。古雪夫保护了他们免受虚假形式主义的指控。

古雪夫还谈到了古典芭蕾发展前景的全面性和无限的可能性。他指出，现代舞编导的许多新动作与古典芭蕾的原则并不是完全不相通的。虽然它们乍看之下完全不同，但它们都是"古典芭蕾语言自然演变的历史必然"。

与此同时，古雪夫反对教条化，反对单纯地将一种风格、一种方式奉为圭臬。他支持并追求创作的多样性，认为芭蕾舞剧必须坚持现代化的发展方向。但实现这一目标的方式是多种多样的。格里戈洛维奇和别尔斯基只概括了芭蕾舞剧发展的一条途径，雅科布松成功地探索出了另一条道路，而莫斯科大剧院的年轻舞蹈编导们则正在探索第三条道路，等等。扎哈罗夫和拉夫罗夫斯基的道路还没有走完……可能还有更多潜在的道路等待着拥有胆识的人们去发现。我们做这些努力的目的是什么，我们的芭蕾编导们将要宣扬什么样的思想，这些都至关重要。就目前来看，我们没有必要担心这些。在过去几年里，苏联芭蕾表现出对重要、现实和高尚主题的关注，讲述了爱国主义、伟大爱情、为了人民而英勇斗争的故事，将苏联的人道主义与法西斯的野蛮对立起来，赞美了人民解放斗争等崇高的精神。

古雪夫在 20 世纪 60 年代和 80 年代的观点在当时是最为成熟和深刻的，在进一步探讨这些观点之前，有必要详细介绍一下他写给苏联芭蕾舞界代表性人物、他的助手和同事的文章。这些文章涉及了 Б. 阿萨菲耶夫、С. 萨莫苏德、Ю. 斯洛尼姆斯基、М. 加博维奇、А. 叶尔莫拉耶夫、Ю. 格里戈洛维奇等人。古雪夫不仅能提出一般性的问题，还能细腻地感受到这些艺术家的个性，并用文字加以描述和表达。

在关于 Б. 阿萨菲耶夫的回忆中，古雪夫描绘了一位睿智而敏感的音乐家形象，他是俄罗斯革命前和苏联芭蕾舞史的直接参与者，也是一位深刻理解舞蹈编导技术并创作了大量重要作品的作曲家。如今，"戏剧芭蕾""舞蹈编导戏剧化""交响舞蹈"等术语被广泛使用,但我们广泛地使用了这些概念,却没有思考它们的来源。正是阿萨菲耶夫第一个将这些概念引入的,古雪夫正确地指出了这一点。他称阿萨菲耶夫为苏联芭蕾的良师益友,指出他"预见了芭蕾舞的广阔前景,强调了舞蹈创作应广泛运用交响乐与具体情节、隐喻意象和各种表现手法,并将它们有机结合起来的重要性"。

古雪夫与 C. 萨莫苏德共事过很多次,他称萨莫舒德不仅是出色的指挥家,还是天生的音乐剧导演。古雪夫通过具体事例向人们展示了萨莫苏德在人才发掘方面的天赋,许多音乐剧场的艺术家都得益于他的提拔。古雪夫强调了这位杰出指挥家对于芭蕾舞发展的关注和他与芭蕾舞编导们合作的能力。

古雪夫与杰出的芭蕾舞学者和编剧 Ю. 斯洛尼姆斯基有着深厚而持久的友谊。他们一起见证了苏联芭蕾舞史的发展历程。他们在所有重要问题上的观点都不谋而合。他们在艺术斗争中成为志同道合的战友。因此,古雪夫为斯洛尼姆斯基的著作《致舞蹈》和《19 世纪芭蕾舞剧院的戏剧创作》撰写了前言。古雪夫根据斯洛尼姆斯基的剧本执导了自己的芭蕾舞剧《七美人》,并在多篇文章中讲述了这部芭蕾舞剧的创作过程。

古雪夫在对杰出芭蕾舞演员 M. 加博维奇的回忆中,对斯洛尼姆斯基的生动个性作了许多精妙的描述,而加博维奇则以其极具抒情性和戏剧性的表演而闻名,并曾是 Г. 乌兰诺娃的舞伴和"莫斯科最佳罗密欧"称号的获得者。此外,他还是一位经验丰富的教师和求知欲极强的研究者,曾撰写过几篇研究深入且令人惊叹的文章。

古雪夫称 A. 叶尔莫拉耶夫是一位具有男子气概的天才,认为他的表演将男子舞蹈提升到了一个新的高度,并拓宽了舞蹈的形象和描述的范畴。古雪夫描述了叶尔莫拉耶夫的许多角色,认为他饰演的角色没有不成功的,并在访谈中提及了他的芭蕾教学活动。

古雪夫用了大量的文章和演讲来介绍格里戈洛维奇的作品，认为他将苏联芭蕾舞发展到了一个崭新的阶段。他赞扬了格里戈洛维奇从《宝石花》到《雷蒙达》的所有演出，并撰写了一篇关于《胡桃夹子》的文章，作为格里戈洛维奇的纪念演出节目单的引言。他还在各种评委会和创作协会上与格里戈洛维奇结下了不解之缘。彼得·安德烈耶维奇·古雪夫特别欣赏这位后辈在创作中将古典传统与现代元素有机结合的能力。

关于古典与现代……20世纪60年代和80年代，这些问题在创作生活和批评中被推到了风口浪尖。古雪夫最成熟、最深刻的理论文章和演讲都是围绕这些问题展开的。这些文献在我们的芭蕾学界拥有着巨大的影响力，并帮助我们找到了艺术评论中最富有成效的途径。

古雪夫是一位出色的古典文化遗产鉴赏家。甚至可以说，在A.希里亚耶娃这位M.佩蒂帕的学生及古典艺术传承专家于1941年去世后，洛普霍夫和古雪夫堪称苏联最有名的古典文化遗产的鉴赏行家。[①] 古雪夫曾在列宁格勒音乐学院的芭蕾舞编导系教授这门课程[②]，并在收藏记录古代芭蕾舞剧作方面做出了巨大的贡献，为后代保存了许多珍贵的作品，如果没有他，这些名作就将从此消逝在历史的长河中。

作为古典文化遗产鉴赏的专家，古雪夫目睹这些世代传承的珍宝被遗忘并逐渐消失，目睹古典文化遗产在艺术生活实践中被扭曲的现状，他感到无

[①] 在这些值得尊敬的名字中，我们也不妨将其他伟大的大师列入遗产专家的行列，例如：В.波诺马廖夫、А.瓦冈诺娃、Б.沙夫罗夫、К.谢尔盖耶夫。

[②] 古雪夫从未在音乐学院教授过"古典遗产"这门课程。他的课程被称为"芭蕾舞导演艺术"。（参见彼·安·古雪夫《芭蕾教练艺术课程大纲》，2003年版；以及本版中 Л.林科娃的文章《舞蹈系——他的孩子》)

比痛苦。在剧院中，芭蕾编导随意诠释古老芭蕾舞剧的内涵，演员则根据自己的能力将舞蹈文本复杂化或简单化；在比赛中，舞蹈角色充斥着"制胜"的技术技巧；在音乐会中，舞蹈的意象常常从戏剧的背景中剥离出来；等等。看到这种恣意的行为，古雪夫坚持保留经典作品原貌的必要性。他强调，要做到这一点，就必须深入了解它。而要了解经典，就需要保存那些尚未消失的部分，不让它们被遗忘，要用各种方式把他们记录下来，拍摄在电影胶片上，并提高在教育过程中传承古典艺术的重要性。

只有无可挑剔的、详尽的知识才能赋予人们改造和创新古典文化遗产的权利。古雪夫就举了这样一个例子，M.佩蒂帕在《吉赛尔》和《海盗》中，Ф.洛普霍夫在《睡美人》和《堂·吉诃德》中，都创作了许多自己的情节。但首先，他们这样做并不是为了自己的一时兴起，而是因为作品在现存的版本中遗失了一些内容，或者需要根据剧本的改进来扩充舞蹈内容。其次，他们非常熟悉、尊重和珍视先辈的作品，以至于他们的创作与整个舞蹈的风格是完美一致的，以至于无法辨别他们新加入的舞段在何处开始或结束，与前辈的编舞内容融合得天衣无缝。古雪夫对此进行了总结："我们年轻的芭蕾舞演员应该接受准确的文化遗产知识教育，尊重文化遗产及其最伟大的创作者。"[1]

这种在准确了解情况的基础上根据需要进行的增补，必须与主观的随意性区分开来。例如，在《吉赛尔》的改编上，古雪夫写道："在莫斯科大剧院，魅力十足的农民舞被毫无理由地改动了。在利沃夫，有人试图将两幕的《吉赛尔》改编成三幕芭蕾舞剧，还添加了毫无根据的幻想。在第比利斯，

---

[1] 彼·安·古雪夫：《理解、热爱和珍惜杰作！》，《苏联文艺》1966年2月1日。

他们篡改了第二幕中在美感上无与伦比的幽灵们的舞蹈,将主要角色吉赛尔和阿尔贝塔留在了佩蒂帕的版本中,又重新编排了舞蹈。这是无知和不尊重原作的行为!"[1]

《天鹅湖》也是如此,无论在哪个剧院上演,都会有新的版本,而这些版本经常粗暴地扭曲和简化它的含义。

但与此同时,重视和保护文化遗产的要求并不意味着其绝对不可侵犯。古典芭蕾舞剧中的有些东西确实已经过时。例如,冗长难懂的哑剧场景,仅仅以传统的手势为基础,让人联想到聋哑人的对话。这些场景可以也应该被摒弃,需要用更现代的方式替代它们。但这并不适用于那些杰作。

当然,才华横溢的表演者为这些文本注入了新的活力,而表演艺术本身也因现代人对芭蕾舞内涵的富有想象力和创造力的理解而为这段文字增添了新的色彩。古雪夫写道:"奥吉塔和奥吉莉娅这两个角色的跳舞方式与20世纪20年代之前的完全不同。在玛丽娜·谢苗诺娃之后,《天鹅湖》《舞姬》《雷蒙达》《堂·吉诃德》等剧目的演绎发生了巨大变化。谢苗诺娃不仅为未来30年的表演风格树立了一个标杆,还极大地丰富了古典剧目中一些芭蕾舞角色的舞蹈内涵。"[2]然而,这并不涉及对古典芭蕾内涵的不必要的复杂化或简化,这种修改并非出于创意构思,而是出于个人的创造,为体现当下流行的风格或发扬个人优势而进行的改动。

为了保护古典文化遗产,古雪夫呼吁:"尽可能找到并修复原作或寻找最接近原作的版本。在最权威的古典文化遗产鉴赏家的参与下仔细研究它们。权衡利弊,为所有剧院制定统一的演出蓝本。除对一些大规模舞蹈的必

---

[1] 彼·安·古雪夫:《理解、热爱和珍惜杰作!》,《苏联文艺》1966年2月1日。
[2] 彼·安·古雪夫:《理解、热爱和珍惜杰作!》,《苏联文艺》1966年2月1日。

要调整以适应团队的情况外，不要对这些演出的舞蹈文本进行微小的干预和改动。同时要为有独立见解的知名舞蹈家提供自由改动的权利，允许他们在任何古典音乐的配乐上重新编排芭蕾舞剧，前提是他们的创意是自发的，而不是对细节的随意修改，也不是被芭蕾编导的领导所安排的强制性修改。"[1]

据古雪夫计算，苏联留存了 45 个古典芭蕾舞剧，其中包括 30 个完整的作品和 15 个独幕舞剧。如果更早开始记录那些以前只以口头传统方式传承的作品，这个数字本来可以更多。失去的东西无法挽回，但已知的东西必须保留下来作为苏联芭蕾进一步发展的基础。为了实现这一点，所有已知的内容都应以电影的方式被记录下来（值得注意的是，这项工作到目前为止仍未得到妥善安排），并进行文本留存。

苏联芭蕾编导的优秀作品的保护工作也应当如此。它们的妥善保存不仅对创作发展和杜绝盗版有至关重要的意义，还对迄今尚未解决的芭蕾舞家的版权问题至关重要。

然而，如何记录舞蹈呢？众所周知，有许多记录系统，但没有一种是被普遍接受的。通常情况下，舞蹈演员不会对自己的表演进行录音，即使要录音，也是按照自己的方式进行。

我了解到，古雪夫将在列宁格勒音乐学院从事大量的舞蹈记录工作，于是写信给他（1985 年 2 月 25 日），请他告诉我他是如何记录舞蹈文本的。他给我的回复是这样的（1985 年 3 月 3 日）：

只有在身体上对舞蹈了如指掌的人才能记录舞蹈。每个人都用自己的方

---

[1] 彼·安·古雪夫：《理解、热爱和珍惜杰作！》，《苏联文艺》1966 年 2 月 1 日。

式记录着同样的东西。只有记录者才能破译它，他们能够不时地以音乐为依据，根据他们的记录，然后通过身体回忆舞蹈动作。通过很多次舞蹈练习熟能生巧的人，即使他记得一些东西，他也很难准确破译，只能靠猜测。其他任何情况都是行不通的，要么是通过欺骗，要么就是自己创作的舞蹈。①

在这封信中，彼得·安德烈耶维奇附上了芭蕾舞剧《内亚达和渔夫》组曲开头48小节的记录。他认为，所有的记录方法都不完美，而且有些方法十分繁琐且难以学习，他还认为在西方最普遍的拉班方法并不准确。因此，他在列宁格勒音乐学院舞蹈系采用了口头和术语描述舞蹈的方法，并附上动作示意图。② 他用这种方法记录了许多芭蕾舞剧。

下面是芭蕾舞剧《内亚达与渔夫》中组曲开头前8小节的记录样本。③ "引子2小节。2小节波尔卡舞步，从右脚开始。在第三小节的'倒重心'（tombée）上，移动到右腿，重心下沉并弯腰，然后做2个"巴洛内跳"（pas ballonné，就像塔兰泰拉舞那样），先用右腿再用左腿，然后再做4次"踢腿"（jeté）和奔跑。整段重复两次。手臂紧贴身体两侧的裙子，然后直线前进。"

接下来的记录里附上了类似语言和术语描述的舞者在舞台上的动作示意图。尽管这种记录方法相对来说比较啰唆，但古雪夫认为它仍然比其他记录系统更为简洁、易懂，因此更准确。的确，当"波尔卡舞步"被画下来

---

① 整封信载于本文集的"彼得·古雪夫的信件和他人写给他的信件"部分。（原编者注）
② В.乌拉尔斯卡娅在苏联文化部全苏文化专家高级培训学院组织的"舞蹈记录系统研讨会"在研究了许多录音系统后，得出了相同的结论——语言描述法占主导地位。有关舞蹈记录系统的更多详情，请参见《民间舞蹈：研究问题》，索科洛夫·卡明斯基编辑，1991年版，第5—6页。（原编者注）
③ 与全集一样，乐章的名称在此以法文标出，原文为俄文。（原编者注）

时，任何舞者都会一目了然。但是，需要花更长的时间，才能研发出另外的方法，将这两个词翻译成简明易懂的符号记录。

因此，增强对古典文化遗产保护的关注是古雪夫最重要的目标之一，也是他写理论性或批评性文章和发表演讲的原因。此外他还关注芭蕾的现实问题。

古雪夫写道："艺术中真正伟大的东西总是充满对时代的敏锐感知。"但要让一部芭蕾舞剧真正具有时代性，仅有一个主题和一个想法，显然是不够的。它必须是一部真正的芭蕾舞剧，即一部高度艺术化的芭蕾舞剧，它必须能以其特有的方式和手段传达生活化的内容。

古雪夫认为，现实问题的解决既不能走否定古典芭蕾的道路，也不能走忽视古典芭蕾的道路。机械地将古典芭蕾应用于现代舞蹈，会造成艺术上的假象；而忽视古典性，则会导致与传统的割裂。问题的关键在于找到正确的表现手法，使当代舞蹈的形象在艺术上令人信服。

古雪夫认为，在这一方向上进行的所有尝试都应得到支持，即使它们还不成熟。他鼓励编舞家努力创作当代题材的作品，关注他们的尝试，并对其进行批判的和善意的分析："我们的编舞家，特别是格里戈洛维奇和别尔斯基，继承了俄罗斯戏剧的优秀传统，在苏联舞台上创造了一种新的表演形式，在这种表演形式中，舞蹈不是用来描绘角色行为方式的工具，而是用来形象地表现人物精神世界的唯一手段。"

古雪夫认为，当代题材的芭蕾舞剧应具备所有优秀芭蕾舞剧的特征。他写道："我深信，舞蹈作为芭蕾舞表演的决定性环节，是剧本和音乐的衍生品。但它不是复述或例证，而是将剧本的意识形态和思想基础、音乐的情感内容及其结构转化为另一个想象领域——造型艺术的领域。这就是芭蕾舞作为音乐戏剧艺术存在的意义。"

只有当芭蕾的所有组成部分在艺术上达到一定的高度，并将它们有机地结合在一起时，芭蕾才能形成一个真正统一的艺术整体。古雪夫认为，И.别尔斯基的《列宁格勒交响曲》，Н.卡萨特金娜和 В.瓦西里耶夫的《地质学家》，О.维诺格拉多夫的《阿塞尔》和《山民》，Л.雅科布松的《臭虫》和《十二人》，Ю.格里戈洛维奇的《安加拉河》都正在接近这一目标，尽管这一目标尚未完全实现。

这个问题的解决需要多种条件的配合，包括古典芭蕾的发展和其他造型体系对它的应用。不要被古典芭蕾似乎与不受拘束的形体塑造不相容的表象所迷惑。古典芭蕾具有惊人的包容性，可以吸收、消化、表现和改变一切——从体育形体动作到民间舞蹈，都在其包容范围中。

无论我国芭蕾正面临着什么样的困难，无论我们的创作探索是否能取得丰硕的成果，积累经验都是必要的，我们要支持一切有可能成功的尝试，因为关于现实主题的表演创作仍然是当前国内芭蕾的主要任务之一。

古雪夫的多才多艺给人留下了深刻印象。作为一名思想家，古雪夫的作品同样意义非凡。除了创作和教学工作外，他还对芭蕾舞研究做出了贡献，其中的许多思想被长期保存，并流传后世，推动我国芭蕾在日益完善的道路上不断发展前进。

第二部分 回忆之夜

奥尔加·罗扎诺娃

2005年的除夕将至，在2004年的最后一个月里，人们接连两天都聚集在涅夫斯基大街86号的演员之家，缅怀彼得·安德烈耶维奇·古雪夫。12月29日，是他的百岁诞辰。

第一天晚上，12月29日，在К.С.斯坦尼斯拉夫斯基演员之家大礼堂的舞台上，音乐学院芭蕾舞导演系（Г.科夫顿大师班）的学生们表演了两部与古雪夫直接相关的幽默芭蕾舞剧。其中的一部以诙谐滑稽的戏剧形式展现了他在其原创作品《编导的工作》中对芭蕾导师这个职业的复杂性和微妙性的认真思考；另一部芭蕾舞剧则是对《骑兵驿站》的创造性的改编：男角由女性扮演，女角由男性扮演。古雪夫于1969年为列宁格勒室内芭蕾舞团复排了М.佩蒂帕这部迷人的喜剧作品，并使其免遭遗忘。但很少有人知道，古雪夫在1921—1922年就读彼得格勒舞蹈学校（现瓦冈诺娃芭蕾学院）的高中部时，就已经开始欣赏这部小型的杰作了。当时，他对名著的价值还不是很清楚。根据Ю.И.斯洛尼姆斯基的回忆："古雪夫提议在我们的国家和时代推行'骑兵驿站'行动：让白军来到'红色'的村庄，索要食物，制造恐慌，调戏农民的妻子和女儿，然后由红军们声势浩大地将他们赶出村子。"[1]

---

[1]《奇妙就在我们身边：20世纪20年代的彼得格勒芭蕾舞纪实》，1984年，第148页。

第二个晚上，即 12 月 30 日，则专门用来回忆。古雪夫赋予民族芭蕾舞剧艺术的意义和他多样的艺术创造力是所有人目睹的。他年轻的同事们在回忆中也展现了他的独特个性，并为这位俄罗斯芭蕾元老的形象增添了新的色彩。

我们将在此向读者提供各位作者录制好的演讲片段文本。除了播放这些回忆录像之外，还有专门介绍古雪夫的电影和电视节目的录音节选。

塔吉雅娜·伊万诺娃

据我母亲说，我的父亲彼得·古雪夫是一个了不起的舞蹈表演家。他的弹跳能力好，肢体柔软，舞步优美。他能出色地表演那段《蓝鸟》的舞蹈，但遗憾的是，我从未见过舞台上的他。我出生于1946年，当时我父亲从莫斯科大剧院调到了列宁格勒的基洛夫剧院。这与他在1935年从列宁格勒调到莫斯科，以及后来被派到中国教授芭蕾舞一样，都是政府的委任。那时，没有剧院授予的头衔，什么都做不了。我的父亲虽然身居要职，却一生都是个无党派人士。总的来说，他不是一个善于逢场作戏、字面意义上的"戏剧人"——但他热爱戏剧。有人说得好，他从未品尝过嫉妒的滋味。他不仅会把舞台让给其他舞蹈家，还会将原本指定让他表演的剧目让给别人。例如，卡拉·卡拉耶夫专门为他创作了《雷电之路》的音乐，但他却把它交给了K.谢尔盖耶夫，并坚持让他接手这部作品。父亲总是以事业为重，剧院是他最关心的事情。

我父亲在战后接管了基洛夫剧院时，遇到了可怕的阻力。因为他出众的创造能力和笔下接连不断诞生的、饱满且独立的新角色，父亲周围出现了许多对他眼红的人；同时，他也在不知不觉中改变了许多人的生活。在他的指导下，Л.雅科布松、В.瓦伊诺宁、Л.拉夫罗夫斯基①开始登台演出。我父亲有自己的圈子，他并不担心有人会冒犯他。他年轻时言辞犀利，但随着岁月的流逝，则变得异常细腻。

他热爱诗歌，熟读马雅可夫斯基、帕斯特纳克、叶夫图申科的诗歌，并能将他们的诗歌朗读得十分优美。他是一个出色的演员，有模仿的才能，擅长搞笑夸张。他的音乐天赋极高，能靠耳朵听出钢琴的音阶。他一生都在学习，图书馆里的很多书中都有他的笔记。总的来说，他是一个非常能干和高效的人。他对我们要求严格，因为他是所谓的完美主义者。我在家里很难见到他，因为他把自己完全地交给了工作。他不知道什么是休闲、爱好和休息。他把所有的时间都用在了工作上。没有什么比工作出色更能让他感到快乐了。举个例子，埃米尔·吉列尔斯就住在附近，夏天，每当窗户打开时，总能听到他的琴声，我父亲很喜欢他的演奏。父亲喜欢小提琴，认为它是最独特的乐器。

父亲对大自然的态度属于非常纯粹的俄罗斯风格。他喜欢采蘑菇，喜欢在树林中散步。他喜欢吃面包和盐，他是一个慷慨好客的人，能把餐桌布置得很漂亮，并在上面摆放盘子和其他餐具。在他过生日的时候，从来没有少于20个人。妈妈为此很苦恼，因为人总是络绎不绝。他还是一个真正的运动员，在列宁格勒业余爱好者联合队踢足球。他喜欢划皮艇，经常从莫斯科划到阿尔汉格尔斯克附近的别墅。他也会骑自行车，游泳也游得很好。同时，他还有心脏病。他担任莫斯科大剧院艺术总监时，心脏病发作得很厉害。医生乐意为他治疗，因为他从不抱怨。他曾多次被判死刑，但也许是他

---

① 事实上，这些编舞家在没有古雪夫参与的情况下，更早地开始了舞台表演。（原编者注）

对体育的执着拯救了他。他每天都做大量的体操，去中国之后还学习中国气功。他跑步，举哑铃。虽然他的肱二头肌并不发达，但他非常强壮。

父亲是一个不可多得的讲故事能手，但在生活中并不健谈。对于当权者，他根本不屑一顾，尽管他确实为此吃了不少苦头。他从不谈论政治话题。但是，当斯大林去世时，"他并没有分担人们的悲痛"——米哈伊尔·科扎科夫在他的书中这样写道。

当被派往列宁格勒时，他和我母亲刚刚有了自己的房子。那是大剧院的第一个合作项目，用了25年的时间才建好的。但我父亲简直是被迫接受的任命，被迫离开的莫斯科。可以说，我的母亲帮助他完成了这次搬迁，因为他再也不能跳舞了：他的腿部受了伤——脚部的肌肉和肌腱撕裂了。名医维什涅夫斯基是第一次将封闭法的手术做了临床运用。人们担心爸爸将无法行走。但他非常调皮，比如下楼梯时还做两腿相击的跳跃动作。

他爱女人，是个唯美主义者。他欣赏美，且品位很高。我记得当我去中国购物时，他总是能准确无误地挑出其中品质最好的商品。他喜欢送礼物，而且送的都是昂贵的东西。到中国后，整个公寓都堆满了礼物——中国人一直不停地送礼物给我们。每位来访的女士都带着瓷器和贵重的首饰离开了，公寓后来变得空荡荡的，他把所有的东西都送了人。他从不想要拥有任何东西，他喜欢给予。也许对家庭来说，他不是一个合格的丈夫，会伤妻子的心。但我们家的所有人都很崇拜父亲，我母亲则一直在支持他。

在芭蕾舞演员中，他喜欢玛丽娜·谢苗诺娃和加林娜·乌兰诺娃，塔吉雅娜·维切斯洛娃因其非凡的舞台魅力而备受他推崇。他爱她，尽管维切斯洛娃拒绝了他。后来，他们成了非常要好的朋友。父亲很容易原谅别人，从不记仇。也许正是这种高尚的品质让他的敌人感到不高兴——他不仅从不赘述别人对他做的恶事，甚至好像没有注意到一样。

亚历山大·别林斯基

我一生所做的一切只归功于一个人——彼得·安德烈耶维奇·古雪夫。1946年，作为戏剧学院舞蹈编导系的学生，我被派往芭蕾舞团实习。我来到罗西大街[①]，见到了一位魅力非凡的男士，递上文件后，他立即邀请我参加排练。当时，他们正在排练准备重新上演的《巴赫奇萨拉伊的泪泉》中的鞑靼舞。剧院当时刚从疏散中返回可谓贫困潦倒，剧目只有几部。古雪夫在战后两年[②]中所做的一切，堪比希腊神话中的英雄赫拉克勒斯的壮举。他创作了一部又一部的剧本，每天工作20个小时。他无所畏惧。

他们正在准备一部新的芭蕾舞剧《塔吉雅娜》。女主角的姐姐娜塔莎一角由费娅·巴拉比娜（第一选择，她的舞伴是尼古拉·祖布科夫斯基）和诺娜·娅斯特雷波娃（备选，Б.菲德勒与她共舞）参加排练。首演的前三天，古雪夫（只有他有这个权力）将巴拉比娜从首演中撤下，而让娅斯特雷波娃与祖布科夫斯基搭档。就在那时，娅斯特雷波娃成了一名芭蕾舞演员。他还让刚从学校毕业的布雷格瓦泽与她一起跳了《堂·吉诃德》的首演。

古雪夫崇拜一个人——费多尔·洛普霍夫。他常说：没有洛普霍夫，就

[①] 瓦冈诺娃芭蕾学院所在的街道。（译者注）
[②] 古雪夫在1946年至1951年间，曾领导基洛夫剧院芭蕾舞团——见本文集中的"彼得·古雪夫的生平、创作及复排年表"。（原编者注）

没有古雪夫。

古雪夫让当时在马戏团工作、工资难以果腹的莱奥尼德·雅科布松[①]出演《舒拉尔》，由此让他重新振作了起来。在《舞姬》的复排中，古雪夫发掘了阿斯科尔德·马卡罗夫这个好苗子，因而让这位尚未担任过独舞角色的新手与卡普兰轮流跳男主角；他将妮基娅的角色交给了因娜·祖布科芙斯卡娅，而将甘姆扎蒂这个角色交给了娅斯特雷波娃，并为她量身打造了一段难度极高的变奏。

为了演员们的成功，他是那么地欢欣鼓舞！我想，他根本就没有嫉妒之心。女人可以为他而死，我从没见过不爱他的女人。他的男性魅力令人难以置信！他也很幽默，知道如何与人交朋友。他对斯洛尼姆斯基是那么地友好，虽然尤里·约瑟夫维奇·斯洛尼姆斯基也的确有让人这样做的优点。尤其是他对初学者的支持是不遗余力的，Ю.格里戈洛维奇初出茅庐时，古雪夫对他是多么地关爱啊！

我并未生活在文艺复兴时期，但当人们对我说"这是一个文艺复兴时期的人"时，我总能想起一个人——彼得·安德烈耶维奇·古雪夫。

[①] 1942—1950 年，雅科布松是基洛夫剧院的"下一任"舞蹈编导。他离开剧院后，由古雪夫领导舞团直至 1951 年。（原编者注）

娜塔丽娅·杜金斯卡娅和康斯坦丁·谢尔盖耶夫 *

康斯坦丁·谢尔盖耶夫："我记得彼得·安德烈耶维奇·古雪夫在1922年的那场毕业演出，当时演出的是芭蕾舞剧《仙女》。我曾见过这位舞蹈家，并密切关注他在基洛夫剧院、列宁格勒歌剧和芭蕾舞小剧院与莫斯科大剧院的所有演出。20世纪20年代的那代人和我们30年代的这代人在追求新事物和从旧事物中看到新事物时的愿望，是如此地相似！古雪夫在学校执教的时候，我们从他那里领悟到了所有的舞蹈技术原理，他教授的是舞蹈技术课，我们迫不及待地奔向他的课堂，期待着他的舞蹈技术教学。课程如此受欢迎的另一个原因则与古典文化遗产有关。古雪夫向'世界青年芭蕾舞团'①致敬，但他和他的老师Ф.洛普霍夫一样，非常注重经典舞蹈，这正是我们芭蕾舞的价值所在。古雪夫以惊人的灵活性和情感，总是充满激情地对待各种探索和不同的方向。"

娜塔丽娅·杜金斯卡娅："我们从小就喜欢曼加洛娃和古雪夫的双人舞——那绝对令人惊叹。古雪夫来学校的时候，我们见到了他：我们冲到他

---

* 在纪念古雪夫的晚会上，演讲与观看电影片段交替进行。下面是И.塔伊马诺娃为纪念古雪夫80周年诞辰拍摄的电影片段。（原编者注）

① 指热情的"彼得格勒青年芭蕾舞团"。（原编者注）

的班上，只为一睹他的风采。他充满激情地工作，这种认真积极的态度也使我们全神贯注，最终完成了令人难以置信、极具挑战性的任务。他在担任基洛夫剧院的艺术总监时，对待我们格外细心，安排工作时富有创造性，我非常地感谢他。在《巴黎的火焰》最后一幕中，我和他一起跳了一段难度很大的抒情性舞蹈。我有幸与他合作，他稳稳地托着我，在他那双有力的大手上，你可以放心地依赖他，并且知道即使是有意为之，你也永远不会坠落和跌倒。"

作为一名舞者，古雪夫的舞蹈非常具有观赏性，且让人感到庄严隆重。

康斯坦丁·谢尔盖耶夫："他在舞台上的表现极富感染力，并且令人惊讶。他的所有动作，尤其是双人舞的动作，都非常迷人，我们总是很享受地观看他的表演。"

诺娜·娅斯特雷波娃

我从部队退伍后来到剧院时，身体状况非常糟糕。不久，剧院来了一位新的艺术总监——古雪夫。在儿时，我们就认识了他——我们在《雪姑娘》和《红罂粟花》中一起跳过舞。我还记得他塑造的令人印象深刻的"中国苦力"一角，从那以后，每个人都开始向他学跳这个角色。

这是一个非同寻常的人。最重要的是，他智慧过人，魅力非凡。不仅女人无法抵挡他的魅力，男人也被他的内在光芒所吸引。作为一个有远见的人，他开始与年轻人合作：Н.祖布科夫斯基、А.马卡罗夫、Б.布雷格瓦泽、А.奥西彭科、О.莫伊谢耶娃、Н.彼得罗娃、Ю.格里戈洛维奇。

古雪夫激发了我们所有的潜能。他知道，如果我们与他合作得好，我们能创造出什么样的奇迹。我记得有一次在演出结束后，在一个只有一盏灯泡照明的昏暗的舞台上，我们开始排练《舞姬》。令人畏惧的古雪夫也在大厅里。我们听到了他的声音："马卡罗夫！这家木工店什么时候关门？""现在就关门，彼得·安德烈耶维奇！"

他没有强迫我们，而是让我们沉浸在排练之中。排练的节奏总是很紧凑。没有长篇大论、花言巧语，只有简短、清晰、大胆的话语。他常对我说："你看起来一点趣味都没有。但是当玛丽娜·季莫菲耶夫娜·谢苗诺娃跳舞时，前排的人都会开始扭动。"

我想起了我们在《堂·吉诃德》中的合作，那是一次非常大胆的尝试：

他让非常年轻的 Б. 布雷格瓦泽和我一道演出。古雪夫和我们一起工作了至少3个月，日复一日。这很不容易，我们试图骗取一点休息时间，但一切都无济于事。他是一位出色的导师，我们都有点爱上他了。我们所有的人。每次在和他排练之前，甚至连芭蕾舞团的演员们都对着镜子，想把自己打扮得花枝招展。他却丝毫没有察觉："让我们开始工作吧！"

他的穿着很有意思，不是普通的西装，而是宽松的天鹅绒上衣，就像美术家一样。

当我们成功地跳完了《堂·吉诃德》后，我们决定送给他一份礼物。我们在寄卖商店买了一些好看的物品：我买了一个瓷花瓶，布雷格瓦泽买了一个水晶花瓶。我们来到他的面前，他打开包装纸，看了看，对这些美丽的东西表达了自己的赞赏，然后说："你们把这些东西带回家去吧，如果收到你们签名的照片，我会更加高兴。"

因此，我至今还保留着他退给我的花瓶。

他是苏联和俄罗斯芭蕾舞的元老，他擅长发掘优秀的舞蹈编导和演员，这是他独特的才能和天赋，他把所有空闲和非空闲时间都献给了芭蕾舞。

阿拉·奥西彭科

难忘的、不可替代的、无与伦比的彼得·安德烈耶维奇·古雪夫！我是在1950年从学校毕业时认识他的。他是我的第一位艺术指导。后来有了不同的领导——有好有坏，但我再也没有遇到过这样的艺术家导师。我们都爱上了古雪夫。可怜的家伙！当他被无休止地指责，说我们都是他的情人时，他一定既痛苦又可笑，尽管我们每个人都可能梦想过这一点。他的魅力使他周身散发着非凡的光环。每个人都想喜欢他。我不知道他是否喜欢我，但即便如此，他还是开始与我合作。

我与古雪夫合作的第一部作品，或许也是唯一的一部作品，是《巴赫奇萨拉伊的泪泉》。他是一个敢于冒巨大风险的人，他接手了一支年轻的团队，从早排练到晚。他建议我饰演玛丽娅，不幸的是，他打错了赌。毕竟在当时，我只是个无名小辈。O.莫伊谢耶娃扮演扎列玛，A.马卡罗夫扮演吉列伊，Π.库兹涅佐夫扮演瓦茨拉夫。那时的我有点胖，彼得·安德烈耶维奇叫我"划桨女孩"。[①]

演出进行得并不顺利。甚至在开演前，当古雪夫看到我们化妆时，他吓了一跳。但不知怎么样，我们很快就调整好了。不管怎么说，这部作品让我

[①] 20世纪30年代健美的划船运动员形象。（译者注）

终生难忘，因为与他一起排练是一种享受。他热爱与他共事的人，并愿意为此奉献自己的全部灵魂和知识。人们与他共事总有一种惊人的默契。他一眼就能看透并理解一切，而且还很有幽默感。但在所有演出的过程中，我们还是很畏惧他的。在电视台演出结束后，他会把一些演员叫到身边——表扬他们，但更多的时候是责备他们。他对所有细微之处都了如指掌。有一次，他把女子芭蕾的群舞演员叫了过去，要求她们都按照一位女子独舞演员的老式方法梳头。纪律严明，堪称典范。我们既害怕他，又敬慕他。

遗憾的是，我们的共事只持续了一年。古雪夫便被撤了职，这对我们这些年轻人来说是一场灾难。我们意识到，没有人会像他这样与我们合作了。我毫不怀疑，如果我们继续与他合作，他将是第一个决定我命运的人。

我们一定要向他表达我们的爱和感激之情。Т. 巴济列芙斯卡娅、Н. 彼得罗娃、О. 莫伊谢耶娃、А. 马卡罗夫、И. 别尔斯基和我——他们是古雪夫去莫斯科之前，在列宁格勒逗留的最后一个月里与他相处的同伴。他当时住在欧洲旅馆。我们轮流在他的旅馆聚会，吃煎饼，给他做小礼物，或者在他的旅馆待到半夜。

分离是不可能的。我们经常在他的家里过夜，有的睡在沙发上，有的睡在扶手椅上，有的睡在椅子上。我们想延长他在我们身边的时间，因为他是我们的朋友。他向我们讲述了很多！我们从他那里学到了那么多的东西！我们经常在晚上出去散步。有一次，我们爬过了夏日花园的铁栏杆，古雪夫的举止就跟我们的同龄人一样。他和我们在一起是多么的年轻啊！黎明时，我们都已筋疲力尽，但他似乎马上就能开始工作了。

彼得·安德烈耶维奇·古雪夫是一位杰出的导师和排练导演。也许只有М. Н. 沙姆舍夫才能像他那样让我爱上我的工作。他从来没有忘记过我，每次来列宁格勒都会给我打电话。感谢上帝，在筹备 Ф. 洛普霍夫的周年纪念活动时，我有幸再次见到了他。彼得·安德烈耶维奇向我和伊戈尔·车尔尼雪夫展示了洛普霍夫的《雪姑娘》中的一段双人舞，这是自他和奥尔加·曼加洛娃演出后从没有人跳过的。当有人将我们和他们相比时，他说："虽然没有那么好，但还是不错的。"

这样的表扬意义重大。我们为此努力了很长的时间。遗憾的是，我还不能完整地跳出变奏来：这对当时的我来说，太难了。这个舞蹈对我来说是一个意外的新发现，毕竟，有什么能比得上向首演者展示呢！尤其是向古雪夫这样的人展示。

奥尔加·列别辛斯卡娅[*]

对我来说，彼得·安德烈耶维奇·古雪夫的意义超越了合作伙伴的关系。他于1935年加入我们剧院，一直工作到1945年。对我来说，那是战争期间最艰难的时刻。他细心、和蔼。他让我意识到，只有创作，才能让我调整好自己。

我们忙着准备大型舞蹈演出，В. И. 瓦伊诺宁表演了莫什科夫斯基的《圆舞曲》，这首舞曲成了我的护身符。彼得·安德烈耶维奇发现了启发我的关键：这首舞曲充满了生命力，充满了对舞蹈的热爱。我非常感谢他的这个发现。

古雪夫在我们职业的各个方面都是佼佼者。首先，他是一名出色的舞者。然后，他又成为一位纯属罕见且才华横溢的舞伴。他有一双看似普通的手，但我们总是笑称，他能用两根手指让舞伴感觉不到被托举，但又确信自己被他所持抱。芭蕾舞演员们称他为"托举之王"。他在扮演鞑靼王吉列伊时，是多么的出色，并且令人难以忘怀！

古雪夫具有多种多样的才能。他在中国开创了新的事业，并且是北京舞蹈学校的灵魂人物。当他的中国同事们来莫斯科参加国际比赛时，礼堂里出

---

[*] 摘自纪念晚会上播放的电视片节选。（原编者注）

现了全场沸腾的场面。一向拘谨的中国人激动地冲向他，与他拥抱、亲吻。他们说，古雪夫为中国所做的事情是无法估量的：他成功地将我们的古典舞流派与中国的戏剧传统相结合。时至今日，中国人在芭蕾舞方面，仍然遵循着古雪夫开辟的道路。

  古雪夫的人文素养非常之高。他能够照顾到每个人，并在无意之中、不经意地帮助他。对他来说，每个人、每种人的性格都是他感兴趣的。他从每个有才能的舞者身上"挖"出了他所能挖出的一切。但他并不在意要展示自己的重要性和成就。他不会结交所谓"必要的朋友"。然而，芭蕾舞界没有人不了解他对我们芭蕾舞艺术的意义有多么重要！

尼基塔·多尔古申

Н.莫罗佐娃精心组织了今天的晚会,并为古雪夫举办了精彩的展览会,进而展现了由担任表演艺术协会舞蹈部主任多年的古雪夫熏陶而成的工作作风。

在很久以前,我们就开始怀念起那位将我们聚集在这里的人。与他共事过的专业人员都从这位榜样身上,体会到了什么是真正对职业的热爱。因为每个人不得不学会同拥有绝对天赋的人打交道。在我年轻的时候,我甚至做梦都想不到能被介绍给古雪夫并与他共事。自然,我也不会想到他会让我接替他在音乐学院的教席,教我如何用艺术影响他人,而不仅仅是观众。这个人在某种程度上诱使我离开了列宁格勒和我的剧院。遗憾、不幸的是,那个剧院做了太多错事,失去了很多有前途的人。包括将 Ю.格里戈洛维奇扫地出门,从根本上压制了 Л.雅科布松①。因此,许多艺术家都愤然离开那里,选择去其他地方实现自我价值。

如果让我说出古雪夫的主要个性,我可能会说,是他对不同才能的尊重和对他人的尊重。他在这方面的造诣无人能及。我目睹了古雪夫不仅关心演员的需求(尽管他非常喜欢优秀的舞蹈演员),还关心舞蹈编导们的利益。

---

① 应当承认,Л.В.雅科布松在基洛夫剧院舞台上创作的最佳作品有:《树妖》(1951)、《斯巴达克》(1956)、《舞蹈小品》(1958)、《臭虫》(1962)、《十二个》(1964)、《仙境》(1967)。(原编者注)

他在新西伯利亚指导了很多作品。他编排的经典舞剧——《雷蒙达》和《海盗》——都非常有趣：它们与传统的作品不同。新西伯利亚版的《七美人》也不同于列宁格勒版。他支持年轻舞蹈编导 O. 维诺格拉多夫的创作，用父亲般的羽翼，为他撑起了一片蓝天，这一点是非常了不起的。

这并不是古雪夫第一次开始尝试这种新事物。他回到列宁格勒后，在那里组建了室内芭蕾舞团，并将其交给 Л. 雅科布松全权管理，并很快从事了一项全新的工作——领导部门的工作，这足以说明他精力充沛。他是一个永远年轻的人。他的魅力和说服力征服了我们所有人。古雪夫担任舞蹈编导系主任期间，他领导的教研室为现代芭蕾舞界培养了一大批优秀人才！他扩大了编导系的规模，在其中增设了一个新的专业——芭蕾舞编导系。我特别感谢他强迫我去学习，随后又担任这个系的系主任，而这对以前的我来说，是根本想都不敢想的。教书育人是他难以割舍的事业，面对学生时，他总是带着自己独特的微笑和幽默感进行教学。

奥列格·维诺格拉多夫[*]

每个人的人生轨迹完全取决于我们在旅途开始时遇到的人,我的命运是由3个人决定的:П.古雪夫、Н.多尔古申、Ю.格里戈洛维奇。

我是在新西伯利亚遇到彼得·安德烈耶维奇·古雪夫的。从学校毕业后,我就来到了这里。我当时是芭蕾舞团的演员,但我也兼职业余类的演出,并为当地的学校表演节目。

彼得·安德烈耶维奇在这所学校的创建过程中扮演了重要的角色。他一来就参加了春季的舞蹈演出。他在那里看到了我的演出,其中包括芭蕾舞剧《猩红之花》中的俄罗斯组舞。我被引荐给了古雪夫,他看到其中有许多我独创的新颖的舞蹈动作,因此对我的俄罗斯舞蹈大加赞赏。

那段时间里,彼得·安德烈耶维奇开始排演《七美人》(这是我非常喜欢的列宁格勒歌剧和芭蕾舞小剧院的剧目,尽管当时我对芭蕾还一无所知)。我从门缝里偷看他们排练,他注意到了我,并请我进了排练大厅,不只是让我观看排练,还是……来帮他打下手。

在排练"斯拉夫美人"的变奏时,我试着自己创造一个新的动作。彼

---

[*] 在Н.多尔古申,特别是О.维诺格拉多夫的讲话中,有些内容重复了他们文章中的内容——参见本文集中的"第一部分 向大师致敬"。尽管如此,我们还是决定放弃压缩这篇文章,因为这两篇文章在我们主人公的创作生涯中意义重大;毕竟,是他给了他们作为编舞家的"入场券"。(原编者注)

得·安德烈耶维奇注意到后,对其进行了改善,并将这段动作加入了舞蹈的中间部分。后来,他不断地鼓励我创新,我的名字开始出现在每天的工作安排表上。排练时,他经常问我这个或那个舞段应该怎么改。一段时间后,他任命我为舞蹈编排助理。

后来,多亏了古雪夫,格里戈洛维奇才留在了剧院里[①]——但他和 C. 维尔萨拉泽都在事业的鼎盛时期失去了剧院的工作。[②] 明智的新西伯利亚剧院的领导们——E. 泽尔曼诺夫、Э. 帕森科夫和 П. 古雪夫——他们竭尽全力让格里戈洛维奇留在他们的身边。

在《七美人》顺利公演之后,古雪夫建议我接着创作一部具有商业价值的芭蕾舞剧——C. 普罗科菲耶夫的《灰姑娘》。剧院里的每个人都很担心:我才 26 岁,这不是很冒险吗?但彼得·安德烈耶维奇坚持说:"他是创作者,他能做到。"他还解释说:"所有的舞蹈编导都可分为两类:借鉴者占 99.9%,而创作者只占 0.1%。"他总是对我说:"要发明、创作,不要借鉴,要做出属于你自己的东西。"于是他委托了我这个无名小卒,创作了这部大型的芭蕾舞剧!在这个美妙的环境中,在这位巨人、元老、我们新西伯利亚天才的指导下,我们创作了这部芭蕾舞剧。我当时知道的不多,几乎什么都没见识过。顺便说一句,是古雪夫让我了解了 Д. 巴兰钦和 Ю. 斯洛尼姆斯基。[③] 我身上所有的最好的品质都习自彼得·安德烈耶维奇。

[①] Ю. 格里戈洛维奇于 1959 年将他的《宝石花》转到了新西伯利亚演出,古雪夫则于 1962 年出现在那里。(原编者注)

[②] Ю. 格里戈洛维奇于 1961 年又将《爱情的传说》转到新西伯利亚演出,但继续在基洛夫剧院担任芭蕾舞大师,直到 1964 年。(原编者注)

[③] 我们在此所说的,是指彼得·安德烈耶维奇·古雪夫最早向本文作者介绍了巴兰钦和斯洛尼姆斯基,包括他们的为人和作品。(原编者注)

《灰姑娘》获得了巨大的成功。令人高兴的是，首都的评论家们以这种方式认可了我。在下一个演出季，我受命演出了《罗密欧与朱丽叶》。彼得·安德烈耶维奇对我和多尔古申（饰演罗密欧）做的所有创作都进行了深入的研究，并针对剧本中的一些小细节，同我们进行了探讨，尽管他内心深处对很多内容都未置可否。关于艺术委员会对第三幕的讨论，我至今印象深刻。在那里，角色们的抒情舞蹈在看似空无一人的舞台上表演。舞台背景中看不到利文塔尔的奇妙布景：只有一片星空和一张长方形的床。抒情舞蹈从这张床开始，然后向后移动，演员们继续在舞台上跳双人舞。彼得·安德烈耶维奇听着我们的讨论，认同了我的建议，点了点头，但最后还是无法忍受："我什么都能理解，但我不能接受在露天的床上跳抒情舞蹈。你就不能让他在房间里表演吗？"

　　不过，他并没有要求我改变什么。

　　我们成了忠实的朋友，我对一切都抱有浓厚的兴趣，并渴望学习。彼得·安德烈耶维奇邀请我加入新编芭蕾舞剧《三个火枪手》的创作，并收集素材。我们一起创作剧本。与他一起幻想故事情节是一种真正的快乐：他会为他所喜爱的故事的每个崭新的转折所感动，就像个大小孩。我的眼前此刻还浮现出他"变成"主角罗西南时的情景，他仿佛成了剧中的人物，所有的情节都亲身经历过一般。

　　到了剧团进行剧本阐述的时间，古雪夫的讲述一如既往，生动逼真、面面俱到，令人难以置信却又印象深刻。感谢上帝，他真是个好演员！听完这样一个故事，每个人都想挽起袖子开始排练了。当时我遇到了一个意外情况——格里戈洛维奇邀请我去莫斯科编导一部三幕新舞剧《阿塞尔》。但我当时并没有打算去别的地方，我喜欢新西伯利亚的一切。我对古雪夫说："怎么办？"他说："在你的一生中，可能不会再有这样的机会了，何况这个人是你一直仰慕的格里戈洛维奇。"

我怀着惆怅的心情离开了新西伯利亚，心想不会离开得太久。但我却永远地离开了那里。后来，我与彼得·安德烈耶维奇的直接联系中断了。我四处打听他在中国和列宁格勒的工作情况，但直到多年后，当我们在列宁格勒歌剧和芭蕾舞小剧院演出《无益的谨慎》时，才再次见到了他，我的演出得到了他和Ю.斯洛尼姆斯基的高度赞赏。

来到基洛夫剧院后，我一直在考虑如何引起彼得·安德烈耶维奇的注意。于是，我决定演出古雪夫版的《海盗》。我永远不会忘记那些最后的排练时光，那时他的身体状况已经不太好了。我每天都会抽出时间赶去参加他的排练。有时他会躺在长凳上，因为他的脾气会让他的身体受不了，他一激动，就会耗尽全身的力气……

我不知道领导者是个什么样的职业，它可能不是一种职业，而领导力也不是通过教学就能让人具备的能力。这是一种特殊的天赋，首先是对他人的友善态度，希望看到别人能做得更好。彼得·安德烈耶维奇拥有这种罕见的天赋。我一生中从未遇到过这样的人。

鲍里斯·艾夫曼

我们这代人非常幸运——有机会看到他、聆听他的发言并与他交流过，他身上承载着一个非凡时代的文化和能量：这是20世纪20年代芭蕾前卫性、创新性和独特性尝试的最后一次爆发。彼得·安德烈耶维奇的魅力在于，他能用这种能量感染我们。我总是想与他交流，倾听他的声音。我的许多同事都受到了他的鼓舞，他用创造性实验的必要性这个信念感染了他们中的许多人，从而帮助了他们。这让我和许多同行对他产生了极大的兴趣。

尼古拉·塔古诺夫

从莫斯科舞蹈学校毕业后，我就去了新西伯利亚，我毫不犹豫地去了。在学校里，我有一个很棒的舞蹈老师——尼古拉·伊万诺维奇·塔拉索夫，彼得·安德烈耶维奇·古雪夫则是剧院里伟大的导师。令人惊讶的是，尽管年龄差距很大，他对我来说却像一个朋友（我们有时甚至一起喝酒）。古雪夫讨厌游手好闲的人，他可以开除一个懒汉，但对那些认真对待职业的人，他肯定会给予鼓励。每个人都怕他，一见到他，大家甚至都会发抖，因为他对所有与职业相关的事情都很严格，毫不妥协。但他同样受到尊重和爱戴，因为他是公正的。如果演员请求挑战一个角色，古雪夫就会给他机会让他尝试，当他看到这个人独立做出成果时，他可能会说这个人还不够成熟，还需要更加努力，然后则会给他安排一个舞蹈指导。但如果即便如此，他仍对结果不满意，而且演员并没有放弃，他就会建议他继续原来的工作。

我从来没有遇到过这种情况。古雪夫很快就让我在新西伯利亚剧院出演了适合我扮演的角色——门杰尔（《七美人》）、奥拉芙（《雪姑娘》）、阿尔塔尼亚（《三个火枪手》）等，然后又在列宁格勒室内芭蕾舞团演出了《小丑节》和《骑兵驿站》。

与他一起排练非常有趣，但也有点令人害怕，因为他有一种真正的男子汉气概（即使是亲密的同伴关系，他仍旧可以说出毫不留情的话）。

我记得我第一次跳《舞姬》，演出结束后，我不敢靠近他。第二天，古雪夫打电话给我，问我："你不好奇自己的表演如何吗？"我回答："好奇。""那你为什么不来问我？你跳得很好，你自己也听到了观众的掌声。但其他一切都很糟糕，无论是走路的姿态还是手势，都与角色格格不入。"

他是一个非常善良、慷慨、体贴的人。他总是乐意借钱给我们，我们也很乐意使用，但当有人"忘记"还钱时，他就会顺便提醒我们，欠债还钱，天经地义。他自己在这些问题上也是一丝不苟的。例如，古雪夫在室内芭蕾舞团上古典课时，他一大早就要从很远的地方赶来，于是我主动提出帮他代课。但我被告知，在我正式注册成为教师并拿到报酬之前，他是不会同意的。

我还记得巡演中的一件趣事。古雪夫有一个手提箱，他总是自己提着。有一次，我想帮他，就走近箱子，拉住箱子的把手，却发现怎么也提不起来：箱子就像粘在地上一样。而我的力气并不小！原来里面有哑铃，古雪夫就是用哑铃来锻炼的。总的来说，人们对他的印象是匆忙迅捷的，是个行动派。如果有急事，他从不站在原地等待交通工具，而是向前走，时不时回头看看后面是公交车还是出租车。他总是从地铁的自动扶梯上跑下来。

盖尔曼·扬森

也许彼得·安德烈耶维奇·古雪夫不是一位伟大的舞蹈编导，但一定是一位无与伦比的舞蹈指导。他对古典文化遗产的精通、他的教学方法和他作为出色的舞蹈家、舞伴和演员的经验——所有这些都使他能够以一种有趣的、充实的方式，有时甚至是令人兴奋的方式来组织排练。我有幸在彼得·安德烈耶维奇的直接指导下工作了数年。在他的帮助下，我在一场大病后痊愈，得以重返舞台，并在他的作品中翩翩起舞——我在《雪姑娘》中扮演了奥拉芙，在《七美人》中扮演了巴赫拉姆，在《雷蒙达》中扮演了阿布德拉赫曼。

彼得·安德烈耶维奇天生就是年轻人的良师益友。他看中了我，千方百计培养我的芭蕾舞创作能力，要求并强迫我编创舞蹈。在他的坚持下，我编排了奥拉芙和索里维伊格的"婚礼柔板"，然后是男子变奏。当彼得·安德烈耶维奇使用别人编创的舞段时，会非常严谨，并且总是在海报上注明作者。

彼得·安德烈耶维奇常常邀请一些独舞演员到他家做客——他会放映芭蕾舞演出和音乐会的各种影片。在观看的同时聆听他的点评是异常有趣的。但在工作中，他的要求非常苛刻、枯燥，有时甚至刻板。在排练时，他严格遵守纪律，全心投入，没有任何人可以在工作中"分心"。彼得·安德烈耶维奇知道如何不露痕迹地强调对自己工作的尊重，尤其是对与他共事的演员的能力的尊重。他的面部表情会发生变化，他的眼神——你可以注意到他眼神中的赞许或不满。你会不遗余力地去赢得他的赞扬，这是极为难得的，更是难能可贵的。

　　但在度假和日常生活中，我们甚至感觉不到年龄的差别。彼得·安德烈耶维奇性格开朗，善于交际，待人友好。在不知不觉中，他一点一滴地培养了我们崇高的职业精神和良好的人文情怀。

塔玛拉·科索娃

我还是列宁格勒舞蹈学校的学生时，就"远远地"见过古雪夫。他当时是基洛夫剧团的负责人，并且从未离开过佐切戈-罗西大街的大厅。我穿梭于剧场之间，贪婪地偷窥着，"亲身参加"了所有的排练。这看似不可思议，但我一直记得当时学到的很多东西。例如，古雪夫是如何与A.谢莱斯特排练《肖邦组曲》中的《马祖卡舞曲》的，又是如何与H.彼得罗娃排练其中的《序曲》的。我还记得，他是如何在托举中接住彼得罗娃，并使她轻柔地落地，就像踩在黄油之上。我注意到，细心的杜金斯卡娅总是能从每个人身上学到东西，她在《吉赛尔》中也是如此。在第二幕的第一段慢板中，其他的芭蕾舞演员通常是围着阿尔贝特转一圈，但她却凭借其从脚尖流畅地移动到"下蹲"（plié）的能力，展现了惊人的连贯性。

我还记得与А.Я.谢莱斯特一起排练女鬼王米尔达的场景，我在自己的排练中用到了很多从中观察并学到的排练内容。米尔达首次亮相时，古雪夫要求通过"布雷舞步"（pas de bourrée）的跨步清晰可见地过渡到这个动作：两脚移动时，双膝需要夹紧，并且几乎离地。在跳跃动作的变化中，必须在六位上做一个"奔跑步"（pas couru），而不是像现在这样做"追赶步"（pas chassé）。我还记得他是如何与奥尔加·莫伊谢耶娃一起排练《天鹅湖》的。她当时没有足够的力气，几乎要哭了，但他走到了她的身边，让她站起身来，重复练习这个动作。正是古雪夫这种精益求精的态度，才使演出趋于完美。

我还想起了一件趣事：在毕业演出《天鹅湖》的大厅里，古雪夫在池座里，为他带的芭蕾舞学生留出了几排的位置，为的是让他们看看芭蕾舞团的专业演员应该跳得多么流畅和准确。

在古雪夫的指导下，芭蕾舞排练能够在多所舞蹈学校的大厅进行，这样一来，什么都来得及做了！芭蕾舞团里，有 P. B. 扎哈罗夫、Л. M. 拉夫罗夫斯基、B. M. 查布基亚尼、Л. B. 雅科布松。古雪夫指导的新西伯利亚剧院舞团也以同样的强度排练着。正是古雪夫在 1965 年接纳我加入了这个舞团。多亏了他，新西伯利亚芭蕾舞团才达到了前所未有的高度。古雪夫聚集了一批性格各异的优秀独舞演员——塔吉雅娜·济米娜、莉迪亚·克鲁佩宁娜、娜塔丽娅·尼古拉耶芙娜、玛格丽塔·奥卡托娃、尼基塔·多尔古申、康斯坦丁·布鲁德诺夫、尼古拉·塔古诺夫、谢尔盖·萨夫科夫。古雪夫还让当时仍默默无闻的奥列格·维诺格拉多夫有机会登上了舞台。

很难相信，在一个月内，我们演出了 16 部不同的芭蕾舞剧：所有的经典剧目（包括《海盗》《雷蒙达》等）、现代编导的剧目——Ю. 格里戈洛维奇、И. 别尔斯基、К. 博亚尔斯基、О. 维诺格拉多夫的芭蕾舞作品，以及古雪夫自己的剧目《雪姑娘》和《七美人》。

他是一位大胆的创新者。他允许在模范剧院的舞台上表演舞蹈的高难技术。他是费多尔·洛普霍夫的忠实徒弟，他以自己的版本重新演绎了老师的杰作《雪姑娘》。他对《七美人》的演绎也非常精彩。早在 1971 年，我就在巴库跳过《七美人》。让人遗憾的是，这么伟大的作品就这样被遗忘了。《七美人》是原创的剧目。所有的美人都是迥异不同的、惊人美丽的。巴赫拉姆的变奏也是令人震撼的：有对角线的跳跃——"闭合转腿，接飞转与交叉的舞姿"（sissonne fermée c fouetté в attitude croisée）——接连 7 次。然后是旋转，原地旋转，而这是舞蹈的灵感。巴赫拉姆、艾莎、门泽尔、维齐尔都是美好的芭蕾角色。

古雪夫以极高的专业水准创作出了许多经典的作品，他的品位高雅，而且有较高的美学造诣。我认为，《七美人》是他所有作品中最好的一部。

作为导师，彼得·安德烈耶维奇教了我很多东西，比如如何放松，如何呼吸。他允许我独立创作。例如，我准备了 K. 圣桑的《天鹅》并展示给他看，他说："你可以跳了。"跳《舞姬》一直是我的梦想，我把这个想法告诉了他。当然，我自己已经独立准备好了整个角色。古雪夫说："我给你和塔古诺夫 5 天的时间排练。"5 天后，他观看了排练，又给了我 5 天的时间。11 天后，我们完成了演出。演出结束后，彼得·安德烈耶维奇把我们叫到他的办公室。他对我们的首演给予了高度的评价，尤其是塔古诺夫。但在私下里，他说："科连卡，第一幕是爱的邂逅，而你却吻了妮基娅，这让观众感受到了被欺骗的感觉。"古雪夫对我们接下来的演出却很满意。

他的话很少，但很精确。他能用一句话解释出最重要的事情。他是一个非常善良的人，并且从不炫耀。通常而言，他从不会宣称："我是古雪夫！"

第三部分 彼得·古雪夫的文学遗产

欢迎你们，亲爱的中国朋友们！*

中国的舞蹈既古老又年轻，它有着几千年的传统，而作为一种独立的艺术形式，与文字无关的时间只有十几年。

几个世纪以来，一代又一代的伟大演员和舞蹈编导从数百部民间戏剧中精挑细选，并以此来不断地完善他们的创作素材。多年来，他们了解苏联的芭蕾舞及其技术，还借鉴了一切有助于讲述人类及其存在的壮丽故事。

传统与创新是当今中国舞剧的口号与实践，而我已经看到了这条睿智之道所通往的光明未来。

北京有个剧院，过去叫中央实验歌剧院，今天[①]它有了一个崭新的名字：中央歌剧舞剧院。在这里上演的大多数戏剧都是我们所说的音乐戏剧。文字和音乐、歌唱和舞蹈、哑剧和杂技（双人舞托举技术）在这里融为一体。这座剧院成功地上演了传统的和现代的剧目。

同其他的歌剧院一样，它也有一个舞剧团，将于10月1日在斯坦尼斯拉夫斯基和涅米罗维奇-丹钦科音乐剧院首次为莫斯科人演出。这个舞剧团不仅广泛地参与音乐戏剧的演出，还自行创作了传统、历史、革命和现代题材的对外演出剧目。同时，这些舞剧的音乐由中国当代的作曲家为欧洲式的

---

* 载《苏联文艺》1961年9月28日，第4版。
① 1961年4月。（译者注）

交响乐团而创作，这些音乐将中国的民族旋律与我们熟悉的管弦乐完美地结合了起来。

其中最精彩的舞剧是《雷峰塔》《小刀会》和《宝莲灯》，后者已成为"出口产品"，曾来新西伯利亚演出过。①

中国舞剧的基础是中国汉族的古典舞。它的体系被称作"古典舞"。直到最近，我们才知道它与欧洲古典芭蕾体系同步存在的事实。

对于第一次了解中国舞蹈的欧洲芭蕾舞演员来说，这些舞剧将会打开新世界的大门。首先，他们将会感到非常震惊。在文艺复兴时期，意大利为古典芭蕾奠定了基础，接着是法国、俄罗斯和其他欧洲国家，将其发展到了今天的水平。但即将呈现在我们眼前的中国古典舞，将会让我们难以置信，因为它是如此地奇妙而神秘！

原来，早在意大利舞蹈大师开始为我们的古典芭蕾奠定基础之前，中国就已经有了一套完整的戏剧舞蹈体系。在许多方面，它与欧洲人随后创建的体系颇为相似，但在某些方面，却要优越得多。我们曾经听到过这样的说法：欧洲古典芭蕾不是起源于皇宫，就是诞生于皇宫舞厅的地板之上——但事实证明这是毫无根据的。因为在中国，人们深信古典舞起源于古代，与古代的民间舞有着直接的联系。

在中国，就像在东方的其他地方一样，古典舞被称作民间舞蹈或戏剧舞

---

① 据《中国歌剧舞剧院院史》第 172 页记载，1961 年秋，该院的前身——中央歌剧舞剧院的舞剧团及部分民乐演奏员，由侣朋副院长领队，携带《宝莲灯》《雷峰塔》《小刀会》赴苏联的莫斯科、列宁格勒、明斯克，波兰的华沙、格但斯克等城市访问演出。在莫斯科大剧院为苏联领导人赫鲁晓夫、伏罗希洛夫、米高扬，以及苏共 22 大代表演出舞剧《宝莲灯》时，由莫斯科大剧院的交响乐团提供了伴奏。而据同一部院史的第 167 页记载，该院 1958 年还曾赴列宁格勒、莫斯科、新西伯利亚、伊尔库茨克这 4 个城市演出的剧目并非舞剧《宝莲灯》，而是《刘胡兰》《草原之歌》和《槐荫记》这三部大型歌剧。（译者注）

蹈，具有严格的程式性和规范性。它的传统手势、舞姿和肢体动作非常丰富，并且具有非常特殊的含义，这些舞蹈数百年来保持不变。在大多数的情况下，它们都有一个特定的内容，有时还有一个情节，并通过程式化的手段将其揭示出来。舞蹈越古老，其象征意义就越大。与此同时，我在中国还没有看见过，也没有听说过为了舞蹈而舞蹈，就像体操那样无内容的舞蹈。

这门艺术非常复杂。演员必须会跳舞，并且精通舞蹈技术和剑术，即熟练地使用不同类型的古代武器，并以完美的技术和表现力运用它们，而这也是中国舞蹈传统的重要组成部分。

欧洲的古典芭蕾中，几乎不可能与产生古典芭蕾的民间艺术建立联系。但中国古典舞与古代体育、民族体育，特别是与民间舞蹈，尤其是"秧歌"的有机联系，可谓一目了然。

有专家称，它可能还与古代的宗教仪式、宫廷典礼和节日有关。

直到今天，古典舞的主题仍然是神话，是关于英雄（将军和皇帝）、守护神和恶魔的传说，而今天的中国舞剧，正在成功地向现代化过渡。

芭蕾舞的现代性基础已经变成了动作性的舞蹈，形态活跃且技术发达。中国的戏剧家和舞蹈家们在为现代剧目选择题材时非常谨慎。自然主义、泥土气息和非诗意的视角是中国艺术的禁忌，我们的北京同行在创作当代题材时会尽力地避免出现这些问题。

这个周日，莫斯科人将在舞台上看到我们亲爱的客人。我们将看到技艺精湛的中国大师们的表演，那完美的技艺会令人叹为观止。我们还将看到优秀表演艺术家们的舞蹈和哑剧表演以及魅力十足的女性舞者们和勇敢、敏捷、强壮的男性舞者们。

我毫不怀疑，这场演出将为我们的观众和舞蹈编导揭示出许多新的、不同寻常的、有趣的东西来丰富我们对舞蹈世界的认识，激发对舞蹈多样性能力的认识，对人体技术开发能力的认识，对中华民族丰富多彩和极高水平的舞蹈文化的认识。

欢迎你们，亲爱的中国朋友们！很高兴能再次见到你们。

彼得·古雪夫

列宁格勒歌剧和芭蕾舞小剧院首席芭蕾编导

俄罗斯苏维埃联邦社会主义共和国功勋艺术家

理解，热爱和珍惜杰作！*

几年前，新闻界曾爆发了一场关于如何对待古典文化遗产的重要争论。芭蕾编导Ф.洛普霍夫、Ю.格里戈洛维奇和评论家Ю.斯洛尼姆斯基说，不能放任他们随意改编过去的舞蹈编导的杰作，并要求对芭蕾编导的作品采取严格的保护措施，他们的言行激起了很多反对之声。但生活最终给出了答案，过往的岁月也证明了，苏联芭蕾之所以能在世界上占有一席之地，根本的原因就在于：它拥有最丰富的经典剧目，并能对这些伟大的剧目做出精彩的诠释。

因此，我不得不再次就这一论题发表意见。文化遗产的现状要求我们这样做，剧院和文化部需要采取紧急措施，以免我们在不久的将来才后悔莫及，发现这些文化遗产真的毁在了我们这一代。我将谈几点我认为重要的问题。

谈及古典文化遗产，人们禁不住开始老生常谈，因为这是一切的起源。首先，我们应该像马里于斯·佩蒂帕（M.佩蒂帕）和费多尔·洛普霍夫所了解的那样，研究古典文化遗产并熟记于心。佩蒂帕对于《海盗》和《艾丝美拉达》的模仿与Ж.佩罗密不可分，而洛普霍夫在《睡美人》和《堂·吉

---

* 载《苏联文艺》1966年2月1日，第3页。

诃德》中添加的内容与佩蒂帕或 A.戈尔斯基所做的毫无区别，这是芭蕾编导对前辈作品仔细研究后的结果。我们芭蕾编导的后代应该接受教育，准确地了解文化遗产、尊重文化遗产、尊重最伟大的创作者。

事实是，如果不将古典文化遗产的主要作品保留在剧目中，就没有也不可能有专业的芭蕾舞剧院。但是，所有的悲哀都在于舞蹈没有被记录下来，众人的尝试尚未取得良好的效果。然而，随着电影的出现，情况发生了变化。现在，即使是最原始的 8 毫米胶片也可以记录舞蹈动作、舞蹈形式和表演方式。但迄今为止，在芭蕾舞剧的实践中，还没有听说过用胶片记录的先例，尽管这是保留芭蕾舞表演的原始基础，并使其得以延续，成为历史和研究素材的唯一途径。

如何在没有作者的情况下修复芭蕾舞剧？通常采用最原始的方式——采访最年长的演员。但他们的记忆力有时会出现问题，而且他们的故事中包含许多相互矛盾和有争议的信息，而芭蕾舞的修复师需要能够驾驭所有的信息。正因如此，芭蕾舞修复师和芭蕾指导作为剧目守护者的角色在芭蕾舞剧中至关重要，但我们对这个职业并不是很重视。你不能跳舞了，你退休了——从事教学或辅导工作吧。首先，舞蹈教师与舞蹈演员或作曲家一样，需要天赋。当然，自己跳得好并不意味着就能成功地教好别人。其次，舞蹈指导是芭蕾舞剧院教学法的最高形式。芭蕾舞指导对演员所做的工作同指挥家对乐队所做的工作是一样的。唯一不同的是，舞蹈指导待在后台，而乐队指挥则穿着燕尾服站在指挥台上。舞蹈指导与指挥家一样，对演出的质量、角色的忠实演绎、维持作者的思想和风格，以及所有演员的每一个动作都负有重大的责任。而对指挥家来说，这就容易多了：音乐记谱保存了原作，乐谱可以保存几个世纪，因此，原作可以不失真地得以复原。一位芭蕾舞指导在还原只存在于前表演者记忆中的芭蕾舞表演时，不可避免地会造成原作的损失和失真，因此，他必须非常了解他所修复的作品，从而能够辨别真伪、虚构和猜测。而这绝非易事——它需要高超的专业素养和渊博的知识。

遗憾的是，在芭蕾舞剧的古典文化遗产中，没有哪一部作品能在100年，甚至50年的时间里，原封不动地保存其原始的版本。作者本人或接替他的修复者、指导老师，尤其是演员，往往会对原版进行大量的修改。

让我们从后者谈起。在芭蕾舞的演出中，导演和演员的共同创作是不可避免的：舞蹈编导不像音乐家那样，可以在没有特定诠释者的情况下进行创作。在音乐中，一切都更加清晰明确——每种乐器或声部的音域都是已知的，有乐谱，有键盘，有表演。但舞蹈技术没有范围，既没有理论上的科学依据，也没有实践的经验。每一位作者——芭蕾编导，在创作表演时，都必须"计算"与他合作的那些艺术家或其他艺术家的可能性，并完全依赖于他们的舞蹈能力和身体数据。如果不考虑这些具体的特点，芭蕾舞的创作就会失败：无论芭蕾编导的构思多么的巧妙，如果演员在身体上无法加以实践，那就毫无意义。但演员的舞蹈能力会随着时间的推移而改变，表演的舞蹈内容也会随之改变。一个演员被迫简化舞蹈，使之适应自己的能力，而另一个演员则相反，如果他认为，自己对角色的表述既原始，又不够突出，就一定会"强化"它。这两种情况都是为了演出的效果着想，因为表演没有被记录下来，只存在于演员的表演中。

通常情况下，在19世纪，有趣的消遣性舞蹈会在芭蕾舞剧院得以巡演，这种情况有时是作者的意愿，有时是演员的一时兴起。如果我们重温一下年代久远的芭蕾舞剧的剧本，几乎在每一部里都会看到一些注释，其中会提到某些特殊剧目的两个、有时是三个名字。芭蕾舞剧正在消亡，但毫无疑问，一些值得保留的舞蹈继续存活了下来，成为其他剧目的点缀。此外，新编芭蕾舞剧的舞蹈创作，演员不断提高的技术，特定时期社会中流行的风格，在过去和现在都对作品产生着影响，许多场景的舞蹈情节也都发生了变化。甚至在一代人的一生中，表演方式也发生了非常明显的变化。奥吉塔和奥吉莉娅这两个角色现在的舞蹈方式与 20 世纪 20 年代之前完全不同。在玛丽娜·谢苗诺娃之后，《天鹅湖》《舞姬》《雷蒙达》《堂·吉诃德》等作品的演绎方式发生了很大变化。谢苗诺娃不仅在 30 年前成了芭蕾演员表演风格的典范，还丰富了古典剧目中一些芭蕾舞演员角色的舞蹈范本。

  根本没有必要谈论男性角色的真实性，甚至没有人知道他们。通常，在古代的演出中，芭蕾舞演员只跳一个变奏和尾声的一个片段。当然，每个演员都试图将自己的全部技术和精湛技艺融入舞蹈，只用自己特有的动作（或只方便自己的动作）去丰富角色的形象。例如，《堂·吉诃德》中的男主角巴塞尔一角，有多少大师表演过，他的变奏就有多少个版本！

  如果我们相信 A. 巴赫鲁申戏剧博物馆中收藏的资料，那么伟大的舞蹈编导佩蒂帕从他的前辈手中接过辉煌的《吉赛尔》的完整剧本后，发现有必要修改几乎 50% 的内容——不是调整，不是删除，而是重新编排大部分的内容。但他对前人的作品是那么地虔诚！对素材是那么地热爱！对风格是那么地尊重！佩蒂帕的改动是如此地精巧和微妙，以至于在不了解事实的情况下，根本无法判断这出或那出剧目是出自哪位作者之手，因为它既保留了原作的风格和方式，又对整体进行了现代化的改造，以此来延长一部名作的生命。

  我们不知道 Ж. 科拉利和 Ж. 佩罗的《吉赛尔》在佩蒂帕介入之前是什么样子，但我们有充足的理由认为，目前的《吉赛尔》足以被列入最现代化的古典文化遗产的名录。海报上说，它是 Ж. 科拉利、Ж. 佩罗和 M. 佩蒂帕的作品。但即使是这部杰出的古典芭蕾作品，在我们的剧院中也有不同的版本。Ж. 科拉利、Ж. 佩罗和 M. 佩蒂帕的这部作品的几个版本中，保存最完好的是列宁格勒基洛夫剧院的版本。在莫斯科大剧院，风格迷人的《农民舞》被毫无理由地重新修改。在利沃夫，有人试图将两幕的芭蕾舞剧《吉赛尔》改编成三幕，并加入了无根据的臆测。在第比利斯，他们篡改了第二幕中美丽且优雅的幽灵们的舞蹈，保留了佩蒂帕版本的主角吉赛尔和阿尔贝特的核心部分，并重新编排了群舞演员的舞段。这是极其不尊重原作的行为！

似乎每个人都认同这样的说法——必须维持古典文化遗产的原貌，只替换那些明显过时了的、妨碍现代观众正确理解经典作品的部分。但现实总是具体的！每个修复师都有自己对"过时"的理解，这就是问题所在！

以传统动作为基础的哑剧，对于民众来说难以理解，且已经过时。然而，它仍然存在于古老的芭蕾舞剧《吉赛尔》或《舞姬》中，甚至在新编的芭蕾舞剧《奥赛罗》中得以复活。

早就应该对《吉赛尔》和《舞姬》中那些无趣又难以理解的哑剧片段进行适当的创新，让它们变得更活跃、更现代了。因为这既符合演出的效果，也符合观众的期待。但他们却虔诚地保留了传统！而著名的古典的幽灵和舞姬的群舞却突然毫无理由地被"修改"了。

《睡美人》《天鹅湖》《堂·吉诃德》《海盗》和其他经典剧目在苏联各个剧院的演出版本都不同。剧本和音乐保留了下来，但舞蹈的版本却发生了变化。即使是Л.伊万诺夫创作的那幅举世公认的"天鹅场景"，在各地也有着不同的版本，所以，任何演出都没有统一性。但这种情况由来已久，而且并非偶然。当然，它既有好的一面，也有坏的一面。

如果一位舞蹈家热爱前辈的作品，了解前辈的风格和方式，并在改编作品时努力取其精华、去其糟粕，使作品焕然一新，使其更加现代化，那这就是好事。而这样做的目的是为后代留存古代辉煌的艺术作品，不是将其束缚在博物馆中，而是以鲜活的形式流传于后世，这也正是剧院所需要的。

如果为了美化经典而对其进行修改，那就是另外一回事了。当下，一种傲慢的态度"横空出世"，太多的经典情节不分青红皂白地被宣布为过时的东西，任何事物都能取代它。不幸的是，这种情况经常发生。这就是为什么对古典文化遗产的态度问题日益严峻，或者说，对其残余部分的保护问题日益严峻。在这里，我们首先必须准确区分什么东西是有价值的，以及其为什么是有价值的。

有的古典芭蕾舞音乐——《雷蒙达》《胡桃夹子》——没有足够的戏剧性，但在舞蹈编排中却有其独特之处。

有的经典芭蕾舞剧，如《堂·吉诃德》《舞姬》《海盗》《艾丝美拉达》等，戏剧性不完美，在音乐方面也很薄弱。

也有一些具有类似价值的杰作——《睡美人》《吉赛尔》《天鹅湖》《肖邦组曲》《彼得鲁什卡》。

在 Л. 伊万诺夫和 M. 佩蒂帕的老版《胡桃夹子》中，只有一个不错的"雪花"场景。但它已被永远地遗忘在历史长河中了，无法再被复原，而 B. 瓦伊诺宁的表演则在音乐之中。为了充分展现 П. 柴科夫斯基的音乐，为《胡桃夹子》的重现寻找另一种现代的解决方案，这不仅合理，而且是绝对有必要的。我们满怀希望地等待着才华横溢的 Ю. 格里戈洛维奇和他的长期合作者、杰出的艺术家 С. 维尔萨拉泽在苏维埃社会主义共和国联盟大剧院的新作。

《雷蒙达》的剧本很糟糕，这使演出缺乏动作性、索然寡味且缺乏表现力。但也有一些舞蹈值得保留，如其中的"大舞蹈"（grand pas），《雷蒙达》的所有舞蹈都是单独表演的变奏，还有原创的梦中场景和 В. И. 瓦伊诺宁增添的西班牙舞《帕纳德罗斯》。但这在这部芭蕾舞剧中，只是舞蹈版本的一半，另一半则被反复修改，随处可见。要在这一部分复原佩蒂帕的原作几乎是不可能的，甚至我在想，在这种特殊情况下还有必要复原吗？我们需要根据音乐和芭蕾编导的干预，对《雷蒙达》的剧情进行细微的调整，只有这样，才能保留作品的真正价值，同时也不会与演出的整体风格相悖。

《睡美人》和《天鹅湖》的所有组成部分都是经典的文化遗产。但即便如此，也并非所有的剧目都得到了保留，也并非所有的剧目都为当代观众所接受。例如，《睡美人》需要改编吗？《睡美人》拥有出色的舞蹈编排，只需要缩减长度，但这并不为今天的观众所接受。不过，保留佩蒂帕的原创舞蹈是至关重要的。

《天鹅湖》在各地都有不同的版本。在大多数的情况下，天鹅的第一幕和双人舞是具有永恒意义的杰作，因此被保留了下来。但即便是这些，各地对此经典的诠释也有许多细微的差异。至于第一幕的编排，各地都不一样，而且是由不同的舞蹈编导创作的。舞会的第三幕也是如此，最接近原作的舞蹈版本已经不可追溯，А. 戈尔斯基、А. 希里耶夫、Ф. 洛普霍夫、В. 布尔梅斯杰尔、А. 莫尼科夫、Е. 多林斯基卡娅等人都参与过编舞，可能是他们其中的一个，也可能是其他的舞蹈编导。

最后一幕备受争议。许多人认为，这是 Л. И. 伊万诺夫的经典之作，尽管其中的音乐与《天鹅湖》毫无关系。但我认为，В. 布尔梅斯杰尔的提议值得重视，他几乎完全复原了这一幕，也就是作者的原版，这是值得我们给予极大关注的。更重要的是，他成功地为这一音乐创作了出色的舞剧版本，并编排了堪称经典的舞蹈，在风格上非常接近 Л. И. 伊万诺夫的《天鹅湖》。

最令人困惑的是莫斯科大剧院版本的"天鹅场景"，这本应是整部舞剧的基础。莫斯科大剧院是俄罗斯文化遗产的大本营。奥吉塔和齐格菲尔德跳的是由 Л.И. 伊万诺夫创作的双人舞。这段双人舞有自己精心设计的伴舞，其中由全体群舞饰演天鹅的动作与独舞演员的动作彼此呼应。然而，在莫斯科大剧院的舞台上，A.戈尔斯基版本的"天鹅大群舞"并没有这种气势宏大的群舞，而是为独舞演员完全不同的舞蹈编排的。模样很荒诞，动作不协调，独舞和群舞之间还相互干扰。

有个特别的话题是关于舞蹈内容遭到简化的：在当今几乎所有的经典剧目中，许多舞蹈编排都被简化和淡化了。很多作品的新鲜感和原创性都已丧失，但是作品需要有自己的方式，需要有自己的点睛之笔，才能区别于其他作品。在此无法一一列举，我只能说，这些所谓的古典芭蕾在我们的舞剧中毫无个性，因此《堂·吉诃德》中的经典意象与《天鹅湖》的几乎没有区别，而《天鹅湖》中的经典意象又与《吉赛尔》的过于相似。这种标准化是工匠的产物，也是对古典文化遗产的威胁。

我认为，当下我国和外国观众对于俄罗斯古典芭蕾表现出来的浓厚兴趣，迫使我们对所有的演出进行调整。在可能的情况下，我们需要找到并复原原版或最接近原版的版本，并在最权威的古典文化遗产鉴赏家的参与下，对此进行仔细的研究。权衡利弊之后，为所有的剧院制定一个统一的舞台版本。禁止对这些演出的舞蹈版本进行琐碎的干涉和改动，除非根据舞团的人员构成，不得不对个别群舞进行必要的改编。与此同时，可以给予主要的舞蹈编导以充分的自由，如果他们有自己独立的想法，可以根据任何古典乐谱，重新创作一部芭蕾舞剧，而不是随意修改不适合某个芭蕾编导个人的作品。

对于苏联的经典之作也是如此，几乎所有的芭蕾舞团都会上演 P.扎哈罗夫的《巴赫奇萨拉伊的泪泉》、Л.雅科布松的《舒拉尔》、В.查布基亚尼的《劳伦希娅》、Ю.格里戈洛维奇的《宝石花》。有时，它们非常接近原作，但更多的时候，它们是根据某个舞蹈编导的方案和他们的所有研究成果而创作的，只不过是被糟蹋和丑化了的版本。在海报上，他们没有标明原作者的名字，而是写上了其他人的名字。

　　为什么每个地方剧院的芭蕾舞团都以各自的方式演出这些一流的作品，而实际上却又"借用"了大部分原作的情节？为什么我们不保护这些重要芭蕾编导家的版权，而让技术并不熟练的人破坏了苏联的经典剧目，进而用废纸取代了他们城市中真正的艺术表演呢？我认为，每一场举世公认的、极具艺术性的芭蕾舞演出，只要作者本人有能力，就应该以最好的版本向全国剧院发行。因为没有人比芭蕾舞大师本人更能根据其他剧院的可能性和条件来调整自己的作品了。

　　我相信，苏联芭蕾的发展需要创建一个小型的、灵活的、独立的剧院，或者一个古典芭蕾的乐团，其主要的任务是以最严格的标准和堪称典范的表演，保护和推广这些经典的作品。

　　苏联芭蕾舞剧院的法则应该是节俭、谨慎和尊重，既要以这种态度对待过去的杰作，也要如此对待当代的优秀芭蕾舞剧。要像爱护掌上明珠一样爱护它们！不要操之过急！每部舞台剧都会随着时间的流逝而老去，失去锐气，在某些方面变得过于幼稚。但也不必着急！杰作首先必须被人了解、喜爱、欣赏、理解和尊重。

彼得·古雪夫

新西伯利亚歌剧和芭蕾舞剧院首席芭蕾编导

谁是芭蕾编导？*

这些笔记源自我过去几年的观察。确切地说，它们是日记，是对困扰我的问题的思考。

苏联芭蕾的成功及其对世界舞蹈发展的影响可谓众所周知。20世纪20年代，К.格列佐夫斯基和Ф.洛普霍夫出色的现实主义创新，20世纪三四十年代，苏联芭蕾盛行反形式主义的现代主义。我们在20世纪五六十年代，慷慨输出的古典芭蕾向世界展示了传统是多么重要，我们的古典文化遗产是多么伟大而壮观。其他的国家没有150—250人的芭蕾舞团，没有20—30位明星，也没有像我们这样数量众多、质量上乘的经典剧目。外国的编导家羡慕我们，羡慕国家为我们创造的机会。

内容、戏剧性、丰富的情节、深刻的形象、导演、现实主义、技术方法、民间舞蹈组合——所有这些，都是国外以我们为榜样而学习和掌握的。

如今，我们并不是古典文化遗产的唯一拥有者。俄罗斯芭蕾舞学派在世界各地都取得了胜利，其他国家也积极与我们竞争，采用我们的方法来培养专业的芭蕾舞人才。我们芭蕾舞剧的情节和音乐也被广泛地使用。但是，在寻找现代芭蕾艺术主题的可塑性解决方案方面，我们是否始终领先呢？

---

* 载《苏联文艺》1967年1月21日，第3—4页。

不，并非总是如此。如果说，我们有时不假思索地使用了外国舞蹈编导所掌握的、形式上现代的舞蹈创作方式，那便是一种罪过。但有必要了解什么是好的，什么是坏的。富有想象力的发现令我们欣喜，为原创而空谈令我们震惊。因为我们的教育方式不同：我们的舞蹈美学是贞洁的，或说是羞涩的。而俄罗斯芭蕾中的女性，及其在舞台上的动作，从来都不是挑逗性的，或过于直白的。在我们的芭蕾舞剧中，私密性和公开性之间存在着鸿沟。然而，在我们西方同行们所做的许多事情中，都蕴含着现代的世界观、新美学的萌芽，并且利用传统、优秀学派和复杂技术来创造富有想象力的造型特征的勇气。

我们不能向对手泼冷水，更合理的做法是：我们要像对待思想本身一样关心思想的表达形式。

苏联芭蕾编导的作品是面向人民的，我们工作的指导原则是古典艺术的原则，而不是现代主义的艺术原则。传统是舞蹈艺术复兴的源泉。但生活迟早会迫使西方的舞蹈编导接受这些基本原则，他们中的一些人已经在这样做了。罗兰·佩蒂在巴黎大歌剧院创作的《艾丝美拉达》，便揭示出人们对打破这个浅薄僵局的期望。

对我们这些原则的最高考验，是在创作具有现实意义的芭蕾舞剧领域中的竞争。在这里，我们必须击败我们的"对手"。这必须是思想、情节、音乐各方面的胜利，是芭蕾作品在思想、形象和舞蹈等各方面体现出来的胜利。因此，我们现在需要的不是自满，而是要调动一切创造力和组织力来实现这个目标。

让我们清点一下自己的力量。我们国家有35座歌剧和芭蕾舞剧院，比最"富有"的资本主义国家多三倍，而这不仅是数量上的优势，还是质量上的优势。在这35座剧院中，有16座位于民族自治的共和国，而这些共和国在革命之前，根本不知道什么是剧场舞蹈。你们高兴吗？是的，非常高兴！但这也意味着很多东西，我们有无数的剧院、学校、演员、业余团体和民间剧院，只要我们能合理地利用它们，就能为苏联芭蕾舞剧的创作提供几乎无限的力量。

现在，这35个芭蕾舞团平均每年新上演的芭蕾舞剧不过十几部。

佩蒂帕创作杰作的生命力是以100个样本为条件的，这些样本提供了必要的选择。除此以外别无他法。但是，我们的35个芭蕾舞团向现代化转型，进行了多少次尝试呢？只有60次。其中，一半以上是在明知不合适的情况下进行的尝试，因为这似乎足以确保取得巨大的成功。

我们不断地呼吁芭蕾编导展示我们的当代。但我们自己对这些号召的回应都是谨慎的、不信任的，并且我们自己也没有给作者以支持。Л.雅科布松的大部分作品都以英雄、革命和现代题材为主。И.别尔斯基的所有作品几乎都取材于革命历史和现代题材。这是一个很好的例子！但是……却无人问津。可能也是因为他们的作品没有引起公众的普遍兴趣。

在积极向国外宣传我国古典文化遗产的同时，我们在宣传我们的新成就方面做得多吗？在国外巡回展出的И.别尔斯基的舞剧《列宁格勒交响曲》给我们带来了成功和认可，使我们得到了更多的关注度。凭借的是什么？是爱国主义！要坚信我们的真理！应当表现作品的现代性，并展示我们在这个领域的研究成果。为什么我们要可耻地把И.别尔斯基根据Д.肖斯塔科维奇《第十一交响曲》创作出来的另一部光辉的革命英雄的芭蕾舞剧雪藏起来，不让别人看到呢？为什么我们不敢在国外放映《臭虫》《地质学家》《十二人》等影片呢？它们中的每一部都有许多惊人的发现。是的，我们常常因为过分谨慎而否认了本国的优秀作品，或阻碍其得以普及。

舞蹈可以无休止地告诉我们关于人的信息，它甚至可以让那些以前只把舞蹈当作娱乐的人感到兴奋和震惊。

　　舞蹈已成为一门反映生活及社会焦虑的艺术，它希望也需要反映当代人的命运和他们所处的社会。因此，舞蹈编导的世界观，及其选择最具说服力手段的能力，在其作品中起着决定性的作用。对现代性芭蕾缺乏浓厚兴趣的责任不在大众，而在于那些舞蹈编导，他们一次又一次地试图在19世纪芭蕾美学的惯常框架内解决现代性的形象问题，但这是注定要失败的。新颖大胆的舞蹈作品少之又少，这样的舞蹈编导也屈指可数。缺乏合格的、具有现代意识的舞蹈编导，并不是苏联芭蕾舞的主要问题。只要说一些芭蕾舞剧院没有首席舞蹈编导就足够了。最有才华的年轻人——H.卡萨特金娜、B.瓦西廖夫、O.维诺格拉多夫等人——在未来的数年中都被邀约淹没了。非常年轻的，尚未从列宁格勒音乐学院毕业的 H.博亚尔奇科夫、Γ.阿列克西泽、H.马克里安茨等人，在偶然的"帮助"下证明了自己的能力，他们也已成为炙手可热的编导人才。

　　芭蕾编导与导演并不完全相同，很多人都这么认为。导演处理的是一出已经完成的戏剧，一部已经完成的剧作。而芭蕾编导则是同其他作者一起创作"剧作"——他必须是剧本戏剧性和音乐戏剧性的共同作者，因为作曲家是根据他的详细计划和委约来创作音乐的。除此之外，芭蕾编导是整部芭蕾舞剧内容的唯一作者。因此，芭蕾编导必须是一位戏剧家，对音乐有专业的理解，并据此构建最复杂的舞蹈戏剧。在 M.福金改革之后，再也不可能用老的办法来编导芭蕾舞剧了。编舞、交响曲式和复调与"芭蕾编导"的概念密不可分。除此之外，他还是一位导演，即作品的诠释者、组织者和教师。但是，如果舞蹈编导要在芭蕾舞剧中起着决定性的作用，那么，他也必须是一位优秀的舞者，一位高级知识分子。

　　芭蕾舞剧演出的成败完全取决于编导工作的成败。

因此，芭蕾舞剧编导的专业素质就显得尤为重要。20世纪30年代，列宁格勒舞蹈学校在Ф.洛普霍夫的倡议下，有史以来第一次开设了芭蕾舞剧的编导课程。最有才华的实践者和理论家的经验为初学者提供了帮助。他说：天赋是教不出来的，但知识却是必须传授的；没有知识，再强的天赋也是无用的。教授芭蕾编导是可行的，也是必要的，因为芭蕾编导需要将创作者的想象力与舞台教师、舞蹈指导、组织者和管理者的个人能力综合起来考虑，才能创作出最合适的舞蹈来。

过去，一个芭蕾演员如果能在各种活动中展现出令人信服的创作才能，并向团队提出建议，独立创作舞蹈，同时展示出自己的知识、品位、发明和个性，就能成为芭蕾编导。这样的芭蕾演员需要在整个舞团的工作人员面前，通过对自己创造力的无数次尝试和检验，来完成一场芭蕾舞的演出。

在那时，如果演员在表演与舞蹈创造上都有很高的天赋，那么，他就有充分的机会在同一个剧院，将这两种职业结合起来，然后，直到由于年龄原因（遗憾的是只有38岁）结束舞台表演工作，才能将自己完全地奉献给芭蕾舞的创作。

芭蕾编导的选拔非常严格，所有偶然性因素都被排除在外。而受过表演学校严苛选拔的芭蕾编导们的专业知识是无可挑剔的。然而，舞蹈编导的新手往往缺乏综合性的文化素养，但这种缺陷只能通过自学来弥补，而这种自学是非常滞后的，因此，要经历一个漫长而痛苦的过程。

目前，苏联有两所大学，即列宁格勒音乐学院和俄罗斯戏剧艺术学院，从事芭蕾编导的培养工作。芭蕾编导系的招生工作几乎都是由应聘者自发进行的。对他们的知识和能力的测试会出现很多意外。这就是为什么有许多不顾招生标准、不懂专业和缺乏经验的人进入芭蕾编导系的原因，有时他们根本无法胜任最复杂的芭蕾舞创作。一般来说，那些在表演艺术方面没有取得成功的人都会来学习编导。

列宁格勒音乐学院和俄罗斯戏剧艺术学院不应依靠自己，而应积极选拔未来的芭蕾编导系的学生，不断观察芭蕾舞团的创作生活，提前与芭蕾舞团的管理层和对表演感兴趣的演员建立密切的联系。

现在，那些希望认真学习芭蕾编导的人不得不放弃表演长达五年。对于合格的舞蹈演员来说，这就是结局！这就是他们不去芭蕾编导系的原因，因为剧院更愿意让优秀的演员演出，而不是让理论上精通，但缺乏实践经验的芭蕾编导系的毕业生演出。诚然，列宁格勒音乐学院和俄罗斯戏剧艺术学院为他们提供了大量扎实的理论知识。但是，除了这些知识之外，还缺失一件最重要的，也是必不可少的东西，那就是实践。这就好比在文学院只教如何写诗和创作剧本的规则，而不进行实际的能力考核。未来的芭蕾编导也是如此，如果他们没有机会与老师和同志们一起创作、展示和分析自己的作品，一切都是徒劳的。只有当创作者拥有了表演者，才有可能创作和展示舞蹈作品。

不仅如此，舞蹈的创作完全取决于演员的身体素质和专业技能。无论舞蹈编导编排出怎样完美的舞蹈，如果表演者无法表演，都是毫无意义的，因为舞蹈编导没有考虑到舞者的个性和身体能力。舞蹈编导与舞者始终是一种共同创造的关系。这当然是不平等的，但却是不可避免的。演员的素质越高，个性越鲜明，舞蹈编导就越感到自由，创作质量也就越高。此外，你可以凭空想象一段舞蹈，但你无法说出来，而必须表现出来。如果是独舞，芭蕾舞学生可以自己表现出来。但如果是双人舞、三人舞、群舞，也就是当今最复杂的舞蹈形式呢？应该怎么做？需要演员来完成。因此，培养芭蕾编导学生的第一步——从最初的练习曲到毕业作品——都需要舞者。没有他们，所有的训练都毫无意义。

如今，芭蕾编导系学生们的练习（我将以列宁格勒为例，因为我很了解那里的情况）是随机的、混乱的、分散的、无系统的和无节制的，在不同的城市和列宁格勒本身的 21 个"点"（舞蹈学校、剧院、歌舞团、最大的业余艺术团体和集体等）中，这种练习是逐个进行的。第一年和第二年的训练实践基础，是不用于公开展示的小品；第三年才是个人舞蹈、场景、小品、芭蕾舞片段、情节舞蹈等。同样，这些课程都是小范围的尝试，还没有大范围推广开来。总之，一、二、三年级学生的课程作品并不能引起剧院、舞团、学校和业余演出的关注——因为他们并不提供演员。这就迫使系主任和学生从教学的第一天起就去适应剧团、学校和业余演出的要求，跳过了培养合格芭蕾编导人员的最重要阶段，助长了没有要求、理解力低下和肤浅的发展——这些行为不可避免地导致了作品的庸俗化。

音乐学院要求学生有个性、勇气、探索精神和果断，而客户和表演者则需要经得住考验的专业能力，因为他们付出了劳动和时间，不想冒险。如果他们没有成功的把握，工作就会直接交给经验丰富的专业人士进行。

毫无疑问，培养芭蕾编导的机构需要有自己的培训剧场。除非有这样的场地，否则就不可能开展节目的实践，就像不可能在专业剧院委托未来的舞蹈编导创作作品之前，对其编舞能力进行摸底测试一样。培训阶段就应该是这样一个检验、选拔和培训的场所。

有关芭蕾古典文化遗产现状的情况，人们已经说了很多。能够展现出 М. 佩蒂帕、М. 福金、А. 戈尔斯基、Л. И. 伊万诺夫等人原版作品的人已所剩无几。如果今天我们不把只有他们才知道和记得的一切记录下来，那么，许多只留存在他们记忆中的舞蹈就会永远地消亡，因为即使是现在，我们也常常把对古典芭蕾编排的简单推测版本当成了原作。

只有将即将消失的作品以影片的形式记录下来并传播给剧院、芭蕾舞学校和业余艺术团体，才有可能引发对文化遗产认真负责的研究。录制应是最原始的，在没有特殊拍摄、照明等设备的情况下也可以创作一部艺术电影作品。它的成本比录制音乐（乐谱、小提琴、管弦乐、声乐）低 10 倍，但没有人会质疑录制音乐的必要性，或降低录制音乐成本的必要性。然而，时至今日，没有一个人意识到要保护古典文化遗产，即使是用这种最简单的保护措施。

说说剧院。莫斯科大剧院和列宁格勒剧院的大门是不会心甘情愿地为学生敞开的，学生们必须克服重重困难。但这无异于关闭了未来作家或作曲家的图书馆。除了参加演出和排练，芭蕾舞编导们没有其他途径来了解他们的艺术。文化部直接下令，为他们提供这些基本权利，对于学生来说这至关重要。

为了研究芭蕾的历史，我们还需要教科书和教学参考书——关于芭蕾舞的书籍。我们很少出版这些书籍，而且出版的量也不够。我们几乎不可能得到 А. 瓦冈诺娃、Ю. 斯洛尼姆斯基、В. 克拉索夫斯卡娅的重要著作，以及 В. 戈卢博夫、И. 索勒廷斯基等人的文章。不仅是学生，就连芭蕾舞教师和教授特殊学科的大师们在每次授课前，都要为寻找资料而苦恼。我还想补充一点，只有当我们的评论家和研究人员拥有自己的专门刊物，舞蹈理论和舞蹈学才能得到广泛而富有成效的发展。

对舞蹈艺术的发展产生了最大影响的，是那些用舞蹈编导代表人物命名的剧院——Ж. 诺维尔、Ж. 多贝瓦尔、С. 维加诺、Ш. 狄德罗、М. 佩蒂帕、А. 戈尔斯基、М. 福金剧院。他们坚持了自己的艺术意志。紧随其后的则是其追随者和学生们，直到时代应运而生一位全新的艺术家，随后围绕着他则会形成一个新的剧场有机体，等等。芭蕾舞剧院之间的区别在于他们在艺术表达方面的不同理念。

地方性的芭蕾舞团体一直致力于模仿首都的芭蕾舞团体。这就造成了剧目、形式、技巧、表现手段和创作方法的单调乏味：对于古典文化遗产来说，这是好事，尽管其中还存在着多样性和随意性，但这种统一的、强制性的、伪学术的、非个人化的方法对于新作品的创作来说却是灾难性的。

伊戈尔·莫伊谢耶夫民间舞蹈团（俄罗斯莫伊塞耶夫国家模范民间舞蹈团）彰显了这位杰出大师的观点、品位和方法的正确性，也彰显了那些相信并信奉他的原则的人的正确性，不仅获得了巨大的成功，而且对周围的世界产生了巨大的影响。但是，如果 K. 格列佐夫斯基的小型舞剧能流传到今天，他无与伦比的天赋在其中也做出了不小的贡献。如果当今最有才华和创造力的芭蕾编导能组成志同道合的团体，在现实主义艺术的框架内确立自己的创作特色的话，那么，这么多和而不同的团体之间的竞争将使我们的芭蕾舞在最短的时间内实现巨大的飞跃。

因此，我们如今比以往任何时候都更需要大胆的、现代的艺术家，他们要打破对舞蹈美与丑、可能与不可能的惯常看法，我们不仅需要大型的芭蕾舞剧院，还需要灵活、敏捷的小型的芭蕾舞团体，这些舞团将上演室内芭蕾舞剧、舞蹈小品，并将加快芭蕾舞的现代化。

用芭蕾反映现实是苏联舞蹈艺术最重要的任务，而在我们伟大的革命50周年即将来临之际，这一点尤为重要。在我看来，这中间的主要问题就在于芭蕾编导。

彼得·古雪夫

俄罗斯苏维埃联邦社会主义共和国功勋艺术家

列宁格勒

芭蕾舞的朋友们 *

1922年，我们这些彼得格勒舞蹈学校的高年级学生见到了鲍里斯·弗拉基米罗维奇·阿萨菲耶夫：应Ф.洛普霍夫的请求，他正在就И.斯特拉文斯基的芭蕾舞剧《火鸟》进行演讲。听众参差不齐——不仅有学生，还有教师、芭蕾舞演员和管弦乐队的演员，还有一些外来者——有老有少，总共约有50人。一开始很沉闷，这样的内容对于我们这些16岁的小傻瓜来说，一点趣味也没有，连我们也听不懂，直到阿萨菲耶夫用钢琴演奏了一曲"伊万王子"和"火鸟"的双人舞配乐，才让我们明白了一些道理。我们的钢琴伴奏在排练时并不是这样演奏的，音乐听起来不一样了，我们的表演就会焕发出活力来。阿萨菲耶夫也感受到了这一点，他目不转睛地盯着钢琴继续讲话……

在这里，我们第一次听到了关于M.福金的《火鸟》的故事，以及音乐家对舞蹈编导提出的要求。这对每个人来说都是新奇的、意想不到的、有趣的，也是有点可怕的——怎么可以为舞蹈设定如此艰巨的任务！事后，我们对这次谈话记忆犹新，争论了很久，并向非常支持我们的洛普霍夫寻求帮助和解释，也向我们的导师寻求帮助和解释，他们虽然在演奏音乐，但面对阿

---

* А.Н.克留科夫编译：《关于鲍·弗·阿萨菲耶夫的回忆文集》，列宁格勒音乐出版社1967年版，第163—169页。

萨菲耶夫提出的问题却很被动。

自从第一次见到鲍里斯·弗拉基米罗维奇·阿萨菲耶夫，他就令我们终生难忘。此后，我有幸经常与他见面，聆听他的演讲。《雪姑娘》（格里克的音乐，Б.阿萨菲耶夫收藏）给了我们机会聆听Б.阿萨菲耶夫、А.高克、Ф.洛普霍夫、С.戈洛夫宁的演讲。О.曼加洛娃和我，作为主要演员和双人舞的搭档，反复向他们展示了洛普霍夫的作品片段，并提出了各自的建议，以寻找最适合塑造雪姑娘形象的方案。我记得，几乎所有人都接受了阿萨菲耶夫的想法、评价和建议。他谈论舞蹈的方式曾让我们忍不住问洛普霍夫，阿萨菲耶夫是否是芭蕾编导。我们后来才知道，他曾是芭蕾舞教学和排练的伴奏者。

阿萨菲耶夫对芭蕾舞具体细节的理解，对芭蕾舞优缺点的思考，使他成为几代芭蕾编导争相聘请的顾问。而对于我们无情的"剥削"，他却从未说过"不"字。

阿萨菲耶夫对苏联芭蕾舞的影响值得花费许多笔墨来表述。在历史上被称为"戏剧芭蕾"的芭蕾舞运动亏欠阿萨菲耶夫——这位作曲家、理论家和朋友的太多太多。Р.扎哈罗夫上演了阿萨菲耶夫的5部芭蕾舞剧，В.瓦伊诺宁上演了3部。他们的优秀作品——与阿萨菲耶夫共同创作的《巴赫奇萨拉伊的泪泉》和《巴黎的火焰》——已成为我国芭蕾舞发展的里程碑，并被列入了苏联芭蕾的经典作品名录。

当然了，阿萨菲耶夫的每部作品并非都能在舞台上获得成功。但每个能与他合作的芭蕾舞编导，即使作品没有搬上舞台，也会因为领悟了他对艺术、社会和美学的长远目标而受益终身。阿萨菲耶夫对每个人都提出了这样的要求。对于阿萨菲耶夫和与他合作的人来说，内容、现实主义、对于舞蹈的任何形式和用语的探索，都要立足于古典芭蕾，这是他的合作者必须具备的因素。在那个年代，没有人能如此准确、慷慨地揭示出相关理念的哲理，及其音乐和舞蹈的体现。没有人能如此简洁、详尽地阐述出，为什么要构思和创作一部新的芭蕾舞剧作品。

1932 年，列宁格勒歌剧和芭蕾舞小剧院对圣列翁、佩蒂帕的小型芭蕾舞剧《格拉齐耶拉》产生了兴趣。

从学生时代起，芭蕾舞就令我们难以忘怀。A. B. 希里耶夫对许多经典芭蕾舞剧如数家珍，并在列宁格勒舞蹈学校的小剧场里，排演了其中的一些剧目。他在中学部创作的剧目和以 Ц. 普尼的音乐创作的芭蕾舞剧《格拉齐耶拉》上，曾花费了很长的时间。这场演出非常迷人。不仅是舞蹈编导，连导演也与众不同。场景没有按照芭蕾舞剧的传统来构建，每一个舞步都是严格按照音乐来编排的，并使舞蹈和哑剧有机地联系在了一起，达到了相辅相成的境界，但音乐却大大逊色于原来的舞台方案。

在接到剧院的非正式邀请，准备向艺术委员会提交一份相应的报告时，我当然地向 Б. 阿萨菲耶夫寻求了帮助，询问他是否有可能在一定的程度上，扩大演出的框架，并适当地对音乐进行改进。阿萨菲耶夫邀请我去他家做客。哦，去他家是多么地可怕啊！回想起来，我现在还能感受到那种恐惧，甚至走到阿萨菲耶夫的公寓门前，我都忍不住地想，要是能够逃走该有多好！

开门的是阿萨菲耶夫的妻子伊琳娜·斯捷潘诺夫娜，她带着真诚、愉悦的笑容，仿佛我是她最亲爱的客人。她和她的妹妹——这两个女人让这所房子充满了友好、友善，以及某种母性的关怀、周到、有分寸和好客的氛围。房间里堆满了书、书、无边无尽的书。在女主人房间的角落里，还有一整套玩偶。这里有茶炊、馅饼和各式糖果，谈话都是发自内心的，没有说教。

出乎我意料的是，阿萨菲耶夫很快就被复原《格拉齐耶拉》的想法所吸引。原来，他知道那场演出，记得那场演出，并且喜欢那场演出。在他的具体指导下，第一部分用小提琴取代了老版音乐中的钢琴片段，并且由他本人完美地演奏了整部芭蕾舞剧；而他还指出，音乐中有两段不是Ц. 普尼的，而是出自Г. 多尼采蒂之手。他当即还建议，在今后的演出中增加Г. 多尼采蒂音乐的比重。这似乎很有诱惑力。阿萨菲耶夫随后则开始用钢琴弹奏了多尼采蒂的多部作品，当他发现一首比一首好，而且所有这些作品的特点都与他建议的曲目相吻合时，我们都被吸引住了，而仅仅通过三次谈话，我们就从多尼采蒂的作品中选定了要演奏的钢琴曲目。

我必须说，阿萨菲耶夫的演奏有一个特点——他演奏的是音乐，而不是音符。如果剧院里的任何一位首席演奏家在他之后演奏同样的音符，音乐就会消失，至少变得原始、灰暗、毫无趣味。顺便提一下，阿萨菲耶夫的学生和朋友A. H. 德米特里耶夫——现在是列宁格勒音乐学院的艺术史博士和教授，在当时只是一个腼腆的年轻人和天才的音乐家——也能在钢琴上演奏作品，尤其是阿萨菲耶夫的作品，他演奏的作品使人着迷，但当你把乐谱交给别人时，演奏出来的就只是音符，而不是音乐了。

让我们回到《格拉齐耶拉》和阿萨菲耶夫选择多尼采蒂音乐的问题上来。由于两个因素，这个想法在当时未能实现。首先，如前文所述，只有由阿萨菲耶夫演奏的音乐才足够吸引人。其次，当我们试图将老版音乐加以改编时，结果是徒劳的，致使我们一无所获。因此必须做出选择：要么改编圣列翁、佩蒂帕的芭蕾舞剧，要么改编多尼采蒂的音乐。由于新创作的作品不在列宁格勒歌剧和芭蕾舞小剧院的计划之内，因此，也不在我的任务范围之内，而整件事就这样悬而未决，逐渐地被遗忘了。

但阿萨菲耶夫并没有忘记自己的想法。1936年，在舞蹈学校的剧院里，B. A. 瓦尔科维茨基用自己的独立剧本上演了由阿萨菲耶夫改编、多尼采蒂钢琴曲配乐的芭蕾舞剧《珍妮》。这是一部完全独立的作品，与《格拉齐耶拉》无关。演出非常迷人、诙谐、有趣，戏剧性很强。这部作品流传下来的原因与其毋庸置疑的优点有很大的关系。

我之所以经常拜访阿萨菲耶夫，是因为我当年曾有幸参演了他作曲的芭蕾舞剧《巴黎的火焰》《巴赫奇萨拉伊的泪泉》和《高加索的俘虏》，并在他作曲的另一部芭蕾舞剧《民兵》（关于南斯拉夫游击队的故事）中协助过编导家 В. 瓦伊诺宁。

这些对话的美妙之处就在于，阿萨菲耶夫是以平等的身份与我们进行对话的，他从不让对话者在谈话过程中感到在见识上低人一等，会用通俗的语言与每个人谈论他所感兴趣的问题。在与他的对话中，整个未知而美丽的世界豁然开朗，总觉得不是阿萨菲耶夫把你带入了一个崭新的领域，而是你自己在发现一个崭新的世界。

有一天，在我们开会期间，一位杰出的戏剧评论家 В. И. 戈卢博夫走了进来。不知不觉中，我们谈话的水平提高了，但理解他说的内容对我来说，却变得非常困难起来。在戈卢博夫之后，И. И. 索勒廷斯基和 С. Э. 拉德洛夫也来了。此后，我们谈话所需的智力水平急剧上升，我不再能理解和掌握他们的半暗示、举例和引语。当所有的贵宾都离开后，阿萨菲耶夫却像是在继续他们之间的争论，又像是在为自己寻找论据，不仅用简单易懂的语言基本上重复了整个谈话，而且用最细腻的方式，帮助我理解了分歧的实质，以及同他们会面的目的。阿萨菲耶夫与人的交往总是那么地体贴、细腻、朴实和平易近人。

他们与索勒廷斯基处于对立面，似乎互相不喜欢对方。索勒廷斯基并不十分承认阿萨菲耶夫是作曲家，而后者则公开嘲笑作为音乐学家的索勒廷斯基，但这并不妨碍他们成功地合作。索勒廷斯基性格急躁，耐心差，喜欢冷嘲热讽，不会因为一句尖刻的话而放过任何人，即使那个人是他的父亲。阿萨菲耶夫则与咄咄逼人的做法格格不入。在批评别人时，他小心翼翼，用词极其精准。他十分尊重别人的作品，理解艺术家是多么地容易受伤，并且理解要承认自己的错误需要时间和很大的勇气。

阿萨菲耶夫对当代主要作曲家的评价很有意思。在与我们的交谈中，他称 Д.肖斯塔科维奇是不折不扣的天才，称 И.斯特拉文斯基是伟大的音乐家，称普罗科菲耶夫是俄罗斯现代音乐之光。从表面上看，阿萨菲耶夫非常了解 20 世纪 20 年代和 40 年代的新音乐，并在很多方面都非常欣赏它们。但他作曲的兴趣世界还局限在 19 世纪。他不能，也不想以同时代人的方式作曲。我们有时很难理解这一点。正如他在芭蕾现象和人物的评价上所存在的矛盾一样。

他喜欢 М.福金的作品，但作为舞蹈编导，他只热情地谈论了 В.Ф.尼金斯基。他详细地讲述过他的《春之祭》，甚至还展示了一些最不寻常的技巧和舞姿。从阿萨菲耶夫那里，我们第一次了解到，尼金斯基是如何出人意料地对舞蹈进行了大胆改编的。阿萨菲耶夫在讲述尼金斯基的创新时，从未离开过"自由的可塑性"这个概念。不可变性和反可变性，坐着和躺在地板上的许多动作，自由的身体，没有经典"舞姿"的手臂，服从于思想和情感表达的舞蹈和超越常规和限制、自由表达思想和情感的舞蹈——所有这些，原来都是尼金斯基曾经尝试过的。

阿萨菲耶夫非常尊敬 Ф.洛普霍夫。在洛普霍夫编导的舞剧《雪姑娘》演出后，他对我们说："他是多么有远见的大师呀！这的确是真正的现代舞蹈的语言。这种语言不会很快被理解和欣赏，但它是舞蹈的未来。"然而，阿萨菲耶夫最喜欢的舞蹈编导却是 В.瓦伊诺宁。阿萨菲耶夫非常喜欢他的《瓦森卡》。瓦伊诺宁可以要求他对乐谱进行任何改动、删减、插入等举措。

即使他的指令破坏了芭蕾舞剧原有的音乐结构，阿萨菲耶夫也会照办。瓦伊诺宁的真诚和灵感征服了阿萨菲耶夫，正如他再三告诉我们的那样。

但是，阿萨菲耶夫一家都向其祈祷的真正的神灵是 Г. 乌兰诺娃。他见过 А. 巴甫洛娃、М. 科谢辛斯卡娅、Т. 卡尔萨文娜、О. 斯别希芙切娃，对她们每个人都充满了赞叹和敬佩。但他从未将她们与乌兰诺娃相提并论，因为他坚信，乌兰诺娃代表着芭蕾舞的巅峰。对乌兰诺娃的崇拜在他们家中盛行。坦率地说，这是可以理解的，因为我不止一次地从阿萨菲耶夫那里听到 А. 托尔斯泰的这句名言："我们面前有一位平凡的女神。"而阿萨菲耶夫则喜欢重复对乌兰诺娃的这种迷人的评价。

他对叶夫根尼·亚历山德罗维奇·姆拉夫斯基命运的预见也很有意思，当时后者正在芭蕾舞剧院开始自己的指挥生涯。我们第一次从阿萨菲耶夫口中听到他说，姆拉夫斯基是未来的"世界级的指挥家"，"相信我，他会离开剧院，交响乐是他的命运"。

许多艺术界人士不仅感谢阿萨菲耶夫的评语，也感谢他对自己命运直接且积极的干预。

阿萨菲耶夫热爱芭蕾舞，他深信芭蕾是一门现代艺术，能够反映生活中的各种现象，而无论是它的综合能力，还是它的影响力，都不逊色于其他艺术。

我总是想和他谈论芭蕾舞的大小事情，因为他对待这些事情总是那么认真、专注、尊重。这种对待舞蹈艺术的态度并没有惯坏我们，更没有惯坏那些受过高等教育的人。他对认真从事舞蹈历史和舞蹈理论研究者的支持也给我们留下了深刻的印象。阿萨菲耶夫从不放过任何一个机会，让我们相信舞蹈科学的必要性（在这个领域中，他对 Ю. И. 斯洛尼姆斯基推崇备至），认为我们有责任全面了解自己的专业状况，有能力鉴赏芭蕾舞表演，并且不遗余力、不惜时间地推动芭蕾舞的普及与推广。

他本人就是一个鲜活的例子。早在 20 世纪 20 年代，阿萨菲耶夫在谈到 M. 福金和 B. 尼金斯基的芭蕾舞剧时，就提出了"芭蕾戏剧""舞蹈戏剧"和"交响舞蹈"的概念。他在公开观看 Ф. 洛普霍夫的《舞蹈交响曲》时发表的精彩演讲，更是对舞蹈交响化的狂热肯定。阿萨菲耶夫预言了这个方向在未来的美好前景，并且强调，在舞蹈编导中，必须将舞蹈交响曲与具体情节、隐喻意象和各种表现手法广泛地结合起来，并加以运用。

阿萨菲耶夫是 20 世纪 20 年代到 40 年代苏联芭蕾舞团的挚友和关怀备至的老师。他对我国芭蕾舞的发展产生了巨大的影响，这一点无论怎样评价都不为过。

彼得·古雪夫
俄罗斯苏维埃联邦社会主义共和国功勋艺术家

对古典文化遗产的思考 *

每个时代的古典文化遗产不仅储存在人类的记忆中，而且将继续成为人类生活经验中的一部分。它不仅是一个研究课题，而且同当今创作的作品一样，是人们能够直接触碰的对象。

对古典文化遗产的保护总是责无旁贷的，但遗憾的是，苏联芭蕾舞界的人们对担负起芭蕾传承重任的责任还没有达成共识。我想坚持这样一个准则——应该完整地保护遗产，只取代那些已经过时了的、妨碍现代观众正确理解经典作品的部分。与此同时，如果重要的舞蹈编导有了自己独立的解决方案，而不是随意地修改具体的内容，那么，他就有权根据任何经典乐谱，重新创作芭蕾舞剧。这就是Ю. 格里戈洛维奇伟大的新作——《胡桃夹子》的创作原则。

但是，必须在某个地方，由某个人以纯粹的形式，保存大师们的作品，但口头描述无法引发人们对舞蹈的任何视觉上的认识。这正是我们要讨论的——关于舞蹈编排本身，它的发展、延续、被遗忘和正在消失的财富。

大师们在担任舞蹈编导时也有一些惊人的发现，这些发现非常适用于现代的现实主义芭蕾舞剧。但是，难道我们就不能把这项任务集中在一所全国

---

* 载《苏联文艺》1970年9月12日，第3页。

顶尖的剧院，进而将保护遗产作为该剧院的首要任务，从而全面地组织对芭蕾遗产的保护吗？

每一场这样的演出对于所有的青年演员和年轻编导来说，都是一本出色的教科书。我们是多么羡慕地看着丹麦人保留下来的伟大的布农维尔的作品呀！老一辈编导家作品的风格、方式、灵性和连贯性是多么地清晰明了啊！

但这里也有一个相反的例子。巴黎歌剧院演出的《葛蓓莉娅》是世界芭蕾舞剧目中最受欢迎的作品之一，曾由法国作曲家和编导家创作。但剧本后来被改得乱七八糟，配乐也被重新设计过，还引入了与 Л. 德里勃音乐原作格格不入的滑稽人物。精神世界的贫瘠是葛白留斯的形象特征。剧中的动作有时就像廉价的歌舞剧动作那样。最薄弱的可谓舞蹈的编排，不择手段地企图把古典芭蕾"现代化"，这非但没有丰富古典芭蕾，反而使其变得贫乏。

当我们谈论对古典文化遗产的尊重、虔诚、保护和研究时，却在这些美好字眼的掩盖下丢弃了一个又一个杰作，这难道不是虚伪吗？这就是为什么我们的主要剧院没有《无益的谨慎》《葛蓓莉娅》《艾丝美拉达》《小丑节》，没有 М. 佩蒂帕、Л. 伊万诺夫、А. 戈尔斯基的独幕芭蕾舞剧，没有苏联舞蹈编导的作品——Ф. 洛普霍夫的《雪姑娘》《普尔钦奈拉》《春日童话》，以及 В. 瓦伊诺宁的《米兰多丽娜》。他的《巴黎的火焰》只有在布达佩斯才能看到。非常感谢匈牙利的同志们，他们精心保存了这部宏伟的革命芭蕾舞剧的最后一个绝佳版本（瓦伊诺宁本人的创作）。

但毕竟，我们苏联的芭蕾舞团才是俄罗斯古典文化遗产、传统和流派的守护者和继承者。

由于 В. 别吉切夫和 В. 盖尔策所创作剧本的不完备，《天鹅湖》的历史最为曲折。在每个剧院的每一次演出中，剧本都会或多或少地被修改。П. 柴科夫斯基本人认为这不合逻辑，因为在他的有生之年，剧本也被重新修改过。但是，如果柴科夫斯基对剧本不满意，并考虑再次演出时，那么毫无疑问，他也要做好修改乐谱的准备，别无他法。因此，将所谓的作者原版乐谱封为圣典，并毫无条件地竭力复刻它，是很不可取的。

伊万诺夫、佩蒂帕创作的《天鹅湖》，加上 P. 德里戈的音乐剪辑，为《天鹅湖》赢得了全世界的欢迎和喜爱。我们认为，它是俄罗斯舞蹈文化遗产中最有价值的作品之一，《天鹅湖》的吸引力和影响力是其他芭蕾舞剧无法比拟的。它总是能在每个人的心中产生共鸣和征服感，并且唤起人们对美丽、希望、激情和善良的渴求。

毫无疑问，1895 年在圣彼得堡上演的《天鹅湖》直到 1933 年才被完好无损地保存下来，这个版本的结构是最完整的，并创造了芭蕾舞剧《天鹅湖》的最高舞蹈价值。但令人遗憾的是，这个由 Ф. 洛普霍夫和 K. 博亚尔斯基在列宁格勒歌剧和芭蕾舞小剧院精心修复的原始版本被破坏了，因为删去了传统的芭蕾舞姿态。洛普霍夫和博亚尔斯基的失误就在于复原了剧中演员 1895 年的布景和服装，因为这些都是令人难以忍受的老式服装。音乐和舞蹈比舞台布景和服装更有生命力，并且更能给人留下深刻印象。但莫斯科大剧院非但没有以最好的方式包装该剧，并将这个独一无二的版本作为给后代留下的珍品保存下来，反而轻而易举地将它淘汰。

莫斯科大剧院之前的作品并非伊万诺夫、佩蒂帕的经典之作，而是 А. 戈尔斯基作品的汇编版本，其中有许多额外的添加和改动。该剧院现在演出了新版的《天鹅湖》，但并不一定非要使用这个版本。它委托 Ю. Н. 格里戈洛维奇独立创作了他自己的版本，并讲述了梦境与现实之间的悲剧性分裂，但要讲述并保持梦境的高度是多么重要和困难，可以帮助我们穿跨越这个阶段。也许我们会第一次看到受 П. 柴科夫斯基作品的启发并直接从他的音乐中提取的舞段。

格里戈洛维奇在莫斯科大剧院上演的《天鹅湖》是一部纯粹的浪漫主义作品，两个世界在这里碰撞出鲜明的对比：平凡而平庸，崇高而浪漫。

《天鹅湖》的剧情非常奇妙，但在格里戈洛维奇的版本中，它不再是一个关于受魔法摆布公主的童话故事，而是一首富于哲理的诗篇，并以寓言和象征的方式，表达了现实生活中的矛盾和冲突。为了强调这首舞蹈诗的哲理一面，并根据现代美学原则解决演出的问题，编导家摒弃了所有的装饰物——在他的演出中，没有长着翅膀的猫头鹰、"可怕的"废墟、飘浮的纸板天鹅、蒸汽、烟雾和波浪，也没有哑剧角色。格里戈洛维奇相信舞蹈的力量是无穷的，一切都通过有效的、富有想象力的舞蹈来加以讲述。新版的《天鹅湖》与莫斯科大剧院老版的《天鹅湖》完全不可同日而语。它的美学原则、戏剧性、形象和舞蹈编导都具有了当代的意义。

舞蹈编导对第一幕进行了全面的戏剧化改编，并以古典的和最现代的方式令精湛的舞蹈表演填充了整个舞台画面。王子和反派的形象变得更加鲜明、深刻、合理，舞蹈也更加丰富了。第一幕看起来就像一个迷人的奇观，王子的形象跃然舞台之上。他的舞姿非常优美。即使是王子受封为骑士的情节，作为这个浪漫传说中的仪式对所需时间和地点的规定有些繁琐，也会让人饶有兴趣地观看，因为每一个场景都经过了巧妙的编排。

由 A. 戈尔斯基编排的《三大天鹅舞》是正确的。与伊万诺夫《四大天鹅舞》相比，这个舞段与整体的风格相同，但编排得更为成功。这段舞蹈点缀了整个画面。但我认为，戈尔斯基用两只小天鹅代替大天鹅（它们在华尔兹中只有短暂的独舞）是不合理的。如果以批判的态度对待伊万诺夫的作品，就没有必要在整部舞剧的尾声中留下令人烦恼的圆舞曲，这显然超出了天鹅的可塑形象，而在欢乐的《三人舞》中，也没有必要留下戈尔斯基苍白的编舞。

第三幕几乎完全由格里戈洛维奇重新创作。这不仅是一场舞会，更是挑选新娘的日子。此前，在所有的版本、所有的舞段中，这些都是性格组舞——拿波里舞（意大利舞）、匈牙利舞、西班牙舞和波兰舞。但格里戈洛维奇却保留了不同民族的色彩，并让所有的新娘都跳起了古典芭蕾。

由这4段性格舞构成的组舞，其舞台效果极佳！它们无论是在构图上，还是在单独的舞段上，都比其前辈的作品出色得多，因此，没有必要为其彼此的独立感到遗憾。柴科夫斯基创作的这些舞蹈是民族舞，而不是民俗舞，甚至不是沙龙舞。每支舞曲都融合了性情的冲动、优雅和精致。这让格里戈洛维奇找到了一种更有诗意的解决方案，而不仅仅是另一个版本的沙龙式的性格舞；在各种芭蕾舞剧的小品中，这样的舞蹈有很多。新作品的多样性不仅没有减弱，反而有所增加，舞蹈的戏剧性亦得到了加强，其艺术意义更是无与伦比的。

我们每个人必须对古典芭蕾的力量、对其丰富的表现手法充满信心，才敢于在经典作品的基础上，推出完整的"日常"演出！在最优秀的传统框架内进行表演，赋予舞蹈以民族的色彩和真正的个性，而这并不需要马刺和铿锵的高跟鞋、扇子和响板！

奥吉莉娅、王子和邪恶魔法师之间的悲剧——"加速的行板"（andante con moto）——编导家对舞蹈表现最复杂心理中细微差别的能力和信心，在这部构思精巧的"情节舞蹈"（pas d'action）中，再一次得到了充分的证明。最后一幕重现了柴科夫斯基华丽的音乐戏剧风格，让人受益匪浅。格里戈洛维奇在这里做了一些有趣的设计。舞剧似乎重复了齐格菲尔德王子与奥吉塔的第一次会面，但在这次会面中，双人舞的统一性却被故意地破坏了。

格里戈洛维奇编导了柴科夫斯基全部的三大芭蕾舞剧，并以不同的方式，执导了其中的每一部。在《睡美人》中，原版的内容得到了原封不动的保留，音乐被删减了很大一部分，以便更好地适应现代人的感知。可以说，整个演出的"方向"得到了重新设计，童话剧中的老妇人卡拉包丝被改造成了一个邪恶的舞蹈美人，而这种做法却不再新鲜。佩蒂帕的舞蹈得到了认真细致的复刻，而莫斯科大剧院芭蕾舞团则首次理解了这些舞蹈。不过，这部作品尽管有其必要性和诚意，却并无新意，因此，在格里戈洛维奇的创作传记中也不可能占据主要的地位。

在《胡桃夹子》中，新作品的概念源自音乐。剧本进行了修改，但乐谱未作改动。格里戈洛维奇根据音乐和自己对画面的想象，重新创作了整部作品，而且没有参考前人的作品。他作为编导，感觉到了充足的创作自由，而这对演出则产生了积极的影响。格里戈洛维奇对《胡桃夹子》在历史上所作的贡献是如此之大，以至于在提及这部芭蕾舞剧时，不可能不考虑他的影响。

在《天鹅湖》中，许多场景都保持了原貌，但与此同时，演出的大部分内容也都是经过了重新创作和编排的。要想成功地与佩蒂帕、伊万诺夫、戈尔斯基等前辈大师竞争，编导自身必须是一位非常杰出的艺术家。但是，老版的全部内容都被改编成了两个高峰——《天鹅群舞》和《大双人舞》。为了尽可能地突出这两个高峰，其他的一切都被刻意弱化了。然而，在格里戈洛维奇的作品中，这部新的剧目是如此地亮丽并具有现代的意义，以至一些原封不动的场景相形之下显得有些暗淡无光，而高潮也相应地发生了变化。当然，所有这些都可能会引起争议，并导致对相似论述的异议。但在这些争论中，我们不能忽略本文开头提到的重点：格里戈洛维奇创作了一首浪漫主义的哲理诗，他摒弃了所有在这种表演中无法接受的"拗口"，并在现代美学原则的基础上，用形象而有效的舞蹈解决了这个问题。

C.维尔萨拉泽设计的《天鹅湖》第一幕和第三幕——黑、灰、金色的大厅，蓝色的光圈穿过城堡的墙壁，直达未知的远方。无论是天空，还是雾气，都是诱人的、美妙的、令人不安的。根据光线的不同，时而庄严，时而亲切，时而沉郁，时而闪耀。骑士的世界透过回忆缓缓地展现在人们的眼前，真实而朦胧，美得超乎想象！维尔萨拉泽搭配的演员服装都是为形象和舞蹈服务的。这是一种罕见的创造力、色彩感和形式感。舞美设计家在布景设计中为服装提供强烈对比色的能力令人惊叹，一旦出现，它就将成为整个画面中最主要的视觉中心。

演出最重要的组成部分是莫斯科大剧院的管弦乐队，当然还有舞蹈演员。所有的舞蹈演员都创造了有趣且不同的形象，而对这些形象的分析，值得我们通过一篇专门的文章来加以论述。此外，还有掌握了高超指挥技术的A.朱拉蒂斯，而在莫斯科大剧院管弦乐队的配合下，演奏堪称完美。

最后，我想表达一些令我感到不安的想法。我希望被理解，而不是引起毫无根据的讨论和劝诫。莫斯科大剧院有自己的命运，它正在做正确的事情，正在巩固其芭蕾舞剧的基础。一个模范剧院应该有模范的演出。但是，人们不需要先知先觉，就能预料到其他剧院普遍希望独立演出经典剧目，但这种愿望并不值得称赞。相同，但又不尽相同的是："相同"既不是编导家格里戈洛维奇，或者舞美设计家维尔萨拉泽推崇的目标，也不是莫斯科大剧院所有创作力量和技术手段致力于实现的目标。但与此同时，有一天，一切却发生了。B.布尔梅斯杰尔上演了他的《天鹅湖》，地方剧院随后则掀起了一股毫无新意的模仿浪潮，由此毁掉了许多相当合适的老剧目，耗费了大量的时间、金钱和精力。结果呢？我们开始倒退到过去成就的一半，甚至四分之一，出现了妥协、折中主义和混乱。观众相信标题的权威性，真诚地将对古典文化遗产的改编当作了真理。但经典首先需要的是对自己的尊重和精妙的知识，需要能够在更高的艺术水平上，创造出新概念的杰出人才。

彼得·古雪夫
俄罗斯苏维埃联邦社会主义共和国功勋艺术家

舞剧《睡美人》的编导笔记 *

对 M.佩蒂帕的芭蕾舞剧作品了解得越多，就越会对《睡美人》惊叹不已。在这部作品中，戏剧性、奢华、壮丽与高雅的舞蹈意象结合得出奇的自然。编导家对演出结构的精妙构思显而易见：只要了解他的音乐和编舞计划就足够了。这部伟大作品的每一个细节都经过了深思熟虑，具体的细节都经过了验证，有许多意想不到的发现让人惊叹不已，而最后的舞蹈博览更是让人惊叹于这位编导家天马行空的想象力。

序幕是最完美的。这里有最引人注目的编舞成就，这里有当代编导们最感兴趣的东西——一种令人羡慕的、具有穿透力的舞蹈意象。

奥罗拉公主、宫廷室内舞段的奢华性、创造性和完整性，并没有超越对此前已发现技术的精湛见解之范围，但序幕的舞蹈则是具有创新意义的。在序幕中，情节的发展、对比和各部分内容之间的联系，都比随后的几幕更为出色。在这里，一切都经过了权衡和考量。恰到好处的开头，将观演者慢慢地引入了舞剧的氛围。仙女们跳着抒情舞蹈，一个接一个地登场。在这组舞蹈中，属于小人物的角色——侍从——也逐渐登场。众仙女和丁香仙女随从们的舞蹈是经过了刻意简化的经典之作。该舞曲的氛围和舞蹈的动作都很平

---

* 马里于斯·佩蒂帕：《资料、回忆录、文章》，列宁格勒艺术出版社 1971 年版，第 287—303 页。

和,没有任何烘托,但群舞却很不寻常。芭蕾群舞演员上演了一段简短的快板舞段。然后是一连6个女子的变奏,一个比一个出色。随后是忙碌而欢快的尾声,却被不断加剧的焦虑所打断。画面的高潮是恶仙女卡卡拉包丝登台的场景。整体的构图之完美,细节之精彩,令人叹为观止,实属罕见!

也许最令人沮丧的是,当作品重演时,他们开始修改了序幕,使其符合大众对精彩、成功等的普遍理解。佩蒂帕所具有的智慧和才华的简约远远超过了对表面效果的廉价追求,而他对这些效果的了解无疑远远超过我们。如果说他放弃了这些,那肯定是刻意而为的,而不是因为缺乏想象力。

起初,仙女们似乎毫无个性可言。她们的出场不是很戏剧性的,也完全不像童话:她们冲上舞台,向国王和王后鞠躬,或是走到新生公主奥罗拉的摇篮前为她祝福。

随后是华尔兹,所有的仙女、丁香仙女的随从(8位芭蕾舞团群舞演员)和侍童们都跳了这支华尔兹。华尔兹是非常简单、克制的,显然是经过深思熟虑的:这只是演出的第一支舞,接下来还有将近60支舞蹈。华尔兹是大型《六人舞》(*pas de six*)的引子。这段《六人舞》是叙事性的,由若干的舞段所组成:华尔兹、前奏曲、六段变奏和尾声。在前奏曲中,双方交换了礼物。仙女把礼物送给奥罗拉,男仆把礼物送给了仙女。此外,丁香仙女还为新生儿祈福,国王和王后致谢,群臣欢欣鼓舞,等等。在这个慢板中,强调了丁香仙女的主要地位,她是女主人公。所有的事件都围绕着她的举止而发生,群舞在她的引导下产生变换。其他仙女的动作都是相似的,她们以同样的方式行事。共同的动作、共同的模式——刻意摒弃了个性,每个仙女都做着相同的任务。慢板的舞蹈编排与此前的华尔兹一样,是克制的,甚至可以说是简约的。同时,它又是正式的、讲究的、严肃的,尽管简单,却也是美丽的。我的任务只是描述和分析仙女们的行为。因此,我们省略了对这段《六人舞》中慢板的详细描述。舞蹈的构图很简单——直线、对角线和圆形，各组都有详细的说明。它们的静态没有受到任何干扰。从一幕到另一幕的过渡平缓而不显急促。最后是众仙女为王室祈福的场景。

紧接着是一段竖琴的快板，然后过渡到一段非常出人意料的 2/4 拍的快板——丁香仙女的随从和侍童的一段短小的舞蹈。如何理解这段快板？为什么佩蒂帕要破坏宫廷梦幻仪式的气氛？这段快板显得格格不入、轻佻而无趣。然而，自柴科夫斯基开始，所有人都接受了它。

节奏的急转直下创造了在这部芭蕾舞剧中必不可少的色彩变化。从慢板到快板，再从快板到欢畅的变奏曲，情感特征的转换形成了强烈的对比，进而有助于增强观众在视觉和听觉上的多彩印象。

在一段小快板之后，最重要的环节开始了：仙女们的变奏。它们的内容是，每个仙女都赋予了新生儿自己所拥有的人类优秀品质——温柔、开朗、精力充沛、朴实，等等。

第一个变奏是天真仙女的变奏。在引子中，她走到奥罗拉的摇篮边并为她祝福。舞蹈塑造了铃兰的形象——纯洁、芬芳、温柔，仿佛春暖花开。

第一个乐句。从 1 点斜向移动到 2 点。[①] 位置非常简单。两次脚尖上的"追赶步"（chassé），然后是 4 个轻柔的舞步，类似于波尔卡，同样在脚尖上（共两次）。做这个"追赶步"的过程中，手臂在头上轻柔、平静而富有弹性地摆动，向左右各摆动两次，而迈步时则只摆动 1 次。头部似乎随着手臂的动作，微微地转向并朝同一方向倾斜。乐句在 2 点处结束在四位上，左腿在"屈膝"（plié）中收到五位，而身体和手臂则放松地下垂。

[①] 根据公认的标准，采用了将舞台区域划分为 8 个点的方案。（古雪夫注）

第二个乐句。动作与斜坡平行，面向观众，穿过舞台。在足尖上做 6 次俄式的"下蹲"，接着做两次小幅的"布雷舞步"（pas de bourrée），最后在五位"下蹲"。带着优美手势和平稳挥舞手臂的舞姿随着身体逐渐上升，同时轻轻地向上摇摆，然后再次下落，完成一个完整的圆。所有的组合动作都要做两次。

第三个乐句。从第一个后区斜向退回舞台中央。在原地轻盈地向前迈两指宽的步子，然后再迈出 1 步，摆出"交叉舞姿"（attitude croisé），身体和手臂下垂，做轻盈平静的"倒重心"（tombé）。接着后退，向右做"布雷舞步"，右腿轻盈地落地 4 次。整个组合是重复的，但两个"布雷舞步"之后，"接连不断"（suivi）地向后移动足尖，并在左腿上"倒重心"。每走一步，腿部都做 1 次"伸展"（développé），双手举到肩部高度，好像在抚摸对方，然后从肩部轻轻地移到其手部，但没有身体接触。在"交叉舞姿"中，双手"延伸"（allongé），头部转向举起手的那只手。"倒重心"时，身体和手臂向下，但在第一和第二个乐句下蹲时，手臂和身体逐渐轻轻抬起。

第四个乐句。动作从中心到斜坡直线前进。从"伸展"到"斜侧 45 度角"（effacé）前行，然后"倒重心"到四位，即规范的"斜侧"位置。手臂、身体和头部起初似乎落后于双腿的动作。身体微微向后弯曲，如果右腿通过后面的"动力腿的脚放在支撑腿的踝骨上"（sur le cou-de-pied）之后抬起，右臂则随它一起抬起，然后落下。此时，左手握在下方，几乎触及女舞伴的 tutu 裙，然后依次上抬。该动作共做 7 次。最后一次是在四位的"斜侧"体位上做"阿拉贝斯"（arabesque）舞姿，身体半低，双臂向前伸展，一臂略高于另一臂。接着，手臂轻扫两下，身体和头部逐渐向下。双脚在四位的"斜侧"上不动。舞蹈以在足尖立脚背的过程中，以"第一阿拉贝斯"舞姿而结束。不是用足尖跳起来，而是安静的、不易察觉的上升。

所有动作都要沉着、平稳、有弹性。必须将注意力集中在双手之上。手和身体的动作就像一朵铃兰花，微微地左右倾斜，就像微风吹拂过花朵。因此，动作应该是柔和而温馨的。这就是它们的构思。这段舞蹈变奏的意境是无与伦比的。佩蒂帕用最简单的方法，成功地创造出一朵脆弱的鲜花形象，并且是形象化的，而不是具体的描绘，因此，这段舞蹈充满了柔情和贞洁，展现了仙女们令人惊叹的纯洁形象。

天真仙女舞蹈最后的第四个乐句可能是佩蒂帕本人所作。我们的老前辈对这个舞句的作者说法不一。他们提到了洛普霍夫和瓦冈诺娃的名字。我记得，出于某种原因，佩蒂帕当年最宠信的芭蕾表演家 E. 瓦泽姆认为，在第三个乐句中接连做 6 次 "伸展" 是 "不雅" 的、"不可如此跳" 的，并声称佩蒂帕 "从未有过这样的丑陋动作"。她展示了另一个版本：用足尖轻轻立起并进入 "第一阿拉贝斯" 舞姿，然后向前倒下，换另一只脚也进入 "第一阿拉贝斯" 舞姿（6 次）。A. 切克雷金和 И. 克谢辛斯基拼命与瓦泽姆争辩，但后者却声称原始版本与此不同：侧身用足尖迈步，同时通过 1 个 "吸腿"（passé），在 "交叉舞步" 上，以 45 度角向前 "伸展"，并以 "下蹲" 结束，然后另一只脚在不同的方向上做相同的动作。据说，在做 "伸展" 动作时，手臂还要向前伸展，并在手腕处交叉。

当然，这三种变体从原则上说，都是可能的。但是，无论在天真仙女的童话变奏中，这个已被普遍承认版本的作者是谁，在我看来，它都是 3 个版本中最具表现力的。

在修复一部尘封已久的芭蕾舞剧时，自然会产生激烈的争论，有时只是为了一些微小的细节。显然，每位艺术家都为作品补充了自己的细节，而这些细节有时会被长久地保存下来，并被后来的表演者们当作是作者添加的细节。遗憾的是，无论是以前还是现在，一些导师在传承和保护古典文化遗产方面都不够严格和苛刻：他们往往会根据表演者的需要随意改变舞蹈的动作、演员间的配合、演员的习惯和举止，并加上自己的诠释。

许多剧院上演的《睡美人》都因这种随意性而大受打击，致使原本统一的风格消失了。如果我们能把《睡美人》中的古典芭蕾教成小步舞或加沃特舞，那将会更加接近马里于斯·佩蒂帕最初的想法。滥用复杂的技术，只会放纵低级趣味。当然，这也是对佩蒂帕的不尊重。

第二个变奏是芙蓉仙女。佩蒂帕在为柴科夫斯基撰写的计划书中简明扼要地写道："芙蓉花，流畅的变奏。"柴科夫斯基创作的这段音乐绝对称不上流畅。这是最短的变奏曲之一，只有 25 秒。音乐具有塔兰泰拉舞曲的特点。舞蹈也非常活泼，但与塔兰泰拉毫无关系。尽管它的短小打破了纪录，但这却是一个出色的变奏，意外地犀利而迅疾。

表演者跑到中心位置后，右脚做了一个短暂的"倒重心"，左脚的脚尖迈出 1 步，右脚做 1 个"吸腿"，向前做 1 个"倒重心"，向右做 1 个"切割"（coupé）和 1 个"大的换脚跳"（grand jeté），左脚通过"吸腿"向前做 1 个"交叉"，其足尖在五位上，轻盈地向前跑到"交叉"上，做一个"倒重心"结束，最后用另一条腿重复整个组合。第一乐段的动作不仅速度快，而且幅度尽可能大。值得注意的是，除了最后几个动作的流动之外，整个舞蹈的运动模式只有最后是转动的，其他动作都是沿着小对角线进行的，而方向则是从舞台中央向后、向上的。

第二个乐句。足尖迈出两步，与开始时一样，再迈出 1 步，然后"伸展"，足尖完成大幅的两次"单腿划圈"（rond de jambe），并向后方"分开"

（ecarté），手臂则高举。① 用另一只脚向另一侧做同样的组合，最后则做 1 个身体和手臂向下急甩的"倒重心"。然后用足尖做 1 个俄罗斯式的配合动作，斜向回到 6 点之上。在这个动作中，身体逐渐上升：双手把握住每次配合，就像把溅起的水花从自己身上向前抛出。通常的结尾是——在五位上做足尖跳，比如从"起范儿"动作（préparation）到对角线，并"向外"（en dehors）重复 6 次，第 7 次时于五位"下蹲"后，紧接急速小跳。双手在循环过程中交替向下和向上，最后的舞姿则是双手在顶部呈圆形。

那些深入理解这段舞蹈本质的演员，将其称为"子弹变奏"。因为这个变奏确有闪电般的速度、壮观的场面、出人意料的特征和图案的变化，真可谓快如闪电。形象生动而不失娇媚，大胆妄为而不失轻率。

第三个变奏——面包屑仙女。佩蒂帕在给柴科夫斯基的指令中写道："下落的面包屑。"但这一措辞并不能解释任何事实，尽管它在舞者的手部动作中得到了一些证实。无论是撒面包屑，还是玩溅起的水花，抑或只是欣赏她双手的动作。这里的一切都没有规律可循。没有任何动作或姿势能让人一眼认出这是佩蒂帕创作的变奏。

第一个乐句。足尖向前做 3 个小的、轻盈的"换脚小跳"（emboités），停留在三位的"下蹲"上，并将腿稍稍抬高至向前的"半阿蒂迪德"（demi-attitude）舞姿（6 次，先从右腿开始，然后从左腿开始）。② 双臂从肩部向上自由抬起，每做三位上的"换脚小跳"时，头部就像从手臂下方看过去一样。同时，手也在强调三位上的"换脚小跳"。整个乐句是一个从 6 点到 2 点的对角线位置。6 次之后，抬起手臂，用足尖向前走，在头顶向不同的方

---

① 据老一辈的演员说，这个动作应该是"分开"（ecarté）后向前伸展。（古雪夫注）
② "交叉"（croisé）和"斜侧"（effacé）交替使用。（古雪夫注）

向摆动（4次）。最后是单腿脚尖屈膝，身体、头和手臂向下，另一条腿则稍微向前抬起。

第二个乐句是沿着同样的对角线向后移动——从舞台底部向后移动到舞台顶部。同样，更小的"换脚小跳"向前（向后）做——3次8拍。身体逐渐上升，手臂也逐渐向前抬起，双手一前一后地绕成1个圈，就像在玩泼水的游戏。第24个动作时，手臂已经完全抬起，在手指向斜后方做简单的后划动作时，手臂左右摇摆3次。整个动作在向后的四位上结束。

第三个乐句。在同一条对角线上，但从上到下（与第一个乐句相同），足尖在"交叉"上以半个舞姿向前跳3圈，在"下蹲"上快速向后跳1圈，腿从半舞姿向前、向后伸展，用足尖触地。支撑腿在半"下蹲"（四位"斜侧"）的位置上向前，而动作腿则向后伸展，并用足尖触地。从这个位置开始，做1个45度的"小踢腿"（petit jeté）接"吸腿"，而这个组合要做满4次。在这一组动作结束时，必须完成第一个"交叉"动作。

第四个乐句。用足尖上的"小跑步"（pas couru）在整个舞台上做"之"字（或"蛇"形）巡游，身体逐渐上提，并回到第一乐句的变奏位置之上。在这组动作中，双手在头顶自由随意地摆动，或做"撒面包屑"（或更确切地说是"飞溅"）。该乐句以同第二乐句末尾一样的"倒重心"动作结束。

第五个乐句。重复斜向和向下的行进动作，组合与第三个乐句相同。组合动作完成3次，结束时，足尖向前迈出6步，如同小步舞曲——加沃特舞曲（脚掌略微偏向一侧），最后用足尖结束在向前"交叉"的"大阿提久"（grand attitude）舞姿上。

这个变奏有许多微小的变化，因此，现在已无法准确地确定原始的版本。在通常的情况下，第二个乐句是这样编排的：前4个"换脚小跳"是手臂在下，后4个"换脚小跳"是手臂在上的，如此共做3遍。换句话说，每

8个"换脚小跳"之后，身体和手臂都会再次向下。同样的部分也经常这样做——4个"换脚小跳"，而不是接下来的4个——在脚尖上向后、向后做1个小动作。如此3遍。

我个人最喜欢最后一个版本，因为它更具有音乐性，并与音乐的色彩更为吻合。但我不能说，它是由佩蒂帕创作的。我想说，小仙女代表着女性的善良形象。与序幕中的所有舞蹈一样，它的创作手段非常简略，但却极具说服力。

第四个变奏是金丝雀仙女（她会"唱歌"①）。金丝雀仙女的变奏与芙蓉仙女的变奏一样，只有25秒。

第一个乐句。步法——右腿屈膝，左腿伸直，稍稍向两侧打开。在从6点到3点的对角线上，用足尖小跑，每一步都将腿部稍微向侧面打开一点。共11步。第12步时，右脚在左侧支撑腿的"屈膝"动作上做"倒重心"，左脚随后"搁在右侧支撑腿的踝骨后面"。左脚的足尖做"切割"，右脚快速做单腿划双圈于空中，45度角，然后向前做"分开"（écarté）动作，而另一条腿则朝另一个方向重复至第8点。

第二个乐句。从第8点斜向舞台的上方移动到第4点。足尖有3次过渡。第三步时，足尖并拢。第三次跨步时，右脚从后面稍稍抬起，搁到左腿的踝骨上。第二次跨第三步时，左腿抬至右腿前方的踝骨上。动作呈对角线，并侧向右肩。一共有11个这样的三连音，在第12个上面之际——右腿做一个短促的"屈膝"，用足尖自由地向舞台中央小跑。双手与双肩等高，或交替向上举起。每走3步，手要轻抛一下，以示强调。在向前跑的过程中

---

① 在柴科夫斯基的乐谱中，她被描述为"啁啾歌唱的仙女"。参见彼·伊·柴科夫斯基，66号文章《睡美人》，莫斯科，1981年未发表稿。（原编者注）

（乐句的结束），手臂是自由的，身体略微前倾。

第三个乐句。在舞台中央的一个地方，轻轻跺脚（数 8 下）。身体和头部起初完全下垂，逐渐抬起，左右摇摆。手掌几乎合拢，送到嘴边（喊"啊呜！"），左右摆动，身体和头部也是如此。数到第八个数时，双手放在身体后方，手背弯曲贴在背部。手指张开，松弛地握着，不断地飘动。双手被描绘成翅膀的样子，这也是芭蕾舞中"蝶"的服装所采用的模样。身体略微前倾，头偏向左肩，并向观众的方向略微右转。在这种姿势下，足尖（背部）通常会非常精细而快速地移动，在舞台上绘出一个从中心到 8 点的小半圆。最后突然快速向左旋转，左脚的足尖做"第一阿拉贝斯"的舞姿。

无忧无虑、欢快、娇媚——这就是这支可爱的女性舞蹈的特征。这里没有任何图解，也没有任何特别的"鸟类"特征。但是，这种不同寻常的活泼感和无忧无虑的鸟鸣声却非常准确地体现了出来。在佩蒂帕的芭蕾舞剧中，完全依靠足尖奔跑的女性独舞并不新鲜。在芭蕾舞剧《清澈的小溪》中就有一个变奏，名为《溪流》。在 1925 年的毕业演出中，M. 谢苗诺娃曾出色地完成了这一表演，并赢得了观众的起立鼓掌。与这段《金丝雀》相比，在《溪流》中，最简单的"足尖跑"也有不同的变体和舞台的各个方向。此外，与传统规则不同的是，这段舞蹈中的双脚在常规的位置之外，并且是根据塑造形象的任务而自由行动的。

第五个变奏是火爆仙女。括号中是佩蒂帕写的"疯狂"。在我看来，这是最有趣、最新颖的舞蹈。它的动作充满了活力、尖锐、带刺，充满了力量。没有停顿或过渡性的休息，而是连续的意志力、进攻性的动作。要创作出表现能量的舞蹈，是一项异常艰巨的任务。即使是巧妙地为这一形象找到了基本动作的佩蒂帕，也没有将这一构思完成。这段变奏中的最后一个部分，即第四个乐句中，佩蒂帕保留了其主要特征，但却是以牺牲节奏和方式为代价，而不是以牺牲对动作的选择为代价的。

第一个乐句。快速跑向舞台中央，以昂首挺胸的骄傲姿势终止（一般情况下，通常在四位起范儿，不做"下蹲"），腿向后伸直，放在足尖上。向前伸展的双臂与双手交叉，略高于tutu裙，而舞姿则呈"交叉"式。

右脚的足尖向右迈步，左脚搁在右脚的脚踝之上。身体微微向右倾斜，头转向右侧。眼睛转向右手指向的地方。右手猛然做出一个类似分类顺序的手势，好像在瞄准后台右侧地板上的什么东西。双手握拳，食指伸直（哑剧中表示"出"或"拿"的意思）。然后向左迈两小步，右脚向左，半踮足尖，几乎原地踏步。第三步脚尖向左，同样的顺序和舞姿，但左脚向左，左手向左做一个手势。双脚继续在半足尖上迈出两步，接着再迈出1步，共8次。舞姿如上所述变化两次，舞姿前倾两次。手指向舞台的右下角，然后指向左侧。两次向下，两次向上。整个乐句是一个从中央到斜坡的直线前行的动作。左臂肘部伸直，右臂半屈，使手与左臂的肘部相触。在足尖上做6个"滑步"（glissade）之后，第七个动作换成右脚在前五位上"屈膝"并"立足尖"（relevé）。突然，躯干变成了"斜肩侧身"（éppaulement），头也转向了右边。整个乐句再次向右转，最后在2点的五位上再次"立足尖"。

第二个乐句。向斜后方行至6点。在五位"蹲"（右脚在前）上，尽量向斜后方弹跳，两腿伸直，右脚在前完成"往前移动的足尖跳"（pas sus-sous）。弯腰前行时，"屈膝"，头转向左肩，双手放至左大腿。左臂伸肘，右臂半屈，手放在左臂的肘部。手指的位置与第一个乐句相同。

足尖跳起的同时，头部和手臂急速改变方向。头压在肩上，右臂在肩部水平向右伸展，呈躲闪状，左手压在右手的肘部。接连做4次，在足尖跳动的过程中，手和头部均逐渐抬起，这样在第一次做指向手势时，右手与腰部齐平，而在四位上做指向手势时，几乎笔直地抬起。对角线跳跃结束时，重复第一个乐句，但只重复 7 次，而不是 8 次。第七次以左脚向前的舞姿结束。

第三个乐句。足尖与斜坡平行地向右做直线的"足尖旋转"（chaînés）4 到 5 次。在五位的"屈膝"上结束，右脚在前，左右脚分别用足尖做 4 个"简单的双脚起、单脚落地跳"（sissonne simple），并在第四个动作结束时，过渡到左脚的"屈膝"，右脚搁在支撑腿前侧的踝骨上，好像"起范儿"，然后重复足尖旋转）。该乐句中的双手始终保持标准位置。整个乐句为"足尖旋转"接"简单的双脚起、单脚落地跳"，向一侧重复两次。当重复向前的"巴特芒"（battement）跳：背后的战术，左腿提高到半姿态向前的位置。随后用左右脚交替完成 8 个"换脚小跳"，从第一个后台的右侧跳到舞台中央，并绕舞台走半圈。接着，再做 8 个"换脚小跳"和"巴特芒"跳，用右脚"倒重心"之后，"屈膝"向前，稍稍"交叉"。

第四个乐句。左脚踮足尖，右脚以 45 度角向前"分开"并"在空中单腿划圈"。手臂需规范。重复做 3 次——全部用右脚，然后 3 次在足尖上完成"布雷舞步"，换脚后，用左脚做同样的动作，然后再用右脚做一次。最后以一个"倒重心"结束。斜向移动到第 6 点时，足尖回落四次，并在五位上做"下蹲"，足尖在五位做"布雷舞步"，接着"向外"（en dehors）跳，第五轮过渡到右脚在足尖上的"第一阿拉贝斯"舞姿，作为变奏的最后一个姿势，在第 2 点的位置上。

在第四个乐句中，于后退和下蹲的过程中，双手再次摆出第一和第二个乐句中的同样舞姿。每次下蹲时，双手都会做出急促但轻微的上抛动作。在最后的"第一阿拉贝斯"舞姿中，右手向前急抛，做出命令的手势。

佩蒂帕在《睡美人》中创作了许多新的变奏和舞蹈动作：老猫与小猫、小红帽、奥罗拉的第一次出场和在第三幕中的变奏、蓝鸟和弗洛里娜公主、序幕中的石头和仙女们的舞蹈片段等。其中，火爆仙女的舞蹈占据了主要的地位，除结尾部分之外，一切似乎都与经典背道而驰，一切都违背了经典的准则。我们已经习惯了这种舞蹈，但在 1967 年，我不得不在布达佩斯上演了《睡美人》。匈牙利的芭蕾舞演员第一次认识了佩蒂帕的这部杰作。有趣的是，他们认为，火爆仙女变奏的舞蹈语言绝对是现代化了的。

丁香仙女的变奏是最后一个变奏，也是第六个变奏。在这里，新的舞蹈主题蓬勃发展：火热、柔和的舞姿和"阿拉贝斯"舞姿，以及同旋转相结合的动作。

这个变奏是由洛普霍夫创作的。他以一位经验丰富、才华横溢的舞蹈建筑师的眼光，学习了佩蒂帕的风格特点，并在缺失了的舞台后区，创造了一段《六人舞》(pas de six)，如此的精确，以至于除了佩蒂帕之外，没有人会认为这个变奏是由洛普霍夫独自创作出来的。这就是洛普霍夫的能力，而我们往往缺乏这种能力。他之所以能够做到这一点，是因为他将舞蹈编导的观念融入了自己的想法。因此，我认为，洛普霍夫的变奏是佩蒂帕创作中的一部分。

第一个乐句。从第 4 点到第 8 点的斜线上，在"交叉"的舞姿上做"追赶步"(chassé)，并在同一方向上"下蹲"，然后做轻柔的"倒重心"，并用右脚在足尖上跳跃。左脚在 90 度上轻轻击球，然后单腿向右在空中划四分之一圈，左脚"交叉"向前下落，放在足尖之上。右腿则是大腿先"屈膝"后伸直。在做"追赶步"时，身体向左转半圈，并使右肩指向对角线的方向。右臂微微摆动到四位，然后肘部微微向下，手臂和手跟随肘部几乎到达右侧的支撑腿。与此同时，左臂在空中的运动轨迹与左腿相同。身体在"追赶步"时略微向后伸展，然后逐渐向下并向右，在"下蹲"时完成最后一个舞姿时，手臂向前并在手腕处交叉。右脚向左前方迈出，做"第一阿拉贝斯"舞姿，接"一气呵成的双起单落小跳"（pas faille），进入随后的"交叉追赶步"（chassé croisée）等。整个组合重复 4 次。

第二个乐句。从结束第一乐段组合的"第一阿拉贝斯"舞姿开始，右脚的足尖在斜向上后退，做"交叉"舞姿。右手向侧面张开，如同行礼。左脚的足尖斜向后退，右脚摆出"第一阿拉贝斯"舞姿，然后左腿下蹲，向右转半圈，右脚在足尖上，用力做两个"向内"的旋转，而左脚则搁在做支撑的右脚的踝骨上，而右腿在"屈膝"时，左脚则向前斜着踩"斜侧"（effacée）。在行进的过程中，双手向上。在"转换脚位"（degagé）时，左手下垂至左脚，右手则向后稍稍打开。

身体向左臂和左腿倾斜。然后，迈出左脚，再用右脚的足尖向后迈出，并摆出"阿提久"（attitude）舞姿等。

整个组合重复 4 次。第四轮结束时，不是以"转换脚位"的舞姿，而是在五位"下蹲"的状态下，用足尖跳到 4 点的五位上。

第三个过渡乐句。足尖向右侧移动，绕半圆至 6 点。右手像往常一样抬起。足尖面向斜坡开始，然后向后，再次面向斜坡结束。

足尖快速踩踏 5 次。第六次时，右腿在足尖上屈膝，左脚搁在右脚的脚踝骨上，然后迈 5 步，左腿屈膝，右脚的足尖伸展，然后是左腿屈膝，右脚的脚尖伸展。再向左跨一步，用左脚的足尖站立。右脚经过"吸腿"，放下至五位。在迈步的过程中，双手交替变换位置。

第四个乐句。首先是五位的"下蹲"，然后沿"第一阿拉贝斯"舞姿的方向，做两个"闭合式的双脚起单脚落的小跳"（sissonne fermée）至第 3 点。左脚在足尖上做简单的上述动作，右脚则在脚踝上方做"吸腿"动作，并像往常一样，为"向外"的动作做准备。在五位的"下蹲"上，于后侧做两个"往外"的动作。最后在五位上，做"下蹲"，双手置于头顶之上。

整个组合重复3次。第三次巡回结束时，右脚向前打开45度，呈"交叉"舞姿，并用这只脚在屈膝的状态下，做"倒重心"的动作。

与坡道平行的动作——左脚的足尖向前迈出，右脚向前以"阿提久"舞姿迈出，然后在右脚上"倒重心"两次。接着踩左脚，向左做"带转圈的阿桑布莱"（assemblé en tournant），脚尖踩到五位时，右脚在前，停止。"下蹲"于五位之上，做"打开式的双脚起单脚落的小跳"（sissonne ouverte），然后进入"第一阿拉贝斯"舞姿，左脚向前跨一步，右脚的足尖站立，最后进入"第一个阿拉贝斯"舞姿。

整个舞蹈开阔、沉稳、自信、铿锵有力。这位女主角的舞蹈——威严，同时又轻盈欢快。

共有6个女性的变奏，每个变奏都有精确的造型特征。古典芭蕾的丰富内涵几乎未被使用。佩蒂帕正在缜密地考虑奥罗拉随后的独舞、伴娘舞、尼雷伊德舞、石头舞、蓝鸟舞等。在这场作为古典芭蕾巡礼的演出中，重要的是不要在最后一幕的尼雷伊德人及《六人舞》中心的交响乐画面之前，过早地浪费这些资源。

这就是为什么伟大编导的精妙构思有时会因为在序幕中加入了过多的技术而毁于一旦。编导试图让几乎每一个变奏都蔚为壮观；而一旦在火爆仙女的舞蹈中加入了"挥鞭转"（fouetté），就会让人感到遗憾。这可是在序幕中！再往后，为了给人留下深刻印象，就必须围绕主要的情节进行表演了。如果我们认为，佩蒂帕的表演是经典，那么，我们就必须学习他的一切——构图、意象、舞蹈对比、丰富的语汇、多样的技术，以及将亮点留到最后的能力，而这在大型作品中是非常重要的。

仙女们在舞台上的动线非常有趣。通常，古典芭蕾的动线大致如下：

1. 从上到下的对角线，然后跑到舞台的另一侧；

2. 从下到上走一条对角线，然后跑到舞台中央；

3. 从舞台中央到斜坡的直线行走；

4. 绕圈。

或者：

1. 在舞台中央说一句话，然后跑到后区的上方；

2. 从上到下走一条对角线，然后从另一侧跑到对角线上，同样从上到下，然后再向上跑到舞台中央；

3. 从上到下，有 3 到 4 个小对角线的动作。

变奏有很多，但规则是相同的——舞蹈每个部分的线性模式都在变化，各部分之间有一个跃进和休息。

佩蒂帕是否偏离过这些规则？是的，尽管并不常见。例如，在芭蕾舞剧《神驼马》中，水之女王在水下王国的场景中，就献上了精彩的演出。

下面是她的图画：

1. 从上到下的水平对角线动作：向右 4 小节，向左 4 小节。如此两次，不会跑偏；

2. 在从下到上（从左到右）的对角线上移动，但不超过；

3. 在舞台中央，从上到下地走 12 小节的小对角线，并从中央到右边的对角线上巡回。

在变奏曲的第一乐章和第三乐章中，乐章的模式是完全相同的，而且乐章之间没有非舞蹈性的运行——休息。在《睡美人》中，放弃采用惯用的动线是更为大胆的行为。

在佩蒂帕的《睡美人》之前，人们在序幕中，从未见过如此自由的、仙女们的舞蹈。不拘一格的手势，这种组合对当时的他来说，几乎是全新的，还有大胆的舞台画面——这一切都是为了更好地呈现舞蹈的意义和意象。

"戏剧芭蕾"的工作者反对古典芭蕾的"无意义"特性，他们认为，佩蒂帕的变奏可以从一部芭蕾舞剧转移到另一部芭蕾舞剧中，而不会造成任何损害。问题就在这里，他的舞蹈并不适用所有的舞剧。试着将《舞姬》中妮姬娅与毒蛇的舞蹈移植到《雷蒙达》《睡美人》或《天鹅湖》中；试着将奥吉塔、奥吉莉娅和雷蒙达的变奏互换一下；最后，试着将《睡美人》序幕中仙女们的舞蹈插入另一部芭蕾中。事实证明，正是由于其特定的意象和精确的地点，它们才会显得格格不入。但是，在我们的一些剧院上演的《灰姑娘》，或舞会上朱丽叶的变奏，确实可以在不损害原作的情况下，被搬到任何地方，佩蒂帕芭蕾舞剧中的一些小品舞段也是如此。然而，《帕基塔》和《雷蒙达》中的"大舞蹈"（grand pas）却不能与之混为一谈。因为他对民族舞蹈素材的使用过于娴熟和具体了——西班牙舞、波兰舞如此，匈牙利舞也是如此。

佩蒂帕了解民间舞，并能巧妙地加以运用，使其服从于不同的演出风格。即使是那些没有民族色彩的大型古典芭蕾，也是佩蒂帕以自己的方式创作的。

这些舞蹈要求表演者对这些舞蹈的特殊性有准确的认识和理解。

在过去，舞蹈编导能够为《吉赛尔》《海盗》《舞姬》《天鹅湖》《睡美人》等剧目的表演赋予不同的特色。遗憾的是，如今这些剧目的重要特征已被抹去，人们几乎不可能分辨出"幻影""维丽""天鹅"和"精灵"之间的区别。芭蕾舞团的编导、教练和导师需要认真地思考这个问题，否则就为时已晚了。

记得曾有一段时间，芭蕾舞团各自以不同的方式表演《吉赛尔》《海盗》《舞姬》《天鹅湖》《睡美人》等经典舞剧。尽管古典芭蕾具有共性，舞步也几乎相同，但不同的剧本内容决定了不同的表演方式、演员不同的舞姿和动作特征。

由于篇幅有限，我们无法详细解释"不同""差异"等词的含义，也无法用图像来展示。但每个作品的内容都在提醒舞蹈编导，要深入思考，要感受每个作品的不同和每个舞蹈的特殊性。

"幻影"对闯入它们世界的人及其经历无动于衷。它们冷漠、平静。没有痛苦，没有抱怨，没有回忆。它们有一种"超凡脱俗"的美丽和吸引力，仿佛在呼唤着永恒的和平。

维丽（《吉赛尔》中的女幽灵）强大而残忍。她们看似冷酷和严厉，但并非对所发生的一切无动于衷。在与看林人同在的那一幕中，她们达到了狂欢的境界，而在与阿尔伯特同在的那一幕中，他们则准备继续狂欢。所有这些态度都有些风格化，并且取材于当时描绘"魅影"和其他浪漫戏剧中的芭蕾角色。

天鹅们低调、悲伤、焦虑、梦幻，它们是事件的积极参与者。奥吉塔的命运就是它们的命运。天鹅的姿势，尤其是手，应极富表现力。

《睡美人》中的众仙女是温柔的、诱人的、略带娇媚的、难以捉摸的——几乎是真实的。她们舞动着爱情的喜悦和幸福，强调舞姿的文雅，并且模仿巴洛克的风格。

《海盗》中"花园大群舞"中的成员在插入的小品中表演。他们将自己的情感色彩融入了舞蹈之中。这是一曲生命的赞歌，勇敢而又明亮。

最后，我想指出《睡美人》的另一个特点。

按照惯例（或者说是规律），舞蹈与音乐一起开始，并伴随着音乐，结束的时间会稍早一些：要么是独舞休息了，要么是为了重新编排芭蕾舞团的群舞。例如，如果是华尔兹，舞蹈主题会发展 12 个小节，而舞蹈编导则会留出 4 个小节来，用于重新编排舞步。

当然，主题也可以发展成 32 个小节，在这种情况下，过渡是在乐句的最后 4 至 8 小节之中。

据我所知，这一规则的唯一例外是《睡美人》第一幕的《大圆舞曲》。佩蒂帕将整个乐句用了两次，以一个单一的模式展开舞蹈，而重新构建的乐段则以一个新的乐句、新的主题开始。从严格遵守音乐规则的角度来看，这则可说是乐盲所为了。这究竟是天才任性的突发奇想，还是一个恶作剧？或者他试图修改陈规？但无论如何，这都不是一个错误的决定。佩蒂帕的专业水平太高了，他对作曲规律的了解无可挑剔。会不会是后来者的篡改？1919 年，我还是学生时，第一次跳华尔兹。当时我的导师是 А. В. 希里耶夫，А. М. 莫尼科夫，Л. А. 列昂季耶夫，В. И. 波诺马廖夫——就这些人的水平而言，根本无法望佩蒂帕的项背。对他们来说，佩蒂帕就是一座圣殿。希里耶夫是《睡美人》首演的演员，他对这部芭蕾舞剧有着绝对准确的了解。因此，是佩蒂帕本人有意识地改变了传统的舞蹈结构，其目的我们至今仍未弄清。

Ю. И. 斯洛尼姆斯基称《睡美人》的舞蹈编导是古典芭蕾的百科全书。我甚至想说：它是所有芭蕾创作的百科全书。每当要上演一部新的芭蕾舞剧时，我们都需要反复地研读《睡美人》，反复地向佩蒂帕请教。

彼得·古雪夫

用舞蹈的语言表达当代生活 *

全俄罗斯联邦芭蕾编导和芭蕾演员比赛最近在莫斯科举行。作为评委会成员，我想谈谈我对舞蹈作品的印象。

我们观看了50多个新的舞蹈节目。其中的大部分作品都证明了芭蕾编导们技能的提高、对传统的坚守和延续，以及求知探索的勇气。在参赛者的作品中，生动地体现了苏联青年关心的道德问题和当今的英雄主义。令人欣慰的是，出现了可塑性的民族元素，而比往年更多的参赛者还选择了使用古典芭蕾，来诠释当代生活。

与此同时，这次比赛也表明，年轻人在选择揭示现实题材时仍然举棋不定，他们并不总是能为自己的作品选择合适的音乐，最重要的是——不能在舞蹈中充分展现其内容。虽然舞蹈编导们开始更多地转向古典芭蕾，但他们还无法充分展现古典芭蕾在技术上的可能性。遗憾的是，评委会不得不看到平淡、无力、不专业的作品，他们往往无理取闹，摆出刻意丑化的姿势和动作，这就违反了苏联艺术的审美准则。这也证明了一些舞蹈编导过于偏爱极端时尚的现代主义潮流。但他们的作品并不能影响当今舞蹈编导的思想性的特征和方向。

---

* 载《列宁格勒晚报》1972年2月17日，第3页。

现实主义的作品在比赛中占据了领先的地位，Г. Г. 马约罗夫、В. Н. 叶利扎里耶夫和 Ю. П. 弗佐罗夫分获一、二、三等奖的桂冠，他们 3 人都是列宁格勒音乐学院芭蕾舞系的学生。

马约罗夫正在 И. 别尔斯基的班上完成最后一年的学习。他的参赛作品《鹤》《湍流》和《蓝色的远方》表明，这位年轻的舞蹈编导努力追求编舞语言的典型化和编舞语调的现代化。他的所有作品都揭示了纯洁、轻盈和欢乐的爱情主题，在《鹤》中，他发现了鸟类形象的可塑性，通过这个舞蹈，他认真、有力且十分生动地讲述了鸟儿的诞生、配偶和飞翔的过程。《湍流》也很有意思，这是一对恋人的双人舞，他们似乎漂浮在木筏上——这是古典芭蕾中一个意想不到的新情节。华丽的塑料制品，反映了木筏和木筏上的人的动作。《蓝色的远方》谈论的是爱情和对未来的幻想，作品的创意在这里得到了成功的发展，并且创作了优美的新动作。

芭蕾编导 В. Н. 叶利扎里耶夫也是别尔斯基的学生。他创作了舞蹈《道路》，并曾用它参加过列宁格勒的 Р. 季托比赛。作品的主人公是一个黑人，他的人生道路十分艰难、充满危机，厄运有时是无法遏止的，但他还是找到了出路。编导对寻找正确人生道路的思考，以黑人民族的独特色彩，用鲜明、新颖的方式表现了出来。叶利扎里耶夫的第二个作品《反差》，尝试以可塑性的发现为特色，但评委希望他能更加清晰地表达自己的思想。

莫斯科人 Ю. 斯科特和 Ю. В. 帕普科创作的舞蹈《安吉拉的呼唤》让所有人都兴奋不已，他们获得了二等奖。这部卓越的作品纪念了一位英勇的黑人共产主义妇女，纪念了她动员全体拥有正义感的人，从种族主义者手中拯救女儿的光荣事迹。列宁格勒音乐学院芭蕾舞系学生 Б. Я. 艾夫曼（Г. 阿列克西泽的学生）演出的舞剧讲述了初恋的故事，获得了一致的好评，但这个舞蹈作品并没有进入决赛。有趣的是舞蹈《波路什科》，它是根据 Ю. П. 弗佐罗夫和Ф.洛普霍夫的想象而创作的。С.Ф.巴尔加诺夫（雅库茨克）的《北方民谣》也吸引了评委们的注意，它的古典芭蕾中充满了雅库茨克的民族风情。

年青的一代还有很多工作要做。本届全联盟舞蹈学校的评审和芭蕾舞演员的比赛表明，演员们的技能得到了提高。现在，现实要求芭蕾编导具有高水平的编创能力，他们要充满活力地去寻找解决现实问题、相关情节、表达形式和表现手法的方案。必须确保舞蹈编导的专业水平不落后于芭蕾舞演员。毕竟，他们很快就要在国际比赛中捍卫苏联舞蹈学校的荣誉了——重大的比赛将于今年夏天在瓦尔纳举行，将于明年在莫斯科举行。在第二轮比赛中出现的问题将再次出现，并变得更加尖锐，我们必须呈现能用可塑性的手法解决现实问题的演出。不仅是舞蹈编导，剧院和剧团的领导以及演员本身都必须承担推出新节目的风险。我们必须提前做好准备，更要严格地把关，合理地选择主题和情节，避免反美学的表现手法。

在舞蹈界，对创作进行争论的势头正在变得越来越明显。将所谓现代作品的毫无意义、虚构的所谓重要性、现代化的伟大，与古典形象的深刻内涵、其清晰、简洁、民主和美感加以对比——这就是我们的芭蕾编导们现在所面临的"任务"。列宁格勒音乐学院的学生和老师们不应该忘记这一点。

彼得·古雪夫
列宁格勒音乐学院芭蕾舞系主任
俄罗斯苏维埃联邦社会主义共和国功勋艺术家

传统与创新 *

苏联芭蕾在全世界都享有盛誉。国外的巡演显示了我们的专业优势，坚定了我们对自身思想和美学原则正确性的信念。然而，芭蕾的世界并非总是一片晴空，我们正面临着70年代苏联芭蕾的紧迫问题。我将谈到两个相互关联的、亟待解决的问题。

一、现代性

我们热切地希望，苏联芭蕾能与时代齐头并进。纵观苏联芭蕾的历史，我们的编导一直在致力于呈现现代化的表演，并将此视为最重要的任务。他们有过发现，也有过失误，还进行过一些毫无意义的炒作，这些都损害了民众对于芭蕾反映现实的态度。

然而，时代要求舞蹈编导在现实中发掘芭蕾舞剧的主题和情节，并且进行创作，而不是对最重要的问题视而不见，比如战争与和平、种族与民族间的矛盾、社会需要与经济发展的不平衡等。舞蹈编导在这些矛盾基础上进行创作，既可以展现新社会人民丰富的精神世界，又能明确自己作为争取和平

---

① 载《苏联文艺》1973年3月6日，第4页。

与社会主义战士的立场。

在这样的目标指导下，芭蕾舞剧可以是有情节的、无情节的、交响的、戏剧性的，可以使用古典芭蕾、民间舞、现代舞——除了非实质的、无意义的、神秘的、缺乏感情的舞蹈，一切都可以被我们的观众所理解和接受。一个具有现代思想的艺术家有义务不断更新其表演的表现手法，既要关注内容本身，也要关注内容的表现形式。

我们现在越来越清晰地意识到，充分的戏剧性和崭新的舞蹈编导有助于体现现代性，芭蕾的戏剧性需要特定的情节。尽管意识到了这一点，我们仍然会犯错，有时用可塑性的手法从文学情节中选择了完全不合适的情节，致使原作的内容变得贫乏，而这些损失是无法弥补的，就像经典芭蕾舞剧的创作者在其时代所能做到的那样，至少在《堂·吉诃德》中是这样的。而在我们这个时代，这是行不通的。我指的是芭蕾舞剧《前夜》《化装舞会》《珍珠》和无数的《哈姆雷特》等。在未来的项目中也能感受到同样的趋势。例如，我收到了《俄狄浦斯王》《白痴》《罪与罚》《死魂灵》《被开垦的处女地》等芭蕾舞剧的剧本。由于以前的教训，一些年轻的舞蹈编导开始回避文学，尤其是现代文学。他们转向了交响乐，并开始否认以戏剧性为基础的准则。

芭蕾舞剧是难度最大的戏剧作品类型之一，当代芭蕾舞剧的编导倾向于自己写剧本，拒绝文学专业人士的帮助，这是大错特错的——这会导致芭蕾内容、问题、冲突、形象的贫乏。

A. 哈恰图良的《加亚内》的悲惨命运，难道不是因为剧本的弱点而导致的吗？C. 普罗科菲耶夫的《宝石花》也遭遇了同样的困境，《珠宝》《"俄罗斯"进入港口》《在意大利的天空下》《为了和平》《遥远的星球》《人》等作品（编剧 Л. 拉夫罗夫斯基，P. 扎哈罗夫，B. 查布基亚尼，K. 谢尔盖耶夫，A. 利夫希茨）都以失败告终。难道不是编剧的失误使得如此有魅力的芭蕾舞剧，如 H. 卡萨特金娜和 B. 瓦西廖夫的芭蕾舞剧《创世纪》，O. 维诺格拉多夫的《阿塞尔》，Л. 雅科布松的《仙境》，Г. 阿列克西泽的《仙女之吻》显得不完美的吗？

各个剧院应该学会在舞剧诞生之初分析剧本的中心思想和优点，而不是在首演之前。

苏联芭蕾美学的核心是发展当代主题，塑造当代人民的可塑形象，并且理应在日常生活中积极地贯彻这一根本性的方针。

很遗憾，实际情况并非如此。Л. 别尔斯基的《希望之岸》《第七交响曲》《1905 年》，Л. 雅科布松的《臭虫》，H. 卡萨特金娜和 B. 瓦西廖夫的《地质学家》，O. 维诺格拉多夫的《阿塞尔》，K. 博亚尔斯基的《少女与流氓》都是不容置疑的成就。K. 博亚尔斯基在诠释苏维埃和革命英雄题材方面取得了无可争议的成就。但 Л. 别尔斯基和 Л. 雅科布松不是因为这些重要的成就而获奖，而是因为关于树妖的童话，H. 卡萨特金娜和 B. 瓦西廖夫也不是因为优秀的现代芭蕾作品而获奖，而是因为埃菲尔的《创世纪》。《少女与流氓》的作者没有获得任何奖项，尽管这部芭蕾舞剧在 24 家剧院上演，追平了《巴赫奇萨拉伊的泪泉》的纪录。我并不反对给文学家图卡伊、埃菲尔、莎士比亚等颁奖，但必须确保无论何时，都应优先考虑任何使芭蕾接近我们这个时代的经典之作的最小成功。

1959 年，苏联文化部宣布举办"现代芭蕾舞剧的剧本比赛"。这一举措产生了大量的剧本和新的芭蕾舞剧名称。有 4 个剧本获奖，被推荐到剧院进行改编的则有 10 个。结果呢？没有一个剧本被搬上了舞台。结果是，人们遗忘了最丰富的经验，对创作剧本的兴趣也下降了，从事这个领域的专业人士圈子又缩小了，由此减少了申请的剧本数量，其价值也降低了。这一切难道是支持剧作家、作曲家创作符合当代精神的芭蕾舞剧吗？

为了芭蕾的内容，为了回归对于当代情节的探索，为了激发舞台总监、编剧和作曲家们全面的创造力，是采取最果断措施的时候了！

我们需要举行新的全联盟现代芭蕾舞剧的剧本竞赛。我们需要向剧作家们提出适当的要求。需要实施奖励制度和相关措施，以恢复和推广当代芭蕾的剧目，并且推广至文化部，从而给未来的作者们以信心，让他们知道，他们的作品将得到支持和最大的关注。

古典芭蕾经过几个世纪的发展，才逐渐形成了同各种表演艺术具有某种相似性的规范。现代舞蹈则迅速构成了新的教条——无休止地重复平庸、熟悉的技巧，随处可见，尽人皆知。但与此同时，我们却未能巧妙地利用古典芭蕾的丰富内涵，演员的表演因此变得贫乏，由此削弱了俄罗斯和苏联芭蕾的优秀传统、内涵和多样性。对演员来说，舞蹈有时会变得毫无意义。当下的演出存在两个极端：一方面，深层次的意义超载，舞蹈充满了对造型手法神奇威力的深刻信仰，仿佛它们和哲学原理一样重要；另一方面则是毫无内涵，却自命不凡，声称具有形式上的所谓新发现。我看过同一个舞蹈编导的作品——《安东尼和克利奥帕特拉》《穆萨·贾利勒》《玛丽亚·玛达琳娜与耶稣》。在某一时刻，你根本无法辨认它们的区别——这些作品完全相同（更不用说主题的选择了）。然而，他们却想让我们相信，无意义是有哲理的，丑陋是美丽的，淫秽是贞洁的。

千篇一律的双人舞往往使用反美学的手法，引发我们内心的抗议。爱情是一种美好的感觉，为什么要用其他的方式来诠释呢？捷克芭蕾舞剧《广岛》也采取了同样的手法，但效果却完全不同。剧情以投掷炸弹的飞行员的良知为基础。良心由芭蕾舞者扮演。她跳的不是爱情，而是折磨着飞行员。这些令人讨厌的手法和情节突然各就其位，变得富于表达力，甚至变得鲜明夺目了。

这样的例子不胜枚举。这说明问题不在于手法本身，而在于手法是否适合、有用。因此，我们需要有选择性地、有技术地和谨慎地进行批判。

但谨慎和宽容是两码事，是否需要用严谨沉稳的古典芭蕾或现代舞来诠释思想，应由艺术家自己来决定。如果体现的思想令人信服，那么，所使用的手段是否合理的问题也就不复存在了。

我们的目标是要激发年轻的芭蕾舞者对创作当代芭蕾的兴趣，教会他们辨别进步与妥协、专业与业余的区别。我们要将经典的伟大之处，它们的明晰、简单、民主和可理解性，与现代主义作品的神秘、无意义和虚幻的多义性相对比。如果没有作者的讲解，几乎无法洞悉这些现代作品的思想。我们的目标是要向年青一代传授舞蹈思维逻辑的规律，使他们意识到艺术的社会美学的使命及其重要性。

二、古典文化遗产

苏联成立 55 年以来，为了使广大群众理解和热爱舞蹈艺术，我们做了很多工作。全国有 40 多个歌剧和芭蕾舞剧院、19 所舞蹈学校、许多专业舞蹈团体、民族芭蕾剧院，以及数以百万计的业余舞者。因此，我们的芭蕾舞需要在开创和征服新领域的同时，最大限度地扩大受众群体，使更多的人理解和热爱芭蕾舞。

广大观众刚刚理解、喜欢并接受了经典的芭蕾，而我们却要求他们放弃这份热爱，去接受一切新的、不易懂的、矛盾而尖锐的东西。

在有些城市和地区（这可在数据上得到证实），唯有在芭蕾充满了戏剧性内容，并用简单、清晰、易懂的舞蹈进行讲述时才能被接受。因此，无论我们的舞蹈编导创作了什么，主要的任务当是将作品变得清晰易懂，并使大众正确地理解其内容。

生活表明，古典芭蕾是最容易被大众所接受的，因此，我们应该从古典芭蕾开始进行审美教育和舞蹈艺术入门。基于此，如果全国都能以高水平来保存和宣传古典芭蕾的传统，这将会发挥决定性的作用。

当谈论遗产时，我们指的不是情节，也不是音乐，而是舞蹈，即舞蹈的内容，这些舞蹈自初次上演，直至之后的150年，在全球范围内仍然无法超越。

我们在经典作品方面积累了丰富的正面经验，同时也不乏负面的经验。

在所有的探索和实验中，我们总是害怕突破古典传统。

我们对杰作的崇拜阻碍了我们去探索新的内容、新的形式和新的表现手法吗？不，它帮助了我们，因为它培养了舞蹈编导的责任感、苛刻的要求和良好的品位，并在他们的面前展现了历经几个世纪积累和打磨的表演手法。俄罗斯芭蕾舞之所以能够成为20世纪舞蹈之光，是因为它的最高表现形式是精神纯洁和理想崇高的艺术。

我无法想象一位音乐家会不把古典音乐作为智慧的宝库和未来的源泉来学习。我也无法想象一位芭蕾编导不学习经典编舞就想成为舞蹈艺术家。但是，如果我们不保护这些经典作品中的原创舞蹈内容，他们如何去学习呢？

我和苏联芭蕾一起度过了充满曲折的遗产探索之路，分清了谬误，支持了许多过失，并从自己的错误和他人的经验中确信，古典文化遗产演出的情节设计得如此巧妙，以至于它们的"编辑"更容易扭曲其理念、内容、形式和舞蹈逻辑。

芭蕾舞剧的特殊性就在于，一个舞台版本的更替会导致另一个版本的消亡。舞蹈无法记录，也没有固定的版本。对于芭蕾舞来说，只有在舞台上不断上演的表演才是一切。手稿、书籍、文件、字典……没有这些，舞蹈就会变成类似于口头传统的文学，或仅在听觉中存在的音乐。这就是为什么我们如此担忧杰作命运的原因。

我们的剧院四处洋溢着改写经典芭蕾舞剧内容的狂欢氛围。我们总是热衷于"改进""完善""编辑"和"现代化"……

最受欢迎的古典芭蕾舞剧《天鹅湖》的命运难道不够悲惨吗？从1922年到1972年，也就是50年时间，《天鹅湖》被重新编排了6次，佩蒂帕、伊万诺夫的经典版本被不同的舞蹈编导重新"编辑"了24次。当然，每一次修改都会损失一些原作的东西，而后一次修改的编导有时则会把前一次的修改当作原作，并对其"缺点"皱起眉头。观众则相信标题的权威性，真诚地将猜测当作真理，致使观众自己也不仅会对《天鹅湖》失望，还会对整个芭蕾艺术失望。有趣的是，每次修改的可行性直接取决于舞蹈编导在特定剧院的影响力。在通常的情况下，随着芭蕾编导的离职，他"编辑"的版本也会退出历史的舞台。

在以不同的方式对待每一场古典文化遗产的演出时，我们应该记住佩蒂帕的这句话："把别人的作品当作自己的作品来尊重，是最困难的事情。"

有些剧目的芭蕾编导和舞蹈编导合二为一，具有同等价值，无须"更新"（比如《无益的谨慎》《吉赛尔》《小丑节》《内亚达和渔夫》《格拉齐耶拉》）。有些剧目的舞蹈编导完美无瑕（比如《天鹅湖》《睡美人》《雷蒙达》），但芭蕾编导却有些脱离舞蹈，舞台布景也呈现了一种常规的手法，缺乏表现力，而且根本没有必要——如行进、宾客退场、"陈述"，等等。如果我们对古典芭蕾进行了干预，取消了象征性的动作并去掉了那些不必要的、与舞蹈和内涵无关的冗长情节，并且引入了作者新创作的舞蹈，那么，演员和第一个表演者一旦由于过失而省略了这些舞蹈，我们就不会感到大惊小怪了。然而，我们却像瓷器店里的大象那样，骄傲自大地认为自己比佩蒂帕、伊万诺夫、戈尔斯基等芭蕾编导家更了解古典芭蕾,因此首先"现代化"了他们的天才编舞。而一旦轮到别人对我们的作品进行业余式的修改时,我们则会勃然大怒。

以"现代化"为同样的借口,演员们可以无限且任意地改变他们的表演,轻松地更改他们的舞姿。常见的论点是:当代舞蹈技术有了显著的提升,并且仍在继续发展。因此,芭蕾编导们无法忽视这一点,并自然而然地在他们的舞蹈中引入了现代的技巧。然而,艺术、舞蹈技术、现代技巧和任何创新,都应该在新作品中得到发展。对于旧作品来说,这样的修改则是毁灭性的——最终不会留下任何历史的痕迹,不存在通过事实和时间认识它们的可能性,而没有传承、传统——什么都不会有,只剩下一些附着在情节和音乐上的各种各样的体操练习。按照当今的趣味,演员不是唯一的。由于专业文化上的不足,古典芭蕾的词汇已经贫乏了,其核心的艺术特点已经被同质化,并成为其领军人物创造的所谓标志性的风格。

当我们用马里于斯·佩蒂帕本人的言行来证明我们对遗产的干涉是合理的时候,我们都错了。当他说,将来也许会修改他的作品时,他指的是随着时间的推移,这些作品必然会有新的解决方案,而不是工匠式地"修正"他所编导的细节。传承前辈的演出时,他完全理解他们的全部作品,没有扭曲过前人的思想、情节和形象,也没有对前人的舞蹈做过微小的干涉。这位伟大的艺术家一直在寻找,并最终找到了更好地表达他自己设想的方式,还能用具有惊人敏感度的语言进行表达。作为专业的舞蹈家,他在舞蹈的层面已经超越了他的前辈。

我之所以如此谈论古典文化遗产,是因为不论在过去还是在将来,我们都应继续成为舞蹈文化最优秀的传承者,这是我们国家的财富。我们需要考虑的不仅是过去,还有未来。

苏联芭蕾编导们继承了 45 部芭蕾舞剧的丰富遗产:30 部长篇芭蕾舞剧

和 15 部独幕芭蕾舞剧。我们可以举出无数的例子，证明剧院将粗制滥造、无知可笑的仿制品充当了古典芭蕾舞剧，并对古典芭蕾舞剧造成了破坏。弘扬古典文化遗产，主要在于对其舞蹈作品的保存。我们随处可见柴科夫斯基的芭蕾舞剧，却没有一部保留了佩蒂帕、伊万诺夫、戈尔斯基原版的芭蕾舞剧。

通过莫斯科和列宁格勒剧院老一辈艺术家们的帮助，我们或许能够在某种程度上恢复这些芭蕾舞剧，并使其更加接近原作。

不加区别地修复原作是没有意义的。现在有必要纠正对经典作品的公然歪曲，并禁止对其进行进一步的破坏。苏联文化部可以以此为目的，成立一个由权威芭蕾评论家和专家组成的委员会，这些专家对保留某些个人的"编辑"成果并不感兴趣。舞蹈遗产与文学和音乐的遗产一样，都需要受到国家的保护。

将所有版本的舞蹈，包括所有现存的变体以胶片的形式作为国家级的活动进行记录是非常有必要的，以便通过比较来确定真相，而不仅仅是空口说白话。苏联舞蹈编导的表演应在作者健在并能确认其原版的情况下进行录制。这是一项巨大的工程，但值得一提的是，它既不需要复杂的组织，也不需要大量的开支，因为我们需要的是一份文件，而不是一部艺术片。这项工作应该得到芭蕾舞剧院负责人的全力支持，他们希望首先停止毫无根据的、耗费时间、精力、金钱的肆意改动。

传统和创新并不是对立的。它们是艺术发展和更新过程中连续且必然的环节。

彼得·古雪夫
俄罗斯苏维埃联邦社会主义共和国功勋艺术家

采访录：修复师眼中的芭蕾*

　　修复者人员可以修复任何艺术作品——无论是绘画、书籍、服装，甚至是芭蕾舞剧！有一些专家不辞劳苦，一步一步地重现舞蹈艺术的经典作品，尽力褪去后人的改动和重构。俄罗斯苏维埃联邦社会主义共和国的功勋艺术家、列宁格勒的尼古拉·安德烈耶维奇·里姆斯基-科萨科夫音乐学院（尼古拉·安德烈耶维奇·里姆斯基-科萨科夫圣彼得堡荣获列宁勋章的国立音乐学院）的芭蕾舞系主任彼得·安德烈耶维奇·古雪夫教授就是这样一位大师。

　　老一辈的戏剧人对彼得·古雪夫的许多舞台作品记忆犹新，他的艺术道路与费多尔·洛普霍夫的芭蕾创作密不可分。彼得·古雪夫是亚历山大·谢尔盖耶维奇·希尔亚耶夫的学生，而希尔亚耶夫则曾师从伟大的芭蕾改革家马里于斯·佩蒂帕，因此，古雪夫承袭了古典芭蕾学派高雅的舞蹈传统。他是全联盟芭蕾编导教研室的创始人之一，全国53家芭蕾舞剧院的艺术总监都通过在这里的学习，提高了自己的专业技能。

　　谢多博尔斯基（下简称"谢"）：彼得·安德烈耶维奇，如今经常有现代舞蹈编导对经典芭蕾舞剧进行改编的情况发生。您认为是否有必要对佩蒂

---

* 载《列宁格勒晚报》1980年9月23日，第3页。

帕的作品进行"修改"?

古雪夫（下简称"古"）：我相信这样的做法对我们的芭蕾舞剧产生了负面的影响。通过经典作品，我们可以了解过去的精神文化，现代艺术理论将芭蕾视为当代精神文化的一种表达方式，也是编导个人性格的一种体现。因此，他们的作品应该像作家、作曲家或艺术家的作品一样不可侵犯。历史上有例子表明，由于舞蹈编排的薄弱，即使音乐出自像拉莫、肖斯塔科维奇和贝多芬这些知名的作曲家，该舞蹈作品也不会在艺术史上留下深远的影响。相反，舞蹈编导的杰出工作确保了《堂·吉诃德》《舞姬》《海盗》等作品具有长久的生命力，尽管这些芭蕾舞剧的音乐在很大程度上已经不合时宜了。

如今，有谁还能记得亚当40部歌剧中的任何一部作品？它们都已经被遗忘了。但一部《吉赛尔》却足以让这位法国作曲家的名字流芳百世。这部作品的魅力在于其舞蹈的编排。因此，对于芭蕾而言，对古典遗产的谨慎态度，首先意味着应当保留其舞蹈部分的原始编排。

谢：目前，我们有多少部芭蕾舞剧作品的舞蹈编排仍然保持了原貌？

古：唉，除了《吉赛尔》这部伟大的作品之外，其他的作品，比如《睡美人》《雷蒙达》《海盗》均被改编了无数次。每次修改之后，原作的痕迹都会变得越来越少。事实上，现代的舞蹈技巧和创新都应当通过创作新的作品来加以发展，而不是通过扭曲旧作品来实现，这一点其实并不难理解。否则，就不会有艺术史，也不会有传承，更不会有传统了……《天鹅湖》尤其不幸，在我们国家的所有剧院里，这部芭蕾舞剧目前共有34个版本。

谢：修复者是通过什么方式，来复排传统的芭蕾舞剧作品呢？

古：最重要的是通过老一辈艺术家们的记忆，他们可以被称为真正的"舞蹈百科全书"。当然，照片、回忆录中的舞台场景描述，以及保存在老式乐谱上的批注，也是非常有价值的。下面这种情况有时候也可能发生！曾经有一个案例，犯罪侦查学家帮助我们恢复了芭蕾舞剧的一个片段。

谢：犯罪侦查学家？

古：事情是这样的。一位昔日著名的芭蕾舞演员伊丽莎白·帕芙洛芙娜·格特声称，《吉赛尔》中阿尔布雷希特的独舞实际上是他与幽灵女王米尔达的双人舞。一个幸运的发现证实了她的观点。在一本从莫斯科书商那里买来的破旧的《多瑙河之女》的乐谱中，她发现了《吉赛尔》中的一段变奏的乐谱。乐谱上的注释已经被擦掉，但有一个词仍可辨认出来：尼基京。对历史学家来说，这个姓氏可以说明很多问题：尼基京是俄罗斯芭蕾史上第一位阿尔布雷希特的表演者。在刑事鉴定的实验室里，被擦掉的字迹重新显现了出来。结果表明，在最初的版本中确实有一段双人舞——米尔达不允许阿尔布雷希特接近吉赛尔的坟墓。于是，Ж.佩罗整整1分钟的舞蹈片段得以恢复。苏联艺术家们在瓦尔纳举行国际芭蕾研讨会上展示了这个片段。

谢：一位古典芭蕾的修复者应该具备哪些素质？

古：修复师是一项非常复杂而艰苦的职业，需要具备极高的专业和音乐文化素养，无可挑剔的遗产知识，以及精通被修复作品的编导思想、美学原则和舞蹈语言。最重要的是，正如佩蒂帕所说的：必须能够"将个人能力服从于（原）作者的利益"。

谢：贵系有没有培养修复专家的计划？

古：暂时还没有。但我们有一门专业课程叫作"古典芭蕾遗产研究"。这门课程包含了我们所知道的一切，甚至包括了能够生动体现作者编舞天才的某些舞蹈或场景。

谢：在您看来，国内哪家芭蕾舞团在解决古典芭蕾复原方面最为成功？

古：我非常欣赏我们列宁格勒歌剧和芭蕾舞小剧院芭蕾舞团对此事的痴

迷。我认为，我们系与该团体的合作取得了一定的成功。这一切都始于我们共同策划的"纪念佩蒂帕之夜"。我帮助年青一代复原了《喜剧》和《骑兵驿站》——这两部舞剧都是我从我的老师亚历山大·维克托维奇·希里耶夫那里继承而来的。随后，我们系的成员参与了对 A. 布农维尔、Ж. 佩罗和 Л. 伊万诺夫的小型舞剧的复原工作。还有一场演出。艺术家们的浓厚兴趣激发了我们的探索热情。现在，我们系准备在剧院上演由德里戈作曲、佩蒂帕编导的芭蕾舞剧《护身符》。我们将帮助我们的朋友恢复老版的《艾丝美拉达》。我们有一些记录，是根据老艺术家们的回忆和口述史完成的，他们记得那场演出。也许我们能够完全地恢复美丽的芭蕾舞剧《内亚达和渔夫》。正如您所看到的，我们有很多计划。

谢：您是否正在创建一个关于经典舞蹈的博物馆？

古：是的，但这是一个鲜活的博物馆。古典芭蕾遗产是我们的民族骄傲。恢复和妥善保存这笔财富是我们的责任。

这篇采访由列宁格勒塔斯社记者 O. 谢多博尔斯基主持

列宁格勒室内芭蕾舞团 *

明天，在"十月"大型音乐厅将举行列宁格勒室内芭蕾舞团在本市的首场演出。该团的艺术总监、俄罗斯苏维埃联邦社会主义共和国功勋艺术家古雪夫向《列宁格勒晚报》记者透露了相关情况：

——我们的舞团于1967年秋在列宁格勒音乐厅成立。舞团是通过竞争选拔而组建的，其中包括一些有才华的男女舞者和芭蕾演员。我们团队的剧目包括了由苏联音乐家担任作曲的独幕芭蕾舞剧，以及一些曾经很受欢迎，但在我们这个时代几乎被遗忘的经典芭蕾舞剧作品。我们已经准备了3个节目，目前正在筹备"被遗忘的佩蒂帕的杰作"这台演出。

过去，列宁格勒室内芭蕾舞团曾在库依比舍夫、第聂伯罗彼得罗夫斯克和扎波罗热等地进行了巡演。舞团刚刚结束了第二次全国巡演。在顿涅茨克、卢甘斯克、波尔塔瓦和矿泉水（俄罗斯联邦高加索联邦管区斯塔夫罗波尔边疆区的一个城市，这里有温泉和疗养胜地）等地的演出，也都取得了成功。

在"十月"音乐厅的演出，将成为我们在故乡的首次亮相。当然，我们

---

* 载《列宁格勒晚报》1980年9月23日。

会怀着无比激动的心情与列宁格勒的观众见面。本月底，我们将推出两台节目，其中的第一台节目将包括多部独幕的芭蕾舞剧，比如德米特里·肖斯塔科维奇的《第二交响曲》、罗迪翁·什切德林的《顽皮的小调》、谢尔盖·普罗科菲耶夫的《黑桃皇后》和弗朗茨·冯·斯图克的《骑兵驿站》。第二台节目将包括尤里·扎里茨基的《丛林》、瓦列里·乌斯彭斯基的《新制服》，以及贝多芬的《科里奥兰序曲》和里卡尔多·德里戈的《喜剧》。

芭蕾舞剧的剧本

下面发表的文字非常有趣。它们见证了一部芭蕾舞剧制作过程的特定阶段，反映了初始的创意是如何完成从编剧到舞蹈编导这个转变过程的。过去，编剧的构思被认为在创作芭蕾舞剧的整个过程中是必不可少的。这个创作的第一阶段属于文学创作——他们的想法随后会引导舞蹈编导的创造力。编导捕捉到了这些构思，并在舞蹈形象中寻找与之密切相关的表现方式。就像古雪夫的《蓝色的多瑙河》剧本一样，该剧本是他根据最优秀的芭蕾舞剧剧作家沃尔科夫的剧本改编而成的。编剧和舞蹈编导之间并没有绝对的一致性——每个人都提出了自己的重点和剧情的走向。这个协商的过程是创造性的，非常重要的过程！它是在争论和思想的碰撞中进行的，有时候甚至会出现主观抑制的情况。剧本和场景设计几乎是经过了几年甚至是十几年的"打磨"才完成的。这是一个由多人组成的团体智慧和情感能量的凝聚体。

根据信件的内容判断，古雪夫从未排演过这部他如此关注的芭蕾舞剧。也许是因为战争：剧本和场景设计是在20世纪40年代末构建的，但这个想法本身并没有消失。约翰·施特劳斯生动且充满生机的音乐吸引了不同的舞蹈编导。弗拉基米尔·布尔梅斯杰尔也对它产生了兴趣，他是斯坦尼斯拉夫斯基和涅米罗维奇-丹钦科音乐剧院的舞台剧《施特劳斯》的导演（1941），该剧是根据他自己的剧本进行编排的。

1958年，芬斯特尔在列宁格勒歌剧和芭蕾舞小剧院执导了《蓝色的多瑙河》，剧本同样出自沃尔科夫之手。不过，该剧与古雪夫的版本之间存在着一定的差异。①

《蓝色的多瑙河》②（三幕舞剧—编导台本）

第一幕　维也纳森林里的小酒馆③

序号	音乐	内容	时长
1	华尔兹（圆舞曲）	第一部分为序曲；第二部分是学生们集体表演欢快的舞蹈	5分钟④
2	引子和变奏——每个部分16个小节。非常雄壮豪迈（3/4拍）	吉蒂以主持人的身份出场，提醒客人们注意她的父亲准备的惊喜："蛋糕"——烹饪艺术的奇迹	1.5分钟
3	短暂的过渡和进行曲，6/4拍	大家都冲向吉蒂，出现了一群人喝彩的蛋糕	1分钟
4	进行曲过渡成波尔卡	卡尔和吉蒂进行了庄重而有趣味的蛋糕分配。基蒂将最好的一块切下来，留给"某人"。但所有的人都想得到它，于是开始了一场追逐	1.5分钟
5	从波尔卡开始过渡	这一追逐被迟到的安瑟姆的出现突然打断。吉蒂感到尴尬，卡尔和其他人则刻意地将他们两人留下	0.5分钟
6	华尔兹或柔板	安瑟姆和吉蒂的双人舞。卡尔和学生们打断了他们，并要求安瑟姆吃掉他的"最好的一块蛋糕"	3分钟
7	重复3号进行曲	安瑟姆郑重地吃掉了它，然后满意地点了点头	1分钟
8	第四部分为强悍的男子变奏，可使用2/4拍和3/4拍	安瑟姆与卡尔的朋友们一同完成了这个变奏	1分钟

---

① 参见恩泰利斯编译《100个芭蕾舞剧剧本》，列宁格勒，1966年，第288—289页。
② 这个文本是古雪夫在1940年9月2日给阿萨菲耶夫的一封信，见本文集中的"彼得·古雪夫的信件和他人写给他的信"部分的第2号。古雪夫将下面的文字称为演出概要，但实际上它是构思中的芭蕾舞剧的剧本。（原编者注）
③ 这个文本选自关于帕芙洛芙-阿尔贝宁的出版物。它可以在俄罗斯国家文学和艺术档案馆（РГАЛИ）的2658号文件（Б.阿萨菲耶夫）中找到。具体是在 Ф.2658.Оп.№1.Ед.хр.№536.Л.5-9。
④ 此处及之后的俄语字母"м."代表"分钟"。（原编者注）

（续表）

序号	音乐	内容	时长
9	圆舞曲	群舞，其中包括吉蒂和安瑟姆各自的独舞	4分钟
10	一首略带悲伤的歌曲	大家都感到疲倦，三五成群地散开，休息、交谈和唱歌。花店女工出现，给每个人分发花朵。有很多很多的花	1分钟
11	米兹的主题——华丽而动人的华尔兹，但尚未发挥出全部的力量	歌声被一辆驶过的马车所打断，但马车发生了故障。一个陌生人进来，大家很好奇。每个人都冲过去帮忙。快乐化解了尴尬，卡尔和花店女工帮忙排除了故障	2分钟
12	塔兰泰拉	塔兰泰拉-卡尔与花店女工的舞蹈	1.5分钟
13	辉煌的华尔兹（第4部分的变奏）	米兹喜欢这家小酒馆以及与马车的冒险，并想在此展现自己的光彩并征服大家，因而在舞池跳起了独舞	1.5分钟
14	华尔兹	米兹带众人共舞，其中包括吉蒂和安瑟姆各自的独舞	3分钟
15	变奏2/4	再次轮到米兹了，这次是她的变奏，目标是安瑟姆。这个变奏开始逐渐过渡	1分钟
16	华尔兹	米兹和安瑟姆的双人舞。整个场景都围绕着米兹展开。马车准备就绪，米兹离去，并把花束扔在安瑟姆脚下。安瑟姆兴奋地站起来，心中萌生出一种新的感觉	3—4分钟
			总长约32分钟

第二幕 阳台、花园围墙、多瑙河、米兹的家

序号	音乐	内容	时长
1	欢快的波尔卡	米兹冲出阳台，女仆们紧随其后。米兹已经为舞会做好了准备，女仆们开玩笑地模仿着米兹的仰慕者，场面变化多端	2分钟
2	首先是慢板，然后是两个变奏，最后是一个共同的华尔兹	安瑟姆跳过围墙，米兹受到了惊吓，女仆逃走了。米兹和安瑟姆之间的双人舞——慢慢地、试探性地、小心翼翼地展开了。米兹并未立即决定点燃安瑟姆心中的火焰，但安瑟姆却已完全被她所吸引（大双人舞）	慢板：2—3分钟；华尔兹：3分钟

（续表）

序号	音乐	内容	时长
3	由华尔兹转换	一位女仆跑了进来，双人舞被打断，伯爵前来拜访。安瑟姆被抛弃了，孤独地站在花园中央。伯爵的礼物非常丰厚，甚至连米兹也感到惊讶。	1分钟
4	变奏，最好是2/4拍的	钻石闪耀着光芒，米兹如此地美丽。她的变奏如此地闪亮，令人赞叹	1分钟
5		伯爵被征服了，急忙去参加舞会。安瑟姆依然孤独地站在那里，一切都被遗忘了。米兹离开。	0.5分钟
6	第三部分的变奏非常激烈，2/4拍	安瑟姆这才醒悟过来，急忙追了上去，但为时已晚。安瑟姆感到绝望和羞愧（他的舞蹈）	1分钟
7	音乐插曲	安瑟姆的绝望被惆怅所取代。一个女仆温柔地把他带到了围墙外。 房屋被上了锁，灯光也被灭了。安瑟姆像雕像一样伫立在围墙边，月亮躲在了云层的后面。 天亮了，天边出现了第一缕阳光。 安瑟姆依旧站在围墙的旁边	3分钟
8	不稳定的快板，躁动不安	吉蒂和卡尔来到这里寻找安瑟姆。吉蒂恳求安瑟姆回去。慢板——安瑟姆、吉蒂和卡尔的三人舞	2分钟
9	过渡到华尔兹和米兹的华尔兹主题	安瑟姆累了，吉蒂和卡尔将他带走。但是…… 一辆马车从拐角处出现，米兹跳了下来。片刻之后，她意识到了一切。她想试试自己的魅力，并温柔地与安瑟姆交谈，渐渐地把他领进了花园，并与他共舞	1分钟
10	卡丘查舞（西班牙舞蹈）	她向他展示了自己的舞会舞蹈——卡丘查舞？鲍（里斯）·弗（拉基米罗维奇）！范妮·埃尔斯勒的形象让我感到不安。但她可以被接受吗？	
11	米兹胜利的主题	米兹的舞蹈结束了，安瑟姆在她的脚边。米兹凯旋般地看着可怜的吉蒂。这是她的最后一次测试，米兹跑进阳台，并叫安瑟姆随她而去。 卡尔带走了吉蒂。 安瑟姆做好了一切准备，追赶消失在门口的米兹。但女仆非常警觉。安瑟姆面前的门"砰"地被关上了。他摔倒在了长凳上	1分钟

第三幕 第一场

序号	音乐	内容	时长
1	悲伤的歌曲，但感情丰富	吉蒂和卡尔正在准备晚宴迎接客人。吉蒂很伤心。卡尔和她开玩笑，并为她跳舞。但吉蒂还是哭了起来	0.5 分钟
2	过渡	父亲安慰她。朋友们来了。卡尔与他们玩了各种游戏，让吉蒂开心起来	0.5 分钟
3	波尔卡	a/ 波卡尔——快速、轻快	1.5 分钟
4	圆舞曲，第四部分，16 小节	b/ 圆舞曲	1.5 分钟
5	加洛普舞	c/ 加洛普舞	1 分钟
6	进行曲	吉蒂和卡尔正在开玩笑地举办婚礼	1 分钟
7	开始为大圆舞曲的序曲，接着是圆舞曲的旋律	突然，一群"陌生人"闯了进来。接着是一个野餐的场景：由米兹、伯爵、安瑟姆，以及一些社交场合的人士一起参加。 一场被认真对待的、严肃的婚礼。 米兹感到失望——她与安瑟姆的游戏失去了意义。花店女工给"新人"送上了礼物。 米兹强迫安瑟姆把花束送给了吉蒂。花束掉在了地上。场面十分尴尬。卡尔出手相助，与吉蒂共舞。 大型集体舞。 米兹独舞。米兹和伯爵各自的独舞。米兹和卡尔各自的独舞。安瑟姆被拒绝	4—5 分钟
8	加洛普舞	所有人共同的场景	2—3 分钟
9	米兹最后的主题逐渐消失	但所有的一切让米兹感到厌烦：是时候回家了。她最后一次戏弄地将花扔在了安瑟姆的脚下，安瑟姆没有捡起花束。米兹笑了。"社交人士"纷纷离开，人们忘记了安瑟姆	1 分钟
10	变奏，2/4 拍，悲伤而温柔	吉蒂必须和安瑟姆谈谈。卡尔把所有人都带进了房间。吉蒂向安瑟姆倾诉了自己的爱，并原谅了他所有的一切	
11	华尔兹	是的，安瑟姆明白了一切。但他需要独处。他离开了。卡尔看到了这一幕，他对吉蒂喊道："安瑟姆现在是我们的了。"朋友们、学生们、父亲、吉蒂、卡尔，所有人都在华尔兹中旋转	2 分钟

下面发布的芭蕾舞剧《人参》(《鱼美人》)的剧本是古雪夫独立创作的，没有文学剧作家的参与。

原始文本中的拼写和标点，已根据现代俄语的规范进行了调整。

阿尔卡季·索科洛夫 - 卡明斯基

《人参》①（三幕六场舞剧—文学剧本）

早在莫斯科时，古雪夫就有了创作一部中国题材芭蕾舞剧的想法，但是他对这个主题的深入理解和详尽设计，是在其作为芭蕾编导在中国生活了几个月之后才最终确定的。在中国期间，他有机会接触并深入了解中国的传统文化，包括民间传说、舞蹈特点，以及中国的音乐。

这个剧本于 1958 年 7 月②完成，但古雪夫并不认为这项工作已经全部完成，因为他意识到剧本的某些部分需要做进一步的修改。目前，有关后续版本的信息还没有办法收集到。古雪夫当时正在北京筹备上演这部最终定名为《鱼美人》的芭蕾舞剧，同时他还在与列宁格勒歌剧和芭蕾舞小剧院进行谈判。剧院的院长扎古尔斯基对在列宁格勒的舞台上以古典芭蕾的形式进行"中国风格"的演出很感兴趣。然而，这个构想最终未能实现。双方的意向在古雪夫写给扎古尔斯基的信件中有所体现，这些信件已在这部文集中发表。芭蕾舞剧《人参》的剧本手稿保存在扎古尔斯基的档案中③。原件的拼写和标点已按照现代俄语的规范进行了调整。

***

---

① 杜纳耶娃出版，古雪夫手书，在括号内的剧本标题《人参》之后写道："条件。"
② 在中国工作期间。（译者注）
③ 俄罗斯国家图书馆手稿和珍稀书籍部，档案编号：1117，单元号：1776，第 51—55 页。

故事发生在神奇的中国，一个神话般的时代。

主要角色：

鹈鹕——邪恶的巫师

人参——善良的巫师

狩猎者——年轻人

海洋公主——金鱼

第一幕　第一场

海边，海边的森林。清晨，海岸上的小屋。

海岸边的岩石后面，一位美丽的少女露出身影。她既不是人，也不是鱼，也不是美人鱼。她悄悄地走近小屋，敲门后又赶紧躲起来偷窥。从小屋中走出一个年轻的猎人。他找不到敲门的人，便笑了起来。他轻松地劳作着：砍柴、背水、制作弓箭。他快乐、灵活、强壮，充满活力。少女对他赞叹不已。

年轻的猎人穿上衣服，全副武装，踏上了遥远的旅程。少女试图模仿他的劳动和生活。她感到非常快乐和兴奋。

天色渐暗，一场暴风雨来临。女孩消失在岩石后的海水中。

暴风雨中，一切景象发生了变化。暴风雨逐渐地平息下来。

第一幕　第二场

森林和岩石。可以看到大海。森林中的一片空地。夜晚。一个滑稽、慈祥、机智而年长的小矮人从地下钻出来。他环顾四周，并做了个手势。于是，像他这样的小矮人便从四处钻了出来，有老有少。他们快乐、机智、风趣。这就是人参，珍贵的生命之根。小矮人们围绕着他们的长者，聚集在一起，他们的欢乐氛围逐渐地升温。

此后，矮人们消失。空地上，出现了一群猎人，他们同时也是寻找人参的人。他们匍匐在森林和岩石之间，仔细搜索着每一寸土地。而小矮人们则从各个地方窥视着，戏弄着这些搜寻者，并巧妙地躲避着他们的目光。猎人们感到非常疲倦，这一天的搜寻并不顺利。但这项工作又必须继续，他们朝不同的方向分散开来。其中有一个人停下了脚步，他正是我们熟悉的那个年轻的猎人。他朝着大海的方向走去。森林慢慢地消失，露出了大海和岩石。猎人陶醉在眼前的景色之中，心中充满了梦想。他开始起舞。突然，他看到一只巨大的鸟飞过，身上拖着一个女猎物——金鱼。猎人拉弓射箭。大鸟释放了金鱼，四处挣扎着乱飞，继而消失。而金鱼则掉落在猎人的脚下，变成了序幕中那位美丽的少女。

少女感谢猎人。他们彼此喜欢。但是女孩明显地感到尴尬，并打断了对话，向猎人告别后便消失在了大海之中。猎人沿着海岸奔跑，呼喊着，呼唤着女孩。但是他听到的回应却是一个不知从何处出现在海边的跛脚老人。老人嘲笑着这个沮丧的猎人，并且不相信他的故事。

"好吧，你想让我安慰你吗？我会告诉你，人参是在哪里生长的。"他问年轻人。

"我想。"男孩回答。

"看。"老人指着岩石说道。

突然，那里出现了一群小矮人，他们与人参非常相似，只是有些阴沉、黑暗、可怕。年轻人小心翼翼地向他们走去。但他们却躲了起来，一步步地后退，诱导他走向了悬崖边的岩石，走向了高悬在海面上的巨石。当猎人踏上巨石之际，岩石突然滚落，年轻人跌入了大海，而那些假冒的人参也消失了，跛脚老人则变成了一只鸟。他的胜利之舞——飞翔让人恐惧。

年轻人的朋友——一群寻参者跑了过来。但他们的年轻朋友却不见了。

第一幕 第三场

海底。寂静。出现了美丽的少女，金鱼公主。海洋立刻变得生机勃勃。海中的海洋生物——小鱼朋友们围绕着金鱼公主。她向它们讲述了关于可怕的老鹰和拯救她的猎人的故事。金鱼公主感到悲伤，无法平静下来，尽管大家都在努力让她开心起来。

突然，海底出现了紧急情况。海洋生物们都躲起来了。一个无意识的猎人慢慢地沉入了海底。公主认出了她的救命恩人，恳求大家帮助他。海王威严地出现了。

公主跪在海王的脚下。唯有海洋之主才有能力使猎人复活。海王答应了金鱼公主的请求。猎人苏醒过来。他认出了的美丽金鱼公主。海洋生物们纷纷躲开，以免打扰他们的喜悦。猎人和金鱼公主感到非常幸福，但这种幸福却是短暂的。

此刻，海洋之王已经变成了老者。

"娶金鱼公主为妻，坐在我的宝座上。"——他向猎人提出建议。尽管海底世界有许多奇迹发生在他的眼前，但是猎人却不喜欢这个地方。

"不，陛下！我想和人类一起生活。我想要努力劳作。"

猎人跳起舞来，就像他在小屋工作时一样。金鱼公主跟随着他的舞步。

"父亲，让我们去人类那里吧！"——金鱼公主请求海王。

海王愤怒了。他掀起了一场风暴。海浪将公主和猎人冲到了海面之上。他们在与狂暴的自然力量的搏斗中耗尽了体力。可怕的鸟用嘴啄打着他们，用翅膀猛烈地拍打着他们。如果不是猎人的朋友们帮助了他们，他们可能已经丧命。最终，他们得救了，被带上了岸边。

一个巫师化身为鸟的形态邪恶地在他们的上方飞翔。

第二幕　第四场

秋天。傍晚。村庄。

年轻的猎人和美丽的金鱼公主举行婚礼。

在欢乐的氛围中，出现了一个跛脚的僧侣。他是一个滑稽的人，一个玩世不恭的笑话制造者。他的出现使气氛变得更加欢快。但突然间，僧侣停在了新娘面前，而他的情绪则变得沉重起来。他四处张望，寻找着什么，嗅探着，祈祷着。欢乐的气氛被打破了，人们开始感到不安。跛脚的僧侣似乎在祈祷，或许在施法，现场许多人已经被他的焦虑感染，并随着他一起呼喊。

"恶魔在这里，这里充满着邪恶，魔鬼！"——僧侣大声地呼喊着。

惊慌失措的人们四处奔逃，寻找救援。

新郎抓住了僧侣，要求他回答：

"谁是魔鬼？"

僧侣显得犹豫不决，虽然充满恐惧，但却坚决而恶毒地指向新娘。人们被吓得纷纷退缩着，并远离新娘。

只有新郎冲向了她，并用自己的身体保护了她，使她免受人们的攻击。金鱼公主在人群中挣扎着，请求大家不要相信僧侣的话。但她换来的却是嘲笑和咒骂。他们本想用石头砸死她的，但新郎用自己的身体护住了新娘，把人们的愤怒揽在了自己的身上。而僧侣则悄悄地用斗篷盖住了新娘，并和她一起消失了。当人们幡然醒悟，开始寻找僧侣和新娘时，他们已经消失得无影无踪了。新郎告别了大家，踏上了寻找新娘的征途。人们为自己的不公而感到羞愧。猎人们思索片刻之后，也纷纷地跟着年轻猎人一起出发了。

第三幕　第五场

傍晚的日落时分，新郎回到了他第一次遇见金鱼公主的地方，寻找着、呼喊着。但森林、岩石和大海都寂静无声。年轻人跳起了绝望之舞，并失去了意识，倒在了地上。

寂静中，众人参从地下钻了出来。他们在倒地的年轻人周围忙碌着，并准备了一种药剂，在跳完了咒语之舞之后，将药剂倒进了猎人的口中。年轻人苏醒了。

"别伤心，我们会帮助你找到新娘的，走吧！"

第三幕　第六场

巫师的阴暗住所。岩石。夜晚。

巫师—僧侣带着金鱼一起飞来。恶魔们狂笑着，他们都是巫师的仆人。他们将美丽的金鱼公主藏到了岩石之中，并为婚礼做准备。随后，他们把新娘带了出来。不，她将不会成为巫师的妻子。在闪烁的岩石和可怕的恶魔中，金鱼公主感到了极度的恐惧！

但这是什么？周围不是岩石，而是波涛汹涌的海浪，猎人呼唤着心爱的新娘。海洋公主向他冲去。猎人抓住了她，亲自把她带到了巫师的脚下，并拒绝了她。海洋公主不相信这一切，挣脱出来，跑到猎人身边，转身一看，原来他是个恶魔！然而，有人站在岩石上，仔细地注视着这一切。

"他，我心爱的人，就在那里，那才是真正的他。"

公主奔向新郎。巫师挥动着翅膀。黑暗降临。

岩石上站着被照亮的猎人和人参。

"在这里！"小矮人说。

猎人和人参们小心翼翼地慢慢从岩石上下来。他们沿着岩石寻找着、搜索着，倾听着周围的声音。他们来到舞台的前方。

在他们的身后，岩石正在悄然移动。它们就要被压碎了。众人参停了下来，他们不知道该怎么办。他们争论不休。每个人都提出了自己的解决方案。最年长的人参制止了争论，并建议大家去地下寻找。

"你留在这里等我们。"

人参们集体消失在了地下。

就在他们消失的一瞬间，岩石突然变得透亮，一座金色的宫殿出现在惊呆了的猎人面前。但她看起来却是一位崭新的、诱人的却不可触及的女子。无论猎人如何向她冲出，她总是可以避开，消失的，然后重新出现，有时是她一人，有时则是她的侍女围绕着她。最后，她终于停下脚步，召唤着猎人，在楼梯上等待着他。年轻人像被魔法吸引了一样朝她走去，丝毫没有注意到楼梯在悬崖边突然断裂。再走一步，猎人就会丧命！新娘激动地跳了起来。新郎这才意识到眼前的这个人是谁。他突然冲了过去，抓住了她的胳膊，用力一扭，把她按在了地上。

"宫殿"消失了。新娘在猎人有力的手中挣扎着，却无法挣脱。她请求宽恕。

"把我的爱人还给我，我就放开她。"

"好吧。只是小心别搞错了！"

从岩石中一个接一个地走出了戴着面具的女孩。她们全都一模一样，穿着相同，动作一致——都是他的新娘。年轻人感到迷茫。他放开了巫师。

他立刻融入了女孩子们的中间，变得和她们一样，戴着同样的面具。年轻人感到了恐惧。究竟哪一个才是他心爱的人呢？他长时间地凝视着跳舞的"新娘们"。突然间，他向她们中间的一位冲去，并且撕下了她的面具！是她，是她，是他心爱的人！他的心没有欺骗他！

他们幸福地拥抱在了一起。女孩们都放下了面具。其中之一就是巫师。

"现在你逃不掉了！"年轻人喊道。他抓起两把剑，把其中一把扔给了巫师：

"决一死战吧！"

巫师冷笑了起来，他挥舞起利剑。年轻人击中了他，并将他劈成了两半，但他面前却不是只有一个巫师，而是两个。他拼命地战斗着，但每次击倒一个，就会有两个再一次冒出来。年轻人砍得越多，恶魔就越多。突然间，他们一起扑向了猎人。猎人被抓住了，渐渐地变得虚弱起来。但他心爱的人已经站在了他的身边。然而，双方力量是不均等的。死亡是不可避免的。就在这时，猎人的朋友们出现了。双方再次爆发了激烈的战斗。猎人们几乎无法获胜，但此时从地下冒出了人参，它们垂挂在恶魔的腿上，将它们拖入了地下，并关闭了地下之门，然后在上面写下了一些东西。当最后一个恶魔，即巫师本人，消失在地下时，所有的人参都开始了狂热的舞蹈。

一切都消失了。只有欢庆胜利的人参们在跳舞。

明亮的灯光。我们又回到了婚礼的现场，而所有相关的人物都参与到人参的舞蹈之中。

接着是新郎新娘的双人舞，以及他们步入新居的仪式。

在剧本的最后一页上，彼得·安德烈耶维奇·古雪夫觉得有必要给有兴趣复排这部舞剧的列宁格勒歌剧和芭蕾舞小剧院的鲍里斯·伊万诺维奇·扎古尔斯基院长写一封短信。以下是完整的内容[1]：

---

[1] Ф.1117.Ед. хр. 1776. Л.55.

亲爱的鲍里斯·伊万诺维奇①：

　　这部芭蕾舞剧将以中国古典舞的形式在北京上演。如果您认可这个剧本的话，我将以欧洲古典芭蕾的风格为基础进行舞剧创作。这将需要与中国版本不同类型的音乐。当然，作曲家肯定会同意这个要求。由于中国人倾向于热烈奔放的表现形式，因此，剧本并不会过分强调这些场景。我希望在演出中突出人类的魅力，以及生活和劳动的主题，即舞剧《雪姑娘》中"走向人类"这一主题。而邪恶则以鹈鹕这种魔鸟变成的巫师形象呈现，这与现代社会的欺诈、诽谤和挑衅非常契合。剧中的角色和形象都充满了活力，并会得到进一步的发展，尤其是金鱼公主。她是一个无忧无虑、好奇心旺盛的女孩，即使陷入了困境，她也坚定地追随着心爱的人。尽管她受到了诽谤和污蔑，并成为不幸的俘虏，但她依然相信爱情，并通过奋斗最终获胜。当然，狡诈的"新娘"——另一位巫师，与金鱼公主，由同一位艺术家扮演。总之，在这种情况下，芭蕾演员将有很多事情要做。至于人参，他们的个性在这里并没有被充分地展示出来，有必要使他们更加积极地支持那些善良的人。我将尽力争取，并向中国人寻求支持。至于其他方面，这部舞剧的素材非常丰富，舞蹈对我而言是最重要的。几乎所有情节都会涉及舞蹈，因为整个故事都充满了强烈的情感和积极的行动。

期待您的回复！

拥抱您！祝您健康！

彼得·古雪夫

1958 年 6 月 14 日

---

① 鲍里斯·伊万诺维奇·扎古尔斯基。关于他的情况，请参阅本文集中"古雪夫写给鲍里斯·扎古尔斯基的信件"。

第四部分

彼得·古雪夫与音乐文化界人士的通信

彼得·古雪夫——吸引力与创新性的中心

这里所介绍的片段式的信件，只是部分地反映了彼得·古雪夫[①]与俄罗斯音乐文化各界代表人士之间的多重联系。古雪夫是许多活动计划的发起人，但他自己也乐于响应别人的倡议。对他而言，最重要的似乎是参与和见证新艺术思想的诞生。他对这个过程充满了热情和极大的兴趣。收信人可能是固定的，例如音乐家鲍里斯·弗拉基米罗维奇·阿萨菲耶夫和他的理论家老友尤里·约瑟夫维奇·斯洛尼姆斯基，也可能是暂时的，比如爱沙尼亚的舞蹈家迈·默德玛，一个位于20世纪六七十年代转折时期的"新革命"浪潮中的编导家。但是，古雪夫总是能在他所有的通信对象身上看到一种共性，那就是看到一个充满创造力和精英品质的面孔。而他自己也属于这样一个群体。

大多数信件都是手写稿。第3号和第25号信件是没有署名的打印件；第5号和第6号信件是带有亲笔签名的打印件；第28号信件则是带有亲笔签名的信笺打印件。

这些信件是按照收信人进行分组的。其中最多的一批信件（7封：第

[①] 在下面的29份信件中，有26份是原件（从第3号到第28号中，带有星号标记的）。这些信件是古雪夫赠送给亚历山大·巴甫洛夫·阿尔贝宁的，他希望这份礼物有朝一日能够公诸于世。所有这些信件都是首次公开发表，从而实现了捐赠者的意愿。除非特别注明，以下均为巴甫洛夫·阿尔贝宁的评论。（亚历山大·索洛维约夫-卡普斯基注）

9—15号）属于著名编剧、创作出众多芭蕾舞剧剧本的作者尼古拉·德米特里耶维奇·沃尔科夫。5封信件（第16—20号）是寄给才华横溢的编导家卡西扬·亚罗斯拉维奇·格列伊佐夫斯基的。3封信件（第3—5号）是写给著名的芭蕾学者和剧作家尤里·斯洛尼姆斯基的，他曾经作为编剧与古雪夫有过许多密切的合作。还有一组信件（第1—3号）是寄给与芭蕾舞剧密切相关的作曲家鲍里斯·弗拉基米罗维奇·阿萨菲耶夫的。

书信的年代范围是：1940年7月9日至1985年3月3日。

其中，以古雪夫领导列宁格勒歌剧和芭蕾舞小剧院芭蕾舞团期间的书信最为详尽。16封书信涵盖了从1960年9月29日至1961年11月17—18日这个时间段，生动地反映了彼得·安德烈耶维奇（·古雪夫）的创作活动和思维轨迹。

4封信（1966年9月25日至1967年10月29日）提到了主人公刚从新西伯利亚返回列宁格勒时的生活，当时他不仅领导着新成立的"室内芭蕾舞团"，同时还主持着音乐学院芭蕾编导系的工作。

现存的古雪夫的书信中，以他个人收到的信件为主（第4—24号，第26、27号），而由他寄出去的信件则为数不多（仅有第1号、第25号、第29号）。

对于希望按照时间顺序阅读所有信件的读者而言，我们建议按照以下顺序进行阅读：第1-4号、第6号、第8号、第5号、第9号、第7号、第10号、第11号、第13号、第14号、第20号、第21号、第12号、第15号、第16号、第18号、第19号、第22号、第23号、第24号、第25—27号、第17号、第28号、第29号。

这些书信遗产的有趣之处还在于，它几乎塑造出了一个个可以触摸到的通信者的形象。年轻、富有朝气且调皮的尼古拉·德米特里耶维奇·沃尔科夫——尽管他当时已经 67 岁了。古雪夫文字的跳跃性极强，字里行间不经意地流露出作者不羁的性格。他拥有出色的幽默感！他对人物的描写极为准确——几乎可以用一个公式来形容；关于费多尔·洛普霍夫——"我非常遗憾的是，费多尔·瓦西里耶维奇（·洛普霍夫）决定去修道院，而没有珍视格林卡的音乐……但这当然不是问题的关键，关键是这个人可以为自己的冒犯寻找到很多的借口"（第 10 封信）。关于芬斯特去世后的描述——几乎是一篇墓志铭，但同时也是对其创作和人类命运的一种看法："我为芬斯特感到非常遗憾。他是一个聪明而富有幽默感的人。他属于那种即使在舞蹈语言贫乏、审美品位过于奢华的情况下，依旧可以完成创作的芭蕾编导之一。"同时，这也是对我们现代的芭蕾学者和历史学家们提出的一种批评："但他值得永远被铭记，值得我们写一本好书来纪念他。"（第 9 封信）

在他的信件中，优秀的卡西扬·亚罗斯拉维奇·格列伊佐夫斯基显得尖酸刻薄，近乎愤世嫉俗，害怕再次受辱，并且不断地伴有金钱的需求。古雪夫的措辞精准犀利——让人想起了沃尔科夫对他的描述："他就像一把剃刀。"（第 10 封信）有时，他对同事们的评价毫不留情，不妥协且直言不讳，毫不掩饰地表达自己的观点，这些评价有时对同事们而言，则是毁灭性的（他的有些言论因此不得不被删除）（第 10 封信）。但是他才华横溢！在所有的方面——书信也是如此。

斯洛尼姆斯基看起来很虚弱，倾向于自怜，并试图将自己隐藏在这种疾病的背后。不排除古雪夫的健康状况更加危险，但他从未以疾病为借口。他自己干得总是比医生允许他干得还要多。

令人惊叹的编导家瓦西里·伊万诺维奇·瓦伊诺宁的唯一来信是极为珍贵的，因为它是在生与死的边缘上写下的。三年后，他就去世了——在他生命中最艰难的几个月中，疾病使他无法工作。1961 年，他已经筋疲力尽，没有力气再去创作新的作品了，只能把已经创作好的作品"出售"给了几个"商人"……

下面列出的这些极具天赋的大师们之间的往来信件中，展现出了许多令人兴奋的新亮点。每一位读者都将有机会经历这份喜悦，并以自己的方式开始这段文献的阅读之旅。

文本中未提及的日期，已根据邮戳上的日期进行了确认，并标注在了信件的末尾；或者与通常的日期格式不同时，则以斜体的方式标注在了右上角。缩写的签名将以完整的形式给出。原件的拼写和标点符号均已按照现代俄语的规范进行了调整。

以下50封信为我们提供了许多重要的细节，它们将有助于大家更为全面地了解这几十年间国内芭蕾舞剧院的创作情况。

A. A. 索科洛夫-卡明斯基

彼得·古雪夫的信件和他人写给他的信件

古雪夫[①] **写给鲍里斯·弗拉基米罗维奇·阿萨菲耶夫**[②] **的信件**

第1封信（1940年7月9日[③]**）：**

尊敬的鲍里斯·弗拉基米罗维奇：

我本打算亲自去拜访您，并把沃尔科夫[④]的旧剧本[⑤]带给您，但在最后一刻，我被派往基辅去工作了。因此，我通过邮寄的方式将剧本寄给您。

这个剧本尽管有其独特之处，但毕竟不是施特劳斯的作品。是的，就戏剧结构而言，它并不能够引人入胜。尼古拉·德米特里耶维奇（·沃尔科

[①] 参见本文集中的"彼得·古雪夫获得的荣誉及本人撰写的各类文章目录"和"有关彼得·古雪夫的文章目录"。

[②] 鲍里斯·弗拉基米罗维奇·阿萨菲耶夫（1884—1949）——俄罗斯音乐家和作曲家。自1910年起担任马林斯基国立歌剧和芭蕾舞剧院的钢琴伴奏。创作了大量不同体裁的作品，包括27部舞剧的音乐，代表作有《巴黎的火焰》(1932)、《巴赫奇萨拉伊的泪泉》(1934)、《幻灭》(1936)、《高加索的俘虏》(1938)、《阿什克-凯里布》(1940)、《农妇》(1946)等。他撰写了许多有关舞蹈艺术的文章，1946年荣获俄罗斯苏维埃联邦社会主义共和国人民艺术家称号。

[③] 俄罗斯国家文学艺术档案馆。档案编号：鲍里斯·阿萨菲耶夫，描述编号：1，存储单位编号：536，第3—4页。（首次公开发表）接下来只注明页码。年份根据下一个带有剧本的信件而确定。

[④] 尼古拉·德米特里耶维奇·沃尔科夫（1894—1965）——戏剧评论家、艺术家、剧作家。他与阿萨菲耶夫合作，创作了芭蕾舞剧《巴黎的火焰》《巴赫奇萨拉伊的泪泉》《高加索的俘虏》《农妇》等剧本。

[⑤] 指芭蕾舞剧《蓝色的多瑙河》的剧本。

夫）同意重新撰写，我已用电报告诉过您了。我让他增加一些学生时代的生活，以及对一个突然出现又突然消失的美女的爱情，还有诸如更多的笑声、抒情、多瑙河和森林等场景与情节。就像《大华尔兹》那样，这是一部热烈但未完成的浪漫史。这部作品对于编剧而言，如果不重复常规且经过验证的话，将非常具有挑战性。在附上的尼古拉·德米特里耶维奇的这个剧本中，我反对将所有的戏份平均分配给每一位舞者。因为我认为，这在芭蕾舞剧中是一种不好的处理方式，尤其是给予"芭蕾女演员"和她的"会计师"舞伴相同比重的戏份。舞台上不需要来访的女演员和场景[①]，也不需要太多的角色。超过 3 至 4 个角色，是一部芭蕾舞剧所无法承受的。同时，有必要保持施特劳斯式的辉煌和轻松。我说这个不是给您听的，因为您比我更了解这一切，而是为了我自己，以便使我不会忘记困难和目标。

亲爱的鲍里斯·弗拉基米罗维奇！我认为 50% 的芭蕾舞剧应该采用大家熟悉、亲近且喜爱的施特劳斯的音乐。让观众能够在听到熟悉的旋律时露出微笑，离开剧院时还会继续哼唱这些旋律。我深信，施特劳斯的芭蕾舞剧——这一美妙的构思一定会取得成功。向您和沃尔科夫致以崇高的敬意与赞美。

尼古拉·德米特里耶维奇（·沃尔科夫）要求将剧本创作的截止日期推迟到 8 月 15 日前后，因为他要去利沃夫。正如我向您承诺的那样，我会在 7 月 15 日之前，告诉您舞蹈编导的名字。7 月底，如果您允许的话，我会与舞蹈编导一同前去拜访您，以便签订合同并听取您详细的指示。向伊琳

[①] 这里可以看到与肖斯塔科维奇的《清澈的小溪》（由洛普霍夫编导，1935 年在列宁格勒歌剧和芭蕾舞小剧院首演）有一些相似之处。古雪夫扮演了一个农业专业的学生，其中还有一个角色是来访的芭蕾女演员。（亚历山大·索洛维约夫-卡普斯基注）

娜·斯捷潘诺娃和佐伊·斯捷潘诺娃致以最诚挚的问候。

您的彼得·古雪夫

第 2 封信 [1940 年 9 月 2 日（《蓝色的多瑙河》，剧本）[①]]:
亲爱的鲍里斯·弗拉基米罗维奇：[②]

  我给您邮寄了一部舞剧的演出大纲。现在还没有完全定稿。但如有改动的话，也只是细节上的调整，而不是主要内容方面的修改。我希望在我们的首次会面时，能够听到您所有的修改意见。我会尽量在 9 月 15 日至 20 日之间赶到。目前没有尼古拉·德米特里耶维奇（·沃尔科夫）的任何消息或资料。但您可能还对剧本记忆犹新，因此，您不一定需要手头有剧本。同样，我将带去《灰姑娘》的演出大纲。向您和伊琳娜·斯捷潘诺娃致以诚挚的问候。

您的彼得·古雪夫

---

① 剧本的文字内容见上一节。
② 第 5—10 页。（首次发表）信封上的日期是 1940 年 9 月 2 日。挂号包裹的回邮地址为苏联国立莫斯科大剧院芭蕾舞团附属舞蹈学校，莫斯科，6 月 2 日，普谢奇纳亚大街。

尤里·斯洛尼姆斯基[1] 写给鲍里斯·阿萨菲耶夫的信件

第 3 封信（1947 年 3 月 30 日[2]）：

亲爱的鲍里斯·弗拉基米罗维奇：

我对您绝不存在丝毫不尊重的想法，所以，我无论如何也无法相信您对我们的电报做出的评价。

瓦伊诺宁为此对我大肆攻击，我不得不向您解释我的初衷。

3 月 19 日，我收到了瓦伊诺宁的电报，他邀请我前往列宁格勒观看舞剧的首演[3]，并表示"音乐创作将于 4 月开始"[4]。

这便引起了剧院的极大担忧，原因如下。

瓦伊诺宁计划在 4 月 1 日至 5 日开始排练，但他不确定这是否能够赶上庆祝周年的纪念日活动。如果音乐在 4 月才开始创作的话，瓦伊诺宁开始排练的时间不会早于 5 月。而这就意味着周年的纪念演出将会被取消。

还有一个令人担忧的问题。

我们知道您忙于处理大量的订单和作品，同时又养成了按时交稿的好习惯，因此，我们自然而然地认为，如果您从 4 月才开始音乐创作的话，只能

---

[1] 尤里·约瑟夫维奇·斯洛尼姆斯基（1902—1978）——芭蕾舞学者、编剧。参见尤里·约瑟夫维奇·斯洛尼姆斯基（1902—1978），作品及文献索引/科学编辑与文学文章作者，A.索科洛夫-卡明斯基，圣彼得堡：瓦冈诺娃俄罗斯芭蕾学院，2002 年。
[2] 第 11—12 页。阿萨菲耶夫的手稿日期。（首次发表）
[3] 这是鲍里斯·阿萨菲耶夫的芭蕾舞剧《米利察》的首演。它是一部三幕芭蕾舞剧。编剧：A.巴塞赫斯和 B.戈卢波夫，编导：瓦伊诺宁，舞美：B.沃尔科夫，指挥：E.杜波夫斯基，1947 年 12 月 29 日在基洛夫剧院首演。
[4] "将于 4 月开始创作"，指的是阿萨菲耶夫为《米利察》的音乐撰写补充内容的时间。而这些材料，据悉是在 11 月和 12 月才被编排使用的。

使用莫斯科大剧院①的剧目《米利察》（旧作）的音乐素材，而不能进行全新的创作，因为只有这样，您才能及时为瓦伊诺宁提供音乐。

您自己也认为，根据新的剧本和场景，这部戏需要全新的音乐，因为戏剧形象已经发生了根本性的变化。瓦伊诺宁和我也持有相同的看法。同时，这也是我个人的浅见和剧院的要求。

正是出于这些考虑，我们给您发了一封电报，如果有任何情况妨碍您为瓦伊诺宁提供新剧目创作所需音乐的话，请您提前通知剧院。

新的《米利察》是一部复杂的、在许多方面属于实验性的作品。观众对它的要求将非常严格，当然也会有非常挑剔的批评。

毫无疑问，瓦伊诺宁将需要不止一次地进行修改和调整。在这方面，您的积极帮助、持续合作和善意一定是不可或缺的。

我非常希望您对我永远不会产生任何怀疑。

请理解我们所有的顾虑，因为您对这部舞剧负有重大的责任。

如果我们的协议有任何变动，请务必通知我。

向伊琳娜·斯捷潘诺娃和佐伊·斯捷潘诺娃致以诚挚的问候。

向您致以忠诚。

1947年3月30日（打印件，未署名）

---

① 根据所有的迹象，莫斯科大剧院曾计划先首演《米利察》，但后来放弃了这个计划。这部芭蕾舞剧的首演几乎同时在彼尔姆歌剧和芭蕾舞剧院（编导沙廷，1947年12月28日）和基洛夫剧院（编导瓦伊诺宁，1947年12月29日）进行。（亚历山大·索洛维约夫-卡普斯基注）

尤里·斯洛尼姆斯基（通过其妻子）寄给古雪夫的信件

第4封信（1952年3月[①]）：

亲爱的彼得·安德烈耶维奇：

受被病痛困扰的尤里·奥西波维奇的委托，我给您寄去了昨天收到的卡拉耶夫于3月12日来信中的摘录。尤里·奥西波维奇感到非常沮丧和失望。他希望您直接与卡拉耶夫解决这个问题。

"……多年来，我们剧院的管理层一直在与古雪夫商谈新版《七美人》的创作事宜。去年夏天又开始与莫斯科的布景设计家普拉霍娃[②]进行谈判。由于剧院的失误，这些谈判都是在随随便便、草率而不负责任的情况下进行的。所有的事情都掌握在塔玛拉·阿尔玛斯扎德的手中，她蓄意而有计划地破坏了这件事情。我明白这一切，但我当时生病了，正在为创作积蓄力量，所以，我对此保持了平静的态度。然而，当巴黎计划出现的时候，这个令人愤慨的事件终于被上层管理者所知晓，剧院的行动也因此受到了监管，具体而言，一切事务都交由文化部长来负责了。

在这个时候，古雪夫的态度变得令人气愤和费解。在过去的几周里，他表现出了各种不同的立场：有时同意，有时改变时间，有时非常积极，有时又陷入了消沉。后来，他找不到机会与这位专程来到列宁格勒的普拉霍娃进行第二次会面，而她也在完全不知所措的情况下离开了列宁格勒。最后，古

[①] 这个日期是通过信件的内容来确定的。信中谈到了即将上演的卡拉耶夫的《七美人》所遇到的困难。这部芭蕾舞剧于1952年11月7日在巴库首演，古雪夫在同年1月收到了上演该剧的邀请。参见斯洛尼姆斯基《七个芭蕾故事：编剧的叙述》，列宁格勒艺术出版社1967年版，第86页。（亚历山大·索洛维约夫-卡普斯基注）

[②] М. Л. 普拉霍娃是一位舞台布景设计师。

雪夫恼羞成怒地宣布拒绝工作，并且要求一个人独处。我是通过巴库剧院的副院长知道这一切的，他一直在莫斯科和列宁格勒，并随时向我通报事态的发展。我完全信任这个人。

情况变得万分棘手，我建议求助别尔斯基，因为他对这个剧目了如指掌，目前这个事情还有挽救的余地。然而，这引起了彼得·安德烈耶维奇的强烈反对。别尔斯基完全被阻止了，没有任何结果。而在这时，最令人啼笑皆非和悲伤的事情发生了：彼得·安德烈耶维奇不仅没有选择别尔斯基，而是建议……塔玛拉·阿尔玛斯扎德。也就是这个人，几乎让别尔斯基来不及赶到莫斯科，就用自己独特的技艺毁掉了所有古雪夫为巴库创作的作品。

我真的不明白，塔玛拉如何能让像彼得·安德烈耶维奇这样聪明和经验丰富的人自食其果。从世俗的角度来看，彼得·安德烈耶维奇的所有行为都可以得到某种解释："我自己不想排演，也不能排演的这部戏，那就让别尔斯基也无法排演……"但是，我的上帝！如果别尔斯基对彼得·安德烈耶维奇不利的话，那么塔玛拉想与他相比，又有什么优势呢？我恳请您将这封信转交给彼得·安德烈耶维奇。对于我们的《七美人》而言，他一直都是第一号人物和芭蕾编导，我不想对他隐瞒任何事情，因为我没有任何目标和企图，除了一个：依照所决定的时间表来创作完成这部芭蕾舞剧。请他直截了当地说出他站在哪一边：是站在那些想要给我们芭蕾舞剧助力的人这边，还是站在那些依然努力从事他们的主要工作——艺术创作的人那边。

关于"上级的指示"，只要有诚意和工作意愿的话……事情就不会因此而结束……

彼得！写这些东西（以及读这些东西）都是非常令人不快的。尤里·奥西波维奇,请您解决此事。我直到完全康复前,都会在科马罗夫。

尤里·奥西波维奇

向普拉霍娃问好

尤里·奥西波维奇

(原文如此!——亚历山大·索洛维约夫-卡普斯基)

尤里·斯洛尼姆斯基写给古雪夫的信件

第5封信(1960年10月12日):

尊敬的彼得·安德烈耶维奇:

今天我收到了您提出的关于将我的芭蕾舞剧《曼侬·莱斯科》和《三座小山丘》[1]的构思,转交给列宁格勒歌剧和芭蕾舞小剧院的建议,我此刻立即给您回复。

多年来,我一直与您本人联系,希望您能够负责编排这两部芭蕾舞剧,只是由于未来的前景完全不明朗,我才不得不将《曼侬》"交给"了格里戈洛维奇[2],同时我仍然希望您能够负责编排《三座小山丘》(现名为《春雷》)这部作品。

---

[1] 《曼侬·莱斯科》,参见斯洛尼姆斯基《七个芭蕾故事:编剧的叙述》,列宁格勒艺术出版社1967年版。《曼侬·莱斯科》和《春雷》(关于《三座小山丘》)的专门章节,以及由格里戈洛维奇撰写的前言《关于本书的作者》。

[2] 尤里·尼古拉耶维奇·格里戈洛维奇(1927—)——苏俄芭蕾编导家,代表作有《宝石花》(1965)、《爱情的传说》(1965)、《斯巴达克》(1968)、《伊凡雷帝》(1975)、《安加拉河》(1976)、《罗密欧与朱丽叶》(1979)、《黄金时代》(1982)等。

因此，在得知您将领导列宁格勒歌剧和芭蕾舞小剧院的芭蕾舞团后，我很高兴能把我的这两个构思提交给该剧院，以及未来由彼得·安德烈耶维奇·古雪夫担任编导的《春雷》这个创作团队。

我对您本人和扎古尔斯基[①]都非常信任，所以我不需要与您签订合同。特别对于《春雷》而言，我也不需要合同——我已经从文化部部长那里收到了经费。因此，我只想提出一个条件——开始真正地着手准备这部芭蕾舞剧的创作工作。

请您不光要及时地将您的决定通知我，而且还要通知您所熟悉的其他团队成员——卡巴列夫斯基、楚拉基、格里戈洛维奇和维尔萨拉泽。最好在第一阶段，以委托书的形式与他们建立联系，然后在贵剧院规定的日期内，以正式合同取代委托书。

此致

斯洛尼姆斯基（打印件并附有亲笔签名）

尤里·斯洛尼姆斯基写给古雪夫、楚拉基、维尔萨拉泽、格里戈洛维奇的信件

第6封信（1961年1月15日）：

致古雪夫、楚拉基、维尔萨拉泽、格里戈洛维奇

亲爱的同志们：

我的健康每况愈下，即将入院疗治，显然我将无法进一步与大家共同讨

[①] 鲍里斯·伊万诺维奇·扎古尔斯基（1901—1968）——在此时期，曾担任列宁格勒歌剧和芭蕾舞小剧院的院长，同时在期刊上发表过许多文章。

论剧情、音乐、舞蹈编导①等细节。这让我非常难过，但我也无能为力。

因此，我想请大家负责进一步完善剧本和剧情。不过，我在此将提出一些整体的想法和建议。

我认为整个演出的结构和戏剧结构，以及我在剧本中的情节安排都是可以接受的。

正如我与尤里·尼古拉耶维奇·格里戈洛维奇所讨论的那样，我们可以改变开场和结尾：我们可以把德·格里厄在风雨中徘徊的场景改成在海港的一个小酒馆内，一个喝醉了的水手（德·格里厄）在放荡不羁中讲述自己的爱情故事。这个选择只是一种可能，但不是必需的。

尤里·尼古拉耶维奇（·格里戈洛维奇）曾怀疑，是否应该创作第一场，因为它可能会显得过于轻松而毫无深度，同时在某些情节上也类似于《尼图什小姐》。经过深思熟虑后，我仍然认为有必要这样做，尽管个别情节肯定是需要修改的。请记住，这部作品的开头引用了弗朗斯的话："英雄都是体面的懒汉，只有当他们被生活吞噬时，他们的爱才会变得崇高。"从"天空之燕"的寄宿到爱情的悲剧，这就是舞剧情节和人物的发展路径。对于大家在这方面提出的合理性建议，我将不胜感激。

尤里·尼古拉耶维奇对第二场并没有疑虑。不过，我认为在这里应该强调一点：商人带着他的衣物、钻石等出现时，应该像哈伦·阿尔·拉希德进入乞丐的房间那样。曼侬必须犹豫不决，或许会对这个赎金商人提供的奢侈生活有片刻的迷惑。只有经历了这种短暂的迷茫之后，她才会拒绝。总体而言，这一场需要去掉一些日常的细节。

---

① 这段文字是关于芭蕾舞剧《曼侬·莱斯科》的。

第三场即使是在最微小的细节方面，也无可挑剔。

第四场需要进行一些调整。不清楚曼侬为何最终会沦为小偷和妓女。我认为，最简单的办法（尽管可能不是最好的办法）是在这个场景中加入一个商人，他看到自己的情人带着钻石等（回想一下在修道院里的场景）贵重物品逃往德·格里厄那里，因此，可能会提出指控。不过，让我头疼的是，我感觉这里依然存在一些问题，但目前无法提供完全实质性的建议。对不起！或许应该删除在城市中的旅行情节？

在我看来，第五场不需要做任何调整。

第六场（也是最后一场）在剧本中被加密了。其舞台设计内容在写给米哈伊尔·伊万诺维奇的一封信中有所透露。[①] 在沙漠夜晚的黑暗中，在黎明时分，两位主角宣誓相爱，并想象着他们将永远也等不到的一场婚礼盛宴。于是，从地平线（或水域）外，出现了一排排白衣少女，她们手持烛台，烛光闪烁。她们的舞蹈会让观众想起第一场中的栗子花大道，那是年轻的曼侬和德·格里厄走向生活的道路。总之，这一场景应该是梦幻般的、充满回忆的，舞蹈内容必须发展到古典芭蕾的极致。只有这样，芭蕾舞剧的结局才能成为这段旅程的终结。

简而言之，就是这样。亲爱的朋友们，我衷心祝愿你们工作顺利，我很遗憾不能和你们一起参与这部激动人心的芭蕾舞剧的创作，希望它能给大家带来创作上的喜悦。

我没有提及音乐，因为我相信如果你们看过歌剧，以及（最重要的）管弦乐组曲，你们一定会理解并且喜欢上它的。我认为，米哈伊尔·伊万诺维

[①] 这里指的是米哈伊尔·伊万诺维奇·楚拉基。我们不知道斯洛尼姆斯基提到的这封信的内容。

奇只需要使用歌剧《曼侬》中"修道院里"这一场景的音乐作为素材，继而通过自己的创造性介入，便能使其符合我的剧情构思。

握手。

你们的斯洛尼姆斯基
1961 年 1 月 15 日

朋友们！我们是否可以在剧中引入一个"情妇"的角色，作为一个片段性的人物，她代表了那个时代具有典型信仰的情妇，我们是否可以通过这样的方式，增加曼侬这一人物形象的层次感？

（附有亲笔签名的打印件）

德米特里·卡巴列夫斯基写给古雪夫的信件

第 7 封信（1960 年 9 月 29 日）：

莫斯科

亲爱的彼得·安德烈耶维奇：

我刚刚收到您的来信，当然，这让我非常难过。首先，您到底怎么了？您为什么生病？您这种不好的状态还要持续多久？我衷心祝愿您早日康复。[①]

[①] 古雪夫当时正住在博特金医院。（医院档案，档案号：2777943）

至于这部芭蕾舞剧①，我的失望加深了，因为您是我们和尤里·奥西波维奇（·斯洛尼姆斯基）②唯一寄予希望的人。如果您找不到解决这个问题的方法，那么，这个问题似乎根本就没有可以解决的方案……

尤里·奥西波维奇现在也生病了，我收到的上一封信不是他本人写的，而是他的妻子代为回复的，她说尤里躺在床上，甚至连写信的力气都没有了。因此，我现在不想打扰他，也不想让他担心。看来我注定一生都不能创作一部芭蕾舞剧了……真可惜，我一直对此梦寐以求……

好吧，亲爱的彼得·安德烈耶维奇，我不能"逼迫"您，即使您不是躺在博特金医院，而是在演员之家里跳摇滚！……您为这部作品付出了辛勤的劳动和大量的精力，非常感谢您。如果您拒绝了，那就意味着您已经认真考虑过这个决定了。非常抱歉，我无法向您表达自己的感激之情……

但您现在最重要的是尽快康复，不要生病，所以，不要因为我的失望而难过。我们还有很多时间，谁知道呢，也许我们还会创造出更多的东西……

您真诚的德米特里·卡巴列夫斯基

附言：我只因一件事对您生气：因为您说了"上帝没有眷顾我们，没有给我们应有的恩赐"之类的不好的话。嘿，您不觉得羞愧吗?！这不是上帝没有赐予您，而是您没有珍惜！看来，确实，这个问题是没有办法解决的了……

---

① 这是关于尤里·斯洛尼姆斯基的一个未实现的构想，根据他的剧本创作一部现代芭蕾舞剧作品；最终的标题是《春雷》（参见斯洛尼姆斯基《七个芭蕾故事：编剧的叙述》，列宁格勒艺术出版社1967年版，第210—212页）。计划中的音乐预计由卡巴列夫斯基创作。
② "尤里·奥西波维奇"或"尤里·奥斯"可以被称为"尤里·约瑟夫维奇·斯洛尼姆斯基"。

第 8 封信（1961 年 1 月 25 日）：

莫斯科

亲爱的彼得·安德烈耶维奇：

我刚刚收到您和尤里·奥西波维奇的两封信。我想，我无须解释为什么这些信件丝毫没有让我感到高兴的原因了。我给尤里·奥西波维奇写了一封相对安慰的信，尽量不让他担心，希望他能平静地疼愈，好好地休息，尽快地恢复工作状态。但我想直截了当地问您一个问题，并请求您同样直截了当地回答我。您是否相信有与尤里·奥西波维奇一起成功完成芭蕾舞剧剧本的可能性？您是否能够并且愿意认真地对待这项工作？我非常清楚这里所面临的所有困难（正如您所知，我没有对尤里·奥西波维奇隐瞒这些困难），因此，我非常理解您的疑虑和犹豫。但是，我们不能再有更多的怀疑和犹豫了。我认为，工作的延误和不确定性不仅对作品本身不利，而且对尤里·奥西波维奇的健康也是非常不利的，这让我感到非常担心。显然，他担心自己没有时间完成这部作品了，而据我所知，在舞台上看到自己创作的现代题材的芭蕾舞剧，是他一生的梦想。尽管困难重重，但我本人认为，这部芭蕾舞剧是可以完成的，当然，前提是您必须与尤里·奥西波维奇一起，全力以赴地投入其中。

我认为，这不是一个时间问题，而是一个深入工作的问题。我非常希望您能够在我到达莫斯科之前回答这些问题，因为这段时间我不在莫斯科：2 月 11 日至 20 日我在里加，22 日我将前往布拉格，为期 10 天。

向您致以诚挚的问候,并预祝您在《火鸟》的创作中取得圆满的成功。①

您的德米特里·卡巴列夫斯基(附有亲笔签名的打印件)

尼古拉·沃尔科夫写给古雪夫的信件

第9封信(1961年1月8日):

亲爱的彼得·安德烈耶维奇:

非常感谢您的问候。无论过去、现在,还是将来,我始终是您的朋友。我收到了扎古尔斯基(小剧院院长)的来信,并根据这封信的内容,又给洛普霍夫写了一封信。但是,您对"沙龙式情感剧"的潜在反对,肯定会削弱您对它的创作兴趣。

《苏维埃文化报》上的文章引起了外围人士的兴趣。我收到了来自哈尔科夫的"未提供姓氏"和来自叶卡捷琳堡的亚兹文斯基的信件。因此,作曲家们准备在4月1日之前完成乐谱,因为你们要把这部剧"延续"到11月或明年。总之,"未来的岁月在黑暗中缓缓流逝"。我认为,我有责任将这一切告知于您。我已经向鲍里斯·伊万诺维奇(·阿萨菲耶夫)写信说明了这一点。

我为芬斯特感到非常遗憾。他是一个聪明而富有幽默感的人。他属于那种即使在舞蹈语言贫乏、审美品位过于奢华的情况下,依旧可以完成创作的芭蕾编导之一……他值得永远被铭记,值得我们写一本好书来纪念他。

---

① 《火鸟》是伊戈尔·斯特拉文斯基的芭蕾舞剧,这里提到的是1962年在列宁格勒歌剧和芭蕾舞小剧院上演的版本。编导K.博亚尔斯基(根据福金版本改编)。关于这一点,请参见《伊戈尔·斯特拉文斯基的〈火鸟〉和〈彼得鲁什卡〉》(列宁格勒出版社1963年版)。

拥抱您。

您的尼古拉·沃尔科夫

第 10 封信（1961 年 2 月 15 日）：

亲爱的彼得·安德烈耶维奇：

由于我写的是一封私人信件，而不是写给"芭蕾舞团艺术总监"的，因此我称呼您为"亲爱的"，而不是"尊敬的"。

我非常遗憾的是，费多尔·瓦西里耶维奇（·洛普霍夫）决定去修道院，而没有珍视格林卡的音乐。顺便说一句，关于音乐中的"探索"——也许帕普给他写过信，而我没有涉及这个话题。尽管如此，确实整整一个完整的场景被取消了。

但这当然不是问题的关键，关键是这个人可以为自己的冒犯而寻找很多借口。不过，我很欣赏费多尔·洛普霍夫，并祝愿他一切顺利。

鲍里斯·伊万诺维奇（·阿萨菲耶夫）给我打电话说，您打算邀请格列伊佐夫斯基。如果这是真的，再加上您的指导，那就太好了。但他是个过于精明的人！

我无法理解，芭蕾编导们出现了什么问题？他们只编导一部芭蕾舞剧，然后就闭上眼睛"永远入眠了"。因此，我建议您自己决定，究竟想要谁。尽管您对格林卡的音乐持否定的消极态度，但在对待音乐方面，确实需要一位具有一定的品位、文化和审美眼光的人士。这些品质您个人都具备，但既然您将格林卡视为"可敬的米哈伊尔·伊万诺维奇"，那也没什么可说的了。艺术家也是如此。无论你想到谁——有的已经不在了，有的则在远方。就像索巴克维奇出卖死去的灵魂一样。

自从我们见面后，我一直在考虑《清澈的小溪》。您一定对它非常感兴趣。不知为何，我想起了那些已经从银幕上消失了的喜剧电影。但想法却转瞬即逝，需要更深入的思考！

如果可以，3月初我会去列宁格勒，但我怀疑，您可能并不需要我。

祝您好运，正如您所写的那样。

沃尔科夫敬上

附言：您有尤里·奥西波维奇的消息吗？我很久没有收到他的消息了，他出院了吗？

第11封信（1961年3月18日）：

亲爱的彼得·安德烈耶维奇：

我收到了鲍里斯·伊万诺维奇的来信，他告诉我，两位有才华的芭蕾编导——格列伊佐夫斯基和洛普霍夫决定放弃"格林卡"（代指基于格林卡音乐创作的芭蕾舞剧）。

他询问我是否同意更换为博亚尔斯基，而我对他可以说是一无所知，对他的任何情况都完全不了解。但这不是问题的关键，关键是如果没有您这个列宁格勒歌剧和芭蕾舞小剧院的首席芭蕾编导的意见，我怎么能全然同意呢？尽管您是这部芭蕾舞剧的坚决反对者，但最终的决定权还在于您，而不是我。关于这一点，我给鲍里斯·伊万诺维奇写了回信。尽管北风凛冽，作曲家们仍在努力谱曲。

今天我要去看《巴黎的火焰》——已经很久没有看它了。而恰好在30年前，由于拉德洛夫的倡议，我开始对《天鹅湖》产生了兴趣。一开始是我们三个人——阿萨菲耶夫、德米特里耶夫、沃尔科夫，随后又加上了拉德洛夫和瓦伊诺宁，我们于 1932 年 11 月点燃了这堆篝火。我们当时都很年轻，我记得，您曾在大剧院表演双人舞，而玛丽娜（·谢苗诺娃）在您的手中，犹如一位女王，在一群舞者上空优雅地飘舞。

今天，我在巴黎公社 90 周年之际，提及了《巴黎的火焰》。紧急更换了原定的《吉赛尔》。我的天啊，终于有这么多的"老师"了。

拥抱您，并恭候您的来信。

您的沃尔科夫
1961 年 3 月 18 日

第 12 封信（1961 年 4 月 15 日）：

亲爱的彼得·安德烈耶维奇：

关于我们两个人，可以说："可爱的人争吵，只是为了取乐"。所以，请接受我的慰问，给您的：手、心、胃。这样对一个人来说，是否有些过分了？现在说正事。如果鲍里斯·伊万诺维奇能见我两三天的话，我们可以在圆桌上讨论可能的组合，那才是最正确的。叶尔莫拉耶夫已经迫不及待地要行动了。您最了解谁能够执导格林卡的这部作品。关于坦吉耶娃，我能说什么呢？除了《波莱罗》，我还没看到任何正面的东西。您在这个问题上更有权威性。尽管您否认格林卡的音乐，但它仍然是一部璀璨夺目、极具俄罗斯特色的作品，它不是《蓝色的多瑙河》。

我认为不需要考虑布尔梅斯特（即布尔梅斯杰尔）。您将《天鹅湖》送给了他，他却认为，那是他自己创作的。俗话说得好——这叫作"引狼入室"。

总的来说，布尔梅斯特确实是个才华横溢的人，但我认为，他不适合编导格林卡的这部作品。最好的方法是由您自己来创作。那样的话，您可以请坦吉耶娃来帮忙，与她一起进行创作一定会是很好的。我再次强调，首席芭蕾编导是您，而不是我。决策权在您手中。瓦伊诺宁年事已高，年轻人都渴望成为拿破仑，中年人则在为自己的出路而工作。

我想看《爱情的传说》，难道这是一个没有引号的传说吗？

他的身体怎么样了？我给《苏维埃文化报》写了标题为《芭蕾和芭蕾表演》的文章。如果他们刊登了，请您阅读一下。如果没有发表，也不要感到遗憾。

我期待您的消息。拥抱您。也代表多莫加顿问候您。

您真挚的沃尔科夫

我收到了埃里温关于《斯巴达克》首演的问候。察干参与了创作，而《蓝色的多瑙河》在您那里已经完全干涸了吗？

第13封信（1961年4月22日）：

亲爱的彼得·安德烈耶维奇：

由于我们无法将格林卡小姐嫁给芭蕾编导，我想告诉您几位求婚者的名字。我刚刚接到叶尔莫拉耶夫的电话，他表示有意从事这项工作。他特别希望能够与洛普霍夫合作。至于费多尔·瓦西里耶维奇（·洛普霍夫）为什么拒绝，因为我无法给他一个明确的答复。科连尼也表示了自己的意向。随后，您的朋友莉迪亚·斯捷潘诺维奇开始向我推荐瓦尔科维茨基。鲍里斯·伊万诺维奇（·阿萨菲耶夫）在给我的信件中推荐了坦吉耶娃。简而言之，这就像果戈理的《婚事》全集。或者像查茨基所说的："无处可逃的公主。"

当然，最有趣的还是叶尔莫拉耶夫。他告诉我，您希望他来到列宁格勒。我想，假期结束后，我应该和他一起去。但我希望剧院能够同意。关于这件事情，光靠通信是解决不了问题的。这是我给您的所有信息，未加评论。我在克里姆林宫的围墙里度过了两个晚上，并关注着我们芭蕾舞团的未来。我不明白为什么我们的舞蹈教育（这里不谈论技术）培养的是抄写员。而舞蹈，作为一种表达人类艺术的方式，却无人问津。只有《天鹅湖》《吉赛尔》《睡美人》和《巴斯克舞》。

请回复我。

拥抱您。请代我亲吻尤利娅。

您的沃尔科夫

第14封信（1961年9月25日）：

亲爱的彼得·安德烈耶维奇：

您的来信令我惊讶和失望。您徒劳地写道："对'格林卡'的恐慌是没有必要的。"抛开《41》不谈——您已经把"格林卡"推迟到了下一个演出季。也就是说，还有一年多的时间。而且，还没有芭蕾编导。这几乎是一篇讣告！尤其是因为您还将上演《火鸟》（原文如此）。不幸的是，我没有见过小剧院的院长扎古尔斯基，也不知道他在莫斯科。因此，我无法表达我的想法。列夫·托尔斯泰在这种情况下会写下"如果我还活着"的话。对于"格林卡"也是如此。至于卡普兰和年轻人，我无话可说。在我看来，他们是一个实验性的团体，不适合表演"格林卡"。

在莫斯科，科连尼想要负责"格林卡"的事务。但我了解您对这部作品的潜在忧虑，不知道您的观点如何。另一个考虑因素是，根据合同，我们无权在任何地方上演"格林卡"！它是属于列宁格勒歌剧和芭蕾舞小剧院的，而您却将它束之高阁。我希望能在 1961 至 1962 年的演出季中看到"格林卡",就像鲍里斯·伊万诺维奇所想的那样。而您却把它延迟到了未来。以上就是所有我想说的。

很高兴见到您,拥抱您。我暂时不会去基兹洛沃茨克。

您的沃尔科夫
1961 年 9 月 25 日

第 15 封信(1961 年 11 月 17-18 日①):

亲爱的彼得·安德烈耶维奇:

虽然您让我不要担心,但看到您对"格林卡"如此地漠不关心,我还是十分忧虑的。有鉴于此,我将于 10 月 31 日动身前往基兹洛沃茨克,预计 11 月 2 日至 27 日在那里停留,如果一切正常的话,我将于 29 日返回莫斯科。我恳请您给我写信,告诉我您是否已经找到了芭蕾编导,或者是否已经停止了寻找。帕霍莫夫问我,为什么要向莫斯科大剧院隐瞒我们的芭蕾舞剧。我承诺在回来后揭开这个秘密,并告诉他,我最不相信的就是大剧院会上演我们的舞剧。我昨天观看了《人生篇章》的总排练。自从《希望之岸》②上演之后,出现了抽象和数字化的芭蕾舞剧。同样是多勒尔,在舞台上,取而代之的是一个大箱子,而不是树。男人们穿着水手服或 T 恤走来

---

① 这个日期是根据芭蕾舞剧《人生篇章》的首演而确定的,该演出于 1961 年 11 月 19 日在莫斯科大剧院举行。(作曲:巴兰奇瓦泽,编导:拉夫罗夫斯基)(亚历山大·索洛维约夫-卡普斯基注)

② 一个非常精准的观察:正是《希望之岸》(作曲:彼得罗夫,编导:别尔斯基,舞美:多勒尔,1959 年 4 月 16 日首演)成了一种前沿的舞剧,一种新的宣言。但这个作品对作者而言,并不熟悉!(亚历山大·索洛维约夫-卡普斯基注)

走去。前线是手无寸铁的水手们在奔跑。我在布尔梅斯特（布尔梅斯德尔）的作品中看到过类似的情节。剧本：《她爱他》，他在前线阵亡，而她则生下了一个儿子。最后一幕，儿子长大成人并结婚，整个作品如火如荼。

布尔梅斯特的音乐很棒。请给我写信并寄往基兹洛沃茨克（高尔基疗养院），务必使用航空邮件。"换汤不换药"，我还是原来的我。我变成了一个白发苍苍、无精打采的老人，有点像《鲁斯兰》中的菲纳（原文如此——亚历山大·索洛维约夫-卡普斯基）。我没见过中国人。您送给我的九位老人，对我来说，已经足够了。而且我相信，您所说的是真的，这是件好事，我已经满足了。

拥抱您。

您的沃尔科夫

附言：这是一条悲伤的消息。10月16日，亚历克斯·帕维尔·加齐耶夫突然去世。您认识他，他总是询问有关您（原文中的错误：亚历山大·索洛维约夫-卡普斯基）的情况。这对我来说，是一个巨大的损失！

卡西扬·亚罗斯拉维奇·格列伊佐夫斯基写给古雪夫的信件

第16封信（1961年4月4日）：

莫斯科，G-69区，柴科夫斯基大街18号，46栋

电话：D-2.23.76

亲爱的彼得·安德烈耶维奇：

我们在讨论了基洛夫剧院芭蕾舞团的现状之后，得出结论认为，虽然

预演取得了圆满成功，但将《斯克里亚宾幻想曲》及其第二部分推迟到下一个演出季开始时上演才更为合适。您可能有所耳闻，如果您还没有听说过的话，我坚决拒绝允许《斯克里亚宾幻想曲》（或多或少已经完成的节目）在国外演出，因为我担心这些剧目的数量太少（目前只有 5 个），它们会与《堂·吉诃德》中的各种《二重奏》或从各处抄袭的、毫无才华[①]的雅科布松式的"作品"混在一起。我们决定将它推迟到下一个演出季，院长科尔金命令我们立即与罗加尔-列维茨基签订《斯克里亚宾幻想曲》（管弦乐版）的合同。

当然，我立即给您打电话，告诉您我已经有空了，可以马上投入列宁格勒歌剧和芭蕾舞小剧院的工作中去。但是……我无法联系到您。不瞒您说，我继续留在列宁格勒的一切计划都与资金密切相关。我不能一天身无分文，也不能借债。

就这样，我乘坐白天的火车离开了列宁格勒，放弃了与您联系的希望。无论是和拉夫罗夫斯基，还是扎哈罗夫，抑或是雅科布松，都不会发生这种事情——命运真是一场邪恶的游戏。

当然，如果您需要我，您已经知道我的电话号码了。

罗加尔-列维茨基有几首拉赫玛尼诺夫的精彩乐曲，我可以把其中的三首交给查尔格什维利（乐谱就在他那里——只需重新复印其声部即可），其余缺失的乐曲可以在普罗科菲耶夫那里找到。

如果您的决定是积极的，那就马上做出决定吧。我极力建议制作一部美妙的作品，（如果第一部分是《彼得鲁什卡》，那么第二个部分）就是——

---

① 这种不公平的评价只能说明，一个天才不接受另一个同样是天才的作品——每个天才的天性都是如此独特。（亚历山大·索洛维约夫-卡普斯基注）

《波罗维茨人的舞蹈》。

所有费用（不含《波罗维茨人的舞蹈》）为1400卢布。莫斯科—列宁格勒的往返路费。酒店费用减半，与基洛夫剧院相同。预付款500卢布，通过电报汇款。

我将在4月16日之前等待您的答复。如果届时可以开始工作的话，我将在5月15日之前完成所有的工作（前提是，在"绿灯"的情况下）。

亲爱的，拥抱您，与您和鲍里斯·伊万诺维奇握手。

您的卡西扬·亚罗斯拉维奇

第17封信（1961年4月26日）：

莫斯科

亲爱的彼得·安德烈耶维奇：

昨天我与维罗茨卡通了电话（她向您问好），她谈起了我去列宁格勒剧院拜访您的计划。我们共同得出的结论是，目前过去是没有意义的：最初几天——27日、28日等——将用于解决组织问题，接着两天（1日和2日）很可能无法工作。当然，我们应该在第2天出发，以便我们与您事先解决主要的创作问题，并且在第3天开始排练。此外，如果我们还没有确定要上演什么，是否可以着手工作呢？在我到达列宁格勒之前，让我们先解决这个问题吧。至于谢德林和查尔格什维利，他们的退出是有理由的。我已经和他们交谈过了。罗季翁·谢德林忙于为电影配乐，一直到7月，甚至可能更久……查尔格什维利说："我不能，也不愿意做敷衍的工作。"他当然是对的，我也不能，也不想这样做——您会理解的，这不符合我的个性。根据您提出的、使用普罗科菲耶夫的《幻想曲》，我们和音乐家们进行了交流，并编导了一个同样美妙的作品，其中包括《瞬息万变》和《讽刺》中的 8 首乐曲和引子，能够完整地表现出这些作品的精髓。我已经为此做好了准备，并且考虑到所有这些都是钢琴曲。经过昨天的谈话，我甚至意识到，您对整个普罗科菲耶夫的作品集持怀疑态度——以下是一些新的建议。

1. 以两位作曲家为一组：普罗科菲耶夫和乌斯特沃斯卡娅（如果需要的话，她可以写 4 首，或者至少 3 首曲目）。2. 编排一个由三位作曲家作品组成的乐章：斯克里亚宾、普罗科菲耶夫和乌斯特沃斯卡娅。作为一位经验丰富的人，您无疑了解，在我们的这个行业中，重要的不是要演奏什么，而是如何演奏。我举双手赞同，恳请您也举起双手（在必要的情况下，如果您有健康问题，也可以不举手）支持第二或者第三个提案。至于斯克里亚宾（或拉赫玛尼诺夫，甚至梅特涅尔）和普罗科菲耶夫，我将会在莫斯科为您找到合适的作品，并在抵达后的 5 月 3 日开始排练。我会直接告诉乌斯特沃斯卡娅，她应该可以着手创作下面这些作品了，每个作品的时长都不超过 3 分至 3 分 15 秒：《狂欢回旋曲》（《狂欢》），应该是一首缓慢的曲子，其中有一个飞快的加速和高潮，而且应该是一首具有强烈（私密的）情欲的作品。这个作品应该是爱情性质的，但总的来说——它会让人沉醉在两个人之间甜腻的空气之中。虽然我并不想限制这位天才作曲家的创作——让她按照自己的意愿来完成，但它必须是一个狂欢节。第二个作品是极度抒情的，这是一场约会（类似于《罗密欧与朱丽叶》中的多愁善感）：它的情感和特质应该与彼特拉克的十四行诗、李斯特或拉赫玛尼诺夫的《爱之夜》相呼应……致敬柴科夫斯基。第三个作品是英雄曲（作为参考：斯克里亚宾的第 12 首 $^\flat$E 小调练习曲，梅特涅尔的第 8 首钢琴奏鸣曲，以及第四交响曲的序曲）。好了，如果我们已经弄清了这一切，我们就可以轻松快捷地工作了。

最好是为排练提供"绿色通道"，让这个过程更加顺利。另外，我们也需要增加一些来自芭蕾舞团的排练指导教师。

拥抱您，并期待尽快获得"签证"和回复。

您的卡西扬·亚罗斯拉维奇

我很担心酒店的住宿问题——我必须确保从您那获得一份列宁格勒市政府的文件，上面写着不要在那里打扰我。旅馆（欧洲旅馆和阿斯托里亚旅馆）讨厌同胞，在这种情况下，我们将无可奈何，但依旧会彬彬有礼。

例如，在欧洲旅馆里，管理员朱罗夫科夫对我就非常不友善。

第18封信（1961年6月14日）：

莫斯科，G-69区，柴科夫斯基大街18号，46栋
电话：D-2.23.76

亲爱的彼得·安德烈耶维奇：

请不要认为我没有向您道别，是一种无礼和忘恩负义。

我不得不花了一整天的时间，寻找回莫斯科的火车票。这一次，阿列克西·普罗霍罗维奇的"后宫"让我失望了：他们表现不佳。当我如约来到阿斯托里亚时，发现加洛奇卡·博格达诺娃只有一张登机牌，没有车票。我在那里一直待到4点钟。然后，看到他们无能为力，我只好去了火车站，在那里排了一个半小时的队，才买到了一张当晚20点50分从列宁格勒出发的火车票，第二天早上5点50分到达的莫斯科。

经历了这些令人痛苦的过程后，我赶回旅馆，拿着行李箱，勉强上了火车。

唉，我们对待游客的态度可比对待我们自己要好得多。

维罗奇卡向您致以问候并表示感谢。

我知道您很忙，工作劳累过度，所以请您委托一个人，比如说弗拉基米尔·尼基福罗维奇·叶尔莫拉耶夫，告诉我您的夏季地址，以及小剧院会计本人的名字、父姓和姓氏。我必须请他给我寄一份证明。亲爱的彼得·安德烈耶维奇，别忘了您的健康。

您无法想象我是多么地需要您的健康，更不用说剧院和其他人了。请不要忘记我。我们可以一起大力推动小剧院芭蕾舞团的发展。基洛夫剧院的每个人都在争夺地盘。他们这样做只会帮助我们。

祝您成功，最重要的是祝您健康。您未来剧院的看门人。

卡西扬·亚罗斯拉维奇

第 19 封信（1961 年 7 月 4 日）：

别霍沃村

亲爱的彼得·安德烈耶维奇：

我非常担心自己作品的命运。"我们都在上帝的庇护下"——在区委、市委和其他管理"部门"的指导下。他们将会做出什么决定还是未知的。当涉及他们了解的问题时，创新是理所当然被认可的。至于其他一切，我们必须小心谨慎。说"不"比说"是"更安全。请告诉我，亲爱的，您什么时候到达？我到这里时已经筋疲力尽了，现在正在慢慢恢复。我个人的困扰已尘埃落定。我们得到一个有限的消息：波列诺沃的度假屋已经被大剧院订购了一个月。他们已经到齐了。昨天，他们成群结队地来拜访我。梅佐娅·彼得罗娃的情况很糟糕：她与戈特利布分手了，他们的孩子生病了。她曾经的爱情以悲剧收场，结果导致她的心理出了问题。诊所已经收治了她。接下来会发生什么——取决于命运。

我非常关注未来的演出季。我在你们那里度过了愉快的时光，这种感觉对我而言并不常见。关于努里耶夫的事情，您可能已经知道了，所以我就不提了。但如果您不知道的话，请告诉我，我会马上写信告知您。总体而言，巡演的效果不佳，尤其是在巴黎，至于伦敦，我还没有收到消息。他们的情况与外国人在莫斯科的情况相类似。关于在列宁格勒的情况，你可能已经知道了。

如果我有机会在您提到的剧院工作，那将是件好事情。我们可以提高小剧院芭蕾舞团的水平，并通过定期在中心城市举办舞蹈演出，获得巨大的成就和有趣的巡演。

我知道并理解您的忙碌和疲劳。但还是请允许我多写几句话吧。您也许可以告诉我，关于我的作品，弗拉基米尔·尼基福罗维奇·叶尔莫拉耶夫的工作进展如何？我有些担心。如果我的那些作品被拒绝了，还可以留在莫斯科、列宁格勒和基辅的舞蹈演出中使用。我提醒您一下我的地址：图拉斯卡亚州，扎奥克斯基区，斯特拉霍沃邮局，别霍沃村，巴布金的家，请通过信件的方式与我联系。

与您握手并拥抱。

您的卡西扬·亚罗斯拉维奇

请替我向鲍里斯·伊万诺维奇、阿列克西·普罗霍罗维奇、弗拉基米尔·尼基福罗维奇，以及所有的朋友转达问候。

第 20 封信（1961 年 9 月 19 日）：

莫斯科，G-69 区，柴科夫斯基大街 18 号，46 栋

电话：D-2.23.76

亲爱的彼得·安德烈耶维奇：

请原谅我在您旅途劳顿之后立即来打扰您。我不会立刻向您提出我想问的问题，以免给您增添烦恼。等您休息好以后，我再进行提问，那会更好一些。

我写这封信是迫不得已的：目前正在编撰毫无价值的《戏剧百科全书》第二卷，其中提及了我的姓氏。事实上，原本要刊登的关于我的文章不小心落到了我的手中。遗憾的是，我不知道是谁写的这篇文章（我认为，可能是斯洛尼姆斯基，虽然他们发誓说不是他）[1]。当我读到这篇文章时，我很自然地给出版社打了电话，告诉他们，如果这篇文章刊登出来，我将要起诉他们诽谤。碰巧的是，出版社刚刚参加了我的舞蹈演出。现在，关于我的文章已经委派给了另外一个人，并且需要一些插图。我的舞蹈演出的所有照片（84 或 82 张）都在您那里。我亲爱的朋友，请委托别人把它们装进一个厚厚的信封里，尽快寄给我。因为第二卷的工作已经在准备中了。

拥抱您，祝您身体健康。我非常想念列宁格勒。

您的卡西扬·亚罗斯拉维奇

---

[1]《戏剧百科全书》第二卷，莫斯科苏维埃百科全书出版社 1963 年版，第 30—32 栏）的这篇文章由 M. 罗马年科撰写。关于尤里·斯洛尼姆斯基对卡西扬·格列伊佐夫斯基创作的评价，可参见他的著作《苏维埃芭蕾舞剧：苏联芭蕾舞剧的历史资料》，列宁格勒艺术出版社 1950 年版，第 48—51 页。（亚历山大·索洛维约夫 - 卡普斯基注）

迈·默德马写给古雪夫的信件

第 21 封信（1966 年 12 月 16 日）：

尊敬的彼得·安德烈耶维奇：

感谢您的信任。您的来信让我非常高兴，因为我长期以来，一直梦想能与您这样的团队合作。

当然，苏联的作品确实有一定的难度。我这里有两个苏联作曲家的小型作品：亚历山大·里亚茨的《第二弦乐四重奏》（三乐章，10 分钟）和巴托尔德·塔姆贝格的《男孩和蝴蝶》——具有哲学寓意的情节。这是一个关于某个男孩如何发现花朵，并追逐蝴蝶的芭蕾舞剧。这个舞剧可以没有舞台布景。需要 11 名演员。音乐非常动听。演出时长为 17 分钟。

我已经没有更多现成的苏联音乐作品了。在 5 月之前可能会再找到一些，但现在没有时间了，因为我正在排演《葛蓓莉娅》。明年 1 月之前，显然或多或少会有一些时间，而到 2 月底，我就比较自由了。

我一定会尽力寻找音乐，因为我非常渴望在您的这个团队中参加演出。一旦有了想法，我会第一时间写信告知于您。

秋天的时候，您可以完全信任我。

再次感谢您的关注。

迈·默德马

第 22 封信（1967 年 9 月 1 日）：

尊敬的彼得·安德烈耶维奇：

我计划于 10 月 10 日至 11 月 30 日期间到访。

计划如下：前往坦贝格，观看《男孩和蝴蝶》《大型协奏曲》或 B. A. C. H 的《倒塌的桅杆》。

我目前在莫斯科，正在寻找一些非爱沙尼亚作曲家的作品。在塔林，几乎找不到优秀的苏联现代作曲家的作品。

致敬

迈·穆尔德马

附言：请原谅我迟到的回复。

第 23 封信（1967 年 10 月 29 日）：

尊敬的彼得·安德烈耶维奇：

我最终决定选择《男孩和蝴蝶》与《倒塌的桅杆》。《男孩和蝴蝶》的故事这样的：我们曾经上演了 3 部由芭蕾编导瓦拉奥特斯创作的爱沙尼亚的独幕芭蕾舞剧。但这些演出并未取得成功。我在假期重新编排了其中的 1 部——《男孩和蝴蝶》，但这并没有改变整个作品的命运，这些芭蕾舞剧很快就落幕了，更确切地说，几乎没有怎么上演。在我创作的芭蕾舞剧中，有一些是成功的，有一些是不成功的。我计划在列宁格勒重新编排上演的芭蕾舞剧，与爱沙尼亚剧院的版本几乎没有共同之处。

《倒塌的桅杆》是一部纯粹的结构性作品。

我将于 10 月 17 日到达。由于我目前仍在莫斯科，所以您不需要寄送合同给我，我可以到列宁格勒以后再签署。

致敬

迈·穆尔德马

柳德米拉·弗拉基米罗夫纳·卡尔拉吉切娃写给古雪夫的信件

第 24 封信（1976 年 6 月 2 日）：

巴库

尊敬的彼得·安德烈耶维奇：

卡拉·阿布尔法索维奇曾经赠送给我一份关于您计划订单的复印件，我非常珍视这份精彩而有趣的文件。最近我再次翻阅了它，因为我正在撰写关于作曲家卡拉·卡拉耶夫（尤里·奥西波维奇）[①]的书籍，可能我们之前讨论过这个问题，甚至我还从中引用了一些内容，当然是出于积极的态度和目的。

因此，您很幸运，我们没有涉及卡拉耶夫的档案。

我会尽快把这些材料还给您的，在您休假期间，我会安排时间来完成自己的工作。非常高兴，您和尤里·奥西波维奇决定在纪念文集中回击《七美人》的反对者。如果您希望在文章中发表我们共同工作的其他材料，那将是再好不过了。我当然希望能够为文集提供舞台布景的草图，以及在列宁格勒演出时的照片。尽管尤里·奥西波维奇已经给过我一些关于这方面的建议，但由于我工作繁忙，一直无法全身心地投入其中……您是否有可能帮助我处理这个问题呢？

祝您一切顺利，希望您在回忆《七美人》创作过程中的美好时光里畅游如海。

我也在书中为它辩护，尤其是第一版，我认为，它的整体和所有组成部

[①] 即尤里·约瑟夫维奇·斯洛尼姆斯基。（亚历山大·索洛维约夫 - 卡普斯基注）

分都是最完美的。

　　致敬

柳德米拉·卡尔拉吉切娃

古雪夫写给柳德米拉·弗拉基米罗夫纳·卡尔拉吉切娃的信件

第 25 封信（1976 年 7 月 1 日）：

尊敬的柳德米拉·弗拉基米罗夫纳：

　　我的所有截止日期都因为出国旅行而发生了改变。此外，所有的打字员要么生病，要么休假，要么懒得工作，即使是给予他们额外的报酬，也没有人能够认真地打印这篇文章。而我自己也无法修改，因为我需要紧急准备一份支持"赞成"方的报告。

　　我寄了一份半成品给您，期望您在编辑上能够给予我善意的、上帝般的恩赐。这份材料完全由您支配。您可以随意处理。请重新印刷并邮寄一份给我，费用由我来承担。文稿内容可能有点冗长、重复和乏味，因为上帝没有赐予我幽默感，所以我只能完全地依赖于您了。在此，向执笔写作的主人致以诚挚的问候。请丢掉一切他不喜欢的内容。我在第 6 页留出了一些空间，用于插入音乐计划的摘录。我建议：要么完整地放弃最后一个场景，从第 33 页开始，第二个场景《废墟》，直到整部芭蕾舞剧的结束。或者选择艾莎和巴赫拉姆的 3 段双人舞，以展示他们之间的关系：第一段双人舞，从第 6 页（第六场）到第 7 页（第七场）；第二段双人舞，从第 32 页（第七场）到第 33 页（第八场）；第三段双人舞，从第 34 页（第四场）到第 36 页（第六场）。

　　我也不知道哪个会更好，请您自行决定。请在每个部分的"时长"栏中标注时间。在计划中，有时候，时间会在"音乐思考"一栏中指定。这是我所有的请求。请不要生气，并原谅我。提前感谢您将为我做的一切。

致敬

您的古雪夫

1976 年 7 月 1 日（手稿无签名）

伊·贝尔斯基写给古雪夫的信件

第 26 封信（1977 年 10 月 15 日）：

尊敬的彼得·安德烈耶维奇：

我发现自己陷入了绝境。根据与开罗芭蕾舞团的协议，我将为该团在日本的巡演做准备，与他们一起前往日本，并于 10 月底返回苏联。

但当我到达开罗并开始与剧团一起工作时，我发现开罗方面还没有为我办理赴日的签证。因此，我只能留在开罗继续工作，直到 1978 年 7 月。对此我深表歉意，并请求您批准我自费休假至 9 月 1 日。

我不知道该怎么办。当然，他们都是"大人"了，可以自己处理一切，但如果您能给他们指派一位大师，我将会非常高兴。（也许是 H.博亚尔奇科夫吧！因为他们只是偶尔需要咨询。如果科利亚同意的话，那就再好不过了）。

我再次为自己无意中的"欺骗"而道歉。

向您致敬

伊·贝尔斯基

1977 年 10 月 15 日

附言：谢谢您，我会查看您的官方声明。

瓦西里·瓦伊诺宁写给古雪夫的信件

第 27 封信（1961 年 6 月 16 日[①]）：

亲爱的彼得·安德烈耶维奇：

我收到了您的电报，并以信件的方式给您回复，因为电报中无法解释清楚所有的事情。

所以，现在还不清楚，我是否需要再次去哈萨克斯坦。目前我还在等待电报，几天内会有结果。如果我必须去，就将于 20 日左右到达，并在那里一直待到 26 日。庆祝活动将于 24 日举行。如果我不去阿拉木图，就可以在 21 日到达您那里，如果我去了那边，就只能在 26 日之后才能与您会面了。

《维亚茨基玩偶》已经确定。根据法律规定，我在一年内创作的这个剧目，无权在其他剧院上演。

我建议《小丑》——使用《军队靶场》的音乐，但这是不同的两个舞蹈（不是福金版本的）。舞蹈需要一位女演员和两位男演员。这个节目在技术上很棒，优雅而动人。

《塔兰泰拉》（当然是原创的）的音乐可能来自《米兰多利娜》。在《米兰多利娜》中，音乐可能不太重要，但《塔兰泰拉》的舞曲却非常出色。这个节目同样需要一位女演员和两位男演员，它充满激情，技术高超，富有活力和精彩的舞蹈编排。

[①] 看起来，这封信写于 1960 年，更确切地说是 1961 年，至少不会迟于 1961 年。K. 阿尔马舍夫斯卡娅、H. 瓦伊诺宁：《芭蕾编导瓦伊诺宁》，1971 年，第 252—255 页。（亚历山大·索洛维约夫 - 卡普斯基注）

我注意到，您对《小丑》和《塔兰泰拉》有些犹豫。为了以防万一，我建议您考虑一下，因为那里有很多的舞蹈。

当然最好有黑人的节目（该节目的表演者获得了奖项），但我担心会被起诉——毕竟时间还没有过去一年。

还有经典的探戈，可以使用足尖、踢腿、把位等芭蕾的术语。但这是探戈。这个可能会引起争议，也许您可以想出一些变通的方案。

还有《俄罗斯舞蹈》（巴列赫），它有着美丽而让人难以置信的服装，这些服装是巴列赫的艺术家们设计的。这是一个精致的节目，没有"踢踏"和"拍手"。由3对舞者表演。

另外还有一些现代风格的玩偶，它们有一些"非正常"和"任性"的特点。所有这些节目现在都在制作中，排练已经开始了，除了那个涉及黑人的节目。

是的，换句话说，不仅是黑人和探戈，所有这些都属于实验性的，我担心会引起争议，因此我建议选择《小丑》和《塔兰泰拉》。

我现在没有能力做任何全新的事情了——因为我真的太累了。关于《小丑》和《塔兰泰拉》的构思，我已经有了备选方案，我也计划在舞台上呈现它们，但目前还没有开始，所以我仍然拥有主导权。

好的，彼得·安德烈耶维奇，您来决定并回答吧。"关于钱的问题，我们可以商量"——这是一句充满希望的承诺。这让我感到非常振奋，我非常相信您所说的话。

是的，我觉得，我已经向您解释清楚了一切。

我在20日之前，都会等待您的回复。

亲吻您

瓦西里·瓦伊诺宁

C. 普提亚丁写给 Ю. 博尔西亚诺夫的信件

第 28 封信（1978 年 9 月 25 日）：

致列宁格勒国立尼·里姆斯基-科萨科夫音乐学院院长

尊敬的 Ю. A. 博尔西亚诺夫先生：

　　根据我们的创作合作协议，剧院的管理层和艺术指导建议与音乐学院芭蕾编导部门联合上演柴科夫斯基的芭蕾舞剧《天鹅湖》，并计划于 1979 年[①]的第二季度末上演。

　　芭蕾编导部门以其丰富的历史资料和在古典芭蕾领域进行的大量研究活动为根据，将对即将展开的这项重要工作，即复排 M. 佩蒂帕和 L. 伊万诺夫的这部杰作，提供巨大的帮助。

　　在讨论并决定这个问题时，剧院希望任命杰出的艺术家、功勋演员、教授彼得·古雪夫[②]为这项工作的负责人，请考虑我们提出的这个意愿和建议。

剧院院长 C. H. 普提亚丁敬上

（在带有小歌剧和芭蕾舞剧院的信笺顶端，附有亲笔签名。）

[①] 1980 年 4 月 30 日，重新编排并首次上演了这部舞剧。舞剧的确是与音乐学院芭蕾编导系共同完成的。（亚历山大·索洛维约夫-卡普斯基注）

[②] 古雪夫参与了该剧的复排，该剧的艺术总监是赫·博雅契科夫。（亚历山大·索洛维约夫-卡普斯基注）

古雪夫写给维克多·万斯洛夫的信件[①]

第 29 封信（1985 年 3 月 3 日）：

亲爱的维克多·弗拉基米罗维奇：

请原谅我迟到的回复。自去年 11 月 22 日起，我一直在新西伯利亚。直到今天——3 月 3 日，我才读到您的来信。

只有那些深谙舞蹈的人才能把它记录下来。每个人都会以自己的方式记录同一段舞蹈。只有那些把舞蹈亲自记录下来的人，通过不时地用音乐验证，以及身体的记忆，才能对所记录的舞蹈进行解读。只有那些多次表演过这段舞蹈并仍然记得某些细节的人，才能艰难地、不够准确地、带有推测地解读这些舞蹈，并且记录它们。除此之外，其他一切都是不可能的，要么是欺骗，要么是纯粹的编造。我给您邮寄了包含 48 个小节的动作示例，以及更多的图示——这是《内亚达和渔夫》组舞的开头，您曾经看过的。这部芭蕾舞剧的舞蹈由希尔亚耶夫记录。我们，表演者，都无法完全地解读它们。我们更倾向于以自己的记忆为指导，并用不同的方式去记录它们。为了不忘记它们，我自 1930 年开始，每年都要在音乐的伴奏下，全身心地重复这些舞蹈，没有其他任何途径。最简单的方式——电影和磁带，对我们而言却无法获得，尽管这些方式在我们积极援助的所有社会主义国家中都得到了广泛的应用，难道这不是一种耻辱吗？我将带着许多古典芭蕾走进坟墓，因为回忆它们变得越来越困难，更别提表演了。有意愿学习这些舞蹈，并以自己的方式记录它们的人已经不复存在了，因为没有人知道为什么要这么做，而且

[①] 信件的原件与彼得·古雪夫制作的舞蹈记录示例，现存放于阿·巴赫鲁申国家戏剧艺术博物馆。感谢温斯洛夫，他友好地提供了信件的副本供出版使用。（亚历山大·索洛维约夫 - 卡普斯基注）

还无端地浪费了他们大量的时间。我希望至少您能够理解，我的努力是为了维护这份遗产，实际上是为了保护，更确切地说，是为了了解前辈的舞蹈作品。这不是为了整个演出，这是对舞蹈的追求，不是为了场景、配乐、舞台设计，而是为了舞蹈本身。唯有舞蹈，才能表达编舞家的个性、时代和编舞家的魅力。

通过记录，您会看到，即使是最简单的古典芭蕾的舞蹈动作，描述起来也是非常冗长的。下一次见面时，我会向您展示，我们是如何检查作者的众多动作图形记录系统的。您可能会觉得好笑！

拥抱您并真诚地爱您

您的古雪夫

"我想去列宁格勒，我想去小剧院，我想到您那里去……"

古雪夫写给鲍里斯·扎古尔斯基的信件

这封信是古雪夫写给鲍里斯·伊万诺维奇·扎古尔斯基（1901—1968）的。扎古尔斯基是20世纪30—60年代的著名戏剧家。他出生于一个农民家庭，早在青年时期就在国内战争中确立了自己的位置。他曾经参加过反对科尔察克的战斗，并担任过土耳其斯坦师政治部的秘书。1924年，扎古尔斯基被送往列宁格勒音乐学院学习。在那里，他不仅度过了自己的学生时代，而且还开启了个人的职业生涯，直至升到了院长的位置。[①] 他曾经担任过列宁格勒市议会执行委员会艺术事务部门的负责人。1939年，扎古尔斯基毕业于音乐学院音乐史专业。正如他在服兵役记录中所描述的那样，他曾经担任过分队政委的职务，并且参与了立陶宛的解放战争。随后，在二战爆发后的1941—1942年，他曾被派往前线参加战斗，但因受伤而被编入了后备名单。此外，他还多次当选为列宁格勒市执行委员会的苏维埃代表，并担任过该市文化委员会的主席。1951年，扎古尔斯基接受了自己职业生涯中的最后一项任命，担任列宁格勒歌剧和芭蕾舞小剧院的院长。他在小剧院工作了

[①] 鲍里斯·伊万诺维奇·扎古尔斯基在1936年至1938年曾经担任过列宁格勒音乐学院的院长。

11 年的时间，直至退休。

我们目前所掌握的古雪夫写给扎古尔斯基的一系列信件，跨越了几乎整整十年的时间（1950 年初至 1960 年初），这些书信主要涉及了一个主题，即芭蕾编导（古雪夫）与小剧院之间的合作。它们既包括了已经实现的合作，也包括了正在计划中，以及双方期望的合作，而这对双方而言，都是非常渴望的。这些计划和项目有的是突然涌现出来的，有时的则是酝酿已久的，有的甚至是被完全拒绝的。总之，芭蕾舞大师（古雪夫）在寻找创作灵感时的所有紧张情绪，以及院长（扎古尔斯基）在寻找剧院的演出路径和管理芭蕾舞团方面的努力，都在这些信件中得到了体现。它们同时还反映出了两位通信者生活和交流的那个时代。扎古尔斯基写给古雪夫的信件（两封除外）并未保存在这套档案中，但我们可以很轻松地通过古雪夫的回信内容进行重建。

对古雪夫这位芭蕾编导大家而言，他写给扎古尔斯基的信件具有非常重要的意义，因为这些信件可以让人们了解到这位被芭蕾界尊称为元老级别的大师所走过的道路是多么艰辛和曲折，有时甚至是荆棘丛生的。

为了使这个"情节"更加具有完整性，我们还附上了古雪夫写给剧院的信件，其中包括他与剧院的工作协议（仅部分地引用了）以及他写给剧院院长的官方声明。所有这些信件都被保存在了俄罗斯国家图书馆手稿和珍稀书籍（善本）部门：第 1117 号档案（鲍里斯·伊万诺维奇·扎古尔斯基的档案），储存单位编码：1776、766、604、728。原文中的拼写和标点符号已经根据现代俄语的规范进行了调整。

彼得·安德烈耶维奇第一封信的日期是 1953 年 7 月 [1]，这封信是对即将上演的芭蕾舞剧《七美人》共同讨论的延续，更确切地说，是对这些讨论的总结。

在得知该剧在巴库演出取得成功后，扎古尔斯基决定将其搬上小剧院的舞台。工作已经开始，在此过程中，一些重要的、更为详细和精确的说明与修改是必要的，为此，古雪夫作为这部芭蕾舞剧的编导，和这位院长进行了商讨。商讨可能是在古雪夫当时生活和工作的莫斯科进行的，也可能是在列宁格勒，因为芭蕾编导可能会前往列宁格勒。无论如何，在分别时，古雪夫认为有必要给扎古尔斯基院长留下一份备忘录，以便巩固已经达成的协议。从这份简明扼要的声明中，我们可以了解到彼得·安德烈耶维奇·古雪夫在行政管理工作方面的独特处理方式与风格。

第 30 封信（1953 年 7 月 10 日）：
尊敬的鲍里斯·伊万诺维奇：

我想再次提醒您有关舞剧《七美人》的需求，并将这封信留下来，作为您的备忘录。

1. 如果没有您的大力帮助，演出就会陷入困境。我们还需要额外的 10 万卢布。

2. 当您返回列宁格勒后，我恳请您尽快让西蒙·巴格拉托维奇·维尔萨拉泽 [2] 绘制舞美设计的草图、完成定稿并转送到车间。如果到夏天还不能准

---

[1] 档案号：1117，储存单位编码：1776，第 1 页—1 页的背面。今后在引用时，将省略档案号，只标明储存单位的编码和页码。
[2] 西蒙·巴格拉托维奇·维尔萨拉泽（1908—1989）——剧院的舞美设计家。

备好舞台布景的话，我们将无法在 12 月进行首演。①

3. 请在检查和验收舞台布景的时候通知我，我希望可以参加这项工作，费用当然要由您的剧院来承担。

4. 恳请您亲自针对"新演出季的首要工作"（是的！——Н. Д. 沃尔科夫）做出重要指示，包括我留给彼得·彼得罗维奇·卡沃金清单中的所有事项。②

5. 第三幕第二场（即所谓"幻想曲"）的布景，必须在演出季开始前完成。我将重新在舞台上完成整个场景，包括布景。所以，在这种情况下，我完全要依赖于它们。

6. 在制定演出季排练计划时，如果我们想按照计划如期上演的话，请务必考虑以下注意事项。

（1）从 9 月 15 日开始，我每天都需要同所有的演员，以及从体育学院③邀请来的演出人员一起，没有任何限制地使用排练场地，包括所有的道具和舞台设备。

（2）尽可能在首演前的一个月时间内，不要给斯坦科维奇、季明和利特维年科④安排任何的日常工作。

（3）从演出季开始到首演之前，不要在这个剧目中安排新的演员。

（4）从 9 月 15 日开始，《七美人》的首演准备工作将是芭蕾舞团的重点工作。

（5）鉴于饰演林多尔这个角色的候选人不足（这是演出的决定性角色），请您重新与 A. 马卡洛夫进行商谈。

---

① 首演的日期为 1953 年 11 月 24 日。
② 卡沃金·彼得·彼得罗维奇（生于 1924 年）是一名舞者，当时是小剧院芭蕾舞团导演部的主任。
③ 准确的名称：列宁格勒彼得·费多罗维奇·列斯加夫特体育文化学院。
④ 古雪夫列举了在芭蕾舞剧《七美人》中担任主要角色的演员。

（6）剧团中没有第二个演员可以饰演巴特拉奇（巴赫拉姆），有必要积极培养尼基廷（莫斯科大剧院）①或库兹涅佐夫（基洛夫芭蕾舞团），否则，齐明的身体稍有不适，我们的舞剧就将无法正常演出了。

我仍然是您的古雪夫

剧院的准备工作是否像古雪夫建议的那样进行了？扎古尔斯基是否愿意并且能够全面地实现古雪夫的所有愿望？我们不得而知，而唯一知道的是，古雪夫的许多要求并没有得到实现：无论是阿·马卡洛夫，还是尤·诺维科夫都没有参与到这部芭蕾舞剧的工作之中。

此后，古雪夫给扎古尔斯基的信件似乎中断了三年。这说明由于邮寄问题，或其他原因，这些信件没有被保存下来。1955年底，古雪夫在小剧院上演了自己版本的芭蕾舞剧《海盗》②，这表明了他作为芭蕾舞剧的复排编导，同小剧院的合作一直在延续着。在这几年间，古雪夫的生活发生了重大的变化。1955年，他不仅成为一名芭蕾教师和编导，而且还担任了莫斯科大剧院的艺术总监。然而，在担任这一职务期间，他患上了心脏病，并因此递交了辞职申请。扎古尔斯基知道这一情况后意识到，古雪夫将会有更多的

---

① 尤里·费奥多罗维奇·尼基廷（1924—？）——莫斯科大剧院的舞蹈家。
②《海盗》是一部由阿道夫·亚当作曲，让-路易·马齐耶和H. V. 圣-乔治编剧的三幕五场的法国芭蕾舞剧，1955年由彼得·古雪夫重新编排，并在小剧院（现名为穆索尔斯基国立歌剧和芭蕾舞剧院）的剧场演出。音乐制作：叶夫根尼·科恩布利特，编剧：尤里·斯洛尼姆斯基。（古雪夫1957—1960年来华教学期间，曾为北京舞蹈学校复排的三部舞剧中，就包括了这部舞剧，当时的译名为《海侠》，时间为1959年4月18日，地点为北京的天桥剧场；其他两部舞剧为《天鹅湖》（1958）、《吉赛尔》（1960），由此为新中国的芭蕾事业奠定了坚实的剧目基础。参考文献：①北京舞蹈学院院志编委会：《北京舞蹈学院志：1954—1992》，第291页；②许定中、李春华、刘秀乡、王菲叶：《中国芭蕾舞史》，中央民族大学出版社2016年版，第58—71页。译者注）

自由时间和精力，于是决定再次邀请他来参与自己剧院的工作，并专门为古雪夫设立了"芭蕾舞台监督顾问"这样一个特殊的职位。古雪夫接受了这一提议，1956年11月17日，他与小剧院签署了一份《关于古雪夫担任芭蕾舞台监督顾问职责的劳动协议》[1]。从这份文件中，我们可以了解到古雪夫的职责范围包括：

1.确定芭蕾舞剧的创作方向，并为负责实施该方向的创意团队提出建议；

2.在新的芭蕾舞剧的创作过程中，为该剧的编剧、作曲、芭蕾编导和舞美总监等提供创意支持；

3.为芭蕾舞团的主要演员参与夏季演出的创作过程中提供创意支持；

4.修改芭蕾舞剧《七美人》(缩短为三幕)，不另外支付报酬；

5.担任芭蕾舞剧《海盗》和《七美人》的督查，并同这两部芭蕾舞剧的演员们一起进行排练；

6.为芭蕾舞团的艺术总监、剧院管理层，以及芭蕾舞教学—剧目团队提供咨询。[2]

由于古雪夫继续在莫斯科生活和工作（他当时还是斯坦尼斯拉夫斯基和涅米罗维奇·丹钦科莫斯科音乐剧院的教员），这份工作协议要求他"每个月在列宁格勒逗留7天"。剧院方面则承诺每月支付其2000卢布的工资，以及莫斯科至列宁格勒往返路程的快车软卧车票费用，以及在列宁格勒逗留期

---

[1] 存储单位编号：604，第49—49页背面。
[2] 存储单位编号：604，第49页。

间的酒店住宿费用。"① 工作协议中，还有一条专门的规定："顾问的职责中，不包括创作其他芭蕾舞剧和个人的舞蹈，以及修改其他编舞家的作品。"②

然而，这份合作计划仅止于纸面，因为这位院长的意愿遭到了来自芭蕾舞团艺术总监伊萨耶娃③的反对。可能是因为，她认为，一名经验丰富且备受尊敬的芭蕾编导家来担任剧院的顾问一职，会对自己构成威胁。我们可以从古雪夫在工作协议签订10天后，写给扎古尔斯基的信件中了解到以上这些内容。④

第 31 封信（1956 年 11 月 27 日）：

尊敬的鲍里斯·伊万诺维奇：

我非常重视您对我的态度，非常重视您对我的评价，非常重视在小剧院⑤的创作工作，这是一所我亏欠了很多，并非常感谢的剧院。

因此，我希望保持我们这种关系的纯洁性。尽管我已经病了7个月，并且医生们明确要求我必须离开莫斯科大剧院，但我仍然没有被批准卸任莫斯科大剧院的领导职务。不过，他们迟早会批准我的申请的。从那时起，我便接受了您的建议，担任贵剧院的顾问，这对我来说，是可以做到的，因为不用担任任何的行政职务，只涉及艺术顾问的事情。但是，只有在芭蕾舞团的艺术总监愿意拥有这位顾问并信任他的情况下，顾问才能发挥作用。否则，

---

① 存储单位编号：604，第49页。
② 存储单位编号：604，第49页背面。
③ 伊萨耶娃·加丽娜·伊万诺芙娜（1915年出生）——舞蹈演员，教育家，编导家，曾在1941—1942年和1954—1960年间担任小剧院的艺术总监。
④ 储存单位编号：1776，第3—3页背面。
⑤ 列宁格勒国立歌剧和芭蕾舞小剧院通常简称为小剧院。

拥有顾问是没有意义的。我告诉您，我原则上同意，也不会向每一位艺术总监提供咨询，但我会很高兴向加丽娜·伊万诺芙娜提供建议，如果她愿意并且告诉我她的需要。

遗憾的是，我没有等到加丽娜·伊万诺芙娜对我的咨询。可能是因为她很晚才知道您与我协商的事情，并且不是从您那里得知的，而是在歪曲事实的情况下虚构的，这便造成了您所知道的不愉快的误解。我只能在平静的氛围中，在相互信任和尊重的情况下开展工作。我担心这种良好的工作状态现已遭到了破坏。因此，经过权衡和深思熟虑后，我请求您忘记我对您的承诺，我今后仅作为一名芭蕾舞剧的导演，与尤·斯洛尼姆斯基一起，为您的剧院排演新的芭蕾舞剧。我们希望在1月中旬之前，完成这个剧本的主体部分，并将其提交给您审阅。①

关于您关心的剧目等问题，我将随时为您提供帮助，乐意为您和剧院提供有利的建议，并且无须签署任何协议。

谨致以诚挚的敬意

您的彼得·古雪夫
1956年11月27日

附言：我已将这封信告知了伊萨耶娃。

---

① 这里可能指的是最终被命名为《春雷》的芭蕾舞剧的剧本。根据斯洛尼姆斯基的说法，古雪夫一直打算创作一部新的芭蕾舞剧，并最终确定了这个剧本（参见斯洛尼姆斯基《七个芭蕾故事：编剧的叙述》，列宁格勒艺术出版社1967年版，第194、210页）。

虽然这项合作计划未能实现，但这并没有影响到古雪夫作为芭蕾编导家和小剧院院长之间的关系。扎古尔斯基非常了解专业人才的重要性，他依然极力地尝试着吸引古雪夫到自己的剧院去工作，并提议邀请古雪夫担任该剧院的全职芭蕾编导和导演。他的信件写得很及时，古雪夫生病了，显然他的精神状态很低落，但却深受感动①，一有机会就立刻回复了他的信件。

第 32 封信（1957 年 2 月 18 日）：
亲爱的鲍里斯·伊万诺维奇：

自 2 月 7 日以来，我的心情变得很好。您的来信使我感到非常高兴，只是今天才得以给您回信。他们允许我回复，因为这是一封令人愉悦的信。我并不是一个受到过多关注的人，我的年龄越来越大，并不介意承认这一点，但当我读到您珍贵的来信时，则流下了眼泪。35 年来，我在不同的大剧院有过工作经历，而能够感受到的人性温暖和工作支持却来自你领导的小剧院（是的！——Н. Д.），请不要对我信件里的抒情内容感到生气！我们全家都为能够深受您的关注而感动，并对您深表感激。我只希望生活能够给予我一次机会，尽管我们的社会地位有所不同，但我愿意对您有所帮助。请替我向 А. И. 科列斯尼科夫和 П. А. 施特里希②转达衷心的谢意，感激他们慷慨的支持。

感谢您，亲爱的朋友，还有您提供的工作建议。我不仅在考虑为您的剧院创作新的芭蕾舞剧，而且我的头脑也完全被这件事给占领了。尽管斯洛尼

---

① 存储单位编号：604，第 49 页—49 页背面。
② 科列斯尼科夫·亚历山大·约瑟夫维奇——小剧院合唱团的负责人；施特里希·彼得·阿列克西耶维奇——小剧院的舞台艺术家，布景制作车间的工作人员。

姆斯基和沃尔科夫在积极地帮我寻找新的题材，但我还是没有找到非常满意的题材。目前，在我手头上的所有作品中，或许最好的可能是《提尔》①了。但出于某种原因，它还没有触动我的心弦，请您给我一些时间，让我再思考和寻找一下。

我愿意成为您剧院的全职芭蕾编导，只要我找到了适合的芭蕾舞剧题材，并且您能够接受它。我不想两手空空地去您的剧院就职，尤其是因为我对它有着深厚的感激之情。关于住房的问题，可能对您而言有些困难，这一点我非常理解。等我康复后，我们可以讨论具体的细节。

借此机会，我想提醒您一下关于《七美人》的事宜。请相信，它们正面临失去观众兴趣的威胁。我们需要缩短演出的时间并重新构思情节，以便使这个主题更加明确、情节更加清晰。我相信，这将会极大地延长这部芭蕾舞剧的寿命。②

1. 在排练厅进行 3 次完整的排练；
2. 在舞台上进行 1 次完整的排练，可用钢琴伴奏；
3. 1 次带有完整舞台布景和灯光的排练；
4. 1 次带有管弦乐队伴奏的排练；
5. 1 次总体的彩排，乐队、演员、舞美和灯光要全部参加。

抱歉，但我不得不回到"电报"这个话题上来。2 月 2 日，我给您发送了 1 份电报，请您转交给斯坦尼斯拉夫斯基剧院的人事部。显然，这份电报未能送达，而您却直接将这份请愿书提交给了俄罗斯苏维埃联邦最高议会。

---

① 这里提到的是未能在小剧院的舞台上演的芭蕾舞剧《提尔·乌伦镜》（根据夏尔·德·科斯特的小说改编）。在古雪夫和扎古尔斯基的通信中，是否提到了这个剧本，我们目前并不清楚。
② 这部芭蕾舞剧没有被删减，但受到了批评："整个演出变得既冗长又臃肿。"（参见 H. 埃利亚什《六年后》苏联文化出版社 1956 年版，第 3 页）

我担心，那里的人可能无法理解我们在说些什么，因为……

关于斯坦尼斯拉夫斯基剧院的主要请愿，他们还没有收到。这并不是因为他们支持了你们和莫斯科大剧院，而是因为他们想要收集所有的材料，一起转交给相关部门，以加大这次请求的力度，使其更加具有说服力。如有可能的话，请下令将指定的副本寄送到斯坦尼斯拉夫斯基和涅米罗维奇-丹钦科剧院的人事部，寄给谢尔乔科夫先生。再次感谢您所做的一切。一旦我康复，我将前来，完成所有的事务。

忠诚于您的古雪夫
1957 年 2 月 18 日

正如我们所看到的，即使卧病在床，古雪夫的大脑里依然充满了关于为小剧院创作一部现代题材的新芭蕾舞剧的创意计划，而这正是该剧院所急需的。他想象这部舞剧的编剧依然是自己多年的老朋友，他们曾经共同创作过芭蕾舞剧《七美人》和新版的《海盗》。1 个半月后，古雪夫在列宁格勒与斯洛尼姆斯基进行了短暂的会面，并向小剧院的院长汇报了这个情况。[①]

第 33 封信（1957 年 4 月 9 日）：
亲爱的鲍里斯·伊万诺维奇：

我们都忘了星期二是休息日[②]，所以，我们预期的会面并没有举行。

正如我所预料的那样，与尤里·奥西波维奇·斯洛尼姆斯基的会面是富

---

① 存储单位编号：1776，第 5—6 页。
② 星期二是小剧院的传统休息日。

有成效的。我们有一个现代芭蕾舞剧的想法，让我个人感到非常激动。我不知道这是否与"博罗季诺"有关，但我非常希望让您了解这个计划。我认为，您需要同时听取尤里·奥西波维奇和我的意见。我可以在4月底到5月初过去。希望到那时，我们与尤里·奥西波维奇会有第2个项目，同样是现代题材的。

顺便说一下，关于尤里·奥西波维奇。他可以成为一个您去赫尔辛基[①]演出的出色向导，他熟悉这个国家、这个城市和这种语言。他也可以成为您的通讯员。总的来说，当剧院带着一位专业的芭蕾史学家一起访问时，将显得非常庄重。这对您而言，没有任何成本。您可以给作家协会写封信，说明您在这次旅行中需要斯洛尼姆斯基，作协将会为您支付他的全部费用。我认为，这将具有很深刻的意义。《炉边的蟋蟀》已经开始讨论。恳请您按照您所列出的工作程序，尽快地与作曲家进行谈判。

诚挚的问候

忠诚于您的古雪夫

因此，古雪夫一直忙于思考着为小剧院创作几部芭蕾舞剧的事宜。然而，在接下来的几个月里，剧院的计划发生了改变。扎古尔斯基是否向古雪夫解释了这些变化的原因？我们不得而知。仅在上述事件发生的半年后，古雪夫写信的语气失去了此前的热情与亲切，而是换成了一种半正式的、干瘪的口吻，并且表现出了一种自认为合理的不满情绪。[②]

---

① 这是关于1957年9月，小剧院芭蕾舞团计划中的芬兰巡演。
② 存储单位编号：1776，第10—10页背面。

第 34 封信（1957 年 10 月 17 日）：

尊敬的鲍里斯·伊万诺维奇：

　　Н.Д. 沃尔科夫告诉我，据说您打算重新着手排演《炉边蟋蟀》①这部芭蕾舞剧。我承认，这使我感到非常困惑。我们与您一起讨论了舞剧《提尔》，并为作曲家准备和提供了剧本，以及芭蕾舞剧的编创计划，这些工作花费了 6 个多月的时间。然而，随着时间的推移，沃尔科夫提出的关于创作《炉边蟋蟀》的建议引起了您的更大兴趣，您将我们的工作重心转移到了这部芭蕾舞剧上。

　　我们准备了这部舞剧的剧本，并开始了与作曲家制订编舞计划的工作。这又花费了我们 4 个月的时间。

　　但您在 1957 年春季与我们的对话时，却又放弃了创作《炉边蟋蟀》这个想法，并提议让我创作《费内拉》②，我对此很感兴趣。我利用整个夏天的时间研究了相关材料，并考虑将未来的表演打造成一场大型的歌剧芭蕾。

　　因此，我花费了整整 1 年的时间，为贵院准备了 3 部定制的芭蕾舞剧。当然，我们没有合同，没有费用。到目前为止，贵院尚未确认有关《费内拉》的提案，但也没有通知我取消。在这种情况下，我很难理解为什么又回到了《炉边蟋蟀》上。我去过两次列宁格勒。遗憾的是，您当时非常忙，我没有能够与您取得联系，也不清楚弗尔金娜·伊格纳季耶芙娜③知道些什么。

　　如果您能明确剧院在我们谈判过的剧目方面有何意图，并告知我结果，

---

① 这部是根据查尔斯·狄更斯的同名小说改编的芭蕾舞剧，未能上演。
②《费内拉》（又名《来自波尔蒂奇的哑女》）是德国作曲家 D. 奥伯的歌剧。根据作曲家的构想，将女主角设计成为一名芭蕾演员。该角色的第一位扮演者是玛丽·塔里奥妮。
③ 弗尔金娜·伊格纳季耶芙娜——小剧院的院长助理。

我将不胜感激。提前感谢您的回复！

期待您的回复

忠诚于您的古雪夫

是什么让扎古尔斯基如此对待一位受人尊敬的大师？他在选择剧目方面是否拥有完全的自由？他是否受到了某种来自外界并且无法抗拒的压力？这一切，我们都不得而知，就像我们不清楚他是否回复了古雪夫的这封来信一样。无论如何，古雪夫意识到，过于依赖小剧院的委约订单是不可取的，同时，他做出了改变自己未来几年生活的一项重大决定。他在一封新的信中，告诉了扎古尔斯基有关这一决定的事情。①

第35封信（1957年12月21日）：

亲爱的鲍里斯·伊万诺维奇：

我明天将要飞往中国，并在那里度过整整一年②的时间。是的，这确实令人感到沮丧。我一直在期待您的消息，无论是关于《费内拉》的，还是其他的什么消息。我一直通过各种方式，来拖延离开的时间。非常希望能够在中国完善有关中国的芭蕾舞剧的剧本。如果成功了，那么，您将不得不倾听我的建议。这是我做出如此绝望的决定的一个重要原因。

在中国，我将担任顾问。他们请求我帮助组织建设舞蹈学院、舞蹈研究

---

① 存储单位编号：1776，第12页。
② 实际上，古雪夫在中国工作了两年半的时间。（准确的时间是：1957年12月至1960年6月。参见北京舞蹈学院院志编委会编《北京舞蹈学院志：1954—1992》，第291页。译者注）

所、高级芭蕾编导和教育课程，以及欧洲风格的古典芭蕾剧院和舞蹈杂志。就是这样。如果这一切都是认真的，而不是毫无根据的，那么，无论是在内容上，还是在规模上，都是令人感兴趣的。这就是我动身的原因。祝愿您个人，以及您的剧院获得更多的好运、成功、荣誉、认可和丰硕的业绩。

永远忠诚于您的古雪夫

古雪夫的离开并没有中断他和小剧院院长之间的通信。正如下一封信所显示的那样，扎古尔斯基写信给当时已在中国的彼得·安德烈耶维奇·古雪夫。而古雪夫在离开苏联之前，显然已经有了关于中国芭蕾舞剧的构想：当时，苏联和中华人民共和国之间的关系正处于巅峰时期。扎古尔斯基很可能已经了解到古雪夫的计划，对其工作的进展很感兴趣，并再次提到了一直拖延的《费内拉》。正如以往一样，古雪夫尽管非常繁忙，却总是热切地回应着扎古尔斯基的提议。[1]

第36封信（1958年3月22日）：

亲爱的鲍里斯·伊万诺维奇：

感谢您的来信。这真是一大喜悦。我已经开始准备。中国芭蕾舞剧将会成为现实。甚至有两个选择：童话和现代题材。童话题材现在已经相当不错了，将来会更加美丽。至于现代题材，就像你所说的，不怎么令人愉悦，进展也不够迅速。但是，亲爱的院长，一切都由您说了算，我们将根据您的指

---

[1] 存储单位编号：1776，第14—15页。

示而行事。

感谢你寄来的《费内拉》。我对它没有失去兴趣。我也没有任何怨恨。我的性格会随着年龄的增长而变得柔和，尽管智慧似乎没有随之而来。很高兴听到《海盗》的好消息。我听够了抱怨和批评。总的来说，愿上帝赐予您健康、欢乐和成功。

在收到你的来信后，我的生活变得更加轻松和愉快。大约1个半月后，我会给你邮寄剧本，作曲家也会随时做好准备。

拥抱您。

永远属于您的古雪夫

信中对被低估的《海盗》所表达的悲伤之情，是可以理解的。令人惊讶的是，这部备受演员和观众喜爱的芭蕾舞剧确实受到了媒体的攻击：首演后不久，Г.克列姆舍夫斯卡娅对这部作品进行了抨击，宣称这出舞剧迫使人们应当对待那些创作者所遵循的艺术原则保持关注与警惕。这位评论家谴责说："亚当的音乐轻浮且缺乏深度。"不仅宣称："芭蕾编导家古雪夫的舞蹈语言缺乏形象的深度。"而且总结说："这部舞剧促使演员们暂时忘记自己的艺术成就，而仅展示他们的技术技巧。"[①] 同时，Н.埃利亚什则指责芭蕾编导家古雪夫"随意修改老的舞剧剧本，并使其未能成功地与新作品相结合"。由于这部舞剧缺乏明确的导演构思，不仅是编导家古雪夫，而且舞美设计家维尔萨拉泽也受到了这样的批评："在这场演出中，剧院仿佛改变了其创作

---

① 参见Г.克列姆舍夫斯卡娅《迈向一边》,《变革》1955年7月5日。

意图的严肃性,失去了作品的本质和灵魂,沉溺于外在的壮观和技术的繁杂之中。"[1] 此外,芭蕾史学家维拉·克拉索夫斯卡娅[2]也对这个版本《海盗》的演出提出了批评意见。

古雪夫遵守了在信件中对扎古尔斯基的承诺,于7月中旬寄来了一个关于中国芭蕾的童话故事剧本,并随后寄来了另外一封信。[3]

第37封信(1958年6月14日):

亲爱的鲍里斯·伊万诺维奇:

我给您寄去了关于中国芭蕾舞剧的简短剧本[4]。我非常喜欢这个剧本。这台演出可以做得漂亮、引人入胜,而且非常具有民族特色。一旦得到您的批准、意见和建议,我将立即启动制作音乐的事宜。

关于中国现代题材的第2部芭蕾舞剧,如我预期的那样陷入了困境,但不是没有希望。如果在7月10日之前没有准备好的话,我会在秋天来临之前邮寄给您。我明白您只需要一部中国芭蕾,而不是两部。但是我一定会寄给你的。我自己也想从现代题材中受益,但对其是否完美的确定程度,不如信件所附上的这个童话故事。我们会尽力而为,请您继续给予我们指导。6月28日将上演《天鹅湖》。大家都在等待。有可能引起轰动。这是一次爱国主义的高潮。我当然很紧张!毕竟,完全使用那些还有1年才毕业的学生们来完整地演出《天鹅湖》,是一个相当大的冒险。这里的人们都很有才华和工作能力,但古典芭蕾对于他们而言,仍然是一次新的挑战。请您替我

---

① 参见 H.埃利亚什《六年后》,《苏联文化》1956年7月24日。
② 参见维拉·克拉索夫斯卡娅《列宁格勒的芭蕾舞演出季》,《星星杂志》1955年第9期。
③ 存储单位编号:1776,第17—17页背面。
④ 请查阅发表于1958年6月14日的芭蕾舞剧《人参》的舞剧剧本,及其附带的解释信函。

加油。对了,据说小剧院也排演了《天鹅湖》,这是真的吗。这确实令人感兴趣。

亲爱的鲍里斯·伊万诺维奇!如果您能把《海盗》的钢琴谱邮寄给我,我将不胜感激。或者,您把它们重新拍摄成微缩胶片也可以。很久之前,我曾通过彼得·谢萨列维奇①向列宁格勒音乐档案馆提出了这个请求,但他委托给了别人,那个人在 3 个月后寄来了乐谱(微缩胶片),但忘记了钢琴谱。这里没有能够根据乐谱编写钢琴谱的音乐家。尤里·利特维年科曾根据我的请求,在其中一份乐谱上写了所有必要的说明。我希望能够在两个月内收到它。在您即将要去度假时,我需要这份钢琴谱。真的是非常感谢。我谨代表我本人和我的中国同事们恳请您帮助我们。我们无法向您订购重写本,因为我们没有足够的资金。祝您身体健康,一切顺利!

期待您的回复!

您永远的古雪夫

附言:在这里无法重新打印俄文剧本。请不要生气。

在扎古尔斯基的档案中,保存着他写给古雪夫信件的副本,信件里回应了古雪夫寄给他的中国童话芭蕾舞剧《人参》的剧本。为此,他写道:

---

① 拉德奇克·彼得·谢萨列维奇——音乐档案馆的工作人员。

第 38 封信（未注明日期）：

亲爱的彼得·安德烈耶维奇：

非常高兴收到您的来信。我很喜欢这个剧本，这可能是一台有趣的演出。请挑选一位作曲家，并告知他，剧院需要采取什么措施，他才能完成这个剧目音乐的创作。据我所知，这些问题需要同文化部协商，因为这涉及财务问题。请告诉我，现在是否需要给您寄送合同。……我们再回到您寄给我的剧本上来。它的文字表达十分出色，您在这方面非常具有天赋。①

显然，古雪夫还寄来了一部现代题材的芭蕾舞剧剧本（无法确定其标题），尽管扎古尔斯基强调自己已经"习惯于毫不保留地相信芭蕾编导的品位"，但他对这个剧本却并不满意。扎古尔斯基认为，这个剧本中有"早已变得老套的情节"和"无法进行'浪漫化'处理的枯燥的戏剧表达"。不过，他猜测，当芭蕾编导用舞蹈的方式表演（呈现）给团队和艺术委员会看时，一切可能会看起来有所不同。②

最初计划在中国工作1年的时间被延长了。古雪夫离开莫斯科，已经过去了一年半的时间，但从来没有提及他回国的时间。相反，他仍然忙于工作。一部新的舞剧创作即将在中国开始。因此，他给扎古尔斯基寄来了一封新的信。③

---

① 档案号：1117，储存单位编号：1608，第2页。
② 档案号：1117，储存单位编号：1608，第1页。
③ 储存单位编号：1776，第18—18页背面。

第 39 封信（1958 年 7 月 19 日）：

中国，北京，第 63 号邮政信箱

亲爱的鲍里斯·伊万诺维奇：

北京舞蹈学校和我个人恳请您，能够帮助我们获得芭蕾舞剧《海盗》的钢琴谱，我们已经有了康布利特[①]抄写的乐谱，但是这里没有音乐家能够根据乐谱编写成钢琴谱。

北京舞蹈学校的芭蕾教员 B.B. 鲁米扬采娃[②]是被基洛夫剧院派遣到中华人民共和国来的，她将于 8 月 1 日至 9 月 1 日回列宁格勒度假。恳请您将尤里·利特维年科准备好的钢琴谱，连同所有的导演记录转交给她。我们将在北京翻译并重新制作钢琴谱，预计 7 天内完成，完成后将立即通过空运的方式寄回列宁格勒。莫斯科大剧院的芭蕾舞剧《雏鹤》[③]，以及斯坦尼斯拉夫斯基和涅米罗维奇－丹钦科剧院的芭蕾舞剧《罗拉》[④]都是这样做的。中国的同志们履行了他们的承诺，每天都是按照计划，争分夺秒地工作。

关于芭蕾舞剧《海盗》，我们计划于 1958 年 9 月 1 日开始工作。当然，

[①] 叶甫根尼·米哈伊洛维奇·康布利特（1908—1969），1944—1969 年担任列宁格勒歌剧和芭蕾舞小剧院指挥。
[②] 瓦伦蒂娜·瓦西里耶芙娜·鲁米扬采娃（1923—2004 年），1941—1962 年，担任基洛夫歌剧和芭蕾剧院的芭蕾演员，后来成为彼得·古雪夫的妻子。（鲁米扬采娃 1957 年 12 月至 1960 年 6 月，曾与古雪夫一道来华，在北京舞蹈学校教授芭蕾基训。参见北京舞蹈学院院志编委会编《北京舞蹈学院志：1954—1992》，第 291 页。译者注）
[③] 《雏鹤》是一部三幕五场芭蕾童话剧。作曲家：D. 克列巴诺夫，舞台指导：M. 平切夫斯基，编导：L. 拉杜涅斯基、H. 波普科、Л. 波斯佩欣，从 1948 年开始，作为保留剧目在莫斯科大剧院上演。
[④] 《罗拉》是一部三幕芭蕾舞剧。作曲家：C. 瓦西连科，编导：B. 布尔梅斯特。该作品于 1943 年首次在斯坦尼斯拉夫斯基和涅米罗维奇-丹钦科剧院上演。

前提是要有钢琴谱。我们都非常依赖于您的帮助。[1] 当然，如果您能够在收到信件后立刻寄出钢琴谱，而不必等待鲁米扬采娃，那将会更好。

感谢您的来信和提议。我很高兴能够创作《费内拉》和这部中国芭蕾舞剧。[2] 您不需要与北京的作曲家签订合同，因为这部舞剧将首先在这里演出，然后他们会把乐谱作为友好的礼物送给您的剧院。作为回报，他们期待着您提供的《海盗》钢琴谱，以及所有和这部舞剧相关、您可能提供的照片，特别是服装和布景。我亲自恳请您帮助我，并尽快通过鲁米扬采娃或空运的方式，给我们提供一切和这部舞剧相关的可能的资料。

祝您成功和健康！

忠诚于您的古雪夫

古雪夫此后制定了他的近期计划，并将其与他回国联系在了一起。小剧院和扎古尔斯基再次成为他关注的焦点。尤其是因为在上述信件中，扎古尔斯基曾问道："我们何时开始排演《费内拉》?"同时，他也考虑了那部中国芭蕾舞剧："我们希望在1959年上演这两部舞剧，您是否能够在新年前回国？请您尽力而为，因为《费内拉》的乐谱已经准备好了，可以立即进入排演阶段了。如果您那边耽搁了，我们会等您的——《费内拉》坚定地站在你

---

[1] 在扎古尔斯基的档案中保存了一封官方信函，是写给他的信件，署名为"中国文化部北京舞蹈学校"。信函原件用中文完成（储存单位编号：1776，第20页），同时附有翻译（同在一处），其中使用了"党的关心和苏联专家的帮助"等相关短语，并表达了同样的请求。
[2] 古雪夫没能在小剧院上演这两部作品。这部中国芭蕾舞剧没有实现在苏联上演的愿望，而奥伯的歌剧则是由 B. 芬斯特于1960年在小剧院上演的。

的身后。"从这封信件 3 个月后①，古雪夫写给这位院长的一封信中，我们可以看出，他是多么渴望回到祖国，多么渴望在小剧院工作。

第 40 封信（1958 年 12 月 3 日）：
亲爱的鲍里斯·伊万诺维奇：

不久之后，我将终于可以知道何时能够回到您的庇护之下。无论如何，在 1 月和 2 月的一个半月里，我将回到苏联，为庆祝巴库剧院成立 10 周年而准备排演芭蕾舞剧《七美人》②；因为我希望，这是我在国外的最后一次逗留，所以，我急于计划自己回国后要做的事情。在这些计划中，包括一部名为《白桦树林》的芭蕾舞剧。舞剧的剧本由鲍里斯·弗拉基米罗维奇·普列特涅夫撰写，音乐由尼古拉·佩科创作。③ 可能我的合作者们在我回国之前就会去找您汇报。我恳请您，务必要倾听他们的意见。这个创意值得关注。这是一部关于俄罗斯 1941—1945 年战争的、现代题材的芭蕾舞剧作品。但它会用一种非常独特的方式来呈现。尽管我并不喜欢战争题材，但是我非常希望能够创作这部舞剧，因为我相信它。舞剧中的战争几乎没有实质上的战斗场景，而是充满了迷人的芭蕾元素。这可能是因为编剧曾经是一位芭蕾演员。

拥抱您，祝您健康！

---

① 储存单位编号：1776，第 23 页。
② 这是由阿胡恩多夫剧院（巴库）上演的芭蕾舞剧《七美人》的第二个版本，该版本于 1959 年创作完成，并于同年在莫斯科举办的"阿塞拜疆文学和艺术 10 周年展演"中演出。
③ 鲍里斯·弗拉基米罗维奇·普列特涅夫（1902—1979）——舞者、编剧、编导、评论家。关于他的生平，可以参考《卡西扬·格列伊佐夫斯基的生活与创作》，莫斯科，1984 年。尼古拉·伊万诺维奇·佩科（1916—？）作曲家。很可能，这里谈到的是由普列特涅夫编剧、佩科作曲的芭蕾舞剧《白桦树林》（1964）。

期待很快相见。

您的古雪夫

1959 年的新年来临之际，扎古尔斯基收到了一张来自中国的贺年卡[①]

第 41 封信（不晚于 1959 年 1 月 1 日[②]）：

亲爱的鲍里斯·伊万诺维奇：

真诚地祝您新年快乐。愿上帝保佑您健康，赐给您优秀的作家和谦逊的演员。

拥抱您！

您永远的彼得·古雪夫

然而，古雪夫的计划被打乱了。他不得不延迟离开中国。

此后，彼得·安德烈耶维奇与院长的书信往来中断了很长的一段时间，他在接下来的信件中解释了这个中断的原因。[③]

第 42 封信（1959 年 7 月 30 日）：

亲爱的鲍里斯·伊万诺维奇：

我一直没有给您写信，因为我不知道我是否会在这里再待上 1 年的时

[①] 储存单位编号：1776，第 25 页。
[②] 根据列宁格勒邮政部门在信封上的邮戳日期。储存单位编号：1776，第 26 页。
[③] 储存单位编号：1776，第 27—28 页。

间，或许我会在 1960 年 1 月回到苏联①。现在，我仍然有可能继续留在这里工作 1 年。但应该是有很多挽救的机会。机会如此之多，以至于我觉得有权给您写信，探讨咱们之间 1960—1961 年的合作前景。

根据普列特涅夫的剧本创作的芭蕾舞剧被取消了。但还有一部完美的芭蕾舞剧，剧本由尤里·奥西波维奇·斯洛尼姆斯基创作，并在全联盟的比赛上获奖②，这就是芭蕾舞剧《春雷》。③ 我很早以前就有了这个想法。由于剧本获奖，很多人已经对它产生了浓厚的兴趣。剧作家斯洛尼姆斯基更愿意将剧本交给我，供您的剧院使用，而不是交给其他任何人。获得这个剧本非常容易。斯洛尼姆斯基离您很近，瓦尔塔尼安④和他的助手也不远。如果您喜欢的话，请向部委提出申请。当然，前提是如果科尔金⑤还没有提前行动的话。在《希望之岸》⑥取得成功后，我收到了来自基洛夫的朋友们的来信，他们提到了这个想法。因此，我感到非常担忧。我给斯洛尼姆斯基写了一封信，请求他推迟到 1 月，再将剧本交给作曲家和剧院。我认为只要时间来得

---

① 古雪夫直到 1960 年 6 月 25 日，才结束了在中国的工作。
② 1958 年，在一个致力于现代题材的全联盟音乐剧剧本的竞赛中，芭蕾舞剧《春雷》的剧本获得了第二名的奖项。
③ 在长期编写芭蕾舞剧剧本的过程中，斯洛尼姆斯基多次改变了它们的标题，其中之一是《春雷》。最后一个版本则是《春日风暴》。关于这个主题的详细信息，参见斯洛尼姆斯基《七个芭蕾故事：编剧的叙述》，列宁格勒艺术出版社 1967 年版，第 107—116 页。
④ 扎文·格耶万诺维奇·瓦尔塔尼安（1907—1977）——音乐学家。当时是苏联文化部音乐管理部门的主管。
⑤ 格奥尔基·米哈伊洛维奇·科尔金（1904—？）——1959—1961 年担任基洛夫歌剧和芭蕾剧院的院长。
⑥《希望之岸》是一部三幕芭蕾舞剧，作曲：A.彼得洛夫，编剧：尤·斯洛尼姆斯基，编导：伊·贝尔斯基，1959 年 4 月首演于基洛夫歌剧和芭蕾舞剧院。

及,格奥尔基·米哈伊洛维奇·科尔金院长应该是会同意的。① 中国的芭蕾舞剧差不多已准备好了。② 音乐还算不错。舞美的工作很有趣。舞蹈部分也有一些可取之处。我还不知道它的配乐情况。首次与管弦乐队的联排将在8月15日进行。如果一切顺利的话,我们将于10月1日进行公演,即在中华人民共和国成立10周年的庆典上。届时我会把剧本、钢琴谱和草图都邮寄给您。

我认为这是一个非常有前途的项目,唯一需要的是一位擅长中国舞蹈的教师。中国很乐意为我们派遣最优秀的专家。关于《费内拉》,坦白地说,因为我一直忙于中国芭蕾舞剧的事情,并没有考虑太多。但我本人对这部舞剧并没有失去兴趣。如果您能给我回复,我将不胜感激。

我的地址和以前一样,祝您健康和成功。

您永远的彼得·古雪夫

最终,在又一次的信件中,扎古尔斯基传来了古雪夫期待已久的消息:他提议古雪夫担任小剧院的首席芭蕾编导一职。古雪夫在回信中表达了感激之情。然而,他冷静地评估了自己的困境,并坦率地告诉院长,在确认他担任这一职务的过程中,将会面临哪些困难。③

---

① 斯洛尼姆斯基回忆说:"得知剧本获奖,古雪夫从遥远的中国传来消息,表示他对这个计划的兴趣始终如一,不管它的未来如何。……两家剧院对这个剧本表现出极大的兴趣——基洛夫剧院和小剧院,但一个不喜欢首席芭蕾舞者,另一个对卡巴列夫斯基的音乐不满意,或者说很难相信。在1961年的一个舞蹈策划会议上,有人指责我这个编剧犯有形式主义的错误。(引自斯洛尼姆斯基《七个芭蕾故事:编剧的叙述》,列宁格勒艺术出版社1967年版,第111—112页。)
② 这里指的是芭蕾舞剧《鱼美人》(最初的名字为《人参》),由中国作曲家吴祖强和杜鸣心联合创作。
③ 储存单位编号:1776,第30—31页。

第 43 封信（未注明日期）：

亲爱的鲍里斯·伊万诺维奇：

  非常感谢您的热情信函和大胆提议。我不能虚伪地说话，只能直截了当地说——我想去列宁格勒，我想去小剧院，我想去找您。但是您必须知道，您邀请的是一位在现任部长①和他的亲信那里声名狼藉的人。半年前，我已经被提议担任重要职务，但却遭到了这个部门的反对。而且他们将会再次贬低和毁谤我，现在，在您的眼中，我就像是一个假装生病和不完整的人，是一个道德败坏的纨绔子弟、阴谋家，总之，不要期待有什么好事。

  两周前，在我国大使馆的强大压力下，我在原则上同意继续留在中国再工作两年的时间。这并非无法挽回的局面，但需要一些外交手段来摆脱这个困境。这里的工作充满了趣味性和责任感。我们置身于超越个人利益、远离幕后生活的境地。空气非常清新，工作规模也将会是巨大的。他们非常珍惜我们。但是到了我这个年龄的人，想要的是在一个固定且温暖的地方从事工作。这就是为什么我会在写下自己对贵剧院芭蕾舞团任务的真实看法之后去拜访您的原因，而且我要确信您的意向没有发生动摇。恳请您理解我——给我 10 天的时间进行考虑和权衡，并写信给您。

  在您的同意下，Н. Д. 沃尔科夫向我推荐了一部以格林卡音乐为基础的芭蕾舞剧。我回信告诉他，这不是我该干的事情。这项工作需要一位经验丰富、风格独特、毫不畏惧的年轻人。沃尔科夫和谢巴林打算创作一部以格林卡音乐为基础的芭蕾舞剧，这本身就非常有趣。②

---

① 这里指的是尼古拉·亚历山德罗维奇·米哈伊洛夫（1906—1982），他于 1955—1960 年年中，担任苏联文化部部长。
② 维萨里安·雅科夫列维奇·谢巴林（1902—1963），作曲家，他创作的保留作品中包括芭蕾舞剧《忆往昔》（基于格林卡主题）的乐谱。

感谢您所做的一切。感谢您能够一直记得我，感谢您对我的良苦用心，感谢您热情洋溢的来信。我并不是一个习惯于被人善待的人，所以特别珍惜您为我所做的一切。

由衷地拥抱您，祝您节日快乐，愿您健康幸福、事业成功。

您永远的古雪夫

实际上，在那个时候，沃尔科夫和谢巴林正在筹划一部以格林卡音乐为基础，根据巴拉丁斯基的诗歌《俘虏》创作的三幕芭蕾舞剧，并计划在小剧院上演。关于这件事情，沃尔科夫和扎古尔斯基之间进行了热烈的通信。事情已经发展到了起草协议的程度，并于1959年1月初签署了合同。编剧和作曲家也将合同发送给了扎古尔斯基。[①] 是时候要考虑一下舞台导演的问题了。沃尔科夫在1959年8月底写给扎古尔斯基的信中说道："如果想让格林卡的芭蕾舞剧按计划上演的话，当然，谁来担任芭蕾编导将是我们面临的一个问题，这是一个非常棘手的问题。因为对于格林卡和巴拉丁斯基而言，芭蕾编导需要具有非常高的艺术品位和文化修养。"[②] 有关这部芭蕾舞剧由谁来担任芭蕾编导的想法，的确是创作者们必须认真考虑的问题：沃尔科夫在给扎古尔斯基的信件中不断提到这一点，并解释说"关于芭蕾舞剧芭蕾编导的

[①] 1959年1月4日，沃尔科夫写给扎古尔斯基的信件。这是一个关于1959年1月4日，沃尔科夫写给巴·扎古尔斯基的信件的引用，参见俄罗斯国家图书馆的原始文献和手稿部门，档案号：1117，存档单元编号：1749，第1页。

[②] 1959年8月26日，沃尔科夫写给扎古尔斯基的信件。参见俄罗斯国家图书馆的原始文献和手稿部门，档案号：1117，存档单元编号：1749，第14页背面。

问题是最困难的"①。因此,扎古尔斯基能够向古雪夫提议将"格林卡的芭蕾音乐"搬上舞台,表明了对古雪夫的才华、文化修养及品位的信任。

10 天过去后,古雪夫写了一封长信给扎古尔斯基,而这则是一份纲领性的信件②。

第 44 封信(1959 年 6 月 20 日):

亲爱的鲍里斯·伊万诺维奇:

今天,我终于交出了一部全新的芭蕾舞剧,可以安静地坐下来给您写信了。我怀着深深的感激之情,感谢您的信任和勇气,感谢您以热情而简洁的方式为我提出的建议。

剧院——就是剧目和演员,以及创意与创作者。

1. 小剧院的芭蕾舞剧数量有限,而且并不能完全吸引观众。没有任何堪称典范的作品,可以被认为是小剧院芭蕾舞剧的代表作。在通常的情况下,舞剧的场景设置较为粗糙,演出的质量有时甚至很差。其中的一些剧目因为仓促而并未完成,需要进行重大的修改和调整(如《海盗》《七美人》《蓝色多瑙河》③)。另外一些舞剧则存在音乐较差的问题[如《奇妙的面纱》④、《伽

---

① 1959 年 9 月 11 日,沃尔科夫写给扎古尔斯基的信件。参见俄罗斯国家图书馆的原始文献和手稿部门,档案号:1117,存档单元编号:1749,第 19 页背面。
② 储存单位编号:1776,第 32—36 页背面。
③ 这是关于 1956 年 12 月 13 日首演的三幕芭蕾舞剧《蓝色的多瑙河》,音乐 И.施特劳斯(经 Е.科恩布利特改编和增补),编剧:Н.沃尔科夫,编导:Б.芬斯特,舞美设计:Т.布鲁尼。
④ 这是 1947 年 4 月 30 日在小剧院首演的三幕九场芭蕾舞剧《奇妙的面纱》,作曲:С.扎拉涅克,编曲:П.费尔特,编剧:М.沃洛布林斯基和 М.瓦列廷诺夫,编导:Н.阿尼西莫娃。

弗洛什》(《巴黎的小流浪儿》)①等]，或者没有尝试过进行任何创造性的探索与改革（如《奇妙的面纱》、《伽弗洛什》、《亡灵公主》②、《农妇》③）。与此同时，错过了《罗拉》、《米兰多利娜》④、《雷电之路》⑤、《奥尔良少女》⑥、《神驼马》⑦、《雏鹳》⑧、《宝石花》⑨。上演《天鹅湖》的正确决定却变成了错误。⑩有一点让人难以理解，为什么要把已经很有活力的音乐再次转回19世纪的舞台演绎。尤其是在这种演绎中，许多东西已经无法被接受，随着社会品位的

---

① 《巴黎的小流浪儿》是一部三幕芭蕾舞剧。作曲：Б.比托夫和E.科尔布利特，编剧：Л.布劳谢维奇和В.瓦尔科维茨基（根据雨果的作品改编而成），编导：В.瓦尔科维茨基，舞美：Т.布鲁尼，1958年2月28日首演。

② 准确的标题是《死亡公主与七个勇士的童话》。作曲：В.德舍沃夫（根据А.莱雅多夫的音乐主题改编），编剧Г.亚格费尔德（根据普普特金亚的童话编写），编导：А.安德烈耶夫和Б.芬斯特，舞美设计由Н.帕利洛夫指导艺术家帕列赫完成，1949年6月16日首演于小剧院。

③ 《农妇》是一部三幕芭蕾舞剧。作曲家：Б.阿萨菲耶夫，编剧：Н.沃尔科夫（根据普希金的作品），编导：Б.芬斯特，舞美：Т.布鲁尼，1951年12月2日首演。

④ 《米兰多利娜》是一部三幕六场的芭蕾舞剧，根据卡洛·哥尔多尼的喜剧《女店主》改编而成。作曲：谢尔盖·瓦西连科，编剧：П.阿博利莫夫和В.瓦尔科维茨基。这部芭蕾舞剧在摩尔多瓦音乐戏剧剧院和大剧院的分部上演。可能，古雪夫在此指的是在列宁格勒马克西姆·高尔基文化宫舞蹈工作室1957年举行的演出。

⑤ 准确名称是《雷霆之路》，这是一部三幕芭蕾舞剧，作曲：К.卡拉耶夫，编剧：Ю.斯洛尼姆斯基，编导：К.谢尔盖耶夫，舞美：В.多勒尔。该作品于1958年1月4日在基洛夫歌剧和芭蕾舞剧院首演。

⑥ 古雪夫可能指的是芭蕾舞剧《圣女贞德》，作曲：Н.佩科，编剧：Б.普莱特涅夫，编导：В.布尔梅斯特，1957年于斯坦尼斯拉夫斯基和涅米罗维奇-丹钦科剧院上演。《奥尔良少女》是这部佩科芭蕾舞剧第一个版本的名称。

⑦ 很可能，古雪夫指的是罗德瑞恩·舍德林的芭蕾舞剧《神驼马》，该剧于1960年在大剧院上演，并且在古雪夫写信时已经取得了成功。1963年，该作品由И.贝尔斯基在小剧院上演。

⑧ 《雏鹳》是一部由А.瓦尔拉莫夫作曲的三幕芭蕾舞剧，由尤里·格里戈洛维奇于1948年在列宁格勒的高尔基文化宫舞蹈工作室排演。

⑨ 古雪夫指的是《宝石花》，这是一部根据彼得·巴日诺夫的乌拉尔传说改编的四幕十一场芭蕾舞剧，带有序幕和尾声，1957年4月在基洛夫剧院上演。作曲：С.普罗科菲耶夫，编剧：М.门德尔松、普罗科菲耶娃和Л.拉夫罗夫斯基，编导：尤里·格里戈洛维奇。

⑩ 古雪夫认为小剧院的一个错误，是指演出了1895年版本的彼得·柴科夫斯基的舞剧《天鹅湖》。这个版本的编舞由М.佩蒂帕和Л.伊万诺夫完成，复排的艺术指导为Ф.洛普霍夫，舞蹈指导К.博亚尔斯基，1958年7月重新上演。

变化，它们已经自然而然地消亡了。

2. 演员。在过去的几年里，小剧院芭蕾舞团的人员构成有了显著的改善。然而，总体来看，团队仍然不够专业，并不是每个角色都有出色的表演者。但是，与其他艺术形式相比，芭蕾更依赖于表演者。正是由于这种特殊的性质，有创意能力的芭蕾编导们往往会寻求进入莫斯科大剧院、基洛夫剧院、里加或基辅的剧院。因为那里的人们可以自由地编排舞蹈，没有强制性的束缚。为了吸引芭蕾编导们来剧院工作，我们需要采取一切可能的措施来提高团队的水平。但来自舞蹈学校的年轻人和优秀的舞者更倾向于进入那些拥有他们熟悉剧目的剧院，并且希望能够在那里演出他们在学校时便梦寐以求的角色。因此，为了吸引他们，必须拥有他们感兴趣的剧目。剧目有趣自然就会有演员前来。有了演员就会有高水平的芭蕾编导，然后就会有新的剧目。

3. 发展方向。我不了解小剧院的发展方向，只能通过一些过去的情况加以猜测。因此，我在这里只是陈述了自己对于贵院未来芭蕾舞团发展的想法。

我认为首要任务是回归经典。这将确保新的演员加入并提高他们的专业素养。没有必要将经典舞蹈搞得一团糟；否则，那就不再是经典了。但如果不考虑现代人的审美需求，一味地去复排经典的芭蕾舞剧，也是毫无意义的。我们应该像过去那些伟大的芭蕾编导家一样。他们不仅小心地保护着所有"永恒"的和有价值的东西，同时又能够以非常谨慎的态度，使他们前辈的作品适应当代的审美需求，从而使那些古老的芭蕾舞剧被当代的观众所全盘接受。他们用这样的方式为我们保存了《吉赛尔》《无益的谨慎》《艾丝美拉达》《堂·吉诃德》等芭蕾舞剧。小剧院应该考虑20世纪的《天鹅湖》

而不是19世纪的，还有德里勃①、柴科夫斯基②、格拉祖诺夫③的《艾丝美拉达》④、《吉赛尔》⑤、《无益的谨慎》⑥，普罗科菲耶夫的《灰姑娘》⑦，以及福金⑧等芭蕾编导的芭蕾舞剧。

新时代的芭蕾舞剧应该分为两大类：

（1）传统意义上的芭蕾舞剧。

（2）关于当代生活题材的芭蕾舞剧。

第一种较为简单，因为有可以参照的范本。第二种比较复杂，因为只有基于失败的负面结论。但是我们必须付诸实践。

---

① 莱奥·德里勃（1836—1891）——法国作曲家。他的《葛蓓莉娅》曾在小剧院多次上演：1934年由费多尔·洛普霍夫编导，1949年由娜塔莉娅·阿尼西莫娃编导，1973年由奥列格·维诺格拉多夫编导。
② 目前还不清楚，古雪夫提到的是哪些柴科夫斯基的芭蕾舞剧。后来，他的芭蕾舞剧《胡桃夹子》在小剧院分别由伊戈尔·别尔斯基（1969）和尼古拉·博亚尔奇科夫（1996）改编后演出。
③ 根据情况，古雪夫可能指的是亚历山大·格拉祖诺夫的一幕芭蕾舞剧：《四季》或《贵族少女》或《达米斯的考验》，它们首演于艾尔来塔什剧院，后期还在马林斯基剧院上演（1900）。
④ 《艾丝美拉达》是根据维克多·雨果的小说《巴黎圣母院》改编的两幕五场芭蕾舞剧。在小剧院的舞台上，曾根据Ж.佩罗和М.佩蒂帕的版本，由芭蕾编导N.博亚尔奇科夫编导。古雪夫与塔吉雅娜·维切斯洛娃担任该剧的艺术顾问。
⑤ 《吉赛尔》(《维丽斯》)是一部两幕芭蕾舞剧，作曲：阿道夫·亚当，编剧泰奥菲勒·戈蒂埃、让-亨利·圣乔治和让·科拉利，舞蹈：编导让·佩罗、让·科拉利（1884年后由彼得·帕皮尔改编）。在小剧院的舞台上，曾由芭蕾编导尼古拉·多尔古申排于1973年。
⑥ 《无益的谨慎》是一部三幕芭蕾舞剧，曾在小剧院的舞台上多次上演：1937年由莱奥尼德·拉夫罗夫斯基编导，1944年由弗યોД·洛普霍夫编排，1971年由奥列格·维诺格拉多夫编导。
⑦ 《灰姑娘》是一部三幕的芭蕾舞剧。作曲：谢尔盖·普罗科菲耶夫，编剧：尼古拉·沃尔科夫，编导：罗斯兰·扎哈罗夫。1945年在莫斯科大剧院首演，1946年在基洛夫剧院（由康斯坦丁·谢尔盖耶夫编导）上演。
⑧ 目前不太清楚，古雪夫指的是米哈伊尔·福金的哪些芭蕾作品。

4.创作者。这里指的不是亚博利莫夫①、卡宁②、比托夫③、科恩布利特、安德烈耶夫④,以及博亚尔斯基⑤。我确信,如果可以吸引斯洛尼姆斯基、沃尔科夫、卡拉耶夫⑥、卡巴里耶夫斯基⑦、叶尔莫拉耶夫⑧、别尔斯基⑨等人,以及主要是那些渴望工作、追求新颖、能够进行探索和试验而不是奴隶般盲目模仿老师的年轻人,小剧院可能会成为当代主题芭蕾舞剧的创作实验中心。这些年轻人,就像芭蕾舞团的领导那样,需要一个由经验丰富的芭蕾编导、导演、音乐家和艺术家组成的高水平的工作环境。小剧院如果愿意寻求大师们的帮助,使他们积极地参与到剧院的发展中来,就会毫不费力地达到这一目标。

如果剧院有这样的工作环境,芭蕾编导们将会蜂拥而至,舞蹈演员们也会纷纷请缨,编剧和作曲家们定会乐意奉献他们的作品。但剧作家需要一位

---

① 亚博利莫夫·彼得·费奥多罗维奇(1905—1977)——戏剧评论家和编剧。他是芭蕾舞剧《艾博利特医生》的剧本作者,这部剧共分四幕八场,根据库兹马·契可夫斯基的童话故事改编。作曲是伊戈尔·莫罗佐夫,编导是鲍里斯·芬斯特,该剧1948年11月8日在小剧院首演。
② 关于谁的讨论,尚不清楚。这是一个名叫亚历山大·伊格纳季耶维奇·卡宁(1877—1953)的演员和导演,但关于他与芭蕾剧院的联系一无所知。
③ 鲍里斯·莱昂尼德维奇·比托夫(1904—1979)——作曲家,根据C.马尔沙克的童话创作了芭蕾舞剧《12个月》(1954);与B.科恩布利特合作,根据维克多·雨果的小说《悲惨世界》中的情节创作了《加沃什》(1958)。
④ 安德烈耶夫·亚历克谢·莱昂尼多维奇(1920—2004)——舞蹈表演家、教育家和编舞家,1949年由小剧院上演了他执导的芭蕾舞剧《死亡公主与7位勇士的童话》(1949)。
⑤ 康斯坦丁·费德洛维奇·博亚尔斯基(1915—1974)——舞蹈演员、编舞家,曾经担任小剧院的芭蕾编导(1956—1967)。
⑥ 卡拉·阿布尔法兹奥格利·卡拉耶夫(1918—1982)——作曲家,创作了广受欢迎的芭蕾舞剧《七美人》(1952)、《雷电之路》(1958)。参见P.法尔哈多娃《卡拉·卡拉耶夫的芭蕾舞剧》巴库,1970年版。
⑦ 卡巴里耶夫斯基·迪米特里·勃里索维奇(1904—1987)——作曲家,这是一位集歌剧、交响乐、钢琴协奏曲,以及其他多种音乐类型的作曲家。他参与了未完成创作的芭蕾舞剧《春雷》。(参见斯洛尼姆斯基《七个芭蕾故事:编剧的叙述》,列宁格勒艺术出版社1967年版,第210页)
⑧ 阿列克西·尼古拉耶维奇·叶尔莫拉耶夫(1910—1975)——舞蹈演员、编导、教员。
⑨ 伊戈尔·德米特里耶维奇·别尔斯基(1825—1999)——舞蹈演员、编导、教员。

经验丰富的领导或类似斯洛尼姆斯基一样的顾问。作曲家需要一位出色的指挥家。芭蕾编导需要一位他们信任的芭蕾总监的帮助。表演者需要有保证他们成长的经验丰富的教师和艺术指导。整部芭蕾舞剧需要富有创意的舞美设计师。在这方面，我必须说，我对剧院将布鲁尼①确定为芭蕾舞剧的常任舞美设计师这一做法感到困惑，尽管她经历了许多失败。

我无法想象一个没有主动权、没有独立委约创作新作品的剧院。我认为，创作者的资质越高，给予他们的任务就应当越艰巨。我确信，只要有愿望和主动性，现代题材的芭蕾舞剧就会在小剧院的舞台上不断问世。因为这些创作者在内心里是想要搞创作的，但又不敢单独面对。如果能够为他们创造适当的环境，那么，剧院将会有很多的选择，这项工作必将成为剧院未来的重点工作。

5. 小剧院每年必须上演3部芭蕾舞剧。当自己还没有完整的素材时，应当向其他剧院借用素材或剧目。与基洛夫比邻而居的小剧院芭蕾舞团，将会在卓越的组织安排下，创作出丰富多样的芭蕾舞剧目，它的生命将是充实而具有活力的。

6. 首席芭蕾编导的义务和权利：

（1）需要坚定地达成协议，即剧院只会邀请经芭蕾编导和对方都同意的剧作家、作曲家、导演和舞美设计家。如果其中一方反对，那么，该候选人的提名将被否决。

（2）没有主动权，没有处理团队内部事务的自主权，芭蕾编导将无法工作。他需要信任和信心，芭蕾舞团的任何问题都不能在没有他的情况下做出

---

① 塔吉雅娜·格奥尔基耶芙娜·布鲁尼（1902—2001）——戏剧艺术家。在她的整个创作生涯中，一直与小剧院保持着密切的合作。

决定或进行讨论。信任越多，责任就越大。芭蕾编导会更加深思熟虑、小心谨慎，工作得更好。但如果他不能做出任何决定，那么，舞团成员将不可避免地会出现冷漠：听从和执行哪些指示都无所谓。

（3）我认为，首席芭蕾编导的第 4 个任务是尽可能地提高当前剧目的水平，持续关注并逐步消除旧作品中的创作缺陷，并对表演者进行持续的观察。

（4）编制前瞻性的剧目计划，积极协助所有的创作者创作新的芭蕾舞剧。

当然，首席芭蕾编导应该享有独立制作的权利。但是，任何对于垄断的渴望，甚至对于个人创作特权的渴望，都是一种有害的现象，这样将会毁掉许多作品。

（5）首席芭蕾编导是剧团的教育者、舞台的指导者，是塑造团队未来的发起人和组织者。为了公正而成功地完成这些任务，芭蕾编导需要助手，他们能够得到他的完全信任，能够在团队当前和未来生活的基本问题上与他保持一致的看法。这些助手包括芭蕾舞团的经理、编导、教师、指挥和副团长等。如果这些人对事业和首席芭蕾编导都不忠诚的话，那么，整个团队就无法进行富有成效的工作，也无法保持纯净的工作氛围。

我曾两次接受过基洛夫剧院和莫斯科大剧院的领导职务，身边的人都是我的前任培养出来的。争吵、污秽和肮脏是唯一的结果。如果我去您的剧院工作，那也不会只是一两年的事情。我想长期为您工作，否则，就没有必要改变我的生活。但这一切的前提是，我所有的助手都需要是我亲自挑选的，当然需要征得您的同意。剧院也不可能留下前任的领导，不管他们是谁，也不管他们是否同意留下来从事任何工作。如果留下来，分歧和争吵迟早是不可避免的。当然，我也不会参与其中。我再次提醒您，任命我并非一件特别容易的事情，一定会遇到强大的阻力。

任命我的必要条件是——首先在所有列宁格勒和莫斯科的机构中达成一致，并得到您和文化部的正式通知；然后，我才愿意冒险放弃在中国的一切。我担心一旦离开这里，我可能将会失业，可能会发现自己没有获得任何地方的批准。所有的其他工作条件：住房、工资等，请您根据剧院的制度和能力自行决定。

现在我请求您：仔细考虑一切并写信给我。

期待您坦率的回答。即使您拒绝，也不会改变我对您的深切敬意、感激之情和忠诚。

您永远的古雪夫

我们可以想象，扎古尔斯基认真阅读了这份重要的文件。有些导演可能不认同这种要求的严格性和评价的主观性（由古雪夫创作的芭蕾舞剧《伽弗洛什》《亡灵公主》《艾博利特医生》[1]，并没有受到剧院全体演员的喜爱），但这并没能阻止他。这封信的字里行间表明了，古雪夫是一位经验丰富、深思熟虑的芭蕾艺术总监，他拥有明确的创作计划，对剧院的机制了如指掌，并且清楚地了解可能阻碍他前进的困难。对于扎古尔斯基而言，这是最为重要的。

两个月后，即1960年1月底，彼得·安德烈耶维奇仍然在中国给扎古尔斯基写了回信[2]。他回应了扎古尔斯基告诉他的消息，即格拉夫克没有批

---

[1] 信息源自与 Л.萨福诺娃（2005年11月11日和19日）和 Н.博亚尔奇科夫（2005年11月18日）的交谈。
[2] 储存单位编号：1776，第38页。

准他担任剧院的总监职位。古雪夫早就料到会是这样的结果，并勇敢地接受了这一消息。

第 45 封信（1960 年 1 月 31 日）：

亲爱的鲍里斯·伊万诺维奇：

　　衷心感谢您的来信。我非常期待收到这封来信。虽然我的内心还抱有一线希望，但在您的回信中，并没有太多内容让我感到惊讶。

　　谢谢您给我提出的新的建议。我想，将来在一个正式的会面中，来讨论这个问题会更加方便。我将于 7 月初返回苏联，并立即前往列宁格勒，在科马罗沃①休假。如果您允许的话，我会去拜访您。

　　基洛夫剧院的事情是空穴来风。在部委换届之前，我什么事情都不能干。

　　再次感谢您为我所做的一切。祝您身体健康，万事如意。

您永远的古雪夫

　　我们可以看到，扎古尔斯基并没有放弃邀请古雪夫与小剧院合作的想法，并决定从格拉夫克那里获得许可，任命古雪夫（芭蕾编导）为代理院长。②这显然是他提出的"新的建议"。

　　三个月过后，古雪夫从中国给扎古尔斯基寄来了最后一封信。③

---

① 这是位于列宁格勒附近芬兰湾岸边的别墅区，那里有全联盟剧社（现为全俄剧团联合会）员工的休息之家。
② 源自 1961 年 11 月 31 日（日期有错误。译者注）扎古尔斯基写给伊万诺夫的信件。储存单位编号：1776，第 2 页。
③ 储存单位编号：1776，第 40—41 页背面。

第 46 封信（1960 年 4 月 2 日）：

亲爱的鲍里斯·伊万诺维奇：

非常感谢您友善的建议。现在我只想着如何实现您为我所做的一切好事。我将于 7 月初抵达莫斯科，7 月 15 日到达列宁格勒。我希望在科马罗夫或纳尔瓦河口①度假，直到 9 月 15 日。我非常需要休息，因为在中国工作了两年半的时间，几乎没有休假，几乎没有休息日，每天工作 10 至 14 个小时。但只要您的剧院（我非常想说"我们的剧院"）假期结束，我就会立即前去拜访您。接下来的事情就交给您了。

如果我知道您 7 月也在列宁格勒的话，我当然会立即去拜访您。

因为您似乎最感兴趣的是《鱼美人》，我想提醒您的是，这部芭蕾舞剧将需要两个专业的辅助人员：杂技表演者和中国舞蹈的芭蕾编导。

中国舞蹈离不开杂技，从技术和特定的造型风格来看，它是非常复杂的。如果我们不想重复《红罂粟花》②的话，就需要时间和努力，以及高水平大师的帮助。

再次感谢您。请接受我深深的敬意和忠诚。

您的古雪夫

---

① 纳尔瓦河口是位于爱沙尼亚的一座度假小镇，坐落在芬兰湾畔，曾经是列宁格勒人民喜爱的度假胜地。
② 《红罂粟花》是一部三幕（在不同版本中，场景数量从 8 到 12 不等）芭蕾舞剧，并带有一个高潮部分。作曲：P.格列尔，编剧：M.库里尔科（与 A.耶尔莫拉耶夫合作），首演于 1927 年的莫斯科大剧院。基洛夫剧院的演出，1929 年由芭蕾编导费·洛普霍夫、费·波诺马列夫、利昂提耶夫编导，1949 年由 P.扎哈罗夫编排，1958 年由 A.安德烈耶夫编排。这部芭蕾舞剧受到了观众的欢迎，但显然，古雪夫在中国度过几年之后，这部舞剧在俄罗斯舞台上的表现形式被格鲁舍夫视为"陈词滥调"。

然而，原定于 9 月中旬在列宁格勒的会面并未如期进行，因为古雪夫病倒了：过去几年的过度劳累，影响了他的身体健康。他尚未痊愈，就从莫斯科写信给扎古尔斯基[①]。

第 47 封信（1960 年 4 月 20 日）：

亲爱的鲍里斯·伊万诺维奇：

我知道您很失望。我也因此感到更加难过和不安。像我这样的不幸遭遇，每个人都会遇到，只是没有选择合适的时机。

要有耐心，亲爱的朋友！用您迷人的笑容对我微笑吧，上帝会让我早日康复的。

我将利用自己被迫生活在莫斯科的这段时间（是的！沃尔科夫），了解这里构思和创作的所有芭蕾舞剧，并带来一些东西供您参考。

致以崇高的敬意！

彼得·古雪夫

1960 年 10 月，康复后的古雪夫开始在小剧院工作。他计划排演的剧目丰富多样，包括上演斯特拉文斯基的芭蕾舞剧《火鸟》、雅克·奥芬巴赫的歌剧《蓝胡子》，举办苏联作曲家的作品音乐会，邀请科拉茨基参与普罗科菲耶夫的《匆匆一瞥》的创作等。

看起来，未来的工作将会是富有成效的、紧张而持久的，它将充满着胜

---

① 储存单位编号：1776，第 42 页。

利和征服。然而，古雪夫就任不到 1 年的时间，院长的办公桌上就收到了一封辞职申请①。

第 48 封信（1961 年 6 月 30 日）：

亲爱的鲍里斯·伊万诺维奇·扎古尔斯基：

我强烈而坚决地请求您，由 К.Ф.博雅尔斯基代替我参加巡回演出②。这次巡回演出已经准备好了，一切都已经排练完毕。我现在更适合待在列宁格勒，我将协助 В.А.瓦尔科维茨基③筹备党代会的演出。

毫无疑问，巡演将使剧团受益匪浅：它能够增加演员的训练，提高他们的状态和规范，提升他们的专业素养，特别是责任感，它会带来一些新的角色和舞蹈小节目的创作，并给大家一种前所未有的全新体验，等等。

但与此同时，巡演也会带来一些负面影响：引发演员之间的相互猜忌、流言蜚语、口角、烦恼、不满、嫉妒和争吵。

对我而言，与您和其他同事在 6 月 29 日晚上的谈话是"最后一根稻草"。我不想置身于任何怀疑之下。我已经 50 多岁了④，心里不会有任何庸俗的不满情绪，因此，任何形式的流言蜚语、争吵和毫无根据的指责都会激怒我。显然，一些别有用心的人故意利用这次巡演，让我与整个团队和一些对巡演不满的艺术家，尤其是与您个人发生对抗。

提出由博雅尔斯基代替我参加巡演的请求并非偶然。这个决定已经酝酿

---

① 档案号：1117，储存单位编号：1778，第 44—44 页背面。
② 这是关于 1961 年 7 月至 8 月间，小剧院芭蕾舞团在新西兰和澳大利亚的巡回演出。
③ 弗拉基米尔·亚历山德罗维奇·瓦尔科维茨基（1916—1974）——芭蕾演员、编导、教员。他根据 Б.拉夫列尼约夫的小说《第四十一》创作了芭蕾舞剧《爱的集市》，首演于 1961 年 11 月 20 日。
④ 古雪夫当时 55 岁。

了很长的时间，因为我逐渐对与这次不幸之旅有关的许多事物感到厌恶。

　　我再次重申：我留下来对工作会更有帮助。请您与相关部门沟通，并替我安排替代人选。非常感谢您。

　　致敬

彼得·古雪夫

　　这份申请表明，古雪夫在小剧院的工作环境不仅是艰难的，还伴随着紧张的冲突局面。古雪夫表达了自己对这次巡演过程中可能发生的不满和失望，揭示了舞团成员之间的冲突、猜疑、谣言和不满，已对整体的工作氛围产生了负面影响。他决定在这次巡回演出中由别人替代自己，并表示希望自己能够留在列宁格勒，以便对剧院的其他工作有所帮助。

　　在这份申请上，有一段院长的批注："现在，无论有任何争论，我都不能再改变什么了。Б.扎古尔斯基，1961年6月30日。"

　　古雪夫不得不随舞团前往澳大利亚和新西兰进行巡演。但是，围绕着首席芭蕾编导的事件在小剧院仍然不断发酵。事件的高峰出现在接下来的9月，也就是巡演结束返回小剧院之后。显然，首席芭蕾编导与那些反对他的群体之间的冲突仍在继续。其间，他与院长进行了一次坦诚的谈话。此后，彼得·安德烈耶维奇认为有必要给院长写一封信[1]，尽管他们是在同一个剧院里工作。

---

[1] 储存单位编号：1776，第46页。（打印稿）

第 49 封信（1961 年 9 月 15 日）：

亲爱的鲍里斯·伊万诺维奇：

我们的谈话丝毫没有改变我的打算。除了我说过的那些话之外，还有许多我没有提到的一些小事。一年来，我没有住房，没有足够的钱在两个城市生活；饮食和作息都不是非常规律；我的女儿在没有父母的陪伴下成长；我在一个充满敌意的环境中工作，我没有可以值得信赖的同事，上司对我持有怀疑态度，我的工作充满了紧张和压力——这一切都是为了什么？

9 月 1 日，是我参加工作 40 周年的纪念日。如果我不在小剧院工作的话，也许这个日子可能会被庆祝，现在的这个时间节点使我有机会结束在小剧院的工作，专注于撰写早已规划好的著作[①]和为人们提供咨询，从而赢得大家的感激，而不是与管理层发生冲突（是的！沃尔科夫），来获得恶意和无原则的敌人。

一句话——不，不，不！

恳请您帮我一个忙，解救我，让我辞去这里的工作，以免我再次受到谢尔曼[②]及相关人员的侮辱和伤害。

致敬

彼得·古雪夫

同一天，古雪夫在院长的办公桌上提交了正式的申请。[③]

[①] 在这个地方，用另一种墨水标注了一个脚注符号，并在页面底部写着："古雪夫同志获得 2800 卢布的工资和养老金（是的！沃尔科夫），并获得芭蕾编导的工资 3000 卢布。"
[②] 这里提到了剧院编导部门的负责人鲍里斯·雅科夫列维奇·谢尔曼的姓氏，这是泛指。
[③] 储存单位编号：1776，第 1 页。

第 50 封信（1961 年 9 月 15 日）:

致小剧院院长

尊敬的扎古尔斯基先生:

来自剧院首席芭蕾编导彼得·古雪夫申请，请您自 1961 年 10 月 1 日起，解除我在小剧院的工作。

首席芭蕾编导彼得·古雪夫

1961 年 12 月 30 日，休假归来后，根据院长发布的命令，古雪夫被解除了在小剧院担任的职务。他的职务由 K. 博雅尔斯基接任[①]。

然而，扎古尔斯基档案中与古雪夫相关的资料，并没有随着这份文件而结束。这个故事还有一个结局。院长认为有必要向两位上级官员，书面解释[②]首席芭蕾编导离职的原因，因为他此前一直在努力争取使这位首席芭蕾大师作为候选人的资格得到批准。这显然对他来说是很有必要的，尽管他离退休只剩下不到 1 年的时间，而且有关退休这个问题是早已决定的。在机构中的信件，尤其是草稿，通常很难加以阅读。信中对古雪夫充满敌意，毫无疑问还带有偏见。这两位之前渴望合作的戏剧从业者之间究竟发生了什么？冲突的根源是什么？他们中的哪一个人是正确的？如果存在的话，每个人的过错体现在什么地方？难道这一切是古雪夫的性格造成的吗？他一向难以同管理层相处。或许，古雪夫的审美取向也是导致这些冲突的原因之一。"他

[①] 这是剧院院长扎古尔斯基的命令。参见储存单位编号: 766，第 12 页。
[②] 这是扎古尔斯基写给剧院部门负责人——副总监 O. 伊万诺夫的秘密信函，日期为 1961 年 10 月 31 日。（打印件）参见储存单位编号: 766。

深受列宁格勒现代主义者的影响,将格里戈洛维奇、雅科布松、别尔斯基、格列伊佐夫斯基的所有作品都视为自己的典范。"[1]——而这对于小剧院院长而言,则是意料之外的。而这个原因是否最终导致了他们之间关系的完全破裂?

也许这些问题的答案可以在其他的档案文件中找到。也许彼得·安德烈耶维奇·古雪夫和鲍里斯·伊万诺维奇·扎古尔斯基之间分道扬镳的故事,将永远成为前者这位富有创造力的芭蕾编导家传记中的谜团。

---

[1] 这是扎古尔斯基写给保罗·安德烈耶维奇的信件。(未注明日期)参见储存单位编号:766,第8页的背面。

下编附录

附录一：彼得·古雪夫的生平、创作及复排年表 *

编辑：Л. 琳科娃

1904 年 12 月 16 日（俄历，或公历 29 日），彼得·安德烈耶维奇·古雪夫出生于圣彼得堡。①

1918 年，在奥·普列奥布拉热斯卡娅的推荐下，进入彼得格勒舞蹈学校。②

1921 年，毕业于彼得格勒舞蹈学校，同时被聘任为该校的教师。

1922 年，在学校的毕业演出中，扮演了《仙女》中的詹姆斯一角，同时被基洛夫列宁格勒歌剧和芭蕾舞剧院录用。

1922—1935 年，担任基洛夫列宁格勒歌剧和芭蕾舞剧院的舞蹈演员。主要角色包括：《雷蒙达》中的游吟诗人，《睡美人》中的蓝鸟和德西雷王

---

* 以上内容存在许多不清楚和相互矛盾之处。至少，在我为《俄罗斯芭蕾百科全书》撰写关于"古雪夫"的条目时，他向我提供的信息（见原书的第 97 页）在某些方面与其他来源信息不符。这是一个有趣的课题，值得后续的研究者深入探讨。（亚历山大·索洛维约夫 - 卡普斯基注）

① 尼古拉·安德烈耶维奇·里姆斯基 - 科萨科夫圣彼得堡国立音乐学院的档案馆中，存放着古雪夫的个人档案（以下简称档案），档案包括了关于古雪夫手稿的内容："父亲是小商人。"出生年份原本写着 1905 年，但被划掉后改为 1904 年。在 1977 年前往东德的旅行文件中，他的出生年份为 1905 年。不排除这种差异反映了彼得·安德烈耶维奇·古雪夫想要减少自己年龄的愿望。（亚历山大·索洛维约夫 - 卡普斯基注）

② 同样，在上述档案中，关于古雪夫手稿的内容中标明了他在舞蹈学校学习的年份：1919 年至 1921 年。可能，这种差异源于彼得·安德烈耶维奇·古雪夫希望隐瞒自己学习期限太短的事实。（亚历山大·索洛维约夫 - 卡普斯基注）

子,《埃及之夜》中的阿姆恩,《神驼马》中的乌克兰人和乌拉尔人,《巴黎的火焰》中的菲利普。①

1922—1923年,参与演出了费多尔·洛普霍夫创作的新作品《伟哉苍穹》。这是一部交响芭蕾,音乐选用的是贝多芬的《第四交响曲》。在洛普霍夫编排和创作的芭蕾舞剧中,古雪夫还扮演了《火鸟》中的伊凡王子,《红罂粟花》中的中国苦力,以及《螺栓》中的鲍里斯。在《冰雪奇缘》(1927)和《胡桃夹子》(1929)中,古雪夫与他的搭档O.曼加洛娃成为主要角色的第一对扮演者,古雪夫则被授予"托举之王"的称号。

1922—1924年,古雪夫成为"青年芭蕾舞团"的组织者和成员之一,芭蕾编导乔治·巴兰奇瓦泽(乔治·巴兰钦)在这个团体中,第一次展示了自己的芭蕾才华。古雪夫与曼加洛娃一起表演了由A.阿伦斯基作曲、巴兰钦创作的芭蕾舞剧《埃及之夜》中炫技性的双人舞。

1921—1930年,担任列宁格勒国立舞蹈学校的古典芭蕾教师。②

1922—1930年,在列宁格勒艺术学院教授舞蹈。③

1925—1935年,在列宁格勒国立剧院和剧院附属中专舞校教授古典芭蕾。

1930—1935年,在马林斯基国立歌剧和芭蕾舞剧院兼任舞蹈演员和教学指导。在洛普霍夫的作品中,他是弗朗茨(《葛蓓莉娅》1934)和彼得

---

① 再次出现了一个问题:为什么古雪夫在舞蹈学校完成学业后的一年参加了1922年的毕业演出?
② 在古雪夫的个人档案中,有他本人手写的内容:"1922年—1935年,列宁格勒舞蹈学院教师"。请注意起始日期为1922年,而不是1921年。在同一时间段内:他还兼任"列宁格勒小剧院的芭蕾独舞演员、教学指导和芭蕾舞团的助理艺术总监;列宁格勒歌舞和芭蕾舞剧院的教学指导与艺术总监;列宁格勒戏剧学院的教师;列宁格勒音乐喜剧院的首席芭蕾编导。"——这些职务确实令人印象深刻!在这份记录的后续内容中,还提供了其他的时间范围。(亚历山大·索洛维约夫-卡普斯基注)
③ 完整的名称是:列宁格勒国立戏剧艺术学院。

(《清澈的小溪》1935）的首演者。

1935年，与洛普霍夫一起调往莫斯科。

1935—1945年，在苏联大剧院担任舞蹈演员。主要角色：彼得（《清澈的小溪》），让·德布里安和阿布德拉赫曼（《雷蒙达》），吉列伊（《巴赫奇萨拉伊的泪泉》），门纳斯（《红帆》）；与奥·列别申斯卡娅和M.加沃维奇一起参加演出了莱奥尼德·雅科布松的作品《吉卜赛人》（作曲：谢尔盖·拉赫玛尼诺夫）；与列别申斯卡娅、A.拉杜恩斯基和什瓦奇金一起，参加演出了政治漫画音乐会中的《四个"Г"》；与列别申斯卡娅一起参加演出了《鸟和猎人》（作曲：埃德瓦尔德·格里格创作）及《盲人》（作曲：赖萨·庞斯和亚科夫·海菲兹）的首演；表演了瓦西里·瓦伊诺宁创作的《华尔兹》（作曲：米哈伊·莫什科夫斯基）。

1935—1941年，担任莫斯科舞蹈学校的艺术总监和教师，莫斯科大剧院的教学指导，以及斯坦尼斯拉夫斯基和涅米罗维奇-丹钦科剧院的教学指导。[①]

1937年，被授予"国家荣誉勋章"。

1940—1941年，古雪夫和雅科布松被派往喀山，为将在莫斯科举行的"鞑靼艺术月"活动做准备，编排芭蕾舞剧《舒拉尔》，但战争的爆发影响了该剧的上演。[②]

1946年，被授予"俄罗斯功勋艺术家"的荣誉称号。

[①] 其他年份由古雪夫本人手写：1935年10月—1945（1946）年8月，担任莫斯科大剧院的教学指导、芭蕾独舞演员和芭蕾舞团的助理艺术总监，同时兼任斯坦尼斯拉夫斯基莫斯科音乐剧院的教学指导。（亚历山大·索洛维约夫-卡普斯基注）

[②] 古雪夫的手稿内容是："编导，莫斯科大剧院成员——艺术总监，被临时派遣到喀山，担任鞑靼十周年艺术活动的艺术总监和首席芭蕾编导。"（亚历山大·索洛维约夫-卡普斯基注）

1946—1951 年，担任基洛夫剧院芭蕾舞团的艺术总监。这一时期，上演了以下作品：《民兵》，作曲：Б. 阿萨菲耶夫，编导：В. 瓦伊诺宁；《塔吉雅娜》，作曲：А. 克雷恩，编导：В. 布尔梅斯特；《春日童话》，作曲：彼得·柴科夫斯基，编导：Ф. 洛普霍夫（全版—1947）；《青铜骑士》，作曲：Р. 格莱尔，编导：Р. 扎哈罗夫（1949）；《舒拉尔》，作曲：Ф. 亚鲁林，编导：Л. 雅科布松（1950）。

1950—1957 年，担任莫斯科大剧院、斯坦尼斯拉夫斯基和涅米罗维奇 - 丹钦科剧院的教学指导。①

1951—1956 年，担任莫斯科大剧院芭蕾舞团的艺术总监。这一时期，剧院上演了由谢尔盖·普罗科菲耶夫作曲的芭蕾舞剧《宝石花》，编导：Л. 拉夫罗夫斯基（1954）。②

1951—1952 年，前往巴库，为筹备在莫斯科举行的"阿塞拜疆艺术月"工作。

1952 年，创作上演了由卡拉耶夫作曲的芭蕾舞剧《七美人》。

1958—1960 年，古雪夫在中华人民共和国从事芭蕾教学。他不仅通过严谨的教学，复排了《天鹅湖》《海盗》和《吉赛尔》这 3 部经典芭蕾舞剧，促使新生的北京舞蹈学校成为新中国舞蹈建设的中坚力量，协助组建了该校的实验芭蕾舞团（即随后的中国国家芭蕾舞团），而且还在该校的"第二届

---

① 根据古雪夫自己的记录，他还继续担任"基洛夫列宁格勒歌剧和芭蕾舞剧院的首席芭蕾编导与艺术总监"，其间并访问了莫斯科，担任了斯坦尼斯拉夫斯基和涅米罗维奇 - 丹钦科剧院的教学指导——直到他第二次返回莫斯科。（亚历山大·索洛维约夫 - 卡普斯基注）
② 根据古雪夫本人的说法，他在大剧院的工作结束于 1957 年。在他担任领导期间，大剧院芭蕾舞团还排演了其他的芭蕾舞剧。参见《芭蕾百科全书》，莫斯科苏联大百科全书出版社 1981 年版，第 87 页。（亚历山大·索洛维约夫 - 卡普斯基注）

编导训练班"上，培养了大批的中国青年编导，并以总导演的身份，领衔创作了一部中国民族题材的舞剧《鱼美人》。①

1960—1962年，担任列宁格勒歌剧和芭蕾舞小剧院芭蕾舞团的首席芭蕾编导。这一时期，由博亚尔斯基领导的该剧院重新上演了斯特拉文斯基的芭蕾舞剧《火鸟》和《彼得与狼》（依据福金的版本），肖斯塔科维奇作曲的芭蕾舞剧《相遇》（第九交响曲）、《听话的蝴蝶结》和《小姐与混混》，С.普罗科菲耶夫作曲的芭蕾舞剧《古典交响曲》，以及由芭蕾编导В.瓦尔科维茨基创作的芭蕾舞剧，包括卡拉马诺夫作曲的《强烈的爱》和肖斯塔科维奇作曲的《鲜花》。

1962—1966年，担任新西伯利亚歌剧和芭蕾舞剧院的首席芭蕾编导。在古雪夫的领导下，剧院的演出剧目中包含了尤里·格里戈洛维奇、伊·贝尔斯基，克·博亚尔斯基等编舞家的新作品，以及首次上演的奥·维诺格拉多夫和尼·多尔古申的舞剧作品。古雪夫本人在这里编导了芭蕾舞剧《七美人》（1963）和《三个火枪手》（作曲：弗拉基米尔·巴斯纳，1966）。

1966年，被授予"俄罗斯功勋艺术家"的荣誉称号。

1966—1983年，主管尼古拉·安德烈耶维奇·里姆斯基-科萨科夫列宁格勒国立音乐学院音乐导演系芭蕾编导专业。1971年，他获得了芭蕾编导专业的毕业证书。在此期间晋升为副教授（1967）和教授（1973）。②

---

① 古雪夫本人在档案中写道："从1957年开始在中国工作。"（亚历山大·索洛维约夫-卡普斯基注）
② 这里存在一些不一致的地方：有人指出古雪夫在音乐学院的工作开始于1966年或1967年。混淆的原因在于，他进入音乐学院工作不久后，就开始领导他创建的"列宁格勒室内芭蕾舞团"，这时他不得不选择主要的工作地点。以下是古雪夫个人档案中的材料：从1966年5月到1967年11月，古雪夫作为副教授在音乐学院负责管理编导专业；从1967年11月到1969年9月，古雪夫作为兼职，继续负责管理该专业。（亚历山大·索洛维约夫-卡普斯基注）

任职期间，古雪夫制定了芭蕾编导专业的人才培养计划，教授芭蕾编导艺术课程。他培养的毕业生包括尤·尔蒂耶娃、维·布达林、伊·谢尔巴科夫、维·利特维诺夫、维·杰别雷伊和尼·多尔古申等。

1967—1969 年，组织并领导了列宁格勒室内芭蕾舞团。年轻的芭蕾编导——格·阿列克西泽、尼·博亚奇科夫、阿尔·德门捷耶夫、格·扎穆埃尔等在这里展开了创作工作。古雪夫复排了被人们所遗忘的 M.佩蒂帕的芭蕾舞剧《骑兵驿站》（作曲：伊·阿姆斯盖米尔）和《小丑》（作曲：勒·德里戈）。

1969 年，将"列宁格勒室内芭蕾舞团"交接给了 Л.雅科布松。

1973 年，创建了芭蕾编导和编导助理的培训部门。这个部门的毕业生包括伊·科尔帕科娃、格·科姆列瓦、尼·库尔加普金娜、尼·亚纳尼斯、耶·叶芙捷耶娃、勒·阿卜杜耶夫等。

1974 年，在古雪夫的倡议下，音乐出版社开始系列出版名为《现代芭蕾音乐与舞蹈》的合集；最初的 3 集（1974 年、1977 年、1979 年）由古雪夫担任主编和撰稿人之一。

自 20 世纪 70 年代末期以来，在古雪夫的倡议下，苏联剧协组织了"全苏联联芭蕾编导和教育工作者研讨会"。这个芭蕾编导研讨会每两年在苏联各加盟共和国的歌剧院中举行一次（列宁格勒、弗鲁恩泽、第比利斯、巴库、维尔纽斯、明斯克等地）。研讨会主要展示新的影片，同时还举办会议、讲座和讨论。

这一时期，古雪夫积极致力于讨论"古典芭蕾遗产"的问题，恢复了苏联和国外的众多经典芭蕾舞剧，并经常通过文字和口头表达的方式，发表自己对古典芭蕾遗产保护问题的见解。

1978 年，担任国际戏剧学会舞蹈分会的副主席。

1981年，担任了在保加利亚举办的国际教育研讨会的领导职务。一直到生命的最后阶段，他都是列宁格勒音乐学院芭蕾编导系的教授。

1984年，被授予"俄罗斯苏维埃联邦社会主义共和国人民艺术家"的荣誉称号。

古雪夫创作的芭蕾作品

古雪夫在学校期间就开始了舞蹈创作。

1922—1950年，他陆续为歌剧、轻歌剧和戏剧演出编排了舞蹈。

1952年，创作芭蕾舞剧《七美人》。这是一部基于尼扎米的诗歌，由卡拉耶夫作曲的四幕十一场的芭蕾舞剧。编剧：尤·斯洛尼姆斯基、伊·伊达亚特-扎德和斯·拉赫曼，首演于巴库的阿胡恩多夫剧院，格·阿尔马扎德担任了舞剧中个别舞蹈的顾问和编导。

1953年，由古雪夫编导的新版芭蕾舞剧《七美人》在列宁格勒歌剧和芭蕾舞小剧院上演。

1959年，与北京舞蹈学校编导班的中国学生们共同创作了舞剧《鱼美人》，作曲：吴祖强和杜鸣心，在北京歌剧院上演。[①]

1960年，与北京舞蹈学校舞蹈编导班的中国学生们共同创作芭蕾舞剧《洪水》，作曲：杜鸣心，在北京歌剧院上演。[②]

1966年，创作芭蕾舞剧《三个火枪手》（包括两个幕间、序言和尾声），

---

① 根据许定中、李春华、刘秀乡、王菲叶所著的《中国芭蕾舞史》（中央民族大学出版社2016年版）第84页提供的史料，该剧的首演场地是北京的"民族文化宫礼堂"。（译者注）
② 关于这个作品，目前没有找到中方的文献依据。（译者注）

作曲：弗拉基米尔·巴斯纳，编剧：弗·瓦宁、彼得·古雪夫，编导：古雪夫，于新西伯利亚歌剧和芭蕾舞剧院首演。

1968年，《七美人》分别在舍甫琴科基辅歌剧和芭蕾舞剧院，以及新西伯利亚歌剧和芭蕾舞剧院上演。

古雪夫复排的芭蕾作品

《小丑》——两幕芭蕾舞剧，作曲：勒·德里戈，编剧和编导：M.佩蒂帕。1967年由列宁格勒室内芭蕾舞团首演，之后分别在基辅舞蹈学校（1969）和基洛夫歌剧和芭蕾舞剧院小型芭蕾舞团（1975）上演。①

《法老的女儿》——M.佩蒂帕的芭蕾舞剧，作曲：Ц.普尼，在莫斯科大剧院上演（1982）。

《吉赛尔》（或《维丽斯》）——两幕芭蕾舞剧，作曲：阿道夫·亚当，编剧：圣·乔治、戈蒂埃、科拉利，编导：科拉利、佩罗，分别于北京歌剧院（1960）和布里亚特歌剧和芭蕾舞剧院（乌兰乌德，1978）上演。②

《天鹅湖》——四幕芭蕾舞剧，作曲：彼得·柴科夫斯基，编剧：维克多·别吉切夫和弗拉基米尔·盖里采尔，编导：利奥波德·伊万诺夫、马里于斯·佩蒂帕，分别于北京歌剧院（1960）、新西伯利亚歌剧和芭蕾舞剧院

---

① 基洛夫歌剧和芭蕾舞剧院小型芭蕾舞团（不要与小剧院混淆）——1991年；顺便提一句，这些材料在任何百科全书中都没有提到。接着，如果按照字母顺序排列，下一部应该是《法老的女儿》，一部四幕芭蕾舞剧，作曲：莱昂·明库斯，编剧：佩蒂帕和斯坦尼斯拉夫·赫德科夫，编导：佩蒂帕，由古雪夫与加琳娜·孔莱娃、尼古拉斯·亚纳尼斯、叶芙捷琳娜·耶斯特耶娃合作完成。1984年在叶卡捷琳堡歌剧和芭蕾舞剧院上演。（亚历山大·索洛维约夫-卡普斯基注）
② 根据许定中、李春华、刘秀乡、王菲叶所著的《中国芭蕾舞史》（中央民族大学出版社2016年版）第66页提供的史料，该剧在北京首演的场地是"首都剧场"。（译者注）

(1963)、萨拉托夫歌剧和芭蕾舞剧院（1978）和布达佩斯歌剧和芭蕾舞剧院（1978）上演。①

《海盗》——三幕五场的芭蕾舞剧，作曲：阿道夫·亚当，编曲：E.康布利特，编剧：A.圣·乔治和Ж.马齐耶，由尤里·斯洛尼姆斯基改编，复排编导：古雪夫。舞剧中还原了许多由佩蒂帕和佩罗创作的场景与舞蹈，分别于莫斯科苏维埃音乐戏剧剧院（1955）、北京歌剧院（1959）、新西伯利亚歌剧和芭蕾舞剧院（1963）和基洛夫圣彼得堡歌剧和芭蕾舞剧院（1987）上演。②

《冰雪奇缘》——三幕五场，带有序幕和尾声的芭蕾舞剧，作曲：埃.格里格，编曲：Б.阿萨菲耶夫，编剧：Ф.洛普霍夫。古雪夫进行了新的改编，其中包括了洛普霍夫的舞蹈片段，于新西伯利亚歌剧和芭蕾舞剧院上演（1964）。

《内亚达和渔夫》——夏尔·佩罗的芭蕾舞剧片段，作曲：茨·普尼，在基洛夫歌剧和芭蕾舞剧院上演（1981）。③

《帕基塔》——大变奏曲，编曲：Л.明库斯等，编导：M.佩蒂帕等，分别于斯坦尼斯拉夫斯基和涅米罗维奇-丹钦科剧院（1972）和基洛夫圣彼得堡歌剧和芭蕾舞剧院（1978）上演。

《骑兵驿站》——独幕芭蕾舞剧，作曲：И.阿姆斯盖米尔，编剧和编导：M.佩蒂帕，分别于列宁格勒室内芭蕾舞团（1968）、莫斯科苏维埃音乐戏剧

---

① 根据许定中、李春华、刘秀乡、王菲叶所著的《中国芭蕾舞史》（中央民族大学出版社2016年版）第58页提供的史料，该剧在北京首演的场地是"天桥剧场"。（译者注）
② 根据许定中、李春华、刘秀乡、王菲叶所著的《中国芭蕾舞史》（中央民族大学出版社2016年版）第63页提供的史料，该剧在北京首演的场地是"天桥剧场"。（译者注）
③ 谢尔盖·基洛夫歌剧和芭蕾舞剧院（1984）。（亚历山大·索洛维约夫-卡普斯基注）

院（1975）、新西伯利亚歌剧和芭蕾舞剧院、第比利斯歌剧和芭蕾舞剧院，以及彼尔姆歌剧和芭蕾舞剧院（全剧—1978）上演。

《睡美人》——三幕五场的奇幻芭蕾舞剧，带有亲情和神话色彩（根据施·佩罗的童话改编），分别于布达佩斯歌剧和芭蕾舞剧院（1967和1975）、维尔纽斯歌剧和芭蕾舞剧院（1983）上演。

《肖邦组曲》——根据肖邦音乐改编的独幕芭蕾舞剧，编剧和编导：M.福金，在新西伯利亚歌剧和芭蕾舞剧院上演（1978）。[1]

---

[1]《艾丝美拉达》——夏尔·佩罗的芭蕾舞剧片段，作曲：普尼，基洛夫剧院小型芭蕾舞团（1981）。（亚历山大·索洛维约夫-卡普斯基注）

附录二：俄方主编简介

　　A. A. 索科洛夫 - 卡明斯基，艺术学博士，俄罗斯功勋艺术家，圣彼得堡国立 H. A. 里姆斯基 - 科萨科夫音乐学院编导系教授，1988—2014 年任系主任期间，率先于高校开设舞蹈史论专业，培养了 33 位舞蹈编导家、教育家和评论家。作为俄罗斯芭蕾及民间舞史论、评论和编辑专家，俄罗斯民族舞蹈学先驱及圣彼得堡学派创始人，《俄罗斯瓦冈诺娃芭蕾学院学报》创始主编（1991—1993），卡明斯基先后用俄语和英语发表 300 余篇舞蹈文章，参与创作 70 余部舞蹈电影、电视和广播节目，出版《苏联芭蕾学派》《今日苏联芭蕾》《芭蕾视野》等 9 部专著、译著和文集。根据 F.V. 洛普霍夫亲赠手记，成功复建了他创作的交响芭蕾开山作《伟哉苍穹》。曾受俄罗斯政府派遣和多国文化机构之邀，赴匈牙利、蒙古、美国、瑞士和中国考察、开会和讲学，2009 年在《芭蕾》杂志的"新闻领袖"评比中荣获"舞蹈之魂"奖。

附录三：俄方作者简介

编辑：Л.琳科娃

亚历山大·阿尔卡季耶维奇·别林斯基——俄罗斯人民艺术家，尼古拉·安德烈耶维奇·里姆斯基-科萨科夫圣彼得堡国立音乐学院教授。

尼古拉·尼古拉耶维奇·博亚尔奇科夫——俄罗斯人民艺术家，国家奖金获得者，穆索尔斯基（米哈伊洛夫斯基）圣彼得堡歌剧和芭蕾舞剧院芭蕾舞团艺术总监，尼古拉·安德烈耶维奇·里姆斯基-科萨科夫圣彼得堡国立音乐学院教授、芭蕾编导系主任，瓦冈诺娃芭蕾学院"舞蹈艺术"工作室负责人。

鲍里斯·雅科夫列维奇·布雷格瓦泽——俄罗斯人民艺术家，苏联国家奖金获得者，圣彼得堡国立文化艺术大学舞蹈系主任，瓦冈诺娃芭蕾学院高级班教师，教授。

拉法尔·尤素福维奇·瓦加波夫——舞蹈编导家，圣彼得堡国立文化艺术大学舞蹈系高级讲师。

维克多·弗拉基米罗维奇·万斯洛夫——俄罗斯功勋艺术家，艺术史博士，教授，俄罗斯艺术学院院士和学术委员会成员，俄罗斯艺术学院理论与历史研究所所长。

奥列格·米哈伊洛维奇·维诺格拉多夫——俄罗斯苏维埃联邦社会主义共和国人民艺术家，米哈伊尔·伊万诺维奇·格林卡俄罗斯国家奖金获得者，（首尔）环球芭蕾舞团艺术总监。

尼基塔·亚历山大罗维奇·多尔古申——俄罗斯苏维埃联邦社会主义共和国人民艺术家，米哈伊洛夫斯基歌剧和芭蕾舞剧院首席芭蕾舞大师，尼古拉·安德烈耶维奇·里姆斯基-科萨科夫圣彼得堡国立音乐学院教授。

娜塔丽娅·米哈伊洛芙娜·杜金斯卡娅——俄罗斯苏维埃联邦社会主义共和国人民艺术家，苏联国家奖金获得者，教授。

娜塔丽娅·拉扎列芙娜·杜娜耶娃——尼古拉·安德烈耶维奇·里姆斯基-科萨科夫圣彼得堡国立音乐学院和瓦冈诺娃俄罗斯芭蕾学院副教授，罗蒙诺索夫奖获得者。

塔吉雅娜·彼得罗芙娜·伊万诺娃——彼得·安德烈耶维奇·古雪夫之女，翻译家，现居法国。

玛丽娜·亚历山大罗芙娜·伊利切娃——艺术学博士，俄罗斯科学院艺术研究所文献学部门的研究员。

科斯妮娅·彼得罗芙娜·克利罗娃——尼古拉·安德烈耶维奇·里姆斯基-科萨科夫圣彼得堡国立音乐学院芭蕾编导系学生。

加布里埃拉·特罗菲莫芙娜·科姆列娃——俄罗斯苏维埃联邦社会主义共和国人民艺术家，俄罗斯国家米哈伊尔·伊万诺维奇·格林卡奖获得者，马林斯基剧院芭蕾编导和排练教师，尼古拉·安德烈耶维奇·里姆斯基-科萨科夫圣彼得堡国立音乐学院教授，"芭蕾编导和排练艺术"工作室负责人。

塔玛拉·弗拉基米罗芙娜·科索娃——俄罗斯功勋艺术家，教学排练教师。

奥尔加·瓦西里耶芙娜·列别辛斯卡娅——俄罗斯苏维埃联邦社会主义共和国人民艺术家，苏联国家奖金获得者。

柳德米拉·安德列耶芙娜·琳科娃——尼古拉·安德烈耶维奇·里姆斯基-科萨科夫圣彼得堡国立音乐学院副教授。

阿拉·叶芙根妮耶芙娜·奥西彭科——俄罗斯人民艺术家，米哈伊洛夫斯基剧院芭蕾舞指导、编导及排练教师。

安德烈·鲍里索维奇·帕夫洛夫-阿尔贝宁——尼古拉·安德烈耶维奇·里姆斯基-科萨科夫圣彼得堡国立音乐学院副教授、副研究员。

奥尔加·伊万诺夫娜·罗扎诺娃——文学硕士，尼古拉·安德烈耶维奇·里姆斯基-科萨科夫圣彼得堡国立音乐学院副教授，"芭蕾艺术评论"工作室负责人。

康斯坦丁·米哈伊洛维奇·谢尔盖耶夫——俄罗斯苏维埃联邦社会主义共和国人民艺术家，苏联国家奖金获得者，教授，社会主义劳动英雄。

尤里·约瑟夫维奇·斯洛尼姆斯基——芭蕾学者，编剧，艺术学博士，巴黎舞蹈大学荣誉博士。

阿尔卡季·安德烈耶维奇·索科洛夫-卡明斯基——俄罗斯功勋艺术家，艺术硕士，尼古拉·安德烈耶维奇·里姆斯基-科萨科夫圣彼得堡国立音乐学院教授，"芭蕾艺术评论"工作室负责人。

尼古拉·伊万诺维奇·塔古诺夫——教学排练教师。

伊丽萨维塔·列昂尼多芙娜·什马科娃——芭蕾史学家，影视导演。

鲍里斯·雅科夫列维奇·艾夫曼——俄罗斯人民艺术家，俄罗斯国家奖金获得者，圣彼得堡鲍里斯·艾夫曼芭蕾舞剧院艺术总监，圣彼得堡国立音乐学院芭蕾舞剧院院长、艺术总监。

盖尔曼·彼得罗维奇·扬森——俄罗斯功勋艺术家，教育家，芭蕾编导和排练教师。

诺娜·鲍里索夫娜·娅斯特雷波娃——俄罗斯功勋艺术家，世界青年与学生和平友谊联欢节获奖者。

附录四：彼得·古雪夫获得的荣誉及本人撰写的各类文章目录

编辑：克·彼·克利洛娃、А. А. 索科洛夫-卡明斯基

一、纪事

[1] 本报记者：《获得荣誉证书》，《苏联文艺》1976年5月26日，第3版。(Награждены почетной грамотой // Сов. культура – 1976, 26 мая. – С. 3.)

[2] 本报记者：《莫斯科第四届国际芭蕾舞演员比赛的评委和嘉宾：索·尼·戈洛夫金娜、罗伯特·乔弗雷，鲍里斯·奥利凡、彼·安·古雪夫的发言》，《苏联文艺》1981年6月26日，第4版。(Говорят члены жюри и гости IV Междунар. конкурса артистов балета в Москве: С. Головкина, Р. Джоффри, Б. Олифан, П. Гусев // Сов. культура. – 1981, 26 июня. – С. 4.)

[3] 本刊记者：《最高荣誉：彼·安·古雪夫——俄罗斯苏维埃联邦社会主义共和国功勋艺术家》，《苏联芭蕾》1983年第5期，第37页。(Высокие награды: П. Гусев – засл. деятель искусств РСФСР // Сов. балет. – 1983. № 5. – С. 37.)

[4] 本报记者：《苏联最高苏维埃主席团关于向基洛夫列宁格勒歌剧和芭蕾舞剧院工作者授予苏联劳动红旗勋章和奖章的命令》，《列宁格勒真理报》1983年7月8日，第1版。(Указ президиума Верховного Совета СССР о награждении орденами и медалями СССР работников Ленингр. Театра оперы и балета им. Кирова орденом трудового Красного Знамени // Ленингр. правда. – 1983, 8 июля. – С. 1.)

[5] 本报记者：《关于在立陶宛苏维埃社会主义共和国国立歌剧和芭蕾舞剧院舞

台上演出彼·安·古雪夫的芭蕾舞剧〈睡美人〉的报告》,《苏联文艺》1984 年 4 月 17 日, 第 4 版。(Сообщение о постановке П. Гусевым балета «Спящая красавица» на сцене Гос. театра оп. и балета Лит. ССР // Сов. культура. – 1984, 17 апр. – С. 4.)

[6] 本报记者:《荣誉称号》,《列宁格勒晚报》1984 年 12 月 14 日, 第 3 版。(Почетные звания // Веч. Ленинград. – 1984, 14 дек. – С. 3.)

[7] 本报记者:《荣誉称号》,《苏联文艺》1984 年 12 月 25 日, 第 2 版。(Почетные звания // Сов. культура . – 1984, 25 дек. – С. 2.)

[8] 本刊记者:《高级奖章、荣誉称号》,《音乐生活》1985 年第 10 期, 第 2 页。(Высокие награды, почетные звания // Муз. жизнь. – 1985. № 10. – С. 2.)

[9] 本刊记者:《大师的合奏:苏·尼·兹维亚吉娜主持的谈话》,《苏联芭蕾》1986 年第 3 期, 第 35—37 页。(Ансамбль виртуозов: беседу вела С. Звягина // Сов. балет. – 1986. № 3. – С. 35-37.)

[10] 本报记者:《彼·安·古雪夫的讣告》,《列宁格勒晚报》1987 年 4 月 2 日, 第 3 版。(Петр Андреевич Гусев // Веч. Ленинград. – 1987, 2 апр. – С. 3 [Некролог].)

二、彼得·古雪夫的访谈和文章

(一)访谈

[11] 本刊记者:《我们的访谈(彼·安·古雪夫)》,《苏联音乐》1956 年第 6 期, 第 158—159 页。(Хроника: Наши интервью (с П. Гусевым) // Сов. музыка. – 1956. № 6. – С. 158-159.)

[12] 本刊记者:《海报上重新出现的芭蕾舞剧〈假新郎〉》,《列宁格勒戏剧》1961 年第 3 期, 第 10 页。(与彼·安·古雪夫的谈话)(На афишах снова – балет «Мнимый жених» // Театр. Ленинград. – 1961. № 3. – С. 10. [Беседа с П. Гусевым].)

[13] 本刊记者：《我们的新演出：与歌剧和芭蕾舞剧小剧院首席芭蕾舞大师俄罗斯功勋艺术家彼·安·古雪夫的谈话》，《列宁格勒戏剧》1961 年第 20 期，第 4 页。(Наш новый спектакль: Беседа с гл. балетмейстером Малого оперного театра засл. арт. РСФСР П.А. Гусевым.// Театр. Ленинград. – 1961. № 20. – С. 4.)

[14] 本刊记者：《在新西兰和澳大利亚巡演：与歌剧和芭蕾舞小剧院首席芭蕾舞大师、俄罗斯功勋艺术家彼·安·古雪夫的谈话》，《列宁格勒戏剧》1961 年第 28 期，第 7 页。(На гастроли в Новую Зеландию и Австралию. Беседа с гл. балетмейстером Малого оперного театра засл. арт. РСФСР П.А.Гусевым // Театр. Ленинград. – 1961. № 28. – С. 7. [О постановке в Ленингр. Малом оперном театре трех балетов: «Петрушка» И. Ф. Стравинского, «Классическая симфония» на музыку С. С. Прокофьева и «Тема с вариациями» на муз. П. И. Чайковского].)

[15] 本刊记者：《"白夜"艺术节：彼·安·古雪夫的发言》，《列宁格勒戏剧》1967 年 6 月 21—29 日，第 2 期，第 9 页。(Фестиваль искусств «Белые ночи»: Высказывания П. Гусева // Театр. Ленинград. – 1967. № 2, 21–29 июня. – С. 9.)

[16] 娜·阿·谢尔盖耶娃：《计划，希望……》，《苏联文艺》1967 年 8 月 31 日，第 2 版。(对彼·安·古雪夫的采访)(Сергеева Н. Планы, надежды… // Сов. культура. – 1967, 31 авг. – С. 2 [Интервью с П.А. Гусевым].)

[17] 本报记者：《修复者眼中的芭蕾》，《列宁格勒晚报》1968 年 9 月 23 日，第 3 版。(奥·米·谢多博尔斯基与彼·安·古雪夫关于古老芭蕾舞剧舞蹈表演修复的访谈)(Балет глазами реставраторов // Веч. Ленинград. – 1968, 23 сент. – С. 3. [Интервью О. Сердобольского с П. Гусевым о восстановлении хореографии старых балетов].)

[18] 本报记者：《欢迎参赛者……（彼·安·古雪夫和其他人）》，《苏联文艺》1973 年 6 月 8 日，第 5 版。(Участников конкурса приветствуют… (П. Гусев и др.) // Сов. культура. – 1973, 8 июня. – С. 5.)

[19] 本刊记者：《芭蕾舞节：彼·安·古雪夫、奥·瓦·列别辛斯卡娅、布·加·阿尤哈诺夫关于举办1976年全联盟芭蕾舞大师和芭蕾舞演员比赛的讲话》，《苏联舞台和马戏》1976年第10期，第4—5页。(Праздник балета: О Всесоюзном конкурсе балетмейстеров и артистов балета 1976 года говорят Гусев П., Лепешинская О., Аюханов Б. // Сов. эстрада и цирк. – 1976. № 10. – С. 4–5.)

[20] 本刊记者：《编辑委员会成员的讲话》，《苏联芭蕾》1981年第1期，第10—11页。(Говорят члены редакционной коллегии // Сов. балет. – 1981. № 1. – С. 10–11.)

[21] 本报记者：《莫斯科第四届国际芭蕾舞编导和芭蕾舞演员比赛评委和嘉宾：索·尼·戈洛芙金娜、罗伯特·乔弗雷、鲍里斯·奥利凡、彼·安·古雪夫的发言》，《苏联文艺》1981年6月26日，第4版。(Говорят члены жюри и гости IV Международного конкурса балетмейстеров и артистов балета в Москве: С. Головкина, Р. Джоффри, Б. Олифан, П. Гусев // Сов. культура. – 1981, 26 июня. – С. 4.)

（二）期刊文章

[22] 彼·安·古雪夫：《多关注芭蕾舞!》，《艺术生活》1926年第46期，第9页。(Больше внимания балету! // Жизнь искусства. – 1926. № 46. – С. 9.)

[23] 彼·安·古雪夫：《有转机吗？》，《工作与戏剧》1926年第46期，第6页。(关于芭蕾舞的讨论) (Есть ли сдвиг? // Рабочий и театр. – 1926. № 46. – С. 6. [Дискуссия о балете].)

[24] 彼·安·古雪夫：《论舞蹈艺术的危机》，《艺术生活》1927年第27期，第5页。(К вопросу о кризисе хореографии // Жизнь искусства – 1927. № 27. – С. 5.)

[25] 彼·安·古雪夫：《我们对杂志有何期待？读者问卷调查》，《工作与戏剧》1934年第27期，第6页。(Чего мы ждем от журнала? Анкета читателей «Рабочего

и театра» // Рабочий и театр. – 1934. № 27. – С. 6.)

[26] 彼·安·古雪夫：《相关性和实质性》，《工作与戏剧》1934 年第 35 期，第 11-12 页。(По поводу и по существу // Рабочий и театр. – 1934. № 35. – С. 11–12.)

[27] 彼·安·古雪夫：《青年教育工作者》，《苏联演员》1939 年 6 月 11 日，第 3 版。(Педагогическая молодежь // Сов. артист. – 1939, 11 июня. – С. 3.)

[28] 彼·安·古雪夫：《是什么阻碍了我们》，《文学报》1940 年 10 月 13 日，第 5 版。(Что нам мешает // Литерат. газета. – 1940, 13 окт. – С. 5.)

[29] 彼·安·古雪夫：《列宁格勒芭蕾舞团昔日的辉煌：在芭蕾舞团集体创作会议上》，《致敬苏联艺术》1946 年 9 月 23 日，第 1 版。(Утвердить былую славу ленинградского балета: на производственном совещании в балетном коллективе // За сов. искусство. – 1946, 23 сент. – С. 1.)

[30] 彼·安·古雪夫：《我们将光荣地完成所面临的任务：彼·安·古雪夫的报告》，《致敬苏联艺术》1946 年 10 月 7 日，第 2 版。(С честью выполним стоящие перед нами задачи: доклад П. Гусева // За сов. искусство. – 1946, 7 окт. – С. 2.)

[31] 彼·安·古雪夫：《全苏联盟歌剧和芭蕾舞会议》，《苏联音乐》1947 年第 1 期，第 50—51 页。(Всесоюзное совещание по вопросам оперы и балета // Сов. музыка. – 1947. № 1. – С. 50–51.)

[32] 彼·安·古雪夫：《年轻的芭蕾舞演员》，《苏联艺术》1949 年 3 月 26 日，第 3 版。 (Молодые артисты балета // Сов. искусство. – 1949, 26 марта. – С. 3.)

[33] 彼·安·古雪夫：《修订版〈红罂粟花〉即将定稿》，《致敬苏联艺术》1950 年 2 月 10 日，第 4 版。(«Красный мак» будет дорабатываться // За сов. искусство. – 1950, 10 февр. – С. 4.)

[34] 彼·安·古雪夫：《两个版本的芭蕾舞剧〈七美人〉》，《火星》1953 年第 4 期，第 27 页。(Два балета «Семь красавиц» // Огонек. – 1953. № 4. – С. 27.)

[35] 彼·安·古雪夫：《英雄主义的芭蕾舞剧》，《苏联文艺》1954 年 5 月 13 日，第 3 版。(Героический балет // Сов. культура. – 1954, 13 мая. – С. 3.)

[36] 彼·安·古雪夫：《舞蹈节》，《消息报》1957 年 8 月 4 日，第 4 版。(Праздник танца // Известия. – 1957, 4 авг. – С. 4.)

[37] 彼·安·古雪夫：《我们的计划和梦想》，《列宁格勒戏剧》1961 年第 1 期，第 7 页。(Наши планы и мечты // Театр. Ленинград. – 1961. № 1. – С. 7.)

[38] 彼·安·古雪夫：《普希金斯卡娅的〈莲花〉》，《苏联文艺》1961 年 9 月 28 日，第 4 版。(«Лотосы» на Пушкинской // Сов. культура. – 1961, 28 сент. – С. 4.)

[39] 彼·安·古雪夫：《天才的成熟》，《劳动》1965 年第 8 期，第 98—103 页。(Зрелость таланта // Труд. – 1965. № 8. – С. 98–103.)

[40] 彼·安·古雪夫：《艺术家的骄傲》，《苏联音乐》1965 年第 8 期，第 98—103 页。(Гордость художника // Сов. музыка. – 1965. № 8. – С. 98–103.)

[41] 彼·安·古雪夫：《芭蕾舞研讨会上的疑虑……》，《戏剧》1966 年第 3 期，第 23—30 页。(Балеты – семинары – сомнения… // Театр. – 1966. № 3. – С. 23–30.)

[42] 彼·安·古雪夫：《新版〈胡桃夹子〉》，《苏联音乐》1966 年第 7 期，第 68—78 页。(Новый «Щелкунчик» // Сов. музыка. – 1966. № 7. – С. 68–78.)

[43] 彼·安·古雪夫：《理解、热爱、珍视杰作！》，《苏联文艺》1966 年 11 月 1 日，第 3 版。(Понимать, любить и ценить шедевры! // Сов. культура. – 1966, 1 ноября. – С. 3.)

[44] 彼·安·古雪夫：《谁是芭蕾编导？》，《苏联文艺》1967 年 1 月 21 日，第 3—4 页。(Кто такой балетмейстер? // Сов. культура. – 1967, 21 янв. – С. 3–4.)

[45] 彼·安·古雪夫：《列宁格勒室内芭蕾舞团》，《列宁格勒晚报》1969 年 2 月 20 日，第 3 版。(Ленингр. камерный балет // Веч. Ленинград. – 1969, 20 февр.– С. 3.)

[46] 彼·安·古雪夫：《互相学习》，《苏联文艺》1969 年 6 月 14 日，第 3 版。

（Учиться друг у друга // Сов. культура. – 1969, 14 июня. – С. 3.）

[47] 彼·安·古雪夫：《对芭蕾舞古典遗产的思考》，《苏联文艺》1970 年 9 月 12 日，第 3 版。(Размышления о балетном классическом наследии // Сов. культура. – 1970, 12 сент. – С. 3.)

[48] 彼·安·古雪夫：《舞蹈艺术家》，《苏联文艺》1971 年 12 月 21 日，第 2 版。(Художник танца // Сов. культура. – 1971, 21 дек. – С. 2.)

[49] 彼·安·古雪夫：《芭蕾青年的胜利：全联盟芭蕾舞大师和芭蕾舞演员比赛的结果》，《苏联文艺》1972 年 2 月 5 日，第 2—3 版。(Торжество балетной юности: К итогам Всесоюзного конкурса балетмейстеров и артистов балета // Сов. культура. – 1972, 5 февраля. – С. 2–3.)

[50] 彼·安·古雪夫：《舞蹈的语言——关于现代性》，《列宁格勒晚报》1972 年 2 月 17 日，第 3 版。(Языком танца – о современности // Веч. Ленинград. – 1972, 17 февр.– С. 3.)

[51] 彼·安·古雪夫：《1971 年 1 月的 3 场芭蕾舞比赛》，《戏剧》1972 年第 6 期，第 59—75 页。(Три конкурса балета: январь 1971 // Театр. – 1972. № 6. – С. 59–75.)

[52] 彼·安·古雪夫：《理想高于现实？》，《更替》1972 年 7 月 5 日，第 4 版。(В идеале – высшее? // Смена. – 1972, 5 июля. – С. 4.)

[53] 彼·安·古雪夫：《70 岁的尤·约·斯洛尼姆斯基》，《戏剧》1972 年第 8 期，第 89 页。(Ю.И. Слонимскому 70 лет // Театр. – 1972. № 8. – С. 89.)

[54] 彼·安·古雪夫：《传统与创新》，《苏联文艺》1973 年 3 月 6 日，第 4 版。(Традиции и новаторство // Сов. культура. – 1973, 6 марта. – С. 4.)

[55] 彼·安·古雪夫：《剧目紧缺》，《苏联文艺》1974 年 10 月 29 日，第 4 版。(Требуется репертуар // Сов. культура. – 1974, 29 окт. – С. 4.)

[56] 彼·安·古雪夫：《献给芭蕾的一生：纪念尤·约·斯洛尼姆斯基 75 周年诞辰》，《列宁格勒晚报》1977 年 3 月 12 日，第 3 版。(Жизнь, посвященная балету.[К 75-летию со дня рождения Ю.И. Слонимского] // Веч. Ленинград. – 1977, 12 марта. – С. 3.)

[57] 彼·安·古雪夫：《过去与现在》，《苏联文艺》1979 年 1 月 17 日，第 4 版。(Прошлое и настоящее // За сов. искусство. – 1979, 17 янв. – С. 4.)

[58] 彼·安·古雪夫：《保存过去的古典芭蕾舞剧杰作》，《苏联芭蕾》1983 年第 4 期，第 17—19 页。(Сохранить шедевры прошлого (в классических балетных постановках) // Сов. балет. – 1983. № 4. – С. 17–19.)

[59] 彼·安·古雪夫：《幸运的人们！》，《苏联文艺》1985 年 6 月 20 日，第 2 版。(在第五届国际芭蕾舞比赛上) (Счастливцы! // Сов. культура. – 1985, 20 июня. – С. 2 [На V Междунар. конкурсе артистов балета].)

[60] 彼·安·古雪夫：《摘自参与讨论者的发言》，《苏联芭蕾》1985 年第 4 期，第 38、40、41 页。(Из выступлений участников дискуссии // Сов. балет. – 1985. № 4. – С. 38, 40, 41.)

[61] 彼·安·古雪夫：《舞蹈人生》，《苏俄》1986 年 9 月 27 日，第 4 版。(纪念奥·瓦·列别辛斯卡娅 70 周年诞辰) (Жизнь в танце // Сов. Россия. – 1986, 27 сент. – С. 4. [К 70-летию со дня рождения О. В. Лепешинской].)

[62] 彼·安·古雪夫：《舞蹈指导——一个非常重要的人物》，《芭蕾》1996 年第 12 期，第 62—63 页；1997 年第 1 期，第 62—63 页。(Репетитор – фигура весьма значительная // Балет. – 1996–97, дек. – янв. – С. 62–63.)

[63] 彼·安·古雪夫：《祝贺弗拉基米尔·维克托维奇·瓦西里耶夫的周年诞辰！》，《芭蕾》2000 年第 2 期，第 14—15 页。(Поздравляем Владимира Викторовича Васильева с юбилеем! // Балет. – 2000. № 2. – С.14–15.)

[64] 彼·安·古雪夫:《现代与芭蕾:传统与革新》,《芭蕾:特刊》2001年版,第9—12页。(Современность и балет – традиции и новаторство // Балет: спецвыпуск. – 2001. – C. 9–12.)

[65] 彼·安·古雪夫:《摘自彼·安·古雪夫的书信遗产》,《芭蕾:特刊》2001年版,第13页。(彼·安·古雪夫于1970年9月2日给娜·尤·切尔诺娃的信件片段,其中附有对其作品的评论)(Из эпистолярного наследия П.А. Гусева // Там же. С. 13 [Фрагменты письма П. Гусева Н. Черновой от 2 сент. 1970 г. с отзывом на ее работу].)

[66] 彼·安·古雪夫:《娜·谢·谢列梅季耶夫斯卡娅:动荡的十年(1957—1967):在文化部的讨论》,《芭蕾:特刊》2001年版,第16页。(彼·安·古雪夫在苏联文化部会议上的发言片段,1962年4月)(Шереметьевская Н. Бурное десятилетие (1957–1967): Дискуссия в Министерстве культуры // Там же. С. 16 [Фрагмент выступления П. Гусева на Совещании в Министерстве культуры СССР, апрель 1962].)

(三)收录于文集中的文章

[67] 彼·安·古雪夫:《俄罗斯的舞蹈教育》,载尤·约·斯洛尼姆斯基主编的英语文集《苏联芭蕾》,纽约,1947年版。(Choreographic education in Russia // Slonimsky J. Soviet Ballet. – NY, 1947.)①

[67] 彼·安·古雪夫:《舞剧〈睡美人〉的编导笔记》,载《马里于斯·佩蒂帕:资料、回忆录、文章汇编》,列宁格勒艺术出版社1971年版,第287—303页。

---

① 俄文原著未提供出版社。(译者注)

（Заметки о хореографии «Спящей красавицы» // Сб.: Мариус Петипа. Материалы, воспоминания, статьи. Л: Искусство. 1971. – С. 287–303.）

[68] 彼·安·古雪夫：《对古典文化遗产的思考》，载《苏联大剧院（1969/1970演出季）汇编》，1973 年版，第 53—57 页。（Размышления о балетном классическом наследии // Сб.: Большой театр СССР (сезон 1969/70 г.). – М., 1973. – С. 53–57.）

[69] 彼·安·古雪夫：《主要的方向：现代化》，载《现代芭蕾的音乐与舞蹈设计文集：第 1 卷》，莫斯科音乐出版社 1974 年版，第 15—31 页。（Главное направление – современность // Сб.: Музыка и хореография современного балета: Сб. статей, вып. 1. – Л.: Музыка 1974. – С. 15–31.）

[70] 彼·安·古雪夫：《勇敢的天才》，载《阿列克西·叶尔莫拉耶夫文集》，莫斯科艺术出版社 1974 年版，第 61—71 页。（Мужественный талант // Сб.: Алексей Ермолаев. – М.: Искусство, 1974. – С. 61–71.）

[71] 彼·安·古雪夫：《芭蕾之友》，载阿·亚·克留科夫《关于鲍·弗·阿萨菲耶夫的回忆文集》，莫斯科音乐出版社 1974 年版，第 163—169 页。（Друг балета // Сб.: Воспоминания о Б.В. Асафьеве / Сост. А. Крюков. – Л.: Музыка, 1974. – С. 163–169.）

[72] 彼·安·古雪夫：《关于米·马·加博维奇的回忆》，载《米·马·加博维奇文集》，莫斯科艺术出版社 1977 年版，第 188—193 页。（Воспоминания о М. М. Габовиче // Сб.: Михаил Габович: Статьи. Воспоминания о М. М. Габовиче. – М.: Искусство, 1977. – С. 188–193.）

[73] 彼·安·古雪夫：《芭蕾舞剧〈七美人〉的创作过程》，载《卡拉·卡拉耶夫的文章、信件、发言文集》，莫斯科苏联作曲家出版社 1978 年版，第 360—372 页。（Как создавался балет «Семь красавиц» // Сб.: Кара Караев: Статьи. Письма. Высказывания. – М.: Сов. композитор, 1978. – С. 360–372.）

[74] 彼·安·古雪夫：《英雄般的舞者》，载《阿列克西·叶尔莫拉耶夫的文章和回忆录》，莫斯科苏联作曲家出版社 1982 年版，第 18—28 页。（Героический танцовщик // Сб.: Алексей Ермолаев: Статьи и воспоминания. – М.: Сов. композитор, 1982. – С. 18–28.）

[75] 彼·安·古雪夫：《关于萨莫苏德的回忆》，载《塞·阿·萨莫苏德文集》，1984 年版，第 96—101 页。（Воспоминания о Самосуде // Сб.: С. А. Самосуд. – М., 1984. – С. 96–101.）[①]

（四）编辑的文章

[76] 尤·约·斯洛尼姆斯基、彼·安·古雪夫：《芭蕾舞剧创作：文章和资料》，列宁格勒艺术出版社 1941 年版，第 425 页。（Слонимский Ю. Драматургия балета: Статьи и материалы / Общ. ред. П. Гусева. – Л.: Искусство, 1941. – 425 с.）

[77] 彼·安·古雪夫：《现代芭蕾的音乐与舞蹈设计：第 1 卷》，列宁格勒音乐出版社 1974 年版，第 296 页。（Музыка и хореография современного балета: Сб. статей. [Вып. 1] / Отв. ред. П. Гусев // Л.: Музыка, 1974. 296 с.）

[78] 彼·安·古雪夫：《现代芭蕾的音乐与舞蹈设计：第 2 卷》，列宁格勒音乐出版社 1977 年版，第 240 页。（Музыка и хореография современного балета: Сб. статей. Вып. 2 / Отв. ред. П. Гусев // Л.: Музыка, 1977. 240 с.）

[79] 彼·安·古雪夫：《现代芭蕾的音乐与舞蹈设计：第 3 卷》，列宁格勒音乐出版社 1979 年版，第 208 页。（Музыка и хореография современного балета: Сб. статей. Вып. 3 / Отв. ред. П. Гусев // Л.: Музыка, 1979. 208 с.）

---

① 俄文原著未提供出版社。（译者注）

（五）序言

[80] 彼·安·古雪夫：《序言》，载尤·约·斯洛尼姆斯基《向舞蹈致敬》，莫斯科艺术出版社 1968 年版，第 5—12 页。(Предисловие // Слонимский Ю. В честь танца. – М.: Искусство, 1968. – С. 5–12.)

[81] 彼·安·古雪夫：《如何阅读本书的注解》，载尤·约·斯洛尼姆斯基《十九世纪芭蕾舞剧院的创作：论文集、剧情简介、脚本》，莫斯科艺术出版社 1977 年版，第 6—12 页。(Читая эту книгу: Заметки на полях // Слонимский Ю. Драматургия балетного театра XIX века: Очерки. Либретто. Сценарии. – М.: Искусство, 1977. – С. 6–22.)

[82] 彼·安·古雪夫：《介绍性的文章》，载彼·安·古雪夫、阿森·德根《青年芭蕾舞：关于列宁格勒芭蕾舞团》，列宁格勒音乐出版社 1979 年版，第 5—24 页。([Вступительная статья] // Сб.: Балет молодых: О балетной труппе Ленингр. Академич. Малого театра оперы и балета. – Л.: Музыка, 1979. – С. 5–24.)

附录五：有关彼得·古雪夫的文章目录

编辑：克·彼·克利洛娃、A. A. 索科洛夫 - 卡明斯基

一、期刊文章

[1] 康·阿·库德林：《在芭蕾中》，《音乐与戏剧》1924 年 6 月，第 5 版。（Кудрин К. В балете // Музыка и театр. – 1924, июнь. – С.5.）

[2] 尤里·布罗德松：《国立歌剧和芭蕾舞剧院（马林斯基剧院前身）芭蕾舞剧〈冰娘〉》，《工作与戏剧》1927 年第 18 期，第 9—10 页。（Бродерсон Ю. «Ледяная дева» в Ак-балете // Рабочий и театр. – 1927. № 18. – С. 9–10.）

[3] 阿·亚·格沃兹杰夫：《戏剧演出季的成果》，《艺术生活》1927 年第 27 期，第 8 页。（Гвоздев А. Итоги театрального сезона // Жизнь искусства. – 1927. № 27. – С. 8.）

[4] 尤里·布罗德松：《国立歌剧和芭蕾舞剧院（马林斯基剧院前身）芭蕾舞团经营不善》，《工作与戏剧》1928 年第 20 期，第 6 页。（Бродерсон Ю. В Ак – балете неблагополучно // Рабочий и театр. – 1928. № 20. – С. 6.）

[5] 奥·彼·曼加洛娃、彼·安·古雪夫：《致列宁格勒国家芭蕾舞团的〈胡桃夹子〉》，《艺术生活》1929 年第 42 期，第 11 页。（Мунгалова О., Гусев П. К постановке «Щелкунчика» в Ленинградском Госбалете // Жизнь искусства. – 1929. № 42. – С. 11.）

[6] 尤里·布罗德松：《苏联舞蹈喜剧》，《苏联剧院》1935 年第 8 期，第 10—11

页。(Бродерсон Ю. Советская танцевальная комедия // Сов. театр. – 1935. № 8. – С. 10–11.)

[7] 亚·亚·苏里科夫:《越过一堆挑剔之声》,《文学报》1936 年 1 月 10 日, 第 5 版。(Суриков А. Сквозь ворох придирок // Литерат. газета. – 1936, 10 янв. – С. 5.)

[8] 米·拉·米哈伊洛夫:《清澈的小溪》,《火星》1936 年第 1 期, 第 20 页。(Михайлов М. «Светлый ручей» // Огонек. – 1936. № 1. – С. 20.)

[9] 伊·谢·科舍奇金:《致〈雷蒙达〉的恢复》,《苏联演员》1939 年 6 月 5 日, 第 4 版。(Кошечкин И. К Возобновлению «Раймонды» // Сов. артист. – 1939, 5 июня. – С. 4.)

[10] 本报记者:《彼·安·古雪夫: 芭蕾艺术总监》,《致敬苏联艺术》1946 年 9 月 4 日, 第 3 版。(П. Гусев – художественный руководитель балета // За сов. искусство. – 1946, 4 сент. – С. 3.)

[11] 阿·列·安德列耶夫:《关于复排芭蕾舞剧〈堂·吉诃德〉的问题》,《致敬苏联艺术》1946 年 10 月 24 日, 第 3 版。(Андреев А. К вопросу о реставрации балета «Дон-Кихот» // За сов. искусство. – 1946, 24 окт. – С. 3.)

[12] 列·谢·伯格:《剧本〈春日童话〉的讨论》,《致敬苏联艺术》1947 年 2 月 8 日, 第 3 版。(Берг Л. Обсуждение спектакля «Весенняя сказка» // За сов. искусство. – 1947, 8 февр. – С. 3.)

[13] 阿·列·安德列耶夫:《在芭蕾舞团党委扩大会议上的自述》,《致敬苏联艺术》1947 年 2 月 23 日, 第 3 版。(Андреев А. Л. Самоотчет: На расширенном заседании партбюро коллектива балета // За сов. искусство. – 1947, 23 февр. – С. 3.)

[14] 本报记者:《我们的节日》,《致敬苏联艺术》1947 年 6 月 10 日, 第 3 版。(Наш праздник // За сов. искусство. – 1947, 10 июня. – С. 3.)

[15] 谢·索·卡普兰:《艺术家的创造性劳动》,《致敬苏联艺术》1947 年 7 月 7

日，第 3 版。(Каплан С. Творческий труд артиста // За сов. искусство. – 1947, 7 июля. – С. 3.)

[16] 本报记者：《苏联芭蕾的故乡》，《列宁格勒晚报》1947 年 10 月 26 日，第 3 版。(Родина советского балета // Веч. Ленинград. – 1947, 26 окт. – С. 3.)

[17] 本报记者：《苏联芭蕾舞的 30 年》，《致敬苏联艺术》1947 年 10 月 27 日，第 4 版。(30 лет советского балета // За сов. искусство. – 1947, 27 окт. – С. 4.)

[18] 塔·伊·什米罗娃：《讨论新版〈堂·吉诃德〉》，《致敬苏联艺术》1947 年 11 月 7 日，第 4 版。(Шмырова Т. Обсуждение новой редакции «Дон-Кихота» // За сов. искусство. – 1947, 7 нояб. – С. 4.)

[19] 弗·亚·布伦德尔：《大幕拉开之前：〈民兵〉的最后排练》，《致敬苏联艺术》1947 年 12 月 15 日，第 4 版。(Брендер В. Перед поднятым занавесом: На последних репетициях «Милицы» // За сов. искусство. – 1947, 15 дек. – С. 4.)

[20] 本报记者：《为了歌剧艺术的绽放》，《列宁格勒晚报》1948 年 3 月 19 日，第 3 版。(К расцвету оперного искусства // Веч. Ленинград. – 1948, 19 марта. – С. 3.)

[21] 柳·谢·波波娃：《编创伟大思想和情感的舞蹈》，《戏剧》1951 年第 5 期，第 67—83 页。(Попова Л. Хореография больших идей и чувств // Театр. – 1951. № 5. – С. 67–83.)

[22] 维·弗·克里格：《舞蹈诗》，《劳动报》1953 年 5 月 20 日，第 3 版。(Кригер В. Хореографическая поэма // Труд. – 1953, 20 мая. – С. 3.)

[23] 伊·亚·苏里茨：《柴科夫斯基的作品》，《戏剧》1953 年第 8 期，第 49—62 页。(Суриц Е. По Чайковскому // Театр. – 1953. № 8. – С. 49–62.)

[24] 本报记者：《对剧目作品集的补充》，《苏联演员》1956 年 1 月 4 日，第 3 版。(Пополнение репертуарного портфеля // Сов. артист. – 1956, 4 января. – С. 3.)

[25] 本报记者：《紧急任务》，《苏联演员》1956 年 1 月 18 日，第 4 版。

（Неотложные задачи // Сов. артист. – 1956, 18 января. – С. 4.）

[26] 本报记者：《关于导演阐述的讨论》，《苏联演员》1956 年 1 月 18 日，第 4 版。（Обсуждение режиссерской экспозиции // Там же.）

[27] 本报记者：《准备出国访问》，《苏联演员》1956 年 5 月 16 日，第 2 版。（Подготовка к зарубежным гастролям // Сов. артист. – 1956, 16 мая. – С.2.）

[28] 尼·罗·卡利京：《通过舞蹈这一载体》，《文学报》1956 年 8 月 11 日，第 3 版。（Калитин Н. Средствами танца // Литерат. газета. – 1956, 11 авг. – С. 3.）

[29] 约翰·马丁：《来自俄罗斯的报道》，《舞蹈杂志》1956 年 9 月，第 14—21 页、第 58—64 页。（John Martin J. Reports from Russia // Dance Magazine. – 1956, sept. – PP. 14–21, 58–64.）

[30] 本报记者：《寻找当代主题的解决方案：在墨西哥芭蕾舞团的演出中》，《苏联文艺》1957 年 8 月 6 日，第 3 版。（В поисках решения современной темы: На спектакле Мексиканского балета // Сов. культура. – 1957, 6 авг. – С. 3.）

[31] 尼·尼·涅兹瓦诺夫：《两个纪念日》，《列宁格勒戏剧》1957 年第 1 期，第 15 页。（Незванов Н. Два юбилея // Театр. Ленинград. – 1957. № 1. – С. 15.）

[32] 亚·彼·迪亚科诺夫：《原创艺术》，《劳动报》1959 年 5 月 29 日，第 3 版。（Дьяконов А. Самобытное искусство // Труд. – 1959, 29 мая. – С. 3.）

[33] 本报记者：《北京的〈吉赛尔〉：制作负责人——彼·安·古雪夫》，《苏联文艺》1960 年 6 月 16 日，第 4 版。（«Жизель» в Пекине: Руководитель постановки – П. Гусев // Сов. культура. – 1960, 16 июня. – С. 4.）

[34] 茅盾：《让它流芳百世：关于芭蕾舞剧〈鱼美人〉的制作》，《苏联文艺》1960 年 2 月 13 日，第 3 版。（Мао Дунь. Пусть живет в веках: О постановке балета «Красавица -рыбка» // Сов. культура – 1960, 13 февр. – С. 3.）

[35] 加·弗·伊诺泽姆采娃：《该作品的传记仍在继续……》，《苏联文艺》1964

年6月2日，第1版。(Иноземцева Г. Биография произведения продолжается… // Сов. культура. - 1964, 2 июня. - С. 1.)

[36] 阿·叶·奥布拉恩特：《流行舞蹈的戏剧性》，《苏联演出和马戏》1964年第10期，第4—5页。(Обрант А. Драматургия эстрадного танца // Сов. эстрада и цирк. - 1964. № 10. - С.4–5.)

[37] 阿·伊·阿克琳娜：《芭蕾的春天》，《戏剧》1966年第10期，第121—124页。(Аркина А. Весна балетная // Театр. - 1966. № 10. - С. 121-124)

[38] 尤·约·斯洛尼姆斯基：《大师的寿辰》，《苏联音乐》1964年第12期，第9—100页。(Слонимский Ю. Юбилей мастера // Сов. музыка. - 1964. № 12. - С. 95-100.)

[39] 瓦·弗·契斯佳科娃：《一条延伸至无限远的线》，《戏剧》1967年第2期，第46—55页。(Чистякова В. Линия, уходящая в бесконечность // Театр. - 1967. № 2. - С. 46-55.)

[40] 莱·米·拉夫罗夫斯基：《让我们还原事实真相》，《苏联文艺》1967年4月27日，第2—3版。(Лавровский Л. Давайте восстановим истину // Сов. культура - 1967, 27 апр. - С. 2-3.)

[41] 伊·约·卡甘：《寻找真理》，《苏联文艺》1967年6月6日，第3版。(Каган И. В поисках истины // Сов. культура - 1967, 6 июня. - С. 3.)

[42] 弗·谢·普列奥布拉金斯基：《芭蕾大师与演员》，《戏剧》1968年第6期，第101—106页。(Преображенский В. Балетмейстер и исполнитель // Театр. - 1968. № 6. - С. 101-106.)

[43] 格·伊·切隆比季科：《会见匈牙利芭蕾舞团》，《戏剧》1968年第23期，第18页。(Челомбитько Г. Встреча с венгерским балетом // Театр. жизнь. - 1968. № 23. - С. 18.)

[44] 谢·菲·科农丘克：《列宁格勒室内芭蕾舞团的首次亮相》，《苏联音乐》1969年 第2期， 第44—46页。（Конончук С. Дебют Ленинградского камерного балета // Сов. музыка. – 1969. № 2. – С. 44–46.）

[45] 叶·列·卢茨卡娅：《列宁格勒室内芭蕾舞团》，《莫斯科共青团员报》1969年5月15日，第4版。（Луцкая Е. Ленинградский камерный // Моск. комсомолец. – 1969, 15 мая. – С. 4.）

[46] 维·弗·万斯洛夫：《列宁格勒室内芭蕾舞团》，《音乐生活》1969年第9期，第10页。（Ванслов В. Ленинградский камерный балет // Муз. жизнь. – 1969. № 9. – С. 10.)

[47] 安·马·伊卢皮娜：《列宁格勒室内芭蕾舞团》，《苏联演出和马戏》1969年第11期，第10—11页。 (Илупина А. Камерный балет Ленинграда // Сов. эстрада и цирк. – 1969. № 11. – С. 10–11.)

[48] 维·瓦·普罗霍罗娃：《未知的道路》，《戏剧生活》1969年第18期，第7—8页。(Прохорова В. Путями неизведанными // Театр. жизнь. – 1969. № 18. – С. 7–8.)

[49] 安·安·索科洛夫：《与词作家的较量》，《戏剧生活》1970年第2期，第25页。(Соколов А. Схватка с лирикой // Театр. – 1970. – № 2. – С. 25.)

[50] 尼·约·埃利亚什：《从形成到成熟……》，《音乐生活》1970年第14期，第8页。(Эльяш Н. От становления к зрелости … // Муз. жизнь. – 1970. № 14. – С. 8.)

[51] 维·弗·克里格：《帕基塔》，《莫斯科晚报》1972年3月16日，第3版。(Кригер В. «Пахита» // Веч. Москва. – 1972, 16 марта. – С. 3.)

[52] 格·伊·切隆比季科：《皇冠之国的俄罗斯芭蕾舞》，《戏剧》1972年第10期，第149—150页。（Челомбитько Г. Русский балет в стране чардаша // Театр. – 1972. № 10. – С. 149–150.）

[53] 柳德米拉·谢缅尼卡:《大剧院》,《戏剧》1973 年第 1 期, 第 31—32 页。(Людмила Семеняка. Большой театр, Москва // Театр. – 1973. № 1. – С. 31–32.)

[54] 鲍·伊·布尔索夫:《作为文学的批评: 第三篇》,《恒星》1973 年第 8 期, 第 200—201 页。(Бурсов Б. Критика как литература: Статья третья // Звезда. – 1973, № 8. – С. 200–201.)

[55] 尤·约·斯洛尼姆斯基:《赋予人才的才能》,《列宁格勒晚报》1975 年 2 月 19 日, 第 3 版。(彼·安·古雪夫的创作之路)(Слонимский Ю. Талант, отданный талантам // Веч. Ленинград. – 1975, 19 февр. – С. 3. [Творческий путь П.А. Гусева].)

[56] 安·安·索科洛夫:《喜剧技术学校》,《列宁格勒晚报》1975 年 6 月 6 日, 第 3 版。(Соколов А. Школа комедийного мастерства // Веч. Ленинград. – 1975, 6 июня. – С. 3.)

[57] 伊·瓦·司图普尼科夫:《再一次——马里于斯·佩蒂帕》,《列宁格勒真理报》1975 年 6 月 12 日, 第 4 版。(Ступников И. И снова – Мариус Петипа // Ленингр. правда. – 1975, 12 июня. – С. 4.)

[58] F. 沃伦:《佩蒂帕与布农维尔》,《表演艺术学报 2》1978 年冬, 第 85—93 页。(古雪夫和克尔斯特·拉罗夫的研讨会报告)(Waren F. Petipa and Bournonville // Performing Arts Journal. 2. – 1978, Winter. – PP. 85–93. Report of a seminar with Gusev and Kirsten Ralov)

[59] 迈克·阿尔贝特:《芭蕾舞的民族特色》,《匈牙利新闻》1979 年第 10 期, 第 12—14 页。(Альберт М. Национальный характер балета // Венгерские новости. – 1979. № 10. – С. 12–14.)

[60] 阿·鲍·德根:《复活的童话》,《更替》1979 年 6 月 10 日, 第 4 版。(Деген А. Ожившие сказки // Смена. – 1979, 10 июня. – С. 4.)

[61] 娜·谢·谢列梅季耶夫斯卡娅:《导师》,《苏联文艺》1979 年 7 月 10 日,

第 5 版。(Шереметьевская Н. Наставник // Сов. культура. – 1979, 10 июля. – С. 5.)

[62] 塔·米·维切斯洛娃:《关于采扎里·普尼的芭蕾舞剧〈艾丝美拉达〉在歌剧和芭蕾舞小剧院上演》,《苏联芭蕾》1982 年第 3 期, 第 33—34 页。(Вечеслова Т. Слово об Эсмеральде. Балет Ц. Пуни "Эсмеральда" В Малом театре оперы и балета // Сов. балет. – 1982. № 3. – С. 33–34.)

[63] 格·伊·切隆比季科:《在舞蹈教育领域》,《苏联芭蕾》1982 年第 5 期, 第 61—62 页。(Челомбитько Г. В секциях хореографического образования // Сов балет. – 1982. № 5. – С. 61–62.)

[64] 加·弗·伊诺泽姆采娃:《第十一届国际芭蕾舞比赛》,《苏联芭蕾》1983 年第 6 期, 第 36—38 页。(Иноземцева Г. XI Международный балетный конкурс // Сов. балет. – 1983. № 6. – С. 36–38.)

[65] 加·德·克列姆舍夫斯卡娅:《塔吉雅娜·维切斯洛娃》,《苏联芭蕾》1983 年第 3 期, 第 40—42 页。(Кремшевская Г. Татьяна Вечеслова // Сов. балет. – 1983. № 3. – С. 40–42.)

[66] 阿·瓦·马卡罗夫:《为经典作品服务》,《苏联文艺》1983 年 1 月 4 日, 第 2 版。(Макаров А. Служение классике // Сов. культура. – 1983, 4 янв. – С. 2.)

[67] 本刊记者:《〈睡美人〉在大剧院的舞台上》,《波兰》1983 年第 8 期, 第 27 页。(«Спящая красавица» на сцене Большого // Польша. – 1983. № 8. – С. 27.)

[68] 奥·米·维诺格拉多夫:《舞蹈大师》,《列宁格勒真理报》1984 年 12 月 27 日, 第 3 版。(Виноградов О. Мастер танца // Ленингр. правда. – 1984, 27 дек. – С. 3.)

[69] 尼·亚·多尔古申:《他强大的能量场》,《苏联芭蕾》1984 年第 6 期, 第 13—15 页。(Долгушин Н. Силовое поле его энергии // Сов. балет. – 1984. № 6. – С. 13–15.)

[70] 苏·尼·兹维亚吉娜:《关于托举之王》,《音乐生活》1984 年第 23 期, 第

8—9 页。(Звягина С. О короле поддержки // Муз. жизнь. – 1984. № 23. – С. 8–9.)

[71] 本报记者：《莫斯科第五届国际芭蕾舞比赛的幸运儿》，《苏联文艺》1985年6月20日，第2版。(Счастливцы: С V Междунар. конкурса артистов балета в Москве // Сов. культура. – 1985, 20 июня. – С. 2.)

[72] 尼·约·埃利亚什：《大师》，《苏联文艺》1984年12月25日，第5版。(Эльяш Н. Мастер // Сов. культура. – 1984, 25 дек. – С. 5.)

[73] 塔·米·维切斯洛娃：《舞蹈开幕式》，《列宁格勒晚报》1985年2月12日，第3版。(Вечеслова Т. Открытие танца // Веч Ленинград. – 1985, 12 февр. – С. 3.)

[74] 加·德·克列姆舍夫斯卡娅：《大师》，《戏剧生活》1985年第4期，第15页。(Кремшевская Г. Мастер // Театр. жизнь. – 1985. № 4. – С. 15.)

[75] 奥·瓦·列别辛斯卡娅：《"布达佩斯、布拉格、维也纳、贝尔格莱德"……我们与解放者一起进入了这些城市》，《戏剧生活》1985年第9期，第18—20页。(Лепешинская О. "Будапешт, Прага, Вена, Белград" … Мы входили в эти города вместе с воинами -освободителями // Театр. жизнь. – 1985. № 9. – С. 18–20.)

[76] 亚·根·彼得洛娃：《践行与时代的联系……》，《苏联芭蕾》1985年第2期，第36页。(Петрова Г. Осуществляя связь времен… // Сов. балет. – 1985. № 2. – С. 36.)

[77] 本刊记者：《苏联最年长的舞蹈家》，《列宁格勒戏剧》1985年1月25—31日，第5期，第8页。(Старейший советский хореограф // Театр. Ленинград. – 1985. № 5, 25–31 янв. – С. 8.)

[78] 莱莎·斯特鲁奇科娃：《眼含热泪的节日》，《苏联文艺》1985年1月5日，第2版。(Стручкова Р. Этот праздник со слезами на глазах // Сов. культура – 1985, 5 янв. – С. 2.)

[79] 亚·济·阿夫罗夫：《涅瓦河畔的芭蕾舞》，《莫斯科共青团员报》1986年

5月8日，第4版。(Авров А. Балет с берегов Невы // Моск. комсомолец. – 1986, 8 мая.– С. 4.)

[80] 本报记者：《脚灯的火焰》，《苏联文艺》1986年4月15日，第5版。(Огни рампы // Сов. культура. – 1986, 15 апр. – С. 5.)

[81] 尤·尼·格里戈洛维奇、奥·瓦·列别辛斯卡娅、伊·亚·科尔帕科娃：《艺术家、芭蕾编导、导师》，《苏联文艺》1987年4月11日，第4版。(Григорович Ю., Лепешинская О., Колпакова И. Артист, балетмейстер, педагог // Сов. культура. – 1987, 11 апр. – С. 4.)

[82] 苏·尼·兹维亚吉娜：《无价的知识、经验、文化》，《苏联芭蕾》1987年第4期，第59页。(Звягина С. Бесценные знания, опыт, культура // Сов. балет. – 1987. № 4. – С. 59.)

[83] 瓦·格·克列缅：《四分之一个世纪正在过去》，《苏联芭蕾》1987年第3期，第54—56页。(Кремень В. Спустя четверть века // Сов. балет. – 1987. № 3. – С. 54–56.)

[84] 阿·雅·列英：《在过去和未来之间》，《苏联芭蕾》1987年第1期，第19—20页。(Лейн А. Между прошлым и будущим // Сов. балет. – 1987. № 1. – С. 19–20.)

[85] 拉·萨·费尔赫朵娃、列伊拉·韦基洛娃：《瓦尔纳83》，《苏联芭蕾》1987年第5期，第16—19页。(Ферхадова Р. Лейла Векилова: Варна 83 // Сов. балет. – 1987. № 5. – С. 16–19.)

[86] 尼·亚·多尔古申：《不要停滞不前》，《苏联文艺》1988年10月22日，第9版。(Долгушин Н. Не стоять на месте // Сов. культура – 1988, 22 окт. – С. 9.)

[87] 加·弗·捷列霍娃：《主场和客场》，《苏联文艺》1988年1月9日，第6版。(Терехова Г. В гостях и дома // Сов. культура. – 1988, 9 янв. – С. 6.)

[88] 苏·尼·兹维亚吉娜：《最后的莫希干人》，《苏联音乐》1988 年第 1 期，第 121—122 页。(Звягина С. Последний из могикан // Сов. музыка. – 1988. № 1. – С. 121–122.)

[89] 伊·亚·苏里茨：《新思想的人生：彼·安·古雪夫》，《舞蹈》1988 年 6 月，第 32—33 页。(Souritcz E. A life on new ideas: Petr Gusev // Dance Magazine. – 1988, June. – PP. 32–33.)

[90] 亚·季·奇若娃：《忠于传统》，《音乐生活》1989 年第 6 期，第 5—6 页。(Чижова А. Верность традициям // Муз. жизнь. – 1989. № 6. – С. 5–6.)

[91] 玛·维·姆迪瓦尼：《独联体首都的"音乐会场"》，《音乐评论》1992 年第 1 期，第 3 页。(Мдивани М. «Концертный двор» столицы СНГ // Муз. обозрение. – 1992. № 1. – С. 3.)

[92] 本报记者：《重排〈海盗〉》，《圣彼得堡公报》1993 年 12 月 8 日，第 7 版。(И вновь «Корсар» // С. – Петерб. ведомости. – 1993, 8 дек. – С. 7.)

[93] 本刊记者：《莱莎·斯特鲁奇科娃》，《芭蕾》1993 年第 1—2 期，第 4—9 页。(Раиса Стручкова // Балет. – 1993. № 1 – 2. – С. 4–9.)

[94] 本刊记者：《莫斯科舞蹈学校周年纪念的教学百科全书》，《芭蕾》1994 年第 2—3 期，第 50—61 页。(Юбилейная педагогическая энциклопедия Моск. Хореографич. Училища // Балет. – 1994. № 2–3. – С. 50–61.)

[95] 尼·尼·博亚尔奇科夫：《费德里拉在这里！》，《圣彼得堡公报》1998 年 6 月 26 日，第 5 页。(Боярчиков Н. А Федрила – то здесь! // С. – Петерб. ведомости. – 1998, 26 июня. – С. 5. [Интервью О. Сердобольского].)

[96] 苏·尼·兹维亚吉娜、加·瓦·切隆比季科：《纪念彼·安·古雪夫 100 周年诞辰》，《芭蕾》2004 年第 6 期，第 52—54 页。(К 100–летию П.А. Гусева / Публикация С. Звягиной и Г. Челомбитько // Балет. – 2004. № 6. – С. 52–54.)

[97] 加·特·科姆列娃：《纪念彼·安·古雪夫100周年诞辰》，《尼·安·里姆斯基-科萨科夫圣彼得堡国立音乐学院汇编》2004年第12期，第3页。（2004年11月17日在格拉祖诺夫小音乐厅为纪念彼·安·古雪夫举行的晚会演出片段）（Комлева Г. К 100-летию П.А. Гусева // Обертон. – СПб.: Спб. консерватория им. Н. А. Римского-Корсакова, 2004. № 12, декабрь. – С. 3 [Фрагмент выступления на вечере в Малом зале им. А.К. Глазунова 17 ноября 2004 г. в честь П.А. Гусева].）

[98] 尼·亚·多尔古申：《教师——创新家》，《尼·安·里姆斯基-科萨科夫圣彼得堡国立音乐学院汇编》2004年第12期。（Долгушин Н. Учитель – новатор // Там же.）

二、书籍

[99] 尤·约·斯洛尼姆斯基：《苏联芭蕾：苏联芭蕾舞剧院的历史资料》，列宁格勒艺术出版社1950年版，第57、70页。（Слонимский Ю. Советский балет: Материалы к истории сов. балетного театра. – М.; Л.: Искусство, 1950. – С. 57, 70.）

[100] 费·瓦·洛普霍夫：《芭蕾的六十年：芭蕾舞大师的回忆与笔记》，莫斯科艺术出版社1966年版。（《名称索引》，第360页）[Лопухов Ф. Шестьдесят лет в балете: Воспоминания и записки балетмейстера. – М.: Искусство, 1966 (см. Указатель имен, С. 360).]

[101] 玛·格·斯威夫特：《苏联的舞蹈艺术》，圣母院出版社1968年版。（Swift, M. G. The Art of the Dance in the USSR. – Notre Dame, 1968.）

[102] 费·瓦·洛普霍夫：《舞蹈编导的启示》，莫斯科艺术出版社1972年版（《名称索引》，第203页）[Лопухов Ф. Хореографические откровенности. – М.: Искусство, 1972 (см. Указатель имен, С. 203).]

[103] 维·米·克拉索夫斯卡娅：《苏联芭蕾舞剧院：1917–1967》，莫斯科艺术出版社1976年版。(《名称索引》，第353页）[Советский. балетный театр: 1917–1967 / Сб.: ред. В. Красовская. – М.: Искусство, 1976 (см. Указатель имен, С. 353).]

[104] 加·尼·多布罗沃尔斯卡娅：《费多尔·洛普霍夫》，列宁格勒艺术出版社1976年版，第4、39、95、201、220、222、226、227、241、261、266页。(Добровольская Г. Федор Лопухов. – Л.: Искусство, 1976. – С. 4, 39, 95, 201, 220, 222, 226, 227, 241, 261, 266.）

[105] 伊·亚·苏里茨：《二十年代的舞蹈编导艺术：发展趋势》，莫斯科艺术出版社1979年版。(《名称索引》，第342页）[Суриц Е. Хореографическое искусство двадцатых годов: Тенденции развития. – М.: Искусство, 1979 (см. Указатель имен, С. 342).]

[106] 娜·尤·切尔诺娃：《从盖尔特到乌兰诺娃》，莫斯科艺术出版社1979年版，第95—98、100、102、104、105页。(Чернова Н. От Гельцер до Улановой. – М.: Искусство, 1979. – С. 95–98, 100, 102, 104, 105.）

[107] 列昂尼德·米哈伊洛维奇·拉夫罗夫斯基：《档案、文章、回忆录》，莫斯科全俄罗斯戏剧协会出版社1983年版，第412页。(《名称索引》，第412页）[Леонид Михайлович Лавровский: Документы. Статьи. Воспоминания // М.: Всероссийское театральное общество, 1983 (см. Указатель имен, С. 412).]

[108] 尤·约·斯洛尼姆斯基：《美妙的东西就在我们身边：20世纪20年代彼得格勒芭蕾舞团的笔记》，列宁格勒苏联作曲家出版社1984年版，第8、10、201、202页。(Слонимский Ю. Чудесное было рядом с нами: Заметки о петроградском балете 20-х годов. – Л.: Сов. композитор, 1984. – С. 8, 10, 201, 202.)

[109] 娜·谢·谢列梅季耶夫斯卡娅：《在舞台上起舞》，莫斯科艺术出版社1985年版。(《名称索引》，第404页）[Шереметьевская Н. Танец на эстраде. – М.:

Искусство, 1985 (См. Указатель имен. С. 404).]

[110] 柳·德·布洛克:《古典舞: 历史与现代》, 莫斯科艺术出版社 1987 年版, 第 480、481 页。(Блок Л. Классический танец: История и современность. – М.: Искусство, 1987. – С. 480, 481.)

[111] 维·米·克拉索夫斯卡娅:《舞蹈概况》,《俄罗斯芭蕾学院》1999 年版。(《名称索引》, 第 391 页) [Красовская В. Профили танца: сб. – СПб.: Академия русского балета им. А.Я. Вагановой, 1999 (см. Указатель имен, С. 391).]

[112] 穆索尔斯基:《圣彼得堡歌剧和芭蕾舞剧院》, 圣彼得堡形象出版社 2001 年版。(《名称索引》, 第 223 页) [Санкт-Петербургский гос. Акад. Театр оперы и балета имени М. П. Мусоргского. – СПб.: Лик, 2001 (см. Указатель имен, С. 223).]

[113] 尤·弗·加马列伊:《〈玛琳卡〉和我的生活 (指挥家回忆录)》, 圣彼得堡纸草本出版社 1999 年版, 第 51 页。(Гамалей Ю. «Маринка» и моя жизнь (воспоминания дирижера) . – СПб.: Папирус, 1999. – С. 51.)

[114] 拉·伊·阿比佐娃和伊戈尔·别尔斯基:《生命交响曲》, 圣彼得堡瓦冈诺娃芭蕾学院 2000 年版。(《俄罗斯芭蕾舞学院》第 288 页) [Абызова Л. Игорь Бельский: Симфония жизни. – СПб.: Академия русского балета имени А.Я. Вагановой, 2000 (см. Указатель имен, С. 288).]

[115] 玛·亚·伊利切娃:《圣彼得堡的〈无益的谨慎〉》, 圣彼得堡瓦冈诺娃芭蕾学院 2001 年版。(《名称索引》, 第 253 页) [Ильичева М. «Тщетная предосторожность» в Петербурге. – СПб.: Академия русского балета имени А.Я. Вагановой, 2001 (см. Указатель имен, С. 253).]

[116] 列·本·雅科布松:《给诺维尔的信》, 纽约冬宫出版社 2001 年版, 第 41、170、314、332 页。(Якобсон Л. Письма Новерру. Нью-Йорк: Hermitage publishers, 2001. – С. 41, 170, 314, 332.)

[117] 别利亚耶娃－加·瓦·切隆比季科、莱莎·斯特鲁奇科娃：《芭蕾》杂志编辑部 2002 年版，第 8 页。(Беляева-Челомбитько Г. Раиса Стручкова. – М.: Редакция журнала «Балет», 2002. – С. 8.)①

[118] 阿·安·索科洛夫-卡明斯基：《短篇抒情音乐为舞蹈增色的地方在哪里……》，圣彼得堡"访问"通讯社 2002 年版，第 9、18、21—23、34、38、41、42 页。(Соколов-Каминский А. Где танец музыкою венчан…: Лирические заметки. – СПб.: Агентство «Визит», 2002. – С. 9, 18, 21–23, 34, 38, 41, 42.)

[119] 作者不详：《马林斯基剧院 1783—2003: 主题与变奏》，载 Н.И. 梅捷利察主编《圣彼得堡：装饰派艺术》，圣彼得堡，2003 年版，第 226、294、344 页。(Мариинский театр 1783–2003: Тема с вариациями / Сост. Н. И. Метелица. – СПб.: Арт Деко, 2003. – С. 226, 294, 344.)②

[120] 尤·尼·米亚钦：《芭蕾舞的梦想与现实》，圣彼得堡，2003 年版，第 96、97 页。(Мячин Ю. Сон и явь балета. – СПб., 2003. – С. 96, 97.)③

[121] 圣彼得堡芭蕾舞团编：《千年之交》，载达·约·佐洛特尼茨基主编《圣彼得堡：俄罗斯艺术历史研究所》，圣彼得堡"访问"通讯社 2004 年版。(《名称索引》，第 221 页)(Петербургский балет: Рубеж тысячелетий / Сб.: ответств. ред. Д. Золотницкий. – СПб.: РИИИ; Агентство «Визит», 2004 (см. Указатель имен, С. 221).)

[122] 康·费·博亚尔斯基：《任性的忒尔普西科瑞》，圣彼得堡，2004 年版，第 28、31、34 页。(Боярский К. Капризная Терсихора. СПб., 2004. – С. 28, 31, 34.)④

[123] 塔·维·库佐夫列娃：《尼古拉·博雅奇科夫的舞蹈漫游》，圣彼得堡波

---

① 原著未提供文章名。(译者注)
② 原著未提供出版社。(译者注)
③ 原著未提供出版社。(译者注)
④ 原著未提供出版社。(译者注)

罗的海演出季 2005 年版，第 66 页。（Кузовлева Т. Хореографические странствия Николая Боярчикова. – СПб.: Балтийские сезоны, 2005. – С. 66.）

三、工具书

[124] 作者不详：《彼得·安德烈耶维奇·古雪夫》，载尤里·尼古拉耶维奇·格里戈洛维奇主编《芭蕾百科全书》，莫斯科苏联大百科全书出版社 1981 年版，第 169—170 页。（Балет: Энциклопедия / Гл. ред. Ю. Григорович. – М.: Сов. энциклопедия, 1981. – С. 169–170.）①

[125] А. А. 索科洛夫－卡明斯基：《彼得·安德烈耶维奇·古雪夫》，载 V. 克拉索夫斯卡娅、S. 苏里茨等主编《俄罗斯芭蕾百科全书》，莫斯科俄罗斯大百科全书出版社 1997 年版，第 156—157 页。（Русский балет: Энциклопедия. – М.: Большая сов. энциклопедия; Согласие, 1997. – С. 156–157.）

[126] 尤里·约瑟夫维奇·斯洛尼姆斯基（1902—1978）：《彼得·安德烈耶维奇·古雪夫》，载娜·彼·科托娃、阿·安·索科洛夫－卡明斯基汇编《作品目录索引》，圣彼得堡瓦冈诺娃芭蕾学院 2002 年版。（《名称索引》，第 102 页）[Юрий Иосифович Слонимский (1902–1978): Библиографический указатель трудов / Сост. Н. Котова, А. Соколов–Каминский, ред. А. Соколов–Каминский. – СПб.: Академия русского балета имени А.Я. Вагановой, 2002 (см. Указатель имен, С. 102).]

[127] 作者不详：《彼得·安德烈耶维奇·古雪夫》，阿·鲍·德根、伊·瓦·斯图普尼科夫：《圣彼得堡芭蕾参考版本：1903—2003 年》，第 102—103 页。（Деген А.,

---

① 原著未提供作者。（译者注）

Ступников И. Петербургский балет. 1903–2003: Справочное издание. – C. 102–103.）[1]

[128] 伊丽莎白·苏里茨：《彼得·安德烈耶维奇·古雪夫》，玛莎·布雷姆瑟主编：《国际芭蕾舞词典》（第 1 卷），底特律、伦敦、华盛顿圣詹姆斯出版社 1993 年版，第 628—630 页。(Martha Bremser ed. International Dictionary of Ballet. Vol. 1. Detroit, London & Washington DC: St. James Press, 1993. pp. 628–630.)

[129] 尼基塔多尔古申：《彼得·安德烈耶维奇·古雪夫》，载塞尔玛·珍妮·科恩主编《国际舞蹈百科全书》（第 3 卷），纽约、牛津牛津大学出版社 1998 年版，第 327-329 页。(Selma Jeanne Cohen ed. International Encyclopedia of Dance. Vol. 3. N. Y. & Oxford: Oxford University Press, 1998. pp. 327–329.)

[130] 伊丽莎白·苏里茨：《彼得·安德烈耶维奇·古雪夫》，载菲利普·勒莫尔主编《拉鲁斯舞蹈词典》，巴黎拉鲁斯-博尔达斯出版社 1999 年版，第 186 页。(Philippe Le Moal ed. Dictionnaire de la Danse- Paris: Larousse–Bordas, 1999. p. 186.)

---

[1] 原著未提供作者和出版社。（译者注）

中方主编的致谢

在即将完成这部中俄两国舞蹈家们携手同心,纪念芭蕾大师彼得·安德烈耶维奇·古雪夫先生的文集之际,我作为这部文集主编,需要感谢的人实在太多!

首先,我要代表我们这个翻译小组的3位年轻学者——张天骄、赵鸿、王彬,以及我本人,郑重其事地感谢古雪夫这位中俄两国舞蹈家们倾心热爱与无限敬仰的芭蕾大师和精神导师!早在70年前,他便与其他5位苏联政府派遣来华教学的芭蕾专家——奥尔加·亚历山大罗芙娜·伊丽娜、维克多·伊凡诺维奇·查普林、塔玛拉·克列敏捷芙娜·列舍维奇、尼古拉·尼古拉耶维奇·谢列勃连尼科夫、瓦莲丁娜·瓦西里耶芙娜·鲁米扬采娃一道,不仅无私地帮助我们建立了中国的第一所专业舞蹈学府——北京舞蹈学校(北京舞蹈学院的前身)和第一个专业芭蕾舞团——北京舞蹈学校实验芭蕾舞团(中央芭蕾舞团的前身),还帮助我们系统地引进了芭蕾这种"西方文明的结晶",并使它在理论与实践等各个方面，成为整个新中国舞蹈建设的中坚力量。

其次，我要感谢我们这个翻译小组中的3位年轻学者——张天骄、赵鸿、王彬，因为没有他们，就没有为这本文集压大轴的下编内容！虽然他们都是我指导的、专攻俄罗斯芭蕾的博士——张天骄暂时还是编外，但我义务指导了她在莫斯科大学攻读博士学位的全过程，尤其是邀请她加盟了我主持的国家社会科学基金艺术学重点项目"现当代舞蹈的传播与跨文化研究"，并在"中俄—中苏舞蹈交流"的子课题中撰写了她的博士学位论文；而王彬和赵鸿则是编内，前者因为曾在中国艺术研究院随我攻读硕士学位期间，专攻了俄罗斯芭蕾舞剧的经典代表作《天鹅湖》，所以在随我读博期间，便经由我的推荐，去了圣彼得堡的瓦冈诺娃芭蕾舞学院，专攻瓦冈诺娃的芭蕾教学体系；而后者因为曾在乌克兰卢甘斯克国立大学文化艺术学院攻读了舞蹈硕士学位，所以在随我读博期间，经由张天骄的大力相助，拿到了莫斯科大学的邀请函，靠中国国家留学基金的资助，以这所世界名校为立足点，前往俄罗斯国立戏剧学院舞蹈系，专攻俄罗斯男子芭蕾教学体系——简而言之，我们从2001年开始，便逐步形成了这个小小的俄罗斯舞蹈研究的共同体（此外还有我在研究院指导的硕士蔡佳依，她同样曾在张天骄的大力相助和中国国家留学基金的资助下，以莫斯科大学为立足点，专攻莫伊谢耶夫俄罗斯民间舞的舞台创作法）。

值得回忆的是，2022年末，张天骄一拿到这本纪念古雪夫百年华诞的文集，便立即向我报告了这个好消息——我此刻依然清楚地记得我们两人在电话里同步喜极而泣的声音！天骄告诉我，她在网络上发现了这本文集后，立即根据各种信息，试图联系该书的主编和出版社，但毫无结果。此后，她又求助中国驻俄罗斯大使馆的一等秘书蔡晖老师，希望能够通过中国驻圣彼得堡的总领事馆，找到当时参加过那场古雪夫百年华诞纪念晚会的中国代表，因为据媒体报道，我总领事馆的官员曾应邀出席过这次盛会，但那毕竟是19年前发生的事情了，领馆的工作人员不知已变更了多少批，因而依然没有结果。最后，她只好求助于自己在莫斯科大学读博期间结识的好友——当时还在莫斯科深造的李桐馨博士，劳驾她专程赶往圣彼得堡，终于为我们复印回了这部价值连城的纪念文集。我因2004年去乌克兰国际芭蕾舞比赛做评委之后，曾造访过莫斯科和圣彼得堡，知道从莫斯科到圣彼得堡路途遥远，天骄的人格魅力由此可见一斑，而这位李桐馨博士更是为我们雪中送炭的救星了！

我听完天骄的简要介绍后，便要她尽快将全书所有文章的标题和作者的简介整理出来，以便我立即向北京舞蹈学院的院领导申请，因为我料定他们在70年校庆之前，一定会一如既往地再出版一批书籍，而这部关于古雪夫的纪念文集也一定能够进入他们的出版计划，因为古雪夫对于北京舞蹈学院，乃至整个新中国舞蹈建设的重大贡献是众所周知的！只可惜朱立人老师在世时不知道有这本书，因为它在2004年为纪念古雪夫百年华诞而编辑出版时，仅由古雪夫当年做过编导系主任的圣彼得堡国立里姆斯基-科萨科夫音乐学院在内部印刷了200本！

就这样，我随后便把这份申报材料当面交给了负责科研工作的北舞副院长邓佑玲教授，同时开始组建我们这个翻译小组。邓院长非常重视这本书，而此前已将我代表北舞首任校长戴爱莲先生的弟子之一——中央民族大学的资深教授徐美茹老师，将戴先生早年用拉班舞谱记录的中国少数民族舞蹈集纳入了出版计划。2023年暑假，北舞主办"桃李杯"展演期间，我顺便向许锐院长打听了一下古雪夫这本文集是否已纳入了北舞校庆的出版计划。我深知翻译它的难度极大，因为我们整个中国舞蹈界里懂得俄语的专业人才实在太少，而苏联时期的芭蕾发展又是极其错综复杂的，所以，需要尽快地开始进入翻译流程，并且越快越好，以便保证翻译的质量！

万幸的是，我很快就接到了时任北舞科研处处长项菲的通知，得知这本书已经获批进入了70年校庆的出版计划！我记得自己事不迟疑，在"桃李杯"评审小组中间休息的短暂时间内，立即通过手机建群，正式组建了由张天骄、赵鸿、王彬和我4人组成的翻译小组，并建议由张天骄和赵鸿负责翻译全书，同时根据各自的时间进行分工，而王彬作为已有20多年研究俄罗斯芭蕾经验的资深专家，则负责最后的审校。很快，张天骄和赵鸿便做出了明确的分工：前者负责翻译全书中的俄方主编的话、俄方专家的序言，第一、第二和第三部分，以及附录二，附录三，附录四，共计22万字，而赵鸿则负责第四部分和附录一，共计8万字……随后，我建议他们按照朱立人老师和我已经确定的方式，以及俄汉译名手册的标准统一译名，以便减少后期审校的工作量，并承诺在群里随时沟通、解决有关的问题，以免拖延工期。

就在这项翻译工作进入中后期时，一个非常棘手的问题出现了：要在中国出版这本书，我们必须拿到俄方的书面授权！而在当时，我们与主编 A. A. 索科洛夫-卡明斯基先生，以及出版这部文集的圣彼得堡国立里姆斯基-科萨科夫音乐学院毫无联系！而这副重担，就只能交给张天骄这位柔中有刚的女同志了，因为她毕竟在俄罗斯读了近5年的书，并且建立了一些重要的人脉！

但是此刻，她已经学成回国，因而只能求助于在莫斯科读硕、读博期间，曾经无微不至地关爱过她的两位专家了——她首先求助的是莫斯科国立舞蹈学院的学术院长伊琳娜·亚历山德罗芙娜·博尔津科（Ирина Александровна Борзенко），她通过其所在舞院的官方渠道，同圣彼得堡的瓦冈诺娃芭蕾舞学院和里姆斯基-科萨科夫音乐学院进行联系，但未能联系到主编。接着，天骄又求助于莫斯科国立舞蹈学院博物馆与档案馆的馆长扎伊图娜·哈比卜芙娜·利亚什科（Зайтуна Хабибовна Ляшко），并请她通过私人关系进行联络。几经周折，终于联系到了本书的主编 A. A. 索科洛夫-卡明斯基先生。

为了拿到卡明斯基先生的汉译版权授予函，天骄不远万里，首先专程赶到了莫斯科，而我则以满腔的热情和多年积累的研究成果为基础，毕恭毕敬地给老先生写了一封相当周全的信。但利亚什科馆长认为，这是远远不够，甚至不妥的，因为天骄与老先生素不相识，因此，她即使远道赶去圣彼得堡拜会他也是没有用的。而利亚什科馆长基于对北京舞蹈学院举世瞩目的认识，认为天骄去拜会老先生时，一定要拿到北京舞蹈学院在红头专用信笺上打印并加盖公章的信件！

当天骄从莫斯科打电话告诉我这个建议时，已是下午时间了，而她为了按照预定计划赴约，则已顶着莫斯科近郊发生的恐怖袭击之余震，买好了次日清晨飞往圣彼得堡的航班。为此，我迅速将原来以我的口气撰写的中文信件改为北舞科研处口气,并立即发给了新上任的李卿处长!让我深感焦虑的是,此时已临近下班时间,而多亏了李卿处长立即将这封信拿给许锐院长审阅,并在经他同意后,安排科研处的青年学者雷斯曼将它打印在北舞的红头信笺上,加盖了科研处的公章后立即将扫描件发给了我,我则立即转发给了天骄,而她则马不停蹄地找莫斯科的公证处翻译成了俄语……简而言之,如果这个穿越北京和莫斯科的多节链条中出了任何一个岔子,天骄飞往圣彼得堡就没有了任何意义!在大气不喘地完成了这项紧张的工作后,我心里的这块大石头才终于落了地,并坐在书桌前老泪纵横,对张天骄、李卿、许锐和雷斯曼这些年轻人的激情与高效充满了感激之情!

关于天骄如约在圣彼得堡见到了卡明斯基主编的具体过程,她已在自己的文章里做了详细的描述,我就不在此赘述了。问题在于,这只是个开始,因为这部文集的版权拥有者除了主编老先生之外,还有出版它的里姆斯基-科萨科夫音乐学院!为此,天骄又同老先生通了多封信,最终还是由他帮助我们同该院的院长阿列克西·尼古拉耶维奇·瓦西里耶夫(Алексей Николаевич Васильев)取得了联系,并在经过了不断的沟通和协调之后,终于拿到了该院授予的第二份中译的授权书。

毋庸置疑,我要向上文中涉及的所有中俄两国同事和友人,以及中俄双方文章的作者们,表达我们全体翻译小组成员,乃至全中国舞蹈界的由衷谢意和最高敬意!

与此同时,我们更要感谢以巴图书记为首的北京舞蹈学院的领导班子,正是因为他们为校庆70周年做出的系列项目中包括了出版70部书籍的宏大计划，我们才能借此机会出版这部意义非凡、表达中俄两国舞蹈家心声的纪念文集。

在交稿之际，我还要感谢文化艺术出版社的王红总编辑、江楚锐编辑和吴梦捷编辑，感谢她们的耐心等待，并期待这部意义非凡的、跨文化的纪念文集能以非凡的面貌出版，让国际舞蹈界和学术界领略我们中国文化人的卓越风采！

最后，受大骄的委托，我们还要感谢南昌大学以及艺术学院领导们的大力支持，使她能够远道赶往俄罗斯，落实了这次极为复杂的版权授予工作。同时，我们也要感谢该校科研训练项目的成员陈萌萌、王胡悦、李若蕾和蔡卓研这4位俄语专业的同学给予的大力协助！

我相信，这部中俄双方隆重纪念古雪夫大师文集的最终出版，将能进一步促进中俄舞蹈界之间的传统友谊，同时希望能借此契机，将我们共同挚爱的舞蹈事业，推向一个崭新的高度！